JN418517

국제무역사 · 무역영어 · 관세사 자격시험 대비

개정증보판

무역영어연습

최상래 · 최병춘 · 김현지 공저

도서출판 두남

머 / 리 / 말

세계무역환경의 글로벌화로 국제교역의 규모가 커짐에 따라 국제무역에서 무역영어의 중요성은 날로 높아지고 있다. 무역영어는 국제거래의 실무와 불가분의 관계를 맺고 있으며 국제무역거래의 교섭 및 계약의 체결에서 대금결제의 전 과정에 이르기까지 신속한 정보전달의 기능을 수행하는 수단으로서 일반화되고 있다.

또한 각 기업들이 국제화에 수반하여 국제거래의 공통어로서 영어를 사용하고 있으며, 각종의 경영·경제에 관련된 정보력이 기업의 국제화와 성장의 결정요인으로 작용하고 있기 때문에 경영, 회계, 법무, 기술적 측면에서의 자료검색, 정보수집, 정보처리를 위해서는 무역영어가 국제기업경영의 필수 불가결한 요인이 되고 있다.

이와 같이 국제무역거래실무의 중요 수단으로서의 무역영어는 일반의 영어학습과는 달리 보다 실천적이고 실용주의의 경향을 지닌 독특한 영역을 구축하고 있는 국제 비즈니스 실무의 수법으로서의 학문적 지위를 지니고 있다.

무역영어는 일상의 영어를 바탕으로 문법이나 어법 등의 관점에서 일상의 영어와 다른 점은 없으나, 기본적인 무역실무를 바탕으로 간결하고 정확하게 본인이 원하는 의사를 상대방에게 전달하고 해외거래선을 설득하여, 바라는 바 무역거래를 성취하는 데 목적을 두고 있다. 이는 국제거래에서 주로 사용되는 전문적인 용어와 표현의 습득을 통하여 의사소통능력을 향상시킴으로써 이루어질 수 있다.

그리하여 저자는 해외무역분야에서의 오랜 실무경험과 강의경험을 토대로 하여 국제무역에서 거래 상대방과의 의사전달의 원활화를 위한 실제적인 연습에 이용될 수 있도록 이 책을 편성하였다. 특히, 실제 무역현장에서 빈번히 사용되는 문장과 유용한 표현 등을 제시하고 이를 토대로 문제중심의 연습을 통하여 무역전문인이 갖추어야 할 의사전달 능력을 갖출 수 있도록 구성하였다. 따라서 이 책은 무역거래가 이루어지는 과정별로 각 장을 주관식, 객관식 문제의 연습을 통하여 무역에 관련된 자격증 즉, 관세사, 국제무역사 및 무역영어 검정시험 등의 시험에 대비코자 하였다.

또한 부록에서는 가장 최근의 각종 무역영어와 관련한 기출문제를 수록함으로써 자격증시험 준비에 도움을 주고자 하였으며, 나아가 국제거래에서 주로 사용되는 용어와 표현들을 수록, 이러한 단계적 습득을 통해 무역전문인을 양성하는 데 일익을 담당하고자 하였다.

이 책이 다소 미비한 점이 있다 할지라도 점차 보완하기로 하고, 아무쪼록 해외무역에 종사하는 무역실무자와 무역전문인으로서 활약하고자 하는 일반인과 학생들에게 큰 도움이 되기 바란다.

마지막으로, 이 책의 개정증보판 출판에 크게 힘써주신 도서출판 두남의 전두표 사장님, 그리고 책이 나오기까지 주위에서 많은 도움을 주신 모든 분들께 깊은 감사를 드린다.

2010년 6월

저 자 씀

CHAPTER 01 FORMAT OF BUSINESS LETTER 무역통신문의 형식

부 록

APPENDIX

CHAPTER 01

FORMAT OF BUSINESS LETTER
무역통신문의 형식

section 1 무역통신문작성의 기본원칙 5C's

무역통신문은 상거래에 관련된 이해 당사자인 수신자를 자신이 의도하는 대로 행동하도록 하여 거래를 성립시키는데 그 목적이 있다. 따라서 무역통신문의 내용은 거래관계를 성취시키고 유지, 발전시켜 기업의 이익을 증진시킬 수 있는 효과적인 기본원칙에 준하여 작성되어야 한다.

일반적으로 무역통신문은 5C's에 의한 통신문작성이 주류를 이루고 있다. 그러나 이는 단순히 '원칙'에 불과할 뿐 실제로 통신문을 작성할 때 문장 속에 이러한 특성을 충분하게 고려할 수 있는 어구표현능력이 더욱더 중요한 요소라 할 수 있다. 무역통신문의 작성에 있어 필수 불가결한 5C's란 Clearness(명확성), Correctness(정확성), Conciseness(간결성), Courtesy(예절성), Completeness(완비성)을 말한다.

특히, 5C's 중 Clearness, Correctness, Conciseness의 3요소는 무역영어에 국한되지 않고 일상의 모든 영문서한 작성에 필수적인 것으로서 엄격하게 말하면 무역영어고유의 영역이라 할 수 없으며, Courtesy, Completeness의 2요소는 상대방을 거래의 현장으로 이끌어내기 위한 수단으로 사용되는 특수요소라고 할 수 있다.

1. Clearness(명확성)

통신문의 내용을 상대방이 오해 없이(no misunderstanding) 명확하게 이해할 수 있도록 서한작성자의 생각을 명백하게 표현해야 한다. 따라서 명확성의 요소를 완벽하게 구비한 통신문을 작성하기 위해서는 다음과 같은 사항에 좀더 주의를 기울일 필요가 있다.

1) 불명확한 어구의 사용을 피할 것(어구의 질)
2) 용건을 쉽고 충분하게 전달하는데 필요한 어구의 사용(어구의 수)
3) 사실이나 수치의 나열은 list화(어구의 위치)

2. Conciseness(간결성)

간결한 무역통신문은 거래유인에 필요한 내용을 최대한 간략하고 예의바른 문체로 작성한 것을 말한다. 즉 통신문에 불필요한 생각이나 용어가 포함되지 않았다면 이는 간결성을 갖춘 것이라 할 수 있다. 따라서 명료, 완전, 예절을 갖춘 짧은 말로 표현된 통신문을 간결하다고 할 수 있고, 이러한 통신문은 힘을 창조한다.

간결한 통신문을 작성하기 위해서는 먼저 단어의 음절을 줄이는 기교가 필요하다. 어떠한 통신문이건 단어 총수의 70% 이상이 one syllable의 단어를 사용한 것이라면 그 서신은 readability의 점에 있어서는 성공적이라 할 수 있다. 그러므로 ① 불필요한 항목삭제, ② 불필요한 어휘생략, ③ 중요하지 않은 요소를 과감하게 버릴 수 있는 기교가 요구된다.

3. Correctness(정확성)

무역통신문의 대부분은 권리, 의무, 이해관계 등을 수반하는 것이므로 정확성을 기해야 한다. Correct Letter란 형식면에서 일반관습을 준수하고 정보의 내용이 정확하며, 철자, 구두점, 어법, 문법, 관용구 등의 표현에 있어 표준을 지키고 과오가 없는 것을 말한다. 따라서 정확한 정보와 표현에 의하여 정확한 통신문을 작성하기 위해서는 다음과 같은 원칙을 준수하여야 한다.

① 상대방으로부터 받은 통신문을 주의 깊게 읽을 것
② 상대방이 원하는 바를 정확하게 이해할 것
③ 부정확한 항목은 아는 사람이나 정보문서철을 이용할 것
④ 작성된 통신문에 서명하기 전에 내용과 숫자를 주의 깊게 검토할 것
⑤ 발생 가능한 과오표를 작성, 통신문 작성 후 해당 과오를 검토할 것

또한 정확성을 충족시키기 위한 다음과 같은 기본요건을 설정하여 작성하는 것이 보다 내실 있고 효과적인 통신문이 될 것이다.

1) Correctness of statement(기술의 정확)
2) Accuracy of numerical expression(정확한 숫자의 표시)
3) Correct use of commercial [trade] terms(무역용어의 정확한 사용)

4) Grammatical correctness(정확한 문법)

4. Completeness(완전성)

통신문을 완전하게 작성한다는 것은 중요한 사항을 빠뜨리지 않고 상세하게 기술하여 목적하는 바를 분명하게 전달함으로써 통신문의 본래 목적을 완전하게 달성하려는 것을 의미한다.

참신하고 독창적인 통신문을 작성하고자 할 때 상대방에게 통신문 작성의 이유와 중심을 어디에 둘 것인지, 결론을 어떻게 마무리 할 것인지를 중심으로 보다 나은 통신문의 완전성을 이루도록 해야 한다.

5. Courtesy(예절성)

Courtesy란 단순히 표현상의 예절뿐만 아니라 표현의 배후에 숨어 있는 상도덕의 근본이라 할 수 있는 봉사정신을 의미한다. 특히 무역통신문은 당사자간의 이해관계에 지대한 영향을 미치므로 친절, 관용, 선의에 찬 문장이어야 한다. 이러한 예절성은 상대방의 감정에 대하여 충분한 배려를 하는 동시에 분노, 악의를 표시하는 내용을 가급적 쓰지 않고 상대방을 돕거나 이해하는 호의를 나타냄으로써 이루어진다. 따라서 상대방 본위(You attitude)의 관점에서 경어의 사용, 정중한 표현, 완곡한 표현, 기쁨·감사·유감의 표현 등의 문장으로 구성하여야 성공적인 통신문이 될 것이다.

완곡한 표현

We are afraid....	It seems [would seem] to us....
We would say....	We (would) suggest....
We may [might] say....	As you are [may be] aware....
We (would) think....	As we need hardly point out....

〈기쁨·감사·유감의 표현〉

기쁨을 나타내는 어구	We take the pleasure in ~ We have pleasure in ~ing We are pleased to do so. We are glad to do so. We are happy to do so.
감사를 나타내는 어구	We should be appreciated if you would ~ We shall appreciate it if you will do so. We shall be obliged if you will do so. We thank you for ~
유감을 나타내는 어구	We regret that we cannot do so. We regret to inform you that we cannot do so. We are sorry we cannot do so. We are sorry to say that we cannot do so.

section 2

Parts of Business Letter
(무역통신문의 구성요소)

① Letterhead (서두)	**SANG SHIN TRADING CO., LTD.** 54-1 Hwa Gok Dong, Kang Seo Ku, Seoul, Korea Importers & Exporters Tel : 812-23457 / FAX : 812-23459 / E-mail : sashin@kormail.net
② Date (발신일자)	September 1, 2010
③ Reference Number (참조번호)	Refer No. 1371
④ Inside Address (수신인 주소)	May Trading co., Ltd. 457 Plains Street, North Platte, Nebraska 79887, U.S.A.
⑤ Attention Line (특정 수신인명)	Attention : Miss Carol Baker
⑥ Salutation (첫인사)	Gentlemen:
⑦ Subject (제목)	***Subject* : The Parts of Business Letter**
⑧ Body of Letter (본문)	We are pleased to have your Inquiry, and are enclosing the Price List you requested, together with our terms of sale. We have seen your advertisement in The Metalworker, and would be grateful if you would kindly send us details of your aluminium fitting. Please quote us for the supply of the items listed on the enclosed Inquiry form, giving your price CIF Melbourne. Will you please indicate delivery times, your terms of payment, and details of discounts for regular purchases and large orders from US. We look forward to receiving your quotation.
⑨ Complimentary Close (끝인사)	Yours faithfully,
⑩ Signature (서명)	Sang Shin *Choi Sang-shin* Choi Sang-shin President
⑪ Identification Marks (관련자 약호)	NB : cb
⑫ Enclosure Notation (동봉물 표시)	Encl. : Price List
⑬ Carbon Copy Notation (사본 배부처)	C.C. : Harold Janis
⑭ Postscript (추신)	P.S. The revised catalogue of our latest production has been sent to you separately.

1. Basic Parts(기본요소)

무역서한의 구성요소 중 기본요소는 서한의 작성에 있어 반드시 기재하여야 하는 절대적으로 필요한 부분이다.

① Letterhead	서두
② Date	발신일자
③ Inside Address	수신인 주소
④ Salutation	첫인사
⑤ Body of Letter	본문
⑥ Complimentary Close	끝인사
⑦ Signature	서명

1) Letterhead(서두)

서한의 Letterhead는 그 회사의 얼굴이라 할 수 있으며 거래 상대방에게 있어서는 상대방회사에 대한 첫인상을 결정하는 부분이다. 따라서 서한의 발신자는 자기회사에 대한 좋은 이미지 형성(Image making)을 위한 단순(simple)한 스타일의 Letterhead를 기획할 필요가 있다.

개성적인 Letterhead는 통신참조사항을 서한용지의 좌측의 상단에서 하단까지를 완전히 활용한 나열방식에 의해 미리 인쇄하여 사용하는 것이 좋으며, 경우에 따라서는 회사의 이미지를 부각시킬 수 있는 사진을 서한용지의 중앙여백을 할당하여 인쇄할 수도 있다. 서한용지에는 회사명, 주소, 전화번호, 팩시밀리번호, E-mail Address 등이 인쇄되는데 서두와 발신일자를 포함하여 Heading이라고도 한다.

일반적인 상업서한의 Letterhead에 다음과 같은 요소를 인쇄하여 사용하고 있다면 무역회사로서의 체제가 확립되어 있는 기업이라고 판단해도 무방할 것이다.

〈Letterhead의 구성요소〉

① 회사명	Name of Company
② 회사의 주소	Address
③ 전화번호	Telephone Number
④ 팩시밀리번호	Facsimile Number
⑤ 전자우편주소	E-mail Address

⑥ 우편사서함번호	P.O.Box Number
⑦ 상표	Trademark
⑧ 사용전신암호코드	Codes Used
⑨ 은행조회선	Bank References

2) Date(발신일자)

서한을 작성한 날짜가 표시된다. 발신일자의 표시방법에는 미국식과 영국식이 있어 서로 다른 방식에 의하여 표기되므로 주의하여야 한다.

〈발신일자의 표기 방법〉

미국식	March 12, 2010	표준방식
영국식	12th March, 2010	표준방식
	12 March 2010	콤마가 없어 능률적인 반면, 관료적인 면이 남아 있으므로 사용하지 않는 편이 좋다.
비 고	12 - 3 - 2010 또는 12/3/2010	12월 3일 인지 3월 12일 인지 구분하기 어려 우므로 사용상 혼동을 초래할 우려가 있다.

3) Inside Address(수신인 주소)

수신인의 주소표기에 있어 예전에는 담당자의 이름을 Attention Line에 별도로 기입하는 경우가 많았으나 최근에 들어서는 담당자의 이름 및 담당부서가 Inside Address 윗부분에 놓이는 경향이 있다는 데에 주의해야 한다.

※ Sample Address

475 Ninth Avenue Chicago 34, Illinois U.S.A.	265 West 16th Street New York, N.Y. 10011 U.S.A.	Mr. Walter Jones, President Jones Cement Company 4400 Kensington Avenue Chicago, Illinois 60030 U.S.A.
Dr. Jonas R. Kent Tivoli, New York U.S.A.	Messrs, S. Smith & Co., Inc. P.O.Box 107, Manila Philippine Islands	Mrs. Janet White C/O Indo-China Trading Co., 80/81 Cloth Market Madras, India

㊉ Title(존칭, 경칭)의 표기 방법

통신문을 받는 상대방에게 예의를 표하기 위하여 경칭이나 이에 준하는 존칭을 사용하여 수신자로 하여금 좋은 기분과 이미지를 갖도록 하는 것이 무엇보다 중요한 요소이다. 무역통신문에 사용되는 존칭과 경칭의 예로는 다음과 같은 것들이 있다.

〈수신자에 대한 경어 표현방법〉

수 신 자		경 칭	사 례
남자	단수	Mr. (=Mister) Esq. (=Esquire)	- Mr. Bertrand Russel - Matthew Arnold, Esq. (00전, 00양, 앞에 경칭을 붙이지 않는 경우, 이름의 뒤에 붙인다.)
	복수	Messrs. (=Messieurs)	- Messrs. Johns & Co.,(주로 영국계 회사의 경우에 사용한다. 미국에서는 변호사 사무소에서만 사용한다.) * Messrs.는 Mr.의 복수로서 프랑스어의 Monsieur 의 복수 Messieurs에서 유래한 것이다.
기혼 부인	단수	Mrs. (=Mistress)	- Mrs. William Smith (William은 남편의 이름으로, 기혼 부인을 부를 때 이렇게 쓰기도 한다.) - Mrs. Diana Smith (Diana는 부인 자신의 이름으로 미국에서 주로 사용되는 표현법이며, 영국에서는 상업통신문 등의 공식문서에 사용한다. 또한 이 표현은 미망인에게도 사용할 수 있다.)
	복수	Mmes. (=Mesdames)	- Mmes. Suzuki and Matumoto (첫인사에 사용시에는 Dear Ladies, Mesdames로 표기한다.)
미혼 부인	단수	Miss	- Miss Ann Meadows (첫인사에 사용시 영국에서는 Dear Madam, Dear Miss Meadows로 표기한다.) * Miss 뒤에는 마침표를 찍지 않는다.
	복수	Misses	- Misses Ann and Mary Meadows(첫인사로는 Dear Ladies, Mesdames로 표기한다.
Ms.			- Ms. Smith (미혼, 기혼의 구별을 하지 않는 경우에 사용한다.)

4) Salutation(첫인사)

첫인사는 Inside Address로부터 2줄 정도 띄워 용지의 좌측 하단 구석 가장자리에 가지런히 배열(flush)한다. 이는 본문에 들어가기에 앞서 상대방에게 예의를 갖추기 위한 인사말로서 우리나라의 「누구 앞」에 해당한다. 첫인사에 사용되는 표현은 상대방의 인적 특성(성별, 직함별, 개인 및 단체별)에 따라 미국식과 영국식이 서로 다르게 표현되므로 주의할 필요가 있다.

① Greeting Line은 Inside Address보다 double space(2줄) 아래에서 좌측(left side) 마진(margin line)으로부터 시작한다.

② Salutation은 콜론(:)이나 콤마(,)로 끝낸다. 영국에서는 콤마(,), 미국에서는 콜론(:)을 주로 사용하는데 쓰는 사람의 의사에 따라 다르다. 대체로 Gentlemen과 Dear Sir나 Dear Sirs 등이 사용된다.

☞ Sample

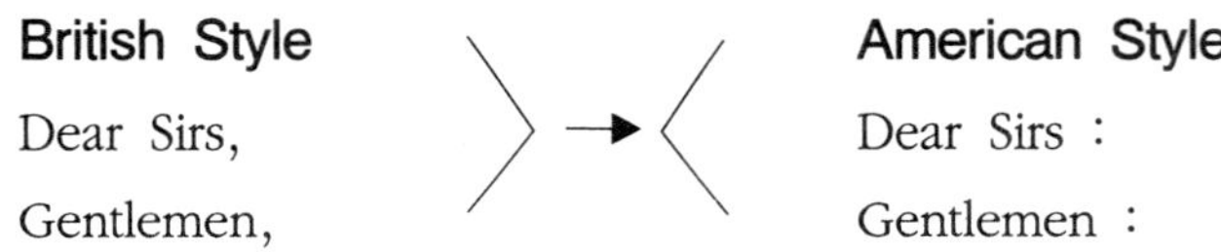

③ 특히 경칭의 표현 시에는 Inside Address에 표기된 것과 반드시 단수, 복수를 일치시켜야 한다.

〈첫인사의 경칭 표현방법〉

상대방의 인적 특성		경　　칭
수신인이름과 직함을 모르는 경우	- 상대가 1인 남성	- Dear Sir :
	- 상대가 1인 여성	- Dear Miss/Madam :
	- 상대가 복수 남성	- Gentlemen :
	- 상대가 복수 여성	- Ladies :
	- 수인의 구성원	- Gentlemen :
수신인이름과 직함을 알고 있는 경우	- 상대가 1인	- Dear Mr. Brown - Dear Professor Lucas :
	- 남성 복수	- Dear Mr. Ree and Mr. Hein :
	- 여성 복수	- Dear Miss :

5) Body of Letter(본문)

본문은 발신자의 메시지를 전달하는 부분으로 가능한 한 서한용지 1매에 모든 내용을 기입하는 것이 좋다. 부득이하게 2페이지 이상의 장문인 경우에는 서두(Letterhead)가 인쇄되지 않은 용지를 사용하여야 하며 특히, 용지의 지질이나 크기가 동일하여야 한다.

최초의 행을 어느 정도 들여 쓸 것인지(indented style), 아니면 들여 쓰지 않을 것인지(blocked style)는 업계 또는 기업의 관행에 따르는 것이 보통이며, 내용의 길이에 따라 2~3 단락(paragraph)으로 구분하는 것이 미관상 좋다.

일반적인 통신문의 본문은 기·승·전·결의 문장형식에 의하여 구성하는 것이 거래상대방에게 효과적으로 내용을 전달할 수 있다.

6) Complimentary Close(끝인사)

서한의 첫 인사(Greeting)로 Salutation(서두인사)을 사용하는 것과 마찬가지로 문장을 끝맺는 인사말도 결문인사(Complimentary Close)를 붙여 경의를 표하는 '여불비례'에 해당하는 말로 본문을 끝맺어야 한다.

결문인사의 위치는 본문 끝줄에서 아래로 2행(double space)으로 용지의 중앙보다 오른쪽에 타자하지만 오른쪽 여백(right margin)보다 밖으로 나가서는 안 되며, 첫 번째의 문자는 대문자, 다음 글자는 소문자로 쓰는 것이 원칙이다.

〈끝인사의 표현방법〉

구분 / 내용	미 국 식	영 국 식
형 식 적	- Very truly yours, - Yours very truly, - Truly yours, - Yours truly,	- Yours faithfully, - Faithfully yours,
친분이 있는 경우	- Sincerely yours, - Cordially yours, - Sincerely, - Yours,	- Yours sincerely, - Sincerely, - Yours,
의례적·공문서적 표 현	- Respectfully Yours, - Very respectfully yours,	- Yours respectfully,

7) Signature(서명)

무역통신문에 의해 거래를 계속하는 가운데 거래당사자간에 합의된 모든 사항은 무역거래계약의 내용을 구성한다. 따라서 서한의 발신일자, 수신자, 작성자의 서명은 계약구성의 필수요건이라 할 수 있다. 특히, 작성자의 서명은 문서의 내용을 서약하기 위한 것이기 때문에 반드시 자필서명을 요구한다. 그러므로 서명의 서체는 항상 일정해야 하며 타인이 쉽게 흉내 낼 수 없는 개성적인 서체일 것이 요구된다.

서명란은 회사명(최근 들어 회사명을 생략하는 경우도 있음), 서명, 이름, 직함의 4행으로 구성되며 그 기재 순위는 책임의 소재를 표시하는 것이라 할 수 있다. 만약 회사명을 1행에 기재하고 서명, 이름, 직함의 순서로 기재된 경우는 그 서한에 대한 일체의 책임이 회사에 있음을 의미한다. 또한 서명을 제1행에 기재하고 이름, 직함, 회사명의 순서로 표시한 경우에는 서명자가 최대의 책임을 부담한다는 것을 표시하는 것이다.

대리서명권을 가진 대리인이 서명을 할 경우에는 회사명의 앞에 P.P. (Per Pro. : Per Procuration)라 기재하며, 임시로 대리서명을 하는 경우에는 For(혹은 Per, Pro) 또는 서명의 앞에 By를 기재하고 서명한다.

회사명과 서명자명·직함과의 사이는 3~5행 정도 여백을 둔다. 특히 회사명을 상단에 위치시킬 것인지 하단에 위치시킬지는 자유이다. 서명자의 직책명(Official Title)은 서명인의 이름 아래에 하며 회사명을 기록할 경우에는 직책명의 바로 아래에 한다.

① 회사의 대표자격으로 서명하는 경우

끝인사 회사명 사 인 타자명 직 책	Yours very truly, Rainbow Publishing Co., Ltd. *N. R. Harris* Norton R. Harris Vice-president

끝인사 사 인 타자명 직 책	Yours very truly, *N. R. Harris* Norton R. Harris Vice-president

② 정식대리서명(per pro. signature)과 약식대리서명

정식대리서명은 상대방에게 위임장(power of attorney)을 사전에 미리 보내고 그 것을 근거로 특정인에게 대리서명을 위임한다는 것을 통보한 경우에 가능하다. 따

라서 이것은 그 특정인에 의하여 행하여지는 서명방식이다. 개인서명 앞에 Per를 붙이는 것이 일반적이나 대부분 By를 사용한다. For는 영국식이고 By와 Per는 미국식이다. 그러나 Official Title(업무상 자격)이 없는 자가 By 대신 본인이 속해 있는 과를 표시하는 경우도 있다.

☞ Sample

Yours faithfully,
For. The Real Estate Development Co., Ltd.
Mildred Katz

약식대리서명은 업무상의 자격(Official Title)이 없는 자가 자기 회사와 관계가 있음을 표시하는 서명이다. 이것 또한 책임을 회사가 부담한다.

2. Supplementary Parts(보조요소)

보조요소는 필요에 따라 추가되는 부분으로 다음의 항목으로 구성된다.

① Reference Number	참조번호
② Attention Line	특정 수신인명
③ Letter Subject	제목
④ Identification Marks	관련자 약호
⑤ Enclosure Notation	동봉물 표시
⑥ Carbon Copy Notation	사본 배부처 표시
⑦ Postscript	추신

1) Reference Number : File number(참조번호)

서한이 왕래하는 사이에 편리를 도모하기 위하여 참조번호를 Our Ref. : ~ 또는 Your Ref. : ~을 부여하여 발신자, 수신자별로 기재하여 둔다.

※참조번호

Your Ref. ...
In reply please quote No.

Our Ref. ...
In reply please refer No. 35

2) Letter Subject(**제목**)

서한의 내용을 수신자가 쉽게 알아볼 수 있도록 서한의 제목이나 건명을 기재하는 것으로서 Salutation의 두 줄 아래, 또는 중앙에 위치하며 중요 단어는 대문자를 사용한다. 그러나 간략식의 통신문에서는 모두 대문자로 기재하며 Subject를 생략한다.

☞ Subject : New Model Twilight X 또는 Our Order No. PRS/786/94

3) Attention Line(**특정 수신인명**)

서한 내용의 수신인 주소 및 첫인사 사이에 Attention : ~라고 삽입하여 특정의 부·과명이나 개인이름을 기재함으로써 신속한 발송이 되도록 한다. 일반적으로 Inside Address 두 줄 아래, Salutation 두 줄 위에 위치한다.

한편 특정수신인명을 표시할 경우 예전에는 담당자의 이름을 Attention Line에 별도로 기입하는 경우가 많았으나 최근에 들어서는 담당자의 이름 및 담당부서가 Inside Address 윗부분에 놓이는 경향이 있다는 데에 주의해야 한다.

☞ Attention : Sales Dept.

☞ Attention : Mr. S. R. Choi

4) Identification Marks(**관련자 약호**)

서명자(Dictator)와 타이피스트의 머릿글자(initials)를 Signature의 두 줄 아래 좌측 가장자리에 기재하며, 통신문작성의 책임소재를 표시하기 위한 기호이다.

☞ MG : ER, MG/ER, or MG : er, MG / er

5) Enclosure Notation(**동봉물 표시**)

동봉물 및 서류 등을 수신자가 확인할 수 있도록 Identification Marks 아래 왼쪽에 여백을 두고 기재한다. 수 개의 동봉물이 있는 경우에는 그 개수를 기재하여야 한다.

☞ Encl. : 서류이름(Catalogue, Illustration paper, Price list etc.)

6) Carbon Copy Notation(**사본 배부처**)

사본 배부처를 C.C. : ~라고 기재하며 통신문 사본이 다른 사람에게도 발송되었음을 표시한다. C.C.는 Carbon Copy의 약자로 사본이 없어도 기재한다.

☞ C.C. : Mr. Brown Polly

Mexico Trading Co.

7) Postscript(**추신**)

본문의 내용을 모두 기재한 후, 서한과 관련된 내용을 미처 기재하지 못한 경우 또는 때에 따라 특별히 강조하고자 하는 내용이 있는 경우에 기재하며 Identification Marks의 두 줄 아래에 위치한다.

STY : am	
	POSTSCRIPT

section 3

Format of Business Letter
(무역통신문의 형식)

무역통신문은 그 작성에 있어 전통적인 영·미식 스타일을 따르고 있다. 그러나 최근에는 무역거래의 신속한 이행을 위하여 텔렉스(telex), 팩시밀리(facsimile), 전화(telephone), E-mail 등이 빈번히 사용되고 있기는 하지만, 거래의 신뢰성이나 클레임의 발생에 따른 법적 분쟁의 원활한 처리라는 관점에서 중요한 거래항목에 대해서는 문서로 재확인하는 상관습이 통용되고 있다.

따라서 서한의 작성 시에는 형식면에서 대수롭지 않게 생각할 수 있는 양식의 배열이나 단순한 구두점(punctuation)의 사용에 대해서도 충분한 주의를 기울이지 않으면 안된다.

또한 서한의 내용과 문장표현에 있어서도 미국식의 국제거래에 사용되는 관용적인 표현이 확립되어 있기 때문에 일상생활에서 접할 수 있는 표현과 다른 면을 가지고 있다는 것을 주지할 필요가 있다.

1. Block Format(수직식)

통신문의 구성요소 중 발신일자, 끝인사, 서명부분을 제외한 모든 부분을, 좌측여백을 수직으로 일정하게 남기고 시작한다. 따라서 통신문의 내용을 쉽게 읽을 수 있으며 타자하기도 용이하기 때문에 능률적인 스타일로 각광을 받고 있다.

〈Block Format〉

SANG SHIN TRADING CO., LTD.

IMPORTERS & EXPORTERS
Tel : 001-81-2-345-6789 Fax : 001-82-2-345-6788
E-mail : Bogo@ppp.kornet.net

July 3, 2010

Mr. John Velly,
John & Co., Ltd.,
12 Azalea Circle West,
Orlando, FL 32804-7211.
U.S.A.

Dear Mr. Velly :

This letter illustrates the block format of letter dress, which has widely used methods of arranging letters.

It takes its name from the fact that the inside address, the salutation, and the paragraphs of the letter itself are arranged blocks without indention.

Its wide acceptance at the present time offers assurance that the letter arranged in block format is correct and modern.

Sincerely yours,
SANG SHIN TRADING CO., LTD.
Hong Gil-dong,
Hong Gil-dong,
Acting Manager

2. Indented Format(사선식)

발신자의 주소(Sender's Address)와 발신일자(Date)는 서한용지의 우측 상단, 수신자의 주소와 이름은 이보다 2~6 줄을 띄워 좌측 가장자리에 맞추어 기재한다. 본문의 1행은 용지의 좌측에서 시작하며 2행 째부터는 3~5 칸 정도를 들여 쓴다. 각 행의 끝에는 콤마(comma)를 찍으며 마지막 행의 끝에는 마침표(period)를 찍는다.

이러한 형식은 영국식의 전통적인 양식으로서 미적인 균형미가 있는 반면, 능률을 중시하는 미국식에서는 별로 사용되지 않는 형식이다.

〈Indented Format〉

SANG SHIN TRADING CO., LTD.

IMPORTERS & EXPORTERS
Tel : 001-81-2-345-6789 Fax : 001-82-2-345-6788
E-mail : Bogo@ppp.kornet.net

July 3, 2010

Mr. John Brown,
John & Co., Ltd.,
12 Azalea Circle West,
Orlando, FL 32804-7211.
U.S.A.

Dear Mr. Brown ;

This letter illustrates the indented format of letter dress, which is conservative, and suggestive of respect for long continued custom.

This inside address, the body, the complimentary close, and the signature are indented. The other parts are all blocked.

Sincerely yours,
Sang shin Trading Co., Ltd.
Hong Gil-dong,
Hong Gil-dong,
Acting Manager

3. Semiblock Format(부분수직식)

발신일자(Date), 끝인사(Complimentary Close), 서명(Signature)은 용지의 중앙보다 우측에 놓인다. 문단(paragraph)의 첫 행을 약간 안으로 들여 쓸 것인지(Semiblocked), 아닌지(Modified)는 해당 기업의 관습에 따른다.

그 이외의 부분인 수신인의 주소(Inside Address), 첫인사(Salutation), 본문(Body), 부수적 구성요소(Notations) 등은 행의 좌측 가장자리(flush)에 맞추어 가지런히 정렬시킨다.

〈Semiblock Format〉

SANG SHIN TRADING CO., LTD.

3th Floor, The Boboo Building,
345 Cho-dong, Chung-gu, Seoul, Korea
E-mail : Bogo@ppp.kornet.net

April 23, 2010

Mr. John Brwon
John & Co., Ltd.
12 Azalea Circle West
Orlando, FL 32804-7211
U.S.A.

Dear Mr. Brown :

This letter illustrates the semi-block format of letter dress, which is very popular.

This format is set up like indented format except that the inside address and the signature section are blocked. In this format the date line may be centered.

Very truly yours,
Sang shin Trading Co., Ltd.
Hong Gil-dong
Hong Gil-dong
Export Manager

HG : sg
P.O. Box : 1234 SEOUL 100-611, KOREA
CABLE : ROSE SEOUL
TEL : 001-81-2-345-6789 FAX : 001-81-2-345-6788

4. Simplified Format(간략식)

미국경영관리협회(Administrative Management Society; A.M.S.)가 장려하는 추천 양식으로 서두 첫인사(Salutation)와 결말의 끝인사(Complimentary Close)를 생략하며, 표제(Subject)가 사용되어 대문자(capitals)로 기록된다.

〈Simplified Format〉

Higgins Survey Network

3050 Uasmusten Plaza, Suite 100 Atlanta GA30304-5559 (404) 555-6192

May 4, 2010

Information Services Department
Southeastern Directory Company
400 Azalea Circle West
Orlando, FL 32802-7211
U.S.A.

We are suggesting that all our subsidiaries use the AMS simplified letter style for business correspondence. This letter style has several features that make it practical for our offices to use.

First, a subject line replaces the salutation. Since our subsidiaries rarely include the names of customers in their surveys, the use of a subject line rather than a salutation is preferred. Second, the complimentary closing is omitted. These features will save us much keyboarding time.

The enclosed brochure outlines the advantages of using this letter style. Please circulate a copy of it to each member of your staff. I hope you will agree that the AMS simplified letter style is the most practical style for our subsidiaries, to use.

LAURIE HAGUR, INFORMATION MANAGER
psz
Enclosure
C.C. : Norman Edwards
Heather Nicole

section 4

Process of International Trade Operation (국제무역거래의 흐름)

1. 국제무역거래의 절차

일반적인 국제무역거래 즉, 수출입거래는 다음 절차에 의해 이루어진다.

〈국제무역거래의 진행절차〉

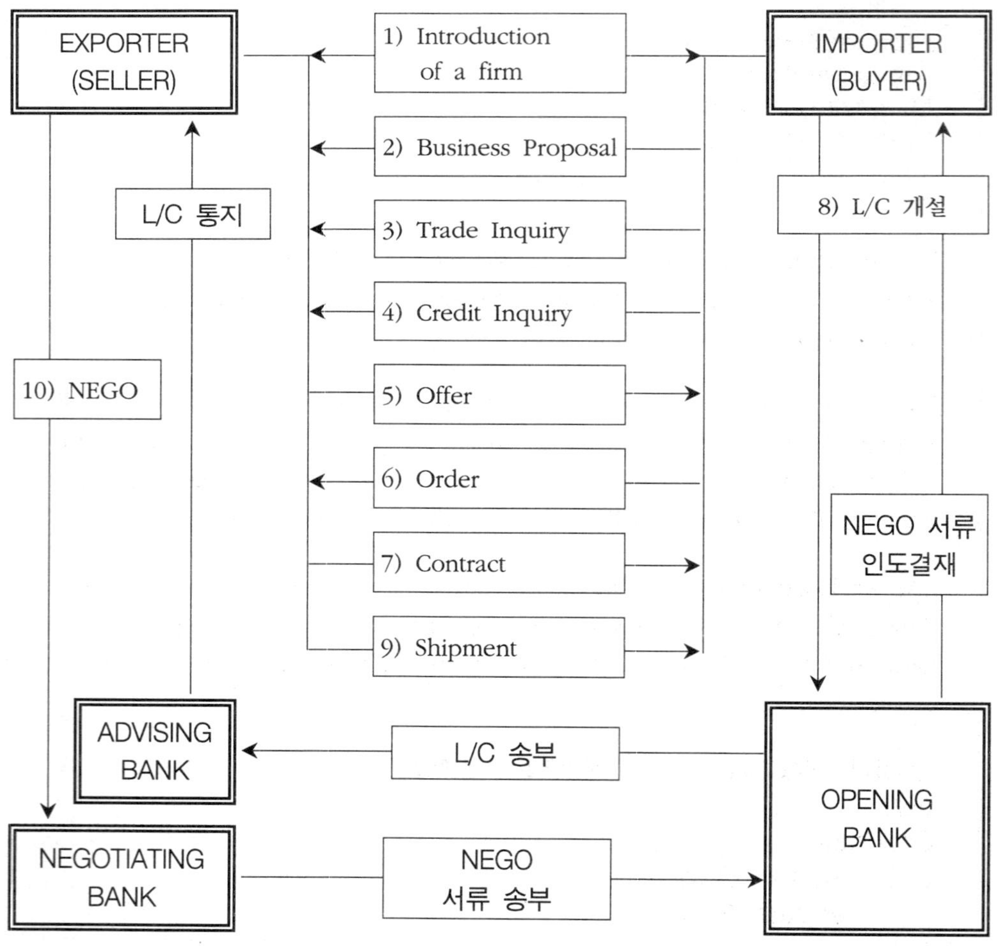

1) 먼저 해외거래처(overseas connections)에게 자사를 소개한다, 이러한 해외거래처는 유관기관, 동업자 조합, 각종 채널을 통하여 소개받을 수 있다. (Introduction of a firm)
2) 해외거래처에게 거래제의(Business Proposal)를 한다.
3) 거래제의를 승낙하기 전에 상품에 관한 세부적인 사항을 조회(Trade Inquiry)하게 된다. 이때 필요에 따라 견품(sample)을 요구하기도 한다.
4) 상품에 관한 조회와 더불어 상호간에 상대방의 신용상태를 확인하기 위해 반드시 신용조회(Credit Inquiry)를 해야 한다.
5) 신용 조회처의 신용보고의 내용에 대하여 만족하면 수출업자(exporter)는 청약(Offer)을 하게 된다.
6) 상호간의 매매조건에 대해 서로 합의하게 되면 최종적인 오퍼에 대해 수입업자(importer)가 주문(Order)을 한다.
7) 이러한 청약(Offer)과 주문(Order)에 대하여 상대방이 승낙(Acceptance)하게 되면 계약(Contract)이 성립하게 된다.
8) 계약이 성립된 후 대금결제조건이 신용장 방식(L/C base)일 경우, 수입업자는 거래은행을 통하여 신용장(Letter of Credit)을 개설하게 된다. L/C의 개설통지는 우편방식이 일반적이지만, 요사이는 SWIFT 방식에 의해 거의 통지되고 있다.
9) 신용장(L/C)을 통지 받은 수출업자는 신용장에서 요구하는 대로 제품을 준비하여 선적(Shipment)을 한다. 해상운송의 경우에는 일정한 선박에, 복합운송의 경우에는 운송인(carrier)의 보관하에 상품을 인도하며, 항공화물의 경우에는 항공운송인(air carrier)에게 인도하게 된다. 이때 운임(freight)이나 운송비(carriage) 지급의 당사자는 가격조건에 따라 상이하다.
10) 선적이 완료되면 요구되는 운송서류(transport documents)를 구비한 후 환어음(Bill of Exchange ; B/E : Draft)을 발행하여 은행에 매입의뢰(negotiation : NEGO)를 하여 수출대금을 수취한다.
11) 매입은행(negotiation bank : Nego Bank)은 이 서류를 개설은행(Issuing Bank)에 송부하여 수출대금을 회수하게 된다.
12) 수입업자는 개설은행으로부터 서류를 인수하고 수입대금을 지급한 후 선박회사로부터 화물을 인수하게 되면 거래는 종료하게 된다.

이와 같은 국제무역거래의 진행절차를 세분화하면 ① 수출자와 수입자간의 거래교섭 및 계약의 성립, ② 수출자의 거래 대상물품의 인도과정, ③ 수입자의 대금결제과정 등 3단계의 과정으로 분류할 수 있다.

2. Export & Import Documents(수출입서류)

복잡다단한 수출입거래의 이행절차는 이와 관련된 수많은 서류를 통하여 진행된다. 따라서 수출입거래의 각 과정마다 어떠한 관련서류가 필요한지를 정확하게 파악하고 있지 않으면 낭패를 보기 쉽다.

이와 같이 수출입거래의 매개체 역할을 담당하고 있는 주요 수출입서류를 보면 다음과 같다.

1) Export Documents(수출서류)

- 필수적인 서류
  - Commercial Invoice (상업송장)
  - Bill of Lading (선화증권)
  - Packing List (포장명세서)
  - Insurance Policy (보험증권)
  - Documentary Bill of Exchange (환어음)
- 통상적인 서류
  - Certificate of Origin (원산지증명서)
  - Certificate & List of Measurement and/or Weight (중량용적증명서)
- 수입국에 따라 필요한 서류
  - Consular Invoice (영사송장)
  - Customs Invoice (세관송장)
- 상품에 따라 필요한 서류
  - Export License (수출승인서)
  - Design Certificate (디자인 인정서)
  - Export Transaction License (수출거래승인서)
  - Certificate of Analysis (분석증명서)
  - Certificate of Quarantine (검역증명서)
  - Inspection Certificate (검사증명서)

2) Import Documents(수입서류)

- 필수적인 서류
  - · Commercial Invoice (상업송장)
  - · Bill of Lading (선화증권)
  - · Insurance Policy (보험증권)
  - · Air Way Bill (항공화물운송장)

- 통상적인 서류
  - · Packing List (포장명세서)
  - · Certificate of Origin (원산지증명서)
  - · Certificate & List of Measurement and/or Weight (중량용적증명서)
  - · Shipping Instructions (선적지시서)

- 수입국에 따라 필요한 서류
  - · Consular Invoice (영사송장)
  - · Customs Invoice (세관송장)

- 상품에 따라 필요한 서류
  - · Import License (수입승인서)
  - · Inspection Certificate (검사증명서)
  - · Certificate of Analysis (분석증명서)
  - · Certificate of Quarantine (검역증명서)

- 경우에 따라 필요한 서류
  - · Letter of Guarantee (보증장)
  - · Letter of Indemnity (보상장)
  - · Trust Receipt (T/R 수입담보화물보관증)

section 5 E-Trade & Business Letter (전자무역과 통신문)

1. E-Trade(전자무역)

1) E-Trade(전자무역)의 개념

전자무역이라는 용어는 2000년 12월 29일자 대외무역법 제6차 개정에 의해 이전까지 사용되어 오던 인터넷무역, 사이버무역 등의 용어로 혼용되어 온 것을 정리하여 새롭게 등장하게 되었다. 즉, 동법 제 2 조 6호에서 "전자무역이라 함은 무역의 일부 또는 전부가 컴퓨터 등 정보처리능력을 가진 장치에 의하여 정보통신망을 이용하여 이루어지는 거래를 말한다."라고 정의하고 있다. 이러한 전자무역은 컴퓨터 사용의 일반화로 무역거래가 개방형 네트워크인 인터넷을 활용하여 가상공간에서 국제무역 거래행위를 함으로써 이루어진다.

전자무역과 관련된 무역기능은 계약 체결 이전의 거래처에 대한 조회 및 조사, 거래조건의 협상 등의 무역과 관련된 정보 및 전자문서 등의 인터넷을 통한 정보의 유통경로에서 나타나고, 무역자동화 즉 EDI를 이용하여 무역주체들이 무역과 관련된 각종 서류를 전자적으로 처리하며 나아가 무역거래에 대한 대금 결제도 전자화폐 등을 통하여 이루어지며 이와 같은 모든 무역 프로세스에서의 커뮤니케이션을 인터넷을 통하여 이루어진다.

결론적으로 전자무역은 인터넷무역과 무역자동화를 포함한 개념으로 이해되어질 수 있겠다. 아직까지 사이버무역에 대한 명확한 정의는 없지만 대체로 "시장조사, 마켓팅, 통관, 결제 등 무역절차의 전부 또는 일부를 컴퓨터 통신망 등 정보통신기술을 활용하여 전자적으로 처리함으로써 무역의 흐름이 편리하고 신속하게 그리고 경제적으로 이루어지는 형태의 무역"이라 정의할 수 있다.

2) 전자무역의 실무절차

START	
거래선선정	거래희망지역에 대한 자료와 정보수집
거래제의 통신문발송	E-mail, Fax를 통한 통신문 전송
신 용 조 회	인터넷을 통한 신용조회
오 퍼	E-mail에 의한 Offer & Acceptance
매 매 계 약	계약성립 후 정식계약서를 확보
거 래 실 행	대량화물의 선적절차의 이행, 소량화물의 Quick service(DHL 등 특급운송시스템 활용)
대 금 회 수	전자결제시스템에 의한 대금회수 (전자화폐, 신용카드 등의 결제시스템 이용)
사 후 관 리	웹사이트의 자료수정, 변경사항의 고객에 대한 수시 E-mail통보, 지속적인 홈페이지내용의 업데이트
END	

3) 전자통신문의 작성요령

전자무역에 사용되는 통신문은 일반 무역거래에서 사용되는 통신문과는 달리 E-mail, FAX, Bar-code, EDI, EFT, FTP의 형태에 의하여 이루어지는 Invisible Paper Method 형식에 의한 서류 없는 무역거래의 특성을 갖는다. 또한 거래의 실행절차에 있어서도 신속성을 필요로 하기 때문에 문체의 선택이나 통신문의 형식 또한 일반무역통신문과 다른 형태를 지닌다. 즉, 형식은 Informal, 문체는 Conversation Pattern을 갖는다.

1990년대 후반에 급속히 보급되기 시작한 E-mail은 전보나 팩시밀리, 텔렉스와 같이 전기통신수단에 의하여 의사를 전달하는 통신문이지만, 그러한 수단들과는 달리 Paperless형식을 갖기 때문에 E-mail용의 영문은 자연스런 회화체를 사용하는 것이 보다 효과적이라 할 수 있다.

또한 장래에는 문체를 사용하지 않고 컴퓨터 Key board(자판) 입력에 능숙하지 못한 사람들을 위해서 문체가 아닌 음성입력의 의하여 Mail을 전송하는 시대도 머지않았고, 과거보다 편리한 수단에 의하여 신속하고 정확하게 수행하기 위한 노력이 국제거래에서 이길 수 있는 길이 될 것이다.

성공적인 전자무역 통신문 작성의 지름길

① 문체는 자연화된 회화체를 사용하라....

② 통신문의 형식에 구애받지 말고 Informal 형식을 사용하라...

③ 자사의 E-mail주소와 Home page를 선전하라...

④ 자기만의 독특한 통신문을 연구 발굴하라...

⑤ 간단, 명료한 어구와 쉬운 단어를 사용하라...

2. MODEL LETTER

No. 1 <General E-mail의 발신> — (개인의 경우)

Date : Mon, 11 Mar. 2010 14:10:23 (JST)

From : Choi Sangshin ①<bcchoi5@bogonet.ac.kr>

To : Jeremiah Sullivan<jerry@u.washington.edu>

Subject : Our trip to the U.S.

②Status : RO

Here is our itinerary :

11/01 ③Lv for San Diego
11/01 Lv for San Francisco for San Diego
11/05 Lv for San Diego for Seattle
11/09 Lv Settle for Seoul via San Francisco

We have learned Boeing offers a factory tour open for sightseers. Also we understand we can go to Vancouver with only two or three hours driving. Will you please arrange the Boeing factory tour and a day trip to Vancouver besides our 'seeing Seattle days'.
May I have your confirmation soon?
Choi

내용요약

보잉항공사의 공장견학의 날짜별 일정을 밝히고, 보잉사견학과 벤쿠버로 귀가하는 여행일정을 수배해 달라는 의뢰문

용어해설

① <bcchoi5@bogonet.ac.kr> < >안은 Internet의 Domain Address를 표시, @(at)의 좌측은 local part로 이용자명을 표시하며, 우측은 domain part라고 하며 이용자의 소속조직, 조직의 구분, 국명을 나타낸다.

② Status : RO 입력가능상태 ③ Lv (=leaving)

No. 2 <거래선 소개 의뢰> — (Fax의 경우)

SANG SHIN TRADING CO., LTD.

No.503 Jun bd. 354-1 Namyoung-dong, Yongsan-gu, Seoul, Korea
TEL : +82+2+3443+7864 FAX : +82+2+3444+3627 E-mail : bogo@kornet.net

DATE : June 23, 2010 REF# : 9906-23
TO : John & Co., Ltd.
ATTN : Mr. John Velly
FAX : 534+366+2781 TEL : 533+233+6789
ADDRESS :

Dear Mr. John Brown :

We are all of the ①well-established exporters/importers of all kinds of blood lancet items and ②have also good connections with the ③leading manufacturers here and have been exporting our products to American, Middle East, and Southwest Asian currently.

We would be grateful if you would introduce to us some reliable importers who may be interested in these fields of business and refer to our home pages.

For any information as to our ④financial status and reputation, Korea Exchange Bank, Seoul will supply you with the necessary information and we will dispatch our catalog and sample upon your requests.

Thank you very much attention and we look forward to receiving your reply soon.

Very truly yours,

Hong Gil-dong/President

내용요약

1단락 - 자사소개
2단락 - 믿을만한 수입업자 소개 요청
3단락 - 신용조회선을 밝힘
4단락 - 조속한 회답을 기다림

용어해설

① well-established 창업한지 오래 된
② have also good connections with 밀접한 관계를 갖고 있다
③ leading manufacturers 일류의 제조업체
④ financial status and reputation 재정상태 및 명성(평판)

No. 3 <SAFE에 대한 Selling Inquiry> — (기업의 경우)

From : Jimin Kim<unitrading@unitrading.com>
To : <santorin@ihug.co.①nz>
Date : June 21, 2010
Subject: SAFE

Dear Mr. Theo,

After quite a long time, I'd like to here your ②assessment for SAFE. As I mentioned before we were offered an agency contract in New Zealand. This company offered us conditional contract related to TV Commercial, but they failed the ③negotiation with TV company. They informed us that it would take a longer time than they expected.

So we ④decided to ⑤resume marketing in your area giving the ⑥equal opportunities. If you think you are able to market this product, you still have a chance. Would you kindly let me know what you think of ⑦ SAFE?

News —

1. We are going to change package design for better ⑧elegant look. It will be a small box of which ⑨upper cover will be ⑩transparent.
2. The text ⑪leaflet will be changed through reviewing by U.K. company.
3. We are going to replace the back label with regulation table for each country.

Look forward to your positive reply at your earliest.

Very truly yours,

Jimin Kim

Sang shin Trading Co., Ltd.
Home : http://www.unitrading.com
E-mail : unitrading@unitrading.com
Tel : 82+2+3346+8769 / Fax : 82+2+3346+8770
#421 KOMS Yuseung Bldg., 1432-3 Seocho-dong, Seocho-gu, Seoul, Korea

내용요약

1단락 - 자사제품 SAFE에 대한 거래전력 소개
2단락 - 거래권유
3단락 - 제품관련정보의 제공
4단락 - 긍정적인 답변을 희망하는 결문

용어해설

① nz 뉴질랜드 국가명의 약호
② assessment 판단
③ negotiation 협상, 교섭
④ decided to 결정하다
⑤ resume 계속하다, 점유하다, 다시 시작하다
⑥ equal opportunities 동등한 기회
⑦ SAFE 제품명
⑧ elegant 우아한
⑨ upper cover 위 뚜껑
⑩ transparent 투명한, 속이 훤히 비치는
⑪ leaflet 간단한 인쇄물, 낱장으로 된 삐라

CHAPTER 02

INTRODUCTION OF A FIRM
거래선의 소개의뢰

section 1 MODEL LETTER

Model Letter No. 1 <제품의 거래선 확보를 위한 소개 의뢰>

April 20, 2010

The ①Chamber of Commerce
Of the State of New York
65 Liberty St., New York, N.Y.10005
U.S.A

Gentlemen :

For the past twenty years, we have been supplying all kinds of electric machines to our ②domestic market and also to various markets abroad ③ enjoying a good reputation.

We are now desirous of ④extending our business to your market and shall ⑤be much obliged if you will ⑥introduce us to some ⑦reliable firms in your city who ⑧are interested in ⑨this line of business.

⑩As to our ⑪credit standing, the Korea Chamber of Commerce and Industry will supply necessary information.

We thank you for your cooperation ⑫in advance and wait for your early reply.

Very truly yours,

SANG SHIN TRADING CO., LTD.

Hong, Kil-Dong

Export Manager

내용요약

1단락 - 자사소개
2단락 - 제품의 해외시장개척을 위한 거래선 소개 의뢰
3단락 - 자사 신용상태에 대한 조회처
4단락 - 신속한 협력을 희망하는 결문

용어해설

① The Chamber of Commerce 국제상업회의소
② domestic market 국내시장(=inland market, *cf.* local 지방의)
③ enjoying a good reputation 좋은 평판을 유지하고 있다
④ to extend 확장하다, 연장하다
⑤ be much obliged(=appreciated) if you will 만약 ~한다면 매우 감사 하겠습니다
⑥ to introduce 소개하다, 도입하다
⑦ reliable firms 신뢰할 수 있는 상사(*cf.* firm offer 확정오퍼)
⑧ be interested in ~에 관심이 있는
⑨ in this line of business 이 업종에서
⑩ As to ~관해서는(=as for= concerning=as regards=in regard to=about)
⑪ credit standing 신용상태(=business standing=financial standing)
⑫ in advance 사전에

Model Letter No. 2 <거래선 소개 의뢰에 대한 회사소개>

April 30, 2010

SANG SHIN TRADING CO., LTD.
54-1 Hwa Gok Dong, Kang Seo Ku
Seoul, Korea

Gentlemen :

①In reply to your letter of April 20, we are pleased to ②recommend you the following firm who may be interested in importing the ③merchandise you handle:

American Importing Co., Inc.
10 Park Avenue, New York, N.Y.10022
④Fax : 01-324-3397

While this concern is reliable and ⑤of good reputation here, we are unable ⑥to make ourselves responsible for them. For any information you may desire, we advise you to write directly to them.

We are happy to recommend this firm and shall be pleased to supply ⑦further information ⑧should it be required.

Very truly yours,

내용요약

1단락 - 거래처 소개의뢰에 대한 회신임을 알림
2단락 - 회사를 소개함
3단락 - 소개하는 회사의 신용상태에 대한 책임이 없음을 알림
4단락 - 본 회사소개에 대한 기쁨과 계속적인 협력을 기대하는 결문

용어해설

① In reply to ~에 대한 회답으로(=replying to)
② recommend 추천하다, 소개하다, 권하다(=suggest)
③ merchandise 상품(=goods) * 집합명사로 단수로만 쓰인다
④ facsimile 팩시밀리 * fac.(to make)+simile(similar)의 합성어
⑤ be of good reputation 평판이 좋다
(=enjoy a good reputation, have a good reputation)
⑥ to make ourselves responsible ~대한 책임을 지다
(=assume responsibility for)
⑦ further information 더 이상의 자료(정보)
⑧ should it be required 필요하다면(=if it should be required)
* should는 강한 가정을 나타낸다. 본문에서는 if가 생략되고 should가 도치되어 문두에 제시되어 있는 형식이다.

Model Letter No. 3 <대리점개설을 위한 거래선 소개의뢰>

CROMAC LIMITED

Lucan Road Palmerstown Dublin 20, Ireland
Phone (01) 364767 Fax (01) 364768
Directors : B V Hoey H Seitz M J Schuster(Managing)
Registered in Ireland No.14797

MIS/7524.
26th April, 2010

The Osaka chamber of Commerce & Industry
2-8 Honmachi-bast1i
chuo-ku, Osaka 540, Japan

Dear sirs,

We are anxious to ①contact some Japanese firms ②with a view to acting as their ③agents in Ireland and ④we should be obliged if you would kindly let us know the addresses of factories which produce the following goods:

⑤Gas Detection Systems or Gas Sensors for
Combustible Gases Toxic Gases
and Carbon Dioxide

We can assure you that we ⑥are in an excellent position to above-mentioned goods in all pans of the Republic of Ireland.

⑦Your kind cooperation would be appreciated.

Yours faithfully,

CROMAC LIMITED
M. J. Schuster
M. J. Schuster
Managing Director

MIS : soh

내용요약

1단락 - 취급상품을 생산하는 회사의 주소를 알려줄 것을 의뢰
2단락 - 자국내에서 해당상품의 독보적 공급자로서의 지위를 자랑
3단락 - 거래선 확보에 협력을 당부하는 결문

용어해설

① contact …와 관계를 맺다(=get in touch with)
② with a view to -ing …의 목적을 가지고 *-ing형에 주의
③ agents 대리점 *회사의 경우는 대리점이 하나인 경우에도 복수형
④ we should be obliged if you would …해주면 정말 고맙겠습니다
*매우 정중한 의뢰의 표현으로 should, would에 주의
⑤ Gas Detection Systems or Gas Sensors 가스누출감지장치
*상품명은 보통 각 머릿글자를 대문자로 한다.
⑥ be in a position to do …이 가능한
*can do를 사용해도 되지만 excellent와 같은 형용사를 붙일 수 있어 편리한 표현이다. we cannot do보다는 we are not in a position to do라는 표현으로 더 자주 쓰인다.
⑦ Your cooperation would be appreciated. 협력해주시면 감사하겠습니다.

section 2

핵심용어 정선

1. 상품관련 용어

1) goods : 상품, 화물, 물품

재고품 : goods in stock

제작중인 상품 : goods in process

보세품 : goods in bond

현　품 : goods in hand

주문품 : goods made to order

결함품 : defective goods

불합격품 : rejected goods

완성품 : manufactured goods

미완성품 : semi-manufactured goods

옷　감 : piece goods

2) article : 물품, 물건

수출품 : article(s) of export

식료품 : article(s) of food

가　구 : article(s) of furniture

실용품 : article(s) of utility

가연성상품 : inflammable article(s)

화장품 : toilet articles

3) commodity : 상품, 일용품

상품거래소 : commodity exchange

상품시장 : commodity market

신선상품 : perishable commodity

가정용품 : household commodities

시장성 높은 상품 : marketable commodity

4) produce : 농산물, 수확물(천연물)

농산물 : agricultural produce

공산품 : produce of factory

5) product : 생산물, 제품(천연물+공산품)

천연산물 : natural products

농산물 : agricultural products

수산물 : fishery products

임산물 : forestry products

공업제품 : industrial products

6) ware : 제품, 세공품

하드웨어/소프트웨어 : hardware/software

유리제품류 : glassware

취급상품 : a salesman and his ware

식품류 : tableware

7) 기타 상품 관련 용어

품 목 : item

업 종 : line of business

제품계열, 품종 : line

무더기/품목 : lot

주문품 : order

화물, 적화 : cargo, freight

적 화 : shipment

탁송품, 적송품, 적화 : consignment

2. 시황용어

active	활발한	easy	완만한	quiet	평온한
advancing	등귀하는	excited	활기 있는	reacting	반동적인
animated	왕성한	feverish	열광적인	slack	완만한
bearish	약세의	firm	안정된	sluggish	부진한
brisk	활발한	flat	활기 없는	soft	약세의
bullish	상승하는	improving	호전되는	steady	안정된
dead	침체하는	inactive	활기 없는	stiff	오름세의
declining	하강기미	irregular	불규칙적인	strong	강세의
depressed	부진한	overstocked	재고과잉의	unchanged	변치 않는
dull	침체한	panicky	공황상태의	weak	약세의

3. Market 관련 용어

bond market	채권시장	market area	판매지역
buyers' market	구매자시장	market claim	시장클레임
contract market	계약시장	market condition	시황
domestic market	국내시장	market fluctuation	시장변동
foreign market	외국시장	market index	시장지수
home market	국내시장	market information	시장정보, 시황정보
inland market	국내시장	market level	시장가격 수준
money market	금융시장	market price	시가 ; 상장
overseas market	해외시장	market quotation	시장상장
produce market	생산물시장	market report	시장보고
securities market	주식시장	market research	시장조사
sellers' market	판매자시장	market risk	시장위험
share market	주식시장	market survey	시장조사
spot market	현물시장	market target	시장목표
stock market	주식시장	market terms	시황용어
market analysis	시장분석	market value	시장가격

section 3 객관식문제

1. 다음 문장들 가운데 다른 세 문장의 뜻과 다른 하나를 고르시오.

① We are in possession of electronic equipment.
② We are in the market for electronic equipment.
③ We wish to buy electronic equipment.
④ We would like to import electronic equipment.

* ②, ③, ④는 물품구매의사를 나타내는 표현, ①은 물품의 보유를 의미
(* in possession of ~을 소유하고 있는, be in the market for ~을 구매하려고 하다)

2. 다음은 무역거래에서 활용되는 표현들이다. 각 문장들이 전달하는 의미 가운데 다른 세문장과 관련이 가장 적은 것을 고르시오.

① We have been referred to you by Messrs. Brown & Co.
② You may run the risk in granting the said credit.
③ The firm enjoys an unlimited credit among the business circle here.
④ Please quote us for the supply of 500 ABC Air Conditioning Units for April shipment.

* ①, ②, ③은 신용조회관련 표현이고 ④는 견적을 요청하는 표현이다.
(* Messrs. Mr.의 복수형, run the risk 위험을 감수하다)

3. 다음 문장에서 밑줄 친 부분을 바르게 영문으로 작성한 것을 고르시오.

> 우리 회사는 부산에 위치한 종합무역상사로서 다양한 제품을 수출하고 있고, 특히 최근에 <u>골프공을 취급하고 있습니다</u>.

① general trading company inside Busan — deal in golf ball
② general trading company in Busan — deal with golf ball
③ general trading company located to Busan — deal in golf ball
④ general trading company located for Busan — deal with golf ball

4. 다음 문장의 영작이 가장 적합한 것을 고르시오.

당사는 귀 시장에 당사의 사업을 확장하려고 노력하고 있습니다.

① We are trying extending our business until you market.
② We are trying to extend our business by your market.
③ We are trying to extend our business to your market.
④ We try extending our business until you market.
(* be trying to do ～을 하려고 노력하다, 귀 시장에서 to your market)

5. 다음 문장 중 밑줄 친 부분의 해석이 맞는 것을 고르시오.

The Seoul Industrial Co., Ltd. have recommended your firm to us as one of the largest importers and exporters in Korea. <u>It so happens that we are not represented in your country at the present time</u>, and we are very much interested in having an reputable agent there.

① 공교롭게도 당사는 당분간 귀국에서 활동하지 않으려 한다.
② 공교롭게도 당사는 현재 귀국에 대리점이 없다.
③ 당사는 당분간 귀국에서 활동하지 않으려 한다.
④ 당사는 우연히 귀국을 대리하고 있지 않다.
(* It happens that ～공교롭게도 ～하다, we are represented by ～가 당사의 대리점이 되다)

6. 다음 (　　) 안의 우리말에 가장 알맞은 영작을 고르시오.

Sammy Traders (폭넓고 밀접한 거래관계를 가지고 있습니다) with local makers in London.

① have wide and close connections.
② have widely and closely business relations.
③ have wide and close connect.
④ have widing and closing business relations.

7. 다음 (　　)에 알맞은 것을 고르시오.

> We are one of the leading firms in Busan (　　) in the export of korean silk goods especially clothes for women.

① specializing　　② dealing
③ experiencing　　④ making

(* leading firm 굴지의 기업, 대표적인 기업, clothes for women 여성용 의류)

8. 다음 문장을 읽고 내용의 뜻이 맞게 해석된 것을 고르시오.

> We have inserted your advertisement in the next issue of our bulletin, a copy of which will be sent to you upon publication.

① 당사는 다음 월간지에 귀사의 광고를 보게 될 것이며, 발간되는 대로 한 부 보내드리겠습니다.
② 당사는 다음 회보에 귀사의 광고를 게재하였으며, 발간되는 대로 한 부를 보내드리겠습니다.
③ 당사는 다음 월간지에 귀사의 광고를 보게 될 것이며, 발표되는 대로 귀사에게 그 사본을 보내 드리겠습니다.
④ 당사는 다음 회보에 귀사의 광고를 게재할 예정이며, 공고가 되는 대로 그 사본을 보내 드리겠습니다.

(* upon publication 발간되는 대로, 발간되자마자[=on publication])

9. 다음 영어문장을 우리말로 옮길 때 가장 적합하게 해석 된 것을 고르시오.

> We shall be obliged of you will introduce us to some competent firms in your city who are interested in importing business machines.

① 귀 도시에서 사무용 기기를 수입하는데 관심을 가지고 있는 몇 몇 유능한 기업을 당사에게 소개해 주시면 고맙겠습니다.
② 당사는 귀사가 귀 도시에서 사무용 기기를 수입하는데 관심을 가지고 있는 신뢰할 수 기업으로 소개받았습니다.
③ 당사는 귀사가 귀 도시에서 사무용 기기를 수입하는데 관심을 가지고 있는 유능한 기업으로 소개하였습니다.

④ 당사는 사무용 기기를 수입하는데 관심을 가지고 유능한 기업으로 귀 도시에 있는 몇 몇 기업을 당사에게 소개해 주시면 고맙겠습니다.
(*We shall be obliged for your introduce to 소개해 주시면 고맙겠습니다, business machines 사무용 기기)

10. 다음 문장의 내용이 가장 맞게 해석된 것을 고르시오.

> It happens that we are not represented in your country at the present time. So, there are finding very large markets for their own products.

① 우연히 당사는 현재 귀국을 대리하고 있지 않습니다. 그래서 동사는 자신의 상품을 판매할 판로를 찾고 있습니다.
② 당사는 당분간 귀국에서는 활동하지 않으려 합니다. 그래서 동사는 자신의 제품에 대한 큰 시장을 발견하고 있습니다.
③ 공교롭게도 현재 당사는 귀국에 대리점이 없습니다. 그래서 당사는 우리 상품을 판매할 수 있는 판로를 찾고 있습니다.
④ 공교롭게도 당분간 당사는 귀국에서 대리점을 두지 않으려 합니다. 그래서 거기에는 우리 제품을 팔 수 있는 큰 시장이 있습니다.
(* It happens that ~공교롭게도 ~하다. we are represented by ~가 당사의 대리점이 되다, to find a market for~ (~의) 시장을 찾다(물색하다.))

11. 다음 문장의 내용이 맞게 해석된 것을 고르시오.

> We are well-established exports of all kinds of electronic goods, having been in business for more than 40 years.

① 당사는 모든 전자제품을 수출 할 수 있는 40여년 된 전통 있는 무역회사입니다.
② 당사는 40여년간 업계에 종사해 온 모든 전자제품의 견실한 무역회사입니다
③ 당사는 40여년 이상 거래해 온 모든 전자제품의 견실한 수출업체입니다.
④ 당사는 모든 전자제품을 수출 할 수 있는 40여년 된 튼튼한 무역회사입니다
(* well-established 기초가 튼튼한, 확립된)

12. 다음 문장을 읽고 문장의 내용이 맞게 해석된 것을 고르시오.

When we consult with Hansung Co., about appointing a sales agency, they advised to seek an introduction from you.

① 당사가 한성상사에게 판매대리점의 지정에 대하여 상담하였을 때 동 상사는 귀사를 소개하였습니다.
② 당사가 판매대리점의 지정에 대하여 한성상사에게 요청했을 때 동 상사는 귀사를 소개 하였습니다.
③ 당사가 한성상사에게 판매대리점의 지정에 대하여 상담하였을 때 동 상사는 귀사에게 소개를 부탁하라고 했습니다.
④ 당사가 판매대리점의 지정에 대하여 한성상사에게 요청했을 때 동 상사는 귀사에게 소개를 부탁하라고 하였습니다.

13. 다음 문장을 읽고 문장의 내용이 맞게 해석된 것을 고르시오.

We are convinced that there is an enormous potential market waiting to be opened and only a really active agent can develop an excellent business in this line.

① 아직 개발되지 않은 거대한 잠재적인 시장이 있으며 단지 적극적인 대리점만이 이러한 과정을 거쳐 우수한 사업을 개발해 나갈 수 있다고 확신합니다.
② 아직 개발되지 않은 거대한 잠재적인 시장이 있으며 단지 수동적인 대리점만이 분야에서 우수한 사업을 개발해 나갈 수 있다고 확신합니다.
③ 거대한 잠재적인 시장이 개발되어 있으며 단지 적극적인 대리점만이 이 분야에서 우수한 사업을 개발해 나갈 수 있다고 확신합니다.
④ 아직 개발되지 않은 거대한 잠재적인 시장이 있으며 단지 적극적인 대리점만이 이 분야에서 우수한 사업을 개발해 나갈 수 있다고 확신합니다.
(* in this line 이러한 분야(품목)에서 *cf.* business line 거래선)

14. 다음 문장의 순서가 올바른 것을 고르시오.

가. we are confident that you will be pleased with their quality. 나. and you will find the specification and instructions given 다. The greatest care and discretion have been exercised in executing this order 라. by you have been complied with to the letter, when the shipment reach

① 가-나-다-라 ② 다-나-라-가
③ 다-라-가-나 ④ 가-다-라-나
(* execute an order 주문을 이행하다, be confident of+(동)명사[that+S+V ~을 확신하다. to the letter 문자 그대로, 엄밀하게)

15. 다음 문장 중 순서가 바르게 배열된 것을 고르시오.

가. us have a chance of business
나. we would greatly appreciate
다. all the cooperation you could
라. render in letting

① 가-나-다-라 ② 나-다-라-가
③ 나-다-가-라 ④ 다-가-나-라

16. 다음 주어진 단어 또는 문장을 배열할 때 알맞게 배열된 것을 고르시오.

㉠ Made an analysis of marketability of the lot No. 300.
㉡ They have accumulated a rich experience in computer peripheral trade and.
㉢ They shall be able to transact a satisfactory business with any firm.
㉣ You may recommend.

① ㉢-㉣-㉡-㉠ ② ㉣-㉢-㉡-㉠
③ ㉡-㉠-㉢-㉣ ④ ㉡-㉠-㉣-㉢
(* marketability 시장성, computer peripheral 컴퓨터 주변기기)

〈객관식문제 해답〉

문제	1	2	3	4	5	6	7	8	9	10	11	12	13	14	15	16
해답	①	④	②	③	②	①	①	②	①	③	③	③	③	②	②	③

section 4

해석 및 영작문제

1. 해석문제

① We desire to extend our business activities to your territory.
(* desire to ~하고 싶다, territory 판매지역)

② There are finding very large markets for their own products all over the world.
(* to find a market for 시장을 물색하다)

③ We would appreciate any assistance you could give us in establishing contract with qualified distributors or agents.
(* distributor 특약 수입판매점, 특약점)

④ Qualified distributors are urgently needed because of rather technical nature of our products.
(* technical nature 전문적인[기술적인] 성질)

⑤ We are importers of all kinds of typewriters, and desirous of opening an account with reliable firms in your country.
(* be desirous[=anxious] of ~을 열망하다)

⑥ We would be most grateful if you could provide us with a list of reliable business concerns in your area which might be interested in importing Korean electronic products.

(* provide[=supply; furnish, favor]~ with... ~에게 ...을 제공하다, which might be interested 관심이 있을 지도 모르는)

⑦ We shall be obliged of you will introduce us to some reliable firms in your city who are interested in importing traditional furniture.

(* We shall be obliged for your introduction to, 소개해 주시면 고맙겠습니다, handing 취급하다(=deal in[treat], *cf.* deal with(=buy and sell), business machines 사무용기기)

⑧ Unfortunately, we have no good connections in your country and therefore shall be very grateful if you will let us have[send us] a list of some reliable firms in your city who are especially interested in dealing in Korean optical goods.

(* connection 거래처, Korean optical goods 한국산 광학제품, a list of reliable firms[=business concerns] 믿을 만한 회사의 일람표)

⑨ The above firm is a large manufacturer and exporter in Korea. While they are of good repute, we do not assume any responsibility for their credit standing.

(* manufacturer and exporter 제조업자 겸 수출업자, be of good repute 좋은 평판을 받다, assume any responsibility for ~에 대해 책임을 지다)

⑩ We have now decided to extend marketing of this model to your country in accordance with the principle of international product life cycle.

(* international product life cycle 국제상품수명주기)

2. 영작문제

① 본 품목은 당사의 판매지역에서 견실한 수요가 있습니다.
(＊견실한 수요 steady demand)

② 당사는 섬유부문에서 거래관계를 맺을 수 있는 신뢰할 만한 약간의 회사를 물색 중에 있습니다.
(＊섬유부문 textile section, 거래관계를 맺다 enter into business relations [=connections])

③ 당사는 지난주 신규로 개발한 피혁제품 및 각종 악세서리의 신제품을 시장에 출시했으며, 위의 품목을 취급하는 유능한 수입업자를 당사에게 소개해 주시면 고맙겠습니다.
(＊신규로 개발한 newly-developed, 피혁제품 leather products, 각종 악세서리 all kinds of accessories, 유능한 capable; competent)

④ 당사는 20여 년 이상 세계 각 국에 면제품을 수출하고 있으며 그들로부터 좋은 평판을 받고 있습니다.
(＊좋은 평판을 받다 enjoy a good reputation(or credit))

⑤ 당사는 각종 스포츠용품을 취급하는 창업한 지 오래된 수출업자이며 여기의 주요 제조업자와 넓고도 긴말한 거래관계를 유지하고 있습니다.
(＊취급하다 handling, 창업한 지 오래된 old-established, 넓고도 긴밀한 거래관계 wide and close connections)

⑥ 당사는 귀 판매지역에 어떠한 거래처도 없사오니 전자제품의 분야에서 신뢰할 만한 약간의 수출업자 명단을 보내 주시면 감사하겠습니다.
(＊판매지역 territory, 거래처 connection, …에 관심이 있다 to be interested

in ..., ~을 보내 주시면 감사하겠습니다 we would appreciate your sending us)

⑦ 상기 회사는 한국에서 대규모 제조업자 겸 수출업자입니다. 동 상사는 좋은 평판을 얻고 있지만, 당사는 그들의 신용상태에 대해서는 책임을 지지 않습니다.

(＊제조업자 겸 수출업자 manufacturer and exporter, ~에 대해 책임을 지다 assume any responsibility for)

⑧ 당사의 신용상태에 관하여는 당사의 거래은행인 서울에 있는 신한은행 본점에 조회하여 보시기 바랍니다.

(＊신용상태 business[=credit] standings, …에 관해서는 regarding, as to...)

⑨ 동사의 영업상태에 관하여 당사에게 어떠한 정보라도 제공해 주신다면 감사하겠습니다.

⑩ 귀사의 친절한 협력에 감사드리며, 빠른 시일 내에 좋은 회신이 있기를 기대합니다.

(＊친절한 협력 kind cooperation, ~에 감사하다 would be appreciated)

CHAPTER 03

BUSINESS PROPOSAL AND REPLY
거래제의와 회답

section 1

MODEL LETTER

Model Letter No. 1 <사무기기에 대한 Selling Proposal>

May 1, 2010.

American Importing Co., Inc.
10 park Ave., New York, N.Y. 10022
U.S.A.

Dear sirs :

Your name and address have been given by the Chamber of Commerce of your city, we understand that you are one of the ①leading importers and ②wholesalers of Electronic Machinery in your country. We are, therefore, writing you ③with a keen desire of ④opening an account with you.

We ⑤have been engaged in the export of the same lines of business background of 30 years, and are now interested in exporting to your country Electronic Machinery of all types, such as ⑥office machines and sophisticated Machines.

If you are interested in marketing these products in your ⑦district, please let us know and we shall be pleased to dispatch our latest catalog to you, together with a list of our ⑧quotations on C.I.F. basis.

⑨Regarding the ⑩terms of payment, it is our custom to trade on an ⑪ irrevocable letter of credit, under which we ⑫draw a draft ⑬at sight.

As to our ⑭business and financial standing, we may ⑮refer you to our bankers, The Kookmin Bank of Korea, ⑯Head Office, Seoul.

We ⑰look forward to your ⑱favorable reply by return.

Very truly yours,

내용요약

1단락 - 상대방을 알게 된 경위와 거래제의
2단락 - 자사소개, 상품소개
3단락 - 자사와의 거래에 대한 관심여부 문의
4단락 - 자사의 영업상태 조회처
5단락 - 호의적인 회신기대의 결문

용어해설

① leading(=reliable) importers 일류의(신뢰할 만한) 수입업자
② wholesaler 도매상 (*cf.* retailer 소매상)
③ with a keen desire ~열망하다(=anxious)
④ open an account with …와 거래를 개설하다(=start business with, build up business with, enter into business relations with)
⑤ be engaged in ~에 종사하다 ex) Mr. Lee is engaged to Kim Mi-suk 이 군과 김미숙양과는 약혼 중이다.
⑥ office machines and sophisticated Machines 사무기기와 정교한 기계
⑦ district(=territory) 판매지역
⑧ quotations (변동 가능한) 가격 (*cf.* price 정해진 가격)
⑨ Regarding ... …에 관해서는(=in regard to, as to, as for, concerning, in reference to)
⑩ terms of payment 대금결제조건
⑪ irrevocable letter of credit 취소불능신용장
⑫ draw a draft 환어음을 발행하다
⑬ at sight 일람출급으로(Sight draft)
⑭ business and financial standing 영업상태와 재정상태(=financial status)
⑮ refer you to... ...에게 조회하다
⑯ Head Office 본점 (*cf.* branch office 지점)
⑰ look forward to ~을 기대하다
⑱ favorable 호의적인, 유리한

Model Letter No. 2 <Reply to Selling Proposal>

May 20, 2010.

SANG SHIN TRADING CO., LTD.
54-1 Hwa Gok Deng, Kang Seo Ku
Seoul, Korea

Gentlemen :

Thank you very much for your letter of May 1, proposing to do business with us. Your letter ①conveys us that you are specially interested in shipping Electric Machinery, and in these lines we may say that we are ② specialists. ③Despite the fact that ④dullness rules the market at present, we ⑤are prepared to ⑥accept your proposal if your goods prove ⑦ suitable for our market in price and quality.

As to the ⑧settlement of account, we are agreeable to your terms.

But before we accept your proposal it is usual with us to ⑨take up the reference named communicating with you further as soon as we hear from the Bankers suggested.

We thank you for your ⑩courtesy in making the proposal and hope we may soon be able to work with you ⑪to our mutual advantage.

Very truly yours,

AMERICAN IMPORTING CO., INC.

내용요약

1단락 - 거래제의 서신에 대한 감사 및 자사 소개
2단락 - 조회 후 다시 연락할 것임을 밝힘
3단락 - 감사표시와 상호이익 증진을 기대한다는 결문

용어해설

① convey 전달하다
② specialists 전문가, 전문업체
③ despite …에도 불구하고(=in spite of)
④ dullness rules the market 시장이 침체되어 있다
⑤ are prepared to ~할 준비가 된, ~할 용의가 있는
⑥ accept your proposal 귀사의 제안을 승낙할
⑦ suitable for our market 당 시장에 적합한
⑧ settlement(=payment) of account 지불(=결제)계정
⑨ take up the reference named 지정된 조회선에 조회하다
⑩ courtesy 호의, 친절
⑪ to our mutual advantage [benefit] 상호간의 이익을 위하여

Model Letter No. 3 <Sales Circular Letter(거래권유장)>

SANG SHIN TRADING CO., LTD.
Seoul, Korea

June 1. 2010

Messrs, Taylor & Co.,
San Francisco, 5, Calif.
U.S.A.

Gentlemen :

We have the pleasure to inform you that we have recently established ourselves as ①commission merchants for Korea goods at the above address.

You will be interested to find that our ②extensive connections with the Korea manufacturers and the possession of ③large capital will ④enable us ⑤to execute orders at the lowest prices and in the ⑥shortest term, and therefore we hope to ⑦be favored with your orders. Our ⑧references are:
The Korea Exchange Bank and The U. S. Commercial Bank in Seoul

We hope to receive your kind inquiries.

Yours very truly,
SANG SHIN TRADING CO.,LTD.
President

내용요약

1단락 - 중개상인으로서의 개점을 통지
2단락 - 자사소개 및 신용조회서
3단락 - 조회를 희망하는 결문

용어해설

① commission merchants 수수료를 받는 무역중개업자 (=commission agents)
② extensive connections 광범위한 거래관계
③ large capital 대자본
④ enable ... to …을 가능하게 하다 (=make it possible to)
⑤ to execute orders 주문을 이행하다
⑥ shortest term 짧은 기간, 최단기간
⑦ be favored with ... …을 받다 (=favor us with your order)
⑧ references 조회처

section 2

Useful Expressions

1. Useful Expressions for Sales Letter

1) 첫 문장(Opening Clauses)

① We have found your name in Trade Directory, from which we learn that you are importer [exporter] of ... (당사는 무역업자 인명부에서 귀사가 …의 수입자[수출자]라는 것을 알게 되었습니다.)

② Through the courtesy [kindness] of ..., we acquired your name and address. (…의 호의[친절]로 귀사의 이름과 주소를 알게 되었습니다.)

③ Your name was given to us by the Chicago Chamber of Commerce and Industry as importers of ... (당사는 시카고 상공회의소로부터 귀사가 …의 수입업자라는 것을 알게 되었습니다.)

④ We have received your name and address from ... (…로부터 귀사의 이름과 주소를 입수하였습니다.)

⑤ Your name has been recommended to us by as one of the exporters specializing in ... (…로부터 귀사가 전문수출상사라는 것을 알게 되었습니다.)

⑥ We have noticed your advertisement in the August issue of Trade Journal and take this opportunity to inquire about ... (당사는 무역잡지 8월호에 실린 귀사의 광고를 보았으며 이 기회에 …에 대해서 문의하고자 합니다.)

2) **회사소개와 구매능력**(Introduction of Company and Purchase Capacity)

① How much can you supply us per month?

(귀사는 당사에 매월 얼마나 공급해줄 수 있습니까?)

② Our monthly production capacity is 100 tons.

(당사의 생산능력은 월간 100톤입니다.)

③ Our price may be a bit higher but we are known as quality shipper. (당사 가격은 다소 비쌀지 모르지만 당사는 품질위주의 업자로 알려져 있습니다.)

④ Our price is lower than that of any other competitor.

(당사 가격은 다른 어떤 경쟁업자의 것보다 쌉니다.)

⑤ We have never asked a single extension of L/C [shipping date].

(당사는 아직 단 한번도 선적기일 연장을 요구하지 않았습니다.)

⑥ Our strong point is in the prompt delivery.

(당사의 장점은 선적기일을 정확히 지키는 데 있습니다.)

⑦ As we are a quantity buyer, please give us some price discount. (당사는 대량으로 구매하기 때문에, 가격을 할인해 주어야 합니다.)

⑧ How fast [early] can you ship the goods?

(얼마나 빨리 그 상품을 선적해 줄 수 있습니까?)

⑨ We also guarantee 3 year after-sale service.

(당사는 또한 3년 동안 품질보증을 합니다.)

⑩ Can you supply us with the goods on D/A basis? (당사에 인수도조건(Documents against Acceptance)으로 공급해 줄 수 있습니까?)

⑪ We have enough stocks to supply you for the next 6 months.

(당사는 다음 6개월간 공급해줄 수 있을 만큼 충분한 재고량을 확보하고 있습니다.)

3) 본문문장(Inquiry Clauses)

① We would appreciate it if you would quote us ...

(귀사가 …에 대해서 가격을 제시해주시면 감사하겠습니다.)

② We would be interested in receiving your price list and catalogue.

(귀사의 가격표와 카탈로그를 받아보고 싶습니다.)

③ We are very anxious to enter into business relations with your esteemed firm. (당사는 귀사와 거래하기를 몹시 희망하고 있습니다.)

④ If you see any item of special interest to you among the articles we mentioned, we should be glad to send you the samples gratis. (만일 귀하가 당사의 상품 중에 어느 특정 상품에 흥미가 있다면, 견본을 무료로 보내 드리겠습니다.)

⑤ Please be kind enough to send us your sample.

(귀사의 견본을 보내주시면 대단히 고맙겠습니다.)

⑥ We shall be very glad to send you the sample and offer if you are at all interested in the article we handle. (만일 귀사가 당사 취급품목에 조금이라도 흥미가 있다면 견본과 offer를 보내드리겠습니다.)

4) 끝 문장(Closing Clauses)

① We look forward to hearing from you soon.

(귀사로부터 곧 회신이 있기를 기다리겠습니다.)

② We shall expect your offer by return mail

(귀사의 오퍼를 기대하겠습니다.)

③ Your prompt reply will be much appreciated.

(귀사의 즉각적인 회답을 고대하겠습니다.)

④ Thanking for your cooperation in advance, we remain.

(귀사의 협력에 감사드립니다.)

2. Useful Expressions for Reply to Inquiry

1) 첫 문장(Opening Clauses)

● 정상적인 회신(Normal Reply) : 지체 없이 회신하는 경우

① Thank you for your inquiry of ... (…자 문의에 대해서 감사합니다.)

② Please accept our thanks for your inquiry of ...
(…자 문의에 대한 우리의 감사를 받아 주십시오.)

③ We acknowledge with thanks your inquiry about ...
(…자 문의에 대해서 감사한 마음으로 접수했습니다.)

④ Many thanks for your inquiry of ... (…자 문의에 대단히 감사드립니다.)

⑤ We are in receipt of your inquiry of ... for which we thank you.
(…자 문의를 받아 보았으며 그것에 대해서 감사합니다.)

● 지연회신(Delay Reply) : within a reasonable period of time에 회신을 못하고 지연되었을 경우

① Please accept my apology for not having answered sooner.
(진작 회답해 드리지 못한 것에 대한 나의 사과를 받아 주십시오.)

② I am sorry for not having written you sooner.
(좀더 일찍 회신해 드리지 못한 것을 죄송하게 생각합니다.)

③ As the writer was out of the country [town, city] for a week, his reply has been delayed till now, for which we ask your understanding.
(필자가 1주일이나 출타 중이어서 회신이 이렇게 지연된 것에 대해 귀하의 이해를 구합니다.)

④ Due to my poor health, I could not attend to the normal business affairs for about a month, which caused this unusual delay in replying to your kind inquiry dated ...

(나의 건강이 좋지 않아 한 달간이나 정상적인 업무를 보지 못하였고, 그것 때문에 귀하의 …자 문의에 대한 회신이 이렇게 지연되었습니다.)

⑤ Due to the misdirected mail within our organization your inquiry of … came to my attention only this morning. (사내에서 편지가 잘못 전달되어 귀하의 …자 문의가 오늘 아침에야 본인에게 알려졌습니다.)

⑥ Your letter of … was missent to Manila by some strange mix-up at the post office and found the right address only yesterday.

(우체국에서 어떻게 잘못해서 귀하의 …자 편지가 마닐라로 보내졌고 어제서야 가까스로 올바른 주소를 찾아 왔습니다.)

⑦ I am replying only today to your letter of fortnight ago, to which I have no other excuse but to blame my very bad habit of procrastination. (2주전의 귀하의 서신에 대해서 오늘에야 회신하게 된 것은 다른 핑계는 없고 다만 나의 미루는 습관을 탓하여 주십시오.)

⑧ Forgive me for this belated letter. (편지가 지연된 것을 용서해 주십시오.)

2) 본문문장(Main Clauses)

① We shall appreciate it if you can send us samples along with quotations. (귀사가 견본과 시세표를 보내 주시면 감사하겠습니다.)

② In accordance [compliance] with your request, we are sending you … (귀사의 요구대로 당사는 귀사에 …을 보냅니다.)

③ In reply to your inquiry of …, we submit our quotation as follows.

(…자 문의에 대해서 당사는 아래와 같이 가격을 제시합니다.)

④ We subject our quotation of … as follows.

(당사는 다음과 같이 가격을 제시합니다.)

⑤ Please send us samples [color cuts, patterns, etc.] of your product.

(귀사의 제품견본을 보내 주십시오.)

⑥ We can give you immediate delivery from our stock.

(당사의 재고품 중에서 즉시 선적해 드릴 수 있습니다.)

⑦ We regret to inform you that we cannot comply with your request due to the lack of raw material.

(원료의 부족으로 귀사의 요청에 응할 수 없음을 유감으로 생각합니다.)

⑧ We are fully booked to the end of this year.

(당사는 연말까지 주문이 꽉 차 있습니다.)

⑨ We do have the exact quality you inquired for.

(당사는 귀사가 문의한 꼭 그런 품질의 상품을 갖고 있습니다.)

⑩ We are not interested in your products for the time being.

(지금 당장은 귀사의 제품에 흥미가 없습니다.)

⑪ We are very satisfied with our regular supplier and do not want to switch our source of supply at this time. (당사는 당사 정규 공급업자에 만족하고 있으므로 지금 공급원을 바꿀 생각은 없습니다.)

⑫ Enclosed, you will find our check of U.S. $20.00 covering the samples you sent to us. (귀사가 보낸 견본에 대한 대금 20$짜리 수표를 동봉합니다.)

⑬ Please send the samples by air parcel post [air cargo].

(견본을 항공소포로 보내 주십시오.)

3) 끝 문장(Closing Clauses)

① We hope that our samples reach you in good condition and shall expect your favorable reply soon. (당사의 견본이 잘 도착하기를 바라며 귀하의 호의적인 회답을 기대하겠습니다.)

② If you are satisfied with our samples and quotations, may we expect your initial order by return mail? (만일 귀하가 당사 견본과 가격에 만

족하신다면 회신 편에 첫 주문을 기대해도 되겠습니까?)

③ As the prices are bullish we suggest you to place an immediate order. (지금 가격이 상승하고 있으므로 즉시 주문하시기 바랍니다.)

④ If you can place an order with us within this month, we can supply you with the goods at the old price. (만일 귀하가 이달 내에 주문하신다면, 당사는 귀하에게 종전의 가격으로 공급해 드리겠습니다.)

⑤ May we have the pleasure of hearing from you again on this matter. (이 문제에 대해서 귀사로부터 다시 회신을 고대해도 좋겠습니까?)

⑥ We shall contact you at another time when the market conditions here change for the better [improve].

(이곳 시장의 상황이 호전되면 그때에 다시 귀사에 연락드리겠습니다.)

⑦ It will be our great pleasure to serve you at anytime.

(귀사와 거래하는 것은 언제든지 큰 영광이 되겠습니다.)

⑧ Let us hope that this is only the beginning of many years of profitable business for both of us.

(양사에 이익을 가져올 수 있는 거래의 시초가 되기를 바랍니다.)

<Sales에 관한 어구 ①>

bargain sales	염가대매출	poor sales	부진한 매출
big sales	대매출	prompt sales	빠른 매출
brisk sales	활발한 매출	public sales	경매
cash sales	현금판매	quick sales	신속한 매출
clearance sales	재고정리판매	rapid sales	반짝세일
closing down sales	점포정리대매출	ready sales	신속한 매출
considerable sales	상당한 매출	regular sales	정기판매
credit sales	신용〔외상〕판매	rummage sales	재고정리판매
dull sales	부진한 매출	sensational sales	대호평 판매
enormous sales	막대한 매출	slow sales	부진한 판매
good sales	양호한 매출	small sales	소규모 판매
great sales	대단한 매출	steady sales	안정된 매출
heavy sales	강렬한 매출	wide sales	광범위한 판매
large sales	대규모판매	worldwide sales	세계적인 판매
moderate sales	적당한 매출		

<Sales에 관한 어구 ②>

sales account	매출계정	sales literature	판매용책자
sales agent	판매대리점	sales manager	판매부장
sales area	판매지역	sales network	판매망
sales campaign	판매촉진운동	sales note	매약서
sales commission	판매수수료	sales outlet	판로
sales competition	판매경쟁	sales proceeds	매상고
sales contract	매매계약	sales profit	판매이익
sales deposits	선수금	sales promotion	판매촉진
sales drive	판매확장운동	sales quota	판매할당
sales engineer	판매기술원	sales talk	판매상담
sales force	판매원	sales territory	판매지역
sales letter	매매장	sales tie-up	판매제휴

section 3

객관식문제

1. 다음 문장을 읽고 잘못된 영작문을 고르시오.

당사는 England의 Duarig S.E.와 거래개설을 원합니다.

① We hope to open an account with Duarig S.E. in England.
② We want to close our business with Duarig S.E. in England.
③ We wish to enter into business relations with Duarig S.E. in England.
④ We want to start business with Duarig S.E. in England.

2. 다음은 무역거래에서 활용되는 표현입니다. 각 문장들이 전달하는 의미 가운데 다른 세문장의 표현과 관계가 가장 적은 것을 고르시오.

① Our prices are cheaper than those of any other competitor.
② Our price is more attractive than their price.
③ Their prices ate more competitive than those of your firms.
④ Their prices are higher than that of ABC Co. Ltd.
(* ①, ②, ③은 경쟁품에 비하여 가격이 저렴하다는 표현이며, ④는 경쟁품 보다고가라는 표현이다)

3. 다음 주어진 단어 또는 문장을 배열하였을 때 가장 잘된 것을 고르시오.

㉠ Including computer peripherals. ㉡ We are large manufacturers and exporters in Korea. ㉢ Using the latest computerized manufacturing facilities. ㉣ Producing all sorts of electronic products.

① ㉡-㉢-㉣-㉠ ② ㉡-㉠-㉢-㉣
③ ㉡-㉣-㉠-㉢ ④ ㉠-㉢-㉣-㉡
(* manufacturing facilities 생산시설, all sorts of 모든 종류의)

4. 다음 문장을 읽고 문장의 내용이 맞게 해석된 것을 고르시오.

As we wanted to make this opportunity as a stepping stone to secure a new market, we were not in a position to bid even a moderate price for high quality products.

① 당사는 새로운 시장을 확보해 나가는 기회를 만들고자 하였기 때문에 고품질의 제품에 대하여 적절한 가격도 제시할 수 있는 상태가 아니었습니다.
② 당사는 이번 기회에 새로운 시장을 확보하는 초석으로 삼고자 하였기 때문에 고품질의 제품에 대하여 심지어는 적절한 가격도 제시할 입장이 아니었습니다.
③ 당사는 새로운 시장을 확보해 나가는 기회를 만들고자 하였기 때문에 고품질의 제품에 대하여 심지어는 적절한 가격도 책정할 입장이 아니었습니다.
④ 당사는 이번 기회를 새로운 시장을 확보하는 초석으로 삼고자 하였기 때문에 고품질의 제품에 대하여 심지어는 적절한 가격도 청약할 입장이 아니었습니다.
(* stepping stone 초석, moderate price 적정한 가격)

5. 다음 문장에 들어갈 알맞은 전치사는?

Our factory will be fully engaged ( ) the time being due ( ) the strong demand. ( ) this circumstances, the prices we've offered ( ) the high quality digital toy, CYM-1000 is really best.

① for, to, Under, for ② in, to, Under, for
③ for, to, On, for ④ for, to, Under, at
(* due to ~ 때문에, ~으로 인하여)

6. 다음 문장의 ( ) 안에 들어갈 단어를 고르시오.

As for ourselves, we are a leading and old-established firm of exporters, and we are ( ) a very good position ( ) supply most grades of paper ( ) competitive prices and ( ) good delivery.

① on, to, for, at ② in, to, at, for
③ to, for, on, at ④ for, for, at, on

7. 다음 문장의 (　　) 안에 들어갈 단어를 고르시오.

> If we can ((1)) your trademark, it will certainly ((2)) our image and ((3)) the sales volume.

① (1) utilize (2) increase (3) enhance
② (1) utilize (2) enhance (3) increase
③ (1) enhance (2) increase (3) utilize
④ (1) increase (2) enhance (3) utilize
(* trademark 등록상표, sales volume 판매량)

8. (　　) 친 부분에 적합한 것을 고르시오.

> (　　) the courtesy of the U. S. Embassy in Korea, we have learned that you are makers of stainless flatware in Korea.

① Due to ② Through
③ Because ④ For
(* through the courtesy of ～의 호의로)

9. 다음 문장 중 틀린 것을 고르시오.

> If there is any way (1) <u>in which</u> we can be (2) <u>in special service</u> to you, please do not (3) <u>hesitate</u> (4) <u>to communicate</u> with us.

① (1) ② (2) ③ (3) ④ (4)
(* be in service to ～의 호의로)

10. 다음 문장 중 잘못된 것을 고르시오.

① We shall be happy to reciprocate your courtesy at any time.
② We shall be ready to render similar service to you upon request.
③ We shall be pleased to be service to you when requested.
④ We are pleased to have been of service to you.
(* We shall be pleased to be service to you when requested. → We shall be pleased to be in service to you when requested, reciprocate 교환하다, 보답하다, be ready to ～할 준비가 되다)

11. 다음 문장의 (　　) 안에 적합한 단어의 순서가 올바른 것은?

We generate our know-how (　　) extensive data gathering and intensive research (　　) life and health issues. Apart (　　) a global and customized research service, we put our minds (　　) specialist product design and develop training programs to help clients enter new markets.

① on－by－from－to　　② to－on－to－from
③ by－on－from－to　　④ by－from－to－on

(＊apart from ～은 별 문제로 하고, enter new market 신 시장에 진입하다)

12. 다음 문장의 (　　) 안에 적합한 단어는?

I am delighted to learn of your promotion (　　) the position of Marketing Manager.

① to　　② in
③ at　　④ on

13. 아래의 설명에 있는 (　　) 안에 알맞은 것은?

These (　　) are actual portions taken from the goods shipped on or about to be shipped. The exporter forwards them by the quickest available route to the overseas buyer for purposes of reference. Such samples give advantages to the overseas buyer, who is enabled to dispose of his purchase to arrive, i.e. before the cargo actually reaches him, and to check the goods on arrival by comparison with these.

① seller's sample　　② buyer's sample
③ shipping sample　　④ counter sample

(＊seller's sample 매도인 견본(*cf.* buyer's sample 매수인 견본), counter sample 역견본, approval sample 승인견본, shipping sample 선적 견본, Original sample 원견본)

14. 다음 (　　) 안에 가장 알맞은 것을 고르시오.

We will arrange our representative to show you our latest models at our place, please say any time (　　).

① when it is convenient for you ② if you are convenient
③ it is a convenience to you ④ when you are convenient
(* arrange 조정하다, 준비하다, representative 대표, 대리인)

15. 다음 중 ( )에 적합하지 않은 것은?

If you find our terms ( ), we shall be pleased to have your order.

① reasonable ② acceptable
③ entertainable ④ unsuitable

16. 다음 주어진 문장을 배열했을 때 순서가 가장 알맞은 것을 고르시오.

㉠ The demand for toiletries in the United Arab Emirates has shown a marked increase in recent years.
㉡ However, as the early work on development would be heavy. we feel that 10 precent on orders placed during the first 12 months would be a reasonable figure.
㉢ We convinced that there is a considerable market here for your products.
㉣ If you were to appoint us as your agent, we should be prepared to discuss the rate of commission.

① ㉠-㉣-㉡-㉢ ② ㉠-㉢-㉡-㉣
③ ㉠-㉢-㉣-㉡ ④ ㉠-㉡-㉢-㉣
(* reasonable figure 상당한 수, toiletries 화장품류, rate of commission 수수료율, figure 숫자)

17. 다음 문장의 순서가 올바른 것은?

㉠ He will call you when he arrives in New York to arrange a meeting with you.
㉡ Our marketing manager Mr. Young-soo Kim is scheduled to visit the United States on september 13th for a stay of five days.
㉢ Please let us know if these arrangements are convenient for you.
㉣ Only half an hour or so of your time will be satisfactory to him.

① ㉠-㉢-㉣-㉡ ② ㉡-㉢-㉠-㉣
③ ㉡-㉠-㉢-㉣ ④ ㉡-㉠-㉣-㉢

18. 다음 문장의 (　　) 안에 들어갈 가장 알맞은 단어를 하나 고르시오.

> We are convinced that our goods represent the best values in the market (　　) these figures.

① on　　② by
③ with　　④ at

19. 다음 문장을 읽고 그 내용이 맞게 해석된 것을 고르시오.

> As the current market price for cotton yarn is bullish, it is good time to procure underwears for the Fall season right now.

① 현재 면사 시세가 상승세에 있으므로 가을용 내의를 지금 사두는 것이 좋겠습니다.
② 현재 면사 시세가 하락세에 있으므로 가을용 내의를 지금 구입하시는 것이 좋겠습니다.
③ 면사 시세가 폭등세를 보이므로 겨울용 내의를 지금 구입하시기 바랍니다.
④ 면사에 대한 시세가 하락하고 있어 겨울용 내의는 지금 구입하는 것이 적기입니다.

20. 다음 주어진 문장을 배열하였을 때 맞게 배열된 것은?

> ㉠ As requested, we are sending you separatedly our catalogs.
> ㉡ It has won the Korean Government Good Design Award, and has been enjoying excellent sales.
> ㉢ Among our best selling products, we recommend our Model CT-8000.
> ㉣ As our market is now somewhat dull and prices are generally low, we would advise you to make purchase at this time.

① ㉣-㉡-㉢-㉠　　② ㉡-㉢-㉠-㉣
③ ㉠-㉢-㉡-㉣　　④ ㉢-㉠-㉡-㉣

(* dull (시장이) 불경기인)

21. 다음 중 품질에 비해 가격이 저렴하다는 의미로 가장 바람직하지 못한 표현은?

① The attached brochure lists the rock-bottom prices.
② The attached brochure lists the reasonable prices.
③ The attached brochure lists the good prices.
④ The attached brochure lists the cheap prices.

22. 다음 밑줄 친 부분과 뜻이 다른 것을 고르시오.

We have sent a price list and two sets of radio sets as samples costing you nothing.

① samples free of charge
② samples gratis
③ samples without charge
④ samples for nothing
(* free of charge, without charge, gratis 무료견본)

23. 다음 문장 중 잘못된 것을 고르시오.

① Please contract our customs as soon as possible.
② We must apologize you the delay caused in the shipment of your order.
③ We refer you to ABC bank for our credit standing.
④ We are prepared to settle the matter fairly and to your complete satisfaction.
(* apologize to +사람 + for +행위 ‥에게 ~에 대하여 사과하다)

24. 다음 빈칸에 들어갈 단어의 순서가 가장 올바른 것은?

가) Your name and address were ( ) through the Chamber of Commerce of New York 나) As you will see in the ( ) catalogue, we have been established here for more than thirty years as exporters of Travel Bags. 다) In this line of business we ( ) a specially advantageous position as we have wide and direct connections with the first-class manufacturers in Korea. 라) You may be assured that any orders you may send us will be ( ) at the lowest market prices and on the best terms possible.

① given - enclose - enjoy - executed
② given - executed - enclosed - enjoyed
③ enclosed - given - executed - enjoy
④ given - enclosed - enjoy - executed

25. 다음 문장의 내용이 가장 맞게 해석된 것을 고르시오.

> It happens that we are not represented in your country at the present time. So, there are finding very large markets for their own products.

① 우연히 당사는 현재 귀국을 대리하고 있지 않습니다. 그래서 동사는 자신의 상품을 판매할 판로를 찾고 있습니다.
② 당사는 당분간 귀국에서는 활동하지 않으려 합니다. 그래서 동사는 자신의 제품에 대한 큰 시장을 발견하고 있습니다.
③ 공교롭게도 현재 당사는 귀국에 대리점이 없습니다. 그래서 당사는 우리 상품을 판매할 수 있는 판로를 찾고 있습니다.
④ 공교롭게도 당분간 당사는 귀국에서 대리점을 두지 않으려 합니다. 그래서 거기에는 우리 제품을 팔 수 있는 큰 시장이 있습니다.
(* It happens that ~공교롭게도 ~하다. we are represented by ~가 당사의 대리점이 되다, to find a market for~ (~의) 시장을 찾다(물색하다.))

26. 다음 문장 중 다른 세 문장의 표현과 다른 것을 고르시오.

① Their Prices are more competitive than those of your firms.
② Our price is more attractive than their price.
③ Their Prices are higher than that of XYZ Co., Ltd.
④ Our price is lower than that of any other competitor.
(* ①, ②, ④는 경쟁품에 비해 가격이 저렴함을 나타내며, ③은 경쟁품보다 고가라는 표현이다.)

27. 우리말을 영문으로 옮길 때 가장 적절한 것을 고르시오.

> 당사의 제의에 관심이 있다면, 당사는 송장금액에서 10%의 특별할인을 허용해 드리겠습니다.

① If you are interested in our proposal, we should like to allow us a special discount of 10% off the invoice amount.
② If you are interested in our proposal, we should like to give you a special allowance of 10% off the invoice amount.
③ If you are interested in our proposition, we should like you to give us a special discount of 10% off the invoice amount.
④ If you are interested to our proposal, we should like to allow us a special allowing of 10% off the invoice amount.

(* should [would] like to do ~하고 싶다, allow + a person+ a discoun of 특별할인을 하다, 송장금액에서 off[on] the invoice amount.)

28. 다음 문장의 순서가 올바른 것을 고르시오.

> ⓐ If you are interested in marketing these products in your territory, Please let us know and we shall be pleased to dispatch our latest catalog to you.
> ⓑ Your name and address have been given by the Chamber of Commerce of your city, we understand that you are one of the leading importers and wholesalers of Electronic Products in your country.
> ⓒ We are exporters of the same lines of business background of 20 years, and are now interested in exporting to your country Electronic Products of all types.
> ⓓ For our business and financial standing, we may refer you to our bankers, The ABC Bank of Korea, Head Office, Seoul.

① ⓑ-ⓐ-ⓒ-ⓓ ② ⓑ-ⓐ-ⓓ-ⓒ
③ ⓑ-ⓒ-ⓐ-ⓓ ④ ⓒ-ⓑ-ⓐ-ⓓ

(* Selling Proposal의 올바른 순서 ① 상대방을 알게 된 경위 설명, ② 자사 소개, ③ 자사상품의 구매에 대한 관심여부 문의, ④ 자사 신용조회처 소개)

29. 다음 문장의 순서가 올바른 것을 고르시오.

> ⓐ There being a good demand for your Leather Goods here, we expect to do a mutually profitable business if your prices prove reasonable.
> ⓑ We are an old and well-established importer dealing in such products as Leather Goods, Electrical Appliances, and we are especially interested in importing the Leather Garments made in your country.
> ⓒ Your mane has been referred to us by the Korean Consul here as one of the reliable exports of Korean sundry goods.
> ⓓ We hope that pleasant relations with your firm will shortly follow.
> ⓔ Should you require any references as to your financial standing, we could refer you to The Bank of America, New York, 30 Bank Street, New York, U.S.A.

① ⓑ-ⓐ-ⓒ-ⓓ-ⓔ ② ⓑ-ⓐ-ⓓ-ⓒ-ⓔ
③ ⓒ-ⓐ-ⓑ-ⓓ-ⓔ ④ ⓒ-ⓑ-ⓐ-ⓔ-ⓓ

30. 우리말을 영문으로 옮길 때 가장 적절한 것을 고르시오.

만일 귀사가 당사 취급품목에 흥미가 있다면 견본을 무료로 보내드리겠습니다.

① We shall be very glad to send us the sample if you are at all interested in the article we handle.

② We shall be very glad to send you the sample if you are at all interested in the article we handle.

③ Please be kind enough to send us the sample if you are at all interested in the article we handle.

④ Please be kind enough to send you very glad to send us the sample if you are at all interested in the article we handle.

(* We shall be very glad to send you ~기꺼이 보내드리겠습니다, Please be kind enough to send us 보내주시면 대단히 고맙겠습니다.)

〈객관식 문제 해답〉

문제	해답	문제	해답	문제	해답
1	②	11	③	21	④
2	④	12	①	22	④
3	③	13	④	23	②
4	②	14	①	24	②
5	①	15	④	25	③
6	②	16	③	26	③
7	②	17	④	27	②
8	②	18	④	28	③
9	②	19	①	29	④
10	③	20	③	30	②

section 4 해석 및 영작문제

1. 해석문제

① We have heard from the Chamber of Commerce in this city that you are one of the leading importers in the your country.
(* one of the leading importers 주요 수입업자 중의 하나)

② Your name has been recommended to us by the Australian Consulate hear as large exporters of Electronic Products.
(* Electronic Products 전자제품)

③ We are desirous to extend the market for audio and electronic equipment. If you are interested in our proposal, we will supply you with a sample of commercial value.
(* audio and electronic equipment 오디오 전자장비)

④ We are large manufactures and exports producing all kinds of cotton products using computerized manufacturing facilities. You can be assured that our products will be a good seller in your country.
(* cotton products 면제품. computerized manufacturing facilities 컴퓨터화 된 제조시설, turn out a good seller 잘 팔리다)

⑤ We are and experienced exporter of Ready-Made Garments in Hong Kong and have good connections with large manufacturers in our country. Our goods are enjoying a good reputation for their excellent quality.

(* 기성복 Ready-Made Garments, ~와 거래관계를 가지다 have connections with, 좋은 평판을 얻다 enjoy a good reputation)

⑥ Lately the price of raw cotton has advanced considerably, but we can execute your order at the former price as we have already bought the cotton textile in large quantities before the price rise of the material.

(* rise; soar; advance 치솟다, raw cotton 원면, at the former price 종전가격으로)

⑦ It was most interesting to inspect your products in the process of manufacture. I was particularly impressed by the computerized facilities in which parts were assembled.

(* in the process of manufacture 제조공정에 있는, be impressed by ~에 감명을 받다)

⑧ We would be glad to receive your latest catalogue and technical literature you may have recently issued, as well as your lowest possible export prices on the basis of C.I.F. Busan.

(* latest catalogue and technical literature 최신 카탈로그와 기술서)

⑨ We hear from KOTRA that you have put a computerized camera on the market recently. Would you please send us further details of your lighters together with a delivery schedule and your C.I.F export prices.

⑩ As this is our first business with you, will you kindly let us have the names of firms or a bank to whom reference can be made?

(* first business with …와의 첫 거래)

2. 영작문제

① 귀사가 컴퓨터 장비를 시장에서 구하고 있다는 것을 영국 영사관으로부터 들었습니다.
(* (…을) 시장에서 구하고 있다 to be in the market for)

② 당사는 KOTRA의 "The Directory of World Company"에 의해 귀사가 일류 전자제품의 수입업자임을 알게 되었습니다.
(* 일류 전자제품 수입업자 a leading importers of electronic items)

③ 당사의 제의에 관심이 있으시다면, 귀사에게 무상견품을 제공해 드리겠습니다.
(* gratis 무상으로(=free of charge=of no value=no commercial value))

④ 당사는 귀사와의 거래를 희망하여 이 서신을 보내는 바입니다. 귀사가 이 제품에 관심이 있다면 우리 제품에 관한 카탈로그와 가장 저렴한 가격으로 된 가격표를 즉시 보내드리겠습니다.
(* …와 거래를 개시하다 to start business with(=to open business relation with), 가장 저렴한 가격 competitive price [lowest price], 가격표 price list)

⑤ 당사는 기계류 및 전자제품의 수출업체로서 약 20년의 사업경력을 갖고 있으며, 귀사가 이들 제품을 귀사 판매지역에서 판매하는데 관심이 있다면 알려 주십시오
(* 사업경력 business background, …에 관심이 있다 to be interested in [to])

⑥ 당사는 전국에 걸쳐 100개의 도매 판매망을 통하여 팩시밀리 기계와 같은 각종 기계를 판매해 왔습니다. 당사의 연간 판매고는 지난해에 미화 10억 달러에 달하였습니다.

(＊도매, 도매의 wholesale, 판매망, 판로 outlet, 연간 판매고 annual turnovers)

⑦ 당사의 애완동물 제품은 최상의 품질로 직접 당 공장에서 전 세계에 공급되고 있습니다. 최상의 원료는 호주에서 수입되며 품질은 1년간 보증됩니다.

(＊애완동물 제품 pet line products, 보증하다 guarantee; ensure)

⑧ 귀하의 조회와 주문을 고대하며 곧 양 사간에 영속적이고 상호이익이 되는 거래관계가 성립되기를 바랍니다.

(＊상호간의 이익 mutual benefits)

⑨ 당사의 부엌 및 위생용품은 귀사에게 보다 많은 이윤을 제공해 줄 것입니다. 동봉해 드린 소책자에는 당사 제품에 대한 최저가격이 기재되어 있습니다.

(＊위생용품 sanitary wares, 소책자 brochure, 최저의 rock-bottom)

⑩ 당사는 한국의 유명한 화학약품 수출회사로 20년의 역사를 통해 훌륭한 평판을 받고 있습니다. 귀사는 당사 상품의 훌륭한 품질에 대단히 만족할 것으로 확신합니다.

(＊훌륭한 평판 good reputation)

CHAPTER 04

CREDIT INQUIRY
신용조회

section 1

MODEL LETTER

Model Letter No. 1 <From a Korean Firm to a Trade Reference>

June 20, 2010

The President
Bank of Abbott, Ltd.
1060 North Point
San Francisco CA. 86231
U. S. A.

Dear Sir,

The following firm given us to your name as ①a bank reference and they are proposing ②to establish between us:

Pan-Pacific Co., Inc.
160 Pine street, San Francisco, CA 94111

We are particularly interested to know ③in what line they are mainly engaged and if possible, your ④candid opinion on their ⑤financial status, their ⑥mode of doing business and their general ⑦reputation they enjoy in New York.

Any information you may give us will ⑧be treated in strict confidence, and you will be quite free from any responsibilities concerning the contents.

Thank you very much for your cooperation and your prompt attention to this matter will be much appreciated.

Sincerely yours,
ORIENTAL TRADING CO., LTD.
B. C. Choi
B. C. Choi
Director

내용요약

1단락 - 신용조회선을 알게 된 동기
2단락 - 신용조회 할 기업을 명시함
3단락 - 신용조회항목
4단락 - 정보사항의 제공시 극비로 취급할 것임
5단락 - 협력에 대한 감사하다는 결문

용어해설

① a bank reference 은행 조회처
② to establish between …와 거래를 설립하다(=open an account with ...)
  * 계정을 연다는 것은 enter into business
③ in what line 취급상품의 종류
④ candid opinion 솔직한 의견 *cf.* clear(명료한, 명백한)
⑤ financial status(=standing) 재정상태
⑥ mode of doing business 영업유형
⑦ reputation 평판, 명성
⑧ be treated as strictly confidence 극비로 취급하다

Model Letter No. 2 <Reply to an Credit Inquiry (신용조회에 대한 유리한 회답)>

June 25, 2010

Orinatal Trading Co., Ltd.

5-1 Chang-dong Dobong-gu
Seoul 132-040 Korea
Attn. : Mr. Choi

Gentlemen :

①In compliance with your inquiry of June 20, we are pleased to inform you that the firm ②found business in New York in April 1950 as one of the most reliable Importers and Exporters in this city.

They have many good business relations both domestic and abroad and have been doing business on a large scale and has sufficient capital for their requirements.

③You would not run the least risk on opening a ④connection with them and would be satisfied with their mode of doing business.

For this information, we do not like to accept any responsibility, but shall be pleased to be of any further services to you if you require details.

We hope that this information will prove useful to you and ask you to ⑤hold it in absolute confidence.

Very truly yours,
BANK OF ABBOTT, LTD.
Aldo Portolano
Aldo Portolano
President

내용요약

1단락 - 조회한 회사는 믿을 만한 수출입업자임
2단락 - 국내외 기업과 아주 높은 신용도 부여함
3단락 - 거래를 하여도 위험은 없을 것 같음
4단락 - 자사는 정보 제공에 대한 책임이 없음을 나타냄
5단락 - 본 정보가 유용하게 이용되기를 바라며 극비로 취급할 것을 바라는 결문

용어해설

① In compliance with ~와 관련하여
② found ~의 기초를 두다, ~의 근거를 두다
③ You would not run the least risk on opening …하여도 위험은 없을 것이다
④ connection 이득관계, 고객관계
⑤ hold it in absolute confidence 아주 극비로 취급하다

Model Letter No. 3 <Reply to an Credit Inquiry (**신용조회에 대한 불리한 회답**)>

Gentlemen :

①In answer to your inquiry of June 20 concerning Pan-Pacific Co., Inc., we are sorry to inform you that our reply must be ②in the nature of a ③warning.

Their ④statement that they have been doing business with us for three years is not accurate. In fact, after five months experience of ⑤delays in payment and ⑥indifference to our ⑦reminders we were ⑧obliged ⑨to withdraw the credit ⑩privileges from them. The ⑪legal action secured their ⑫settlement of ⑬past due accounts.

Our own opinion is that any firm which undertakes business relations with them would require much patience and would ⑭eventually be taking risks. We prefer not ⑮to hazard it.

Very truly yours,

내용요약

1단락 - 신용조회 의뢰에 대한 경고성 응답을 보낸 데에 대한 유감을 표명
2단락 - 피 조회회사의 불량 재무보고, 지불지연 및 신용불량에 대한 정보제공
3단락 - 거래 성사에 대한 조언 및 확실한 결단을 내릴 것을 촉구하는 결문

용어해설

① In answer to ... …대한 응답으로(=In reply to ..., In response to ...)
② in the nature of ... …성질을 띠고 있는
③ warning 경고
④ statement 보고서, 성명, 진술
⑤ delays in payment 지불지연 *복수형으로 지불지연이 수 차례였음을 표시
⑥ indifference 무관심
⑦ reminders 독촉장
⑧ to obliged 강제하다, 의무를 지우다
⑨ to withdraw (신청, 진술, 약속 등을) 철회하다
⑩ privileges 특권, 특전
⑪ legal action 법적 수단, 법적 수속
⑫ settlement 지불, 결제
⑬ past due 기한을 넘기다(overdue)
⑭ eventually 결국은, 종국적으로는
⑮ to hazard 결단을 내리다, 위험을 무릅쓰다

section 2 Useful Expressions

1. 신용조회

① Messrs Brown & Co. [want / wish] to [open an account. / enter into business relation with us.]

(브라운 상사는 당사와의 거래관계를 원하고 있습니다.)

② Messrs, Brown & Co. have referred us to you.
(브라운 상사는 귀사를 신용조회선으로 지정하였습니다.)

③ Your name has been given as a reference by Messrs. Brown & Co.
(브라운 상사는 귀사명을 신용조회선으로 지정하였습니다.)

④ Messrs. John & Co. have given to us your name as a trade reference.
(존 상사가 당사에 동업자 신용조회선으로 귀사를 지정해 주었습니다.)

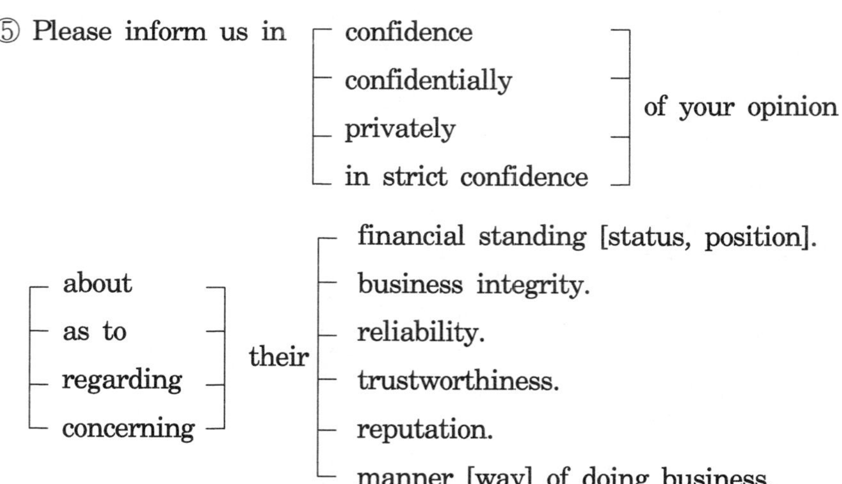

⑤ Please inform us in [confidence / confidentially / privately / in strict confidence] of your opinion

[about / as to / regarding / concerning] their [financial standing [status, position]. / business integrity. / reliability. / trustworthiness. / reputation. / manner [way] of doing business.]

(그 회사의 신용상태에 대한 귀사의 의견을 극비로 통지해 주십시오.)

⑥ We shall be glad to reciprocate the courtesy on any similar occasion.

(유사한 경우가 발생하면 이 호의에 대해 보답하겠습니다.)

⑦ Please avail yourself of our service on a similar occasion.

(동일한 경우가 발생하면 당사를 이용해 주십시오.)

⑧ We shall be pleased at anytime to be able to render you a similar service. (당사는 언제라도 즐거운 마음으로 동일한 봉사를 해드리겠습니다.)

⑨ Our relation with the firm is small, so we cannot inform you of accurate opinion.

(당사와 동사와의 관계가 일천하여 정확한 의견을 말씀드릴 수 없습니다.)

⑩ It would be advisable for you to instruct an inquiry agency to investigate the matter.

(이 건은 홍신소에 조회시키는 것이 좋겠습니다.)

⑪ We hope to be better able to assist you on the occasion of your next inquiry. (다음 조회시에는 한층 더 귀사를 도와드릴 수 있기를 바랍니다.)

⑫ We regret our inability to assist you in this matter.

(이 건에 관하여 귀사를 도울 수 없는 것을 유감스럽게 생각합니다.)

2. 유리한 회답

① With regard to / In [with] reference to / In response to / In reply to — your inquiry of March 7, we are — glad. / pleased. / happy.

to [supply you with / furnish you with / give you] the following information.

(3월 7일자 귀사의 조회에 대한 회답으로 다음과 같은 보고를 드립니다.)

② The firm enjoys [a good reputation / an excellent reputation / an unlimited credit / absolute confidence] among the business circles here.

(그 회사는 이 곳 업계에서 절대적인 명성을 얻고 있습니다.)

③ They have a fairly good credit.

(그 회사는 상당한 신용을 얻고 있습니다.)

④ They deserve your confidence.

(그 회사는 귀사의 신임을 받을 자격이 있습니다.)

⑤ [You may safely grant them, / You may run the least risk in granting,] the said credit.

(언급하신 신용대출을 해 주어도 별 위험이 없습니다.)

⑥ We are pleased to inform you that the references you named in your application were completely satisfactory.

(귀사가 지정한 신용조회처는 매우 만족스러운 것이었습니다.)

⑦ [We decline all personal responsibility / We are not held responsible] in this matter.

(이 건에 대하여 책임지지 않습니다.)

⑧ This is, of course, without responsibility on our part.

(물론 당사는 이 건에 대해 책임지지 않습니다.)

3. 애매한 회답

① We cannot understand why this gentleman should refer you to us. (동사가 왜 귀사에 대해 조회시켰는지 이해할 수 없습니다.)

② We regret our inability to inform you anything positive concerning the firm mentioned. (언급하신 회사에 대해 어떤 것도 확실하게 보고할 것이 없는 점 유감스럽습니다.)

③ We are sorry that we cannot give you sufficient information regarding the credit standing of the firm. (그 회사에 대한 충분한 신용상태보고를 드리지 못함을 유감스럽게 생각합니다.)

4. 불리한 회답

① We regret that we have to give you unfavorable information about the firm. (그 회사에 대한 불리한 보고를 하게 됨을 유감스럽게 생각합니다.)

② If the report in circulation is true, they are losing much reputation.

(소문이 맞다면 그 회사는 명성을 대단히 손상시키고 있습니다.)

③ He has caused us considerable trouble with respect to his payment.

(동사는 지불건에 관해 상당한 괴로움을 끼쳤습니다.)

④ They are said to be slow in settling their bills.

(동사는 어음지급이 매우 느리다고 합니다.)

⑤ In response to your inquiry about Mr. Brown as a credit risk, we regret to inform you that our reply must be in the nature of a warning. (브라운씨의 신용한도에 관한 조사보고입니다만, 주의하는 것이 좋습니다.)

⑥ On the basis of the information received yesterday, we regret to inform you that we must deny granting you a line of credit.
(어제 입수한 정보에 의거하여 부득이하게 신용거래를 거절합니다.)

⑦ After three months' experience of delay, we were obliged to withdraw credit privileges from him.
(3개월의 지급연기로 동사에 대한 신용대출을 철회하였습니다.)

⑧ We had to press them for payment many times, and once were obliged to take legal proceedings to recover their debts.
(그 회사에 대해 수차에 걸쳐 지급독촉을 했었고, 한 번은 대금회수를 위해 소송을 제기해야만 했었습니다.)

⑨ Threats of legal action secured settlement of past due accounts.
(법적조치를 취하겠다는 위협으로 미수금을 간신히 회수하였습니다.)

⑩ We would advise cash transactions only. (현금거래만 하도록 권고드립니다.)

⑪ You would run some risk in entering into credit transaction with them. (동 상사와의 신용거래는 좀 위험하다고 봅니다.)

⑫ This information is private and confidential for your use only.
(이 보고는 귀사만을 위한 친전비밀입니다.)

⑬ No mention of our name should be made in this matter.
(이 건에 대해 당사명을 언급하지 마시기 바랍니다.)

⑭ Please use this confidential information with every discretion.
(이 극비보고는 분별하여 사용하시기 바랍니다.)

section 3 객관식문제

1. 다음 문장의 ( ) 안에 들어갈 적합한 단어를 고르시오.

Any information you can ( ) to us will be kept in strict confidence, and expenses will be gladly paid ( ) receipt of your report.

① give－with ② afford－upon
③ secure－with ④ hole－upon

2. 다음 문장의 ( ) 안에 알맞은 용어나 단어를 고르시오.

Aratto Co., Ltd. owe their favorable reputation among Japanese traders ( ) their sincere business policy.

① for ② in
③ on ④ to
(＊owe A to B B에게 A를 빚지다)

3. 다음은 무역거래에서 활용되는 영문표현들이다. 각 문장들이 전달하는 의미 가운데 다른 세문장의 표현과 관계가 가장 적은 것을 고르시오.

① We regret that we have to give you unfavorable information about the firm.
② If the report in circulation is true, they are losing much reputation.
③ He has caused us considerable trouble with respect to his payment.
④ Being closely connected with reliable wholesalers here, we should be able to do a considerable import business with you.
(＊①, ②, ③은 신용조회에 대한 부정적인 회신이며, ④는 권유장에 해당한다.
＊be in circulation 유포되고 있다, 유통되고 있다, ＊wholesaler 도매상(↔ retailer 소매상))

4. 다음 문장을 읽고 문장의 내용이 맞게 해석된 것을 고르시오.

Welpac Trading has numerous wholesale outlets-across Europe and their annual turnovers will account for US $ 300 million this year.

① 웰팩무역은 유럽을 제외하고 수많은 도매 수입상을 가지고 있으며 금년 매입고는 미화 3억 달러에 이를 것입니다.
② 웰팩무역은 유럽지역에 약간의 도매 판매망을 소유하고 있으며 금년 매상고는 미화 3억 달러를 초과할 것입니다.
③ 웰팩무역은 유럽에 걸쳐 수많은 도매 판매망을 가지고 있으며 금년 판매고는 미화 3억 달러에 힘입을 것입니다.
④ 웰팩무역은 유럽에 걸쳐 수많은 도매 판매망을 가지고 있으며 금년 판매고는 미화 3억 달러에 이를 것입니다.
(* outlet 판로, 소매점, * annual turnover 연간 매상고)

5. 다음 문장을 읽고 그 내용이 맞게 해석된 것을 고르시오.

Reliable sources say that A company has stashed away a large sum of foreign currency in Hong Kong.

① 믿을 만한 소식통에 의하면 A 회사는 홍콩에 많은 외화를 반출했다고 합니다.
② A 회사는 많은 외화를 홍콩이 도피시켜 놓았다는 믿을 만한 소문이 있습니다.
③ 믿을 만한 소식통에 의하면 A 회사는 많은 외화가 홍콩에서 없어졌다고 합니다.
④ A 회사는 많은 외화를 홍콩에 갖고 갔다는 믿을만한 소문이 있습니다.

6. 다음 문장을 읽고 그 내용이 맞게 해석된 것을 고르시오.

National Bank of Pakistan offered them a standing credit of US $500,000. But our knowledge of the firm is limited to trading on a cash-on-invoice basis this year.

① 국립 파키스탄 은행이 동 상사에게 고정신용 대부액 미화 5십만 달러를 제공했습니다만 동 상사에 대해 아는 것은 금년의 송장상 환급조건의 거래밖에 없습니다.
② 국립 파키스탄 은행이 동 상사에게 임시차입금 미화 5십만 달러를 제공했

습니다만 동 상사에 관해서는 금년 송장을 제공한 후 신용거래하는 것밖에 아는 것이 없습니다.

③ 국립 파키스탄 은행이 동 상사에게 미화 5십만 달러의 예금을 받았습니다만 동 상사에 대해 아는 것은 금년에 송장환급 조건의 거래뿐입니다.

④ 국립 파키스탄 은행이 동 상사에게 미화 5십만 달러의 임시차입금이 있습니다만 동 상사에 대해 아는 것은 금년 송장을 담보로 현금거래한 것뿐입니다.

(* cash-on-invoice basis 송장상환급 조건)

7. 다음 문장을 읽고 그 내용이 맞게 해석된 것을 고르시오.

They enjoy the reputation for the excellent service.

① 동 상사는 우수한 서비스가 좋은 평판을 갖게 될 것이다.
② 동 상사는 서비스가 탁월하다는 소문이 있다.
③ 동 상사의 서비스는 탁월할 것이다.
④ 동 상사는 탁월한 서비스를 제공한다.

8. 다음 문장을 읽고 잘못된 영작문을 고르시오.

Helms Co., Ltd.는 성실한 사업경영으로 일본에서 평판이 좋습니다.

① Helms Co., Ltd. owes its reputable position to sincere way of conducting business in Japan.
② Thanks to sincere way of conducting business, Helms Co., Ltd. is of good repute Japan.
③ Through sincere way of conducting business, Helms Co., Ltd. is enjoying a good reputation in Japan.
④ Except sincere way of conducting business, Helms Co., Ltd. is reputed in Japan.

9. 다음 문장에서 밑줄 친 부분을 바꾸어 쓸 수 있는 단어를 고르시오.

We should be pleased if you would send us the patterns of the qualities you have <u>on hand</u>.

① secondhand ② in stock
③ residual ④ product

(* on hand 수중에 있는 → 재고가 있는(=in stock), * secondhand 중고의 * residual 잔여의, 잉여의)

10. 다음 문장의 밑줄 친 부분을 대체할 수 있는 것은?

With the rapid increase of demand, we expect a successful sale according to the price and quality.

① along with ② in consideration of
③ depending on ④ together with
(* according to ~에 따라서, ~에 의하여)

11. 다음 문장의 ( ) 안에 들어가기 적합하지 않은 단어를 고르시오.

As this an area where purchasing power is not so high, we ask you ( ) the price.

① to cut down ② reduction of
③ to set down ④ a further shade of
(* purchasing power 구매력)

12. 다음 문장 중 맞는 것을 고르시오.

① We have been dealing XYZ company since 1980.
② Please send us your counter offer for your earliest convenience.
③ Would you please favor us with their financial status?
④ The prices quoted are all on Busan CIF base.
(*① deal with(=do business with)~와 거래하다. ②의 for를 at로 (at one's earliest convenience 형편이 허락하는 대로 빨리), ④ on Busan CIF base를 on a CIF Busan basis로 해야 한다.)

13. 다음 문장의 영작이 가장 적합한 것을 고르시오.

동 상사는 이 금액을 지급할 능력이 있으며 모든 면에서 신뢰할 수 있습니다.

① It is good in this amount and reliable in every respect.
② It is good for this amount and reliable on every respects.
③ They are good for this amount and reliable in every respects.

④ They are good for this amount and reliable in every respect.
(* ~을 지급할 수 있는 good for~, 모든 면에서 in every respect.)

14. 다음 빈 칸에 가장 적합한 것은?

"We shall be much obliged if you give us detailed information (   ) the concern"

① in
② of
③ by
④ on

15. 다음 문장 중 밑줄 친 부분과 다른 의미를 지닌 것을 고르시오.

Regarding your inquiry of July 7, we are glad to provide you with the following information.

① Concerning
② With regard to
③ As to
④ On account of

16. 다음 문장을 읽고 맞는 것을 고르시오.

① We should be grateful if you would give us any informations about their financing standing.
② We should be obliged if you would give us any information about their credit standing.
③ We should be grateful if you would favor us any references about their credit standing.
④ We should be obliged to you if you would favor us with any sources about their credit.

17. 다음 우리말을 영문으로 옮겼을 때 가장 잘 된 것을 고르시오.

(귀사가 제공해주시는 어떠한 정보도 극비로 취급하겠습니다.)

① Some information you may give us will be held as strict confidence.
② Some information you might give us shall be held strict confidence.
③ Any information you may give us will be held in strict confidence.
④ Any information you will give us will hold in strictly confidence.

18. 다음 문장 중 다른 세 문장의 표현과 다른 것을 고르시오.

① We are pleased to inform you that the references you named in your application were completely satisfactory.

② The firm enjoys absolute confidence among the business circles here.

③ on the basis of the information received yesterday, we regret to inform you that we must deny granting you a line of credit.

④ you may run the least risk in granting, the said credit.

(* ①,②,④는 신용조회에 대한 긍정적인 회신이며, ③은 부정적인 회신의 내용이다.)

19. 다음 중 나머지 다른 것을 고르시오.

① Many acknowledge with thanks your inquiry about

② Thank you for your inquiry of

③ Many thanks for your inquiry of

④ Please accept my apology for not having answered sooner.

(* ①,②,③은 정상적인 회신의 내용이며, ④는 지연회신에 관한 내용임.)

20. 다음 문장의 순서가 올바른 것을 고르시오.

ⓐ Pan-Pacific Co., Inc. 160 Pine Street, San Francisco, given us to your name as a reference and they are proposing to establish between us. ⓑ Any information you may give us will be treated as strictly confidence, and you will be quite free from and responsibilities concerning the contents. ⓒ We are particularly interested to know in what line they are mainly engaged and of possible, your candid opinion on their financial status, their mode of doing business. ⓓ Thank you very much for your cooperation and your prompt attention to this matter will be much appreciated.

① ⓐ-ⓑ-ⓒ-ⓓ　　② ⓐ-ⓒ-ⓑ-ⓓ

③ ⓑ-ⓒ-ⓐ-ⓓ　　④ ⓑ-ⓐ-ⓒ-ⓓ

(* Credit inquiry의 올바른 순서 ① 신용조회선을 알게 된 경위, ② 조회할 회사의 정보제공 요청, ③ 제공된 정보에 대한 비밀취급약속, ④ 협조에 대한 감사의 표시)

<객관식 문제 해답>

문제	해답	문제	해답
1	②	11	③
2	④	12	③
3	④	13	④
4	④	14	②
5	①	15	④
6	①	16	②
7	②	17	③
8	④	18	③
9	②	19	④
10	③	20	②

section 4

해석 및 영작문제

1. 해석문제

① We have learnt from our business friends that you have the intention to enter into business relation with some Japanese firms.

(* have the intention to ~에 관심이 있다, enter into business relation 거래 관계를 가지다)

② The Western Co., Ltd., England, wish us and have given us your name as a trade reference. We shall appreciate your favoring us with your opinion on the general credit standing and capacity of the firm.

(* a trade reference 동업자 조회처, general credit standing and capacity 전반적인 신용상태와 경영능력)

③ We are particularly interested to know in what line they are mainly engaged, your candid opinion on their financial responsibility and their general reputation they are enjoying in the business circles.

(* be mainly engaged in ~에 주로 종사하다, financial responsibility 재정능력, business circles 업계)

④ As this is our first transaction with you, would you please send us the names of firms or a bank to whom reference can be made. As soon as the inquiries have been satisfactorily completed, we shall be pleased to do business with you.

(* to do business with …와 거래하다, successfully 성공적으로, complete 완료하다)

⑤ We should be obliged if you would give us your opinion on the company's reputation and their financial standing.

(* to be obliged to …에게 고마워하다, company's reputation 회사의 명성)

⑥ They have been our customers for over ten years and quite punctual in meeting their commitments during the time.

(* be punctual in 기일을 엄수하다, meet obligations or commitments 채무를 이행하다)

⑦ It is reported that their business has been maintained with a deficit for the time being and that they have raised funds by making use of accommodation bills.

(* a deficit; red figures 적자, for the time being 당분간, accommodation bills 융통어음, raise funds 자금을 조달하다)

⑧ Hansu Metals Co., Ltd. command considerable funds and unlimited credit, and staff members are trustworthy in every respect.

(* trustworthy; reliable 신뢰할 만한)

⑨ Your name has been given to us as a credit reference by The American Food Co., Inc., who wants to open an account with us. We shall much appreciate it if you will furnish us with any information on their business standing.

(* to open an account with …와 거래관계를 개설하다, business standing 영업상태)

⑩ We are interested to know whether you think they are reliable and we can freely give them credit for a sum of $100,000.

(* to be interested to …에 흥미가 있다)

2. 영작문제

① 당사는 20년 이상의 사업 경력이 있는 수출입업체입니다. 보다 상세한 당사의 경영상태에 관해서는 시카고 General 주식회사에 문의하여 주십시오.
(＊사업 경력 business background, 경영상태 business standing)

② 동 상사의 신용상태 및 영업방식에 관한 귀사의 솔직한 견해를 알려 주시면 감사하겠습니다.
(＊신용상태 및 영업방식 credit standing and business conduct)

③ 6월 7일 귀사의 신 지점사무소에서 개최된 개점파티에 당사를 초대해 주신 것에 대해 감사드리며, 당사의 상무이사를 위한 귀 시의 숙박시설을 예약해 주시면 고맙겠습니다.
(＊개점파티 inauguration party, 숙박시설 hotel accommodation)

④ 문의해 오신 회사는 자동차 부품분야에서 신뢰할 만한 거래하는 자로서 국내 도매업자들간에 좋은 평판을 받고 있습니다.
(＊문의해 오신 회사 the company you inquired, 자동차 부품분야 line of car spare parts, 좋은 평판을 받다 enjoy(=have) a good reputation)

⑤ 당사는 제공한 어떠한 정보의 내용에 대해서도 책임을 지지 않으며, 극비로 취급하여 주시기 바랍니다. (＊책임을 지지 않다 assume no responsibility, 극비로 취급하다 to be treated in strict confidence)

⑥ 회답용에 반신 우표를 첨부하여 동봉해 준 귀사의 배려에 감사드리며, 귀사가 문의해 오신 사항에 대한 응답으로 수집한 정보를 제공해 드립니다.

(＊반신용 우표가 첨부된 봉투 stamped self-addressed envelope, ...에 대한 응답으로 In reply to : 항상 문두에 위치)

⑦ 당사는 동 상사가 이 정도 규모의 채무를 담당할 수 있는지의 능력과 종사하고 있는 품목에 관한 귀사의 솔직한 견해를 특히 알고 싶습니다.
(＊~을 열망하다, 간절히 ~하고 싶어 하다 be eager to, 채무 commitments)

⑧ 동 회사는 1960년에 설립되었으며, 그 후로 사장과 간부사원들은 긴밀한 협조로 현재의 위치로 회사를 서서히 끌어 올렸습니다.
(＊간부사원; 참모 staff member, 서서히; 점차 gradually, 끌어 올리다 level up)

⑨ 동 상사의 재정상태에 관해서 경영주는 상당히 많은 자본을 소유하고 있습니다. 그들은 활동적이고 숙련되어 있으며 언급할 만한 손실을 입은 적이 없습니다.
(＊경영자; 소유자 proprietor, 활동적인 energetic. 숙련된 skillful)

⑩ 당사의 기록에 의하면 그들은 거래 개시 후 당사의 청구서 대금을 어김없이 지급해 왔습니다. 당사가 안심하고 공여할 수 있는 월간 신용한도는 미화 약 7~9만 달러입니다.
(＊거래 개시 후 open an account, 청구서 대금 bill, 월간 신용한도 monthly limit of credit)

CHAPTER 05

OFFER
청약

section 1

MODEL LETTER

Model Letter No. 1 <Digital Camera에 대한 Firm Offer>

July 10, 2010

Messrs. Pacific Supplies, Inc..
742 South Grand Avenue
Los Angeles, CA 80326
U.S.A.

Gentlemen :

We are pleased to make the following ①offer you firm ②subject to your reply reaching us not later than August 5, 2010 :

Article : Digital Camera
Quality : Model No. FAP-2185
Quantity : 200 sets
Price : @ US $150 F.O.B. Busan (totally US $30,000.00)
Shipment : September, 2010
③Term : ④ By draft at 60 days under an Irrevocable letter of credit

This is the best offer we can make at present and the high quality of the goods cannot be maintained at ⑤lower prices. You will note from the attached price list that reductions of up to 10% have been achieved.

We are confident that you will want to take advantage of this low price ⑥to replenish your stocks ⑦in time for the new year big sale. Moreover, a ⑧rush of orders are now coming every day and we are afraid we will ⑨run out of stock ⑩one of these days.

We trust you will accept this offer ⑪without loss of time.

Yours very truly,
Oriental Corporation

내용요약

1단락 - 디지털 카메라 200 set에 대한 확정오퍼의 내용
2단락 - 낮은 가격으로 오퍼 함을 강조함
3단락 - 낮은 가격으로 이익과 주문 폭주로 품절이 될 수 있음을 알리는 내용
4단락 - 빠른 주문을 기다한다는 결문

용어해설

① firm offer 귀사에 확정 오퍼하다
② subject to your reply reaching us not later than August 5
귀사의 회신이 8월 5일보다 늦지 않게 당사에 도착하는 것을 조건으로
③ term(=terms of payment) 대금결제조건
④ by draft at 60 d/s under an Irrevocable letter of credit
취소불능신용장에 의거한 일람 후 60일 출금어음에 의해
⑤ lower prices 보다 저렴한
⑥ to replenish your stocks 귀사의 재고를 충당하다
⑦ in time 적기에
⑧ rush 폭주, 쇄도
⑨ run out of stock 품절이 되다
⑩ one of these days 근일 중에
⑪ without loss of time 지체없이(=without delay)

Model Letter No. 2 <가격인하를 요구하는 Counter Offer>

July 20, 2010

Oriental Corporation
Seoul, Korea

Gentlemen :

We have received with thanks you for your firm offer for 200 Sets of Model No. FAP-2185 Digital Camera ①at US $150 per set F.O.B. Busan for October shipment.

②In view of the quotations ruling in this market, your price is ③rather stiff. Digital cameras are now ④in fierce competition here in our market and your competitors ⑤are making endeavors to get our business by offering lower prices than yours.

⑥May we suggest that they should be lower than the list prices to US D 120 per set? If you can agree ⑦to this price level, we shall be ready to ⑧place a trial order with you.

Your favorable reply by return will be much appreciated.

Very truly Yours,
Pacific Supplies, Inc.

내용요약

1단락 - Offer에 감사드림
2단락 - 디지털 카메라시장의 극심한 경쟁으로 보다 낮은 가격으로 공급해야 함과 다른 공급자가 귀사보다 낮은 가격으로 청약해 왔음을 알림
3단락 - 1 set 당 120$로 가격을 내려줄 것을 요구하는 반대청약
4단락 - 조속한 회신을 바라는 결문

용어해설

① at US $150 per set F.O.B. Busan for October shipment.
10월 선적 부산항 본선인도가격 1 set 당 미화 150$로

② In view of ~을 고려할 때

③ rather(=somewhat, slightly) stiff(=firm, strong) 다소 비싼

④ in fierce competition 극심한 경쟁에

⑤ to make endeavo(u)r 전력을 다하여, 용기를 내어

⑥ May we suggest that they should be lower than the list prices, by US D 120 per set?
목록 가격보다 값을 1 set에 120$로 내릴 수 있을까요?

⑦ to this price level 이 가격수준까지

⑧ place a trial order with you 시험 주문을 하다

Model Letter No. 3 <Asking for An Offer(오퍼발행 요구)>

Gentlemen :

We have received your ①circular of June 1, ②informing us that you have recently completed ③a three-year program of ④rationalization including the ⑤reorganization of your ⑥plants, and succeeded in decrease of ⑦production costs.

We welcome your new competitive prices, and we would appreciate it if you would offer us firm items B6, BI6 and B70 each 100 units for shipment in September, ⑧payment terms as usual.

⑨We may place an order with you soon after receipt of your offer. Will you a1so let us know whether we can have a quantity discount or not?

Very truly yours,

내용요약

1단락 - 귀사의 경영합리화 계획에 관한 안내장 잘 받았음
2단락 - 확정 오퍼를 내달라는 내용
3단락 - 주문할지도 모르니 수량할인 검토해서 통보바람

용어해설

① circular 안내장(=circular letter)
② informing us that ... …이라고 당사에 통지하다
③ a three-year program 3년 계획 *three-year는 형용사로서 복수형이 아님
④ rationalization 합리화
⑤ reorganization 재편제, 재조직
⑥ plants 공장
⑦ production costs 생산코스트, 생산원가
⑧ payment terms 지불조건
⑨ We may place an order 당사는 주문을 할지도 모릅니다.

section 2

Useful Expressions

1. 첫 문장(Opening Clauses)

① We are pleased to offer you firm the following goods.

(당사는 귀사에 다음의 상품을 확정오퍼 합니다.)

② We (wish to) confirm our cable just dispatched offering you firm these goods.

(귀사에 이들 상품을 확정오퍼한 당사의 전보를 확인합니다.)

③ We confirm having cabled you an offer subject to prior sale for the goods listed below.

(아래의 상품을 선착순매매조건부로 오퍼한 전보를 확인합니다.)

④ We offer you firm the following items subject to your reply reaching here by 2 p.m. March 21, our time.

(당지시간 3월 21일 오후 2시까지 귀사의 회답 당지도착 조건으로 확정오퍼 합니다.)

⑤ We offer these goods subject to our final confirmation.

(당사는 본 상품을 당사 최종확인 조건부로 오퍼합니다.)

⑥ This offer is open [good, effective] for your acceptance by cable on or before January 25.

(이 청약은 1월 25일까지는 전신으로 승낙해야 유효합니다.)

⑦ This offer will be withdrawn if not accepted within seven days.

(이 청약은 7일 이내에 승낙되지 않으면 철회됩니다.)

⑧ We have received several *I*nquiries and cannot hold this offer open indefinitely. It is made, therefore, subject to the goods being unsold. (당사는 다량의 조회를 받고 있으므로 무한정 이 청약을 개설해 놓을 수 없어 선착순매매조건부로 청약합니다.)

⑨ To invite a repeat of your order No. 123, we have just cabled you the following firm offer [a repeat order]. (귀사의 No. 123의 주문을 다시 받기 위해 다음의 확정오퍼를 타전하였습니다.)

⑩ Please let us have your order by November 30 : this price concession will not apply after that date.

(11월 30일까지 발주하십시오. 가격양보는 그 날 이후에는 적용 불가능합니다.)

2. 조건(Terms and Conditions)

1) 오퍼조건

① Galvanized Iron Wire, BW/G No. 8, at US $221. F.O.B. Vessel Incheon per M/T .(Birmingham Wire Gauge. 버밍엄 철사 게이지)

② 200 C/S "Donsin" brand, Refined Natural Camphor, each case containing 80 tins of 1/4 lb. net, at US $120.60 per lb. C.I.F. Seattle.

2) 지불조건 및 선적조건

① Export packing will be charged at the lowest possible prices, but there is no charge for the individual packing.

(수출포장은 최저가격으로 청구되며, 낱개포장은 무료입니다.)

② Owing to the slump in commodity prices, we can offer you these goods at below market price.

(물가폭락으로 본 상품을 아래의 시장가격으로 오퍼할 수 없습니다.)

③ Under the credit, 60 d/s after sight draft to be drawn on you.

(신용장에 의거하여, 귀사 앞으로 발행된 일람후 60일 출급어음을 발

행합니다.)

④ Shipment : April/May/June at the Seller's option.
(선적은 4월/5월/6월 중 판매자의 선택에 따릅니다.)

⑤ Shipment to be made within three weeks of receipt of a credit.
(선적은 신용장 수취 후 3주 이내에 합니다.)

⑥ Two equal monthly shipments during June and July, 2010.
(6 · 7월에 걸친 월별 균등선적.)

⑦ Because of the recent rush of orders, the earliest order we could book at present would be for shipment during June, 2010.
(최근 주문폭주로 현재 당사가 수락할 수 있는 가장 빠른 주문은 6월 중 선적입니다.)

⑧ Shipment : Two months of receipt of an irrevocable and confirmed credit.
(선적은 취소불능 · 확인신용장의 수령 2개월 이내에 합니다.)

3. 끝 문장(Closing Clauses)

① Please quote the catalogue number and colorways required when ordering.
(주문시 필요한 카탈로그 번호와 채색방법을 제시해 주세요.)

② If you let us have your instructions by midnoon, Monday, the 21st, at the latest, we could ship your order by cs "Hanbada", leaving here on the 27th.
(늦어도 21일 수요일 정오까지 귀사의 선적지시서를 받아야 27일 당지 출발예정인 한바다호에 귀주문품을 선적할 수 있습니다.)

③ We execute all orders in strict ration and must strongly advise you to place an order early enough.
(당사는 모든 주문을 선착순으로 처리하오니 귀사의 조속한 주문이 요구됩니다.)

section 3 객관식문제

1. 다음 밑줄 친 부분과 정확하게 일치하는 표현은?

Your prices seem to be <u>on the high side</u>.

① skyrocketed ② stiff
③ rather high ④ If

(* on the high side 오름세, 다소 높은 기세)

2. 다음 문장의 내용과 맞지 않는 것을 고르시오.

As the goods are ungently wanted, we shall appreciate your prompt acceptance upon receipt of which we will open an irrevocable L/C.

① We are in a hurry to obtain the goods.
② We are glad to have your prompt acceptance.
③ If you accept our offer, we will open an irrevocable L/C without delay.
④ We are waiting for your immediate acceptance.

(* as the goods are urgently wanted 물품을 긴급하게 원하고 있으므로)

3. 다음 문장에 가장 적합한 주제는?

We can offer you Model No. 123 on approval. All you have to do is to return it at our expense if you do not think it is appropriates for your trade.

① You may return Model No. 123 if you do not want to buy.
② You can get any of the products free as samples.
③ We want to meet with your approval
④ You can buy all the products without bearing the freight

(* on approval 승인조건으로, appropriate 적절한, 적합한)

4. 다음 문장의 (　　) 안에 들어갈 적합한 단어를 고르시오.

We have received with thanks your counter offer of May 16th (　　) ours of April 30th.

① by　　② against
③ with　　④ under

5. 다음 문장의 (　　) 안에 들어갈 적합한 단어를 고르시오.

As we want to offer you our services as a trading partner, please (　　) us a sole agency.

① send　　② bid
③ permit　　④ grant

(* sole agency 독점대리점)

6. 다음 문장을 읽고 바른 해석을 위하여 필요한 용어나 단어를 고르시오.

If the offeror wants to bind the offeree to accept an offer within a reasonable time, he must make (　　).

① an offer subject to prior sale　　② a firm offer
③ a free offer　　④ an offer on sale or return

7. 다음 문장에 대한 설명으로 맞는 것을 고르시오.

We have received your offer of April 1st. After careful examination, we decided to accept your offer if you can reduce the price per set to US $ 30.

① The buyer reject the offer.
② This is an acceptance of the offer.
③ This is conditional acceptance.
④ This is counter offer.

(* accept (청약)을 승낙하다, conditional acceptance 조건부 승낙)

8. 다음 문장의 (　　) 안에 알맞은 용어나 단어를 고르시오.

> Please note that we offer a special discount of 15% (　　) the prices mentioned in the catalog for large orders of 500 sets (　　).

① in－or below　　② off－or more
③ of－or above　　④ on－and less

9. 다음 문장의 밑줄 친 부분 중 틀린 것을 고르시오.

> A firm offer by a merchant to certain merchandise ① in a signed writing which ② by its terms gives assurances that it will be held open ③ is revocable ④ for lack of consideration during the time stated.

(＊merchant 상인, in a signed writing 서명된 서면으로, be held open 유효하다)

10. Offer에 관한 회신 중 그 내용이 잘못된 것은?

① The reply of the offeree has to be either a rejection or a counter offer.
② The offeree may state in his reply that he seeks further information.
③ Such a reply has no effect on the offer, and it remains alive until it is otherwise terminated.
④ A counter offer reverses the relationship of the parties(Offeror and Offeree).

(＊further information　추가적인 정보)

11. Offer와 Acceptance에 관한 다음 설명 중 그 내용이 잘못된 것은?

① The offeree is under obligation to reply to the offeror.
② The offeree may reply to the offer by rejection or counter offer.
③ The offeree may reject the offer by notifying the offeror that he does not wish to accept.
④ The rejection, to be effective, must be received by the offeror.

12. 다음 Offer에 관한 설명 중 틀린 것은?

① An offer is a proposal made by one party to another party to enter into a contract.
② It can be made without the intent to enter into contract.
③ It must be communicated to the offeree.
④ It must not be an invitation to negotiate.

(* It can be made without the intent to enter into contract. → The offer must be made with the intent to enter into contract)

13. 다음에 언급하고 있는 Offer의 종류와 가장 가까운 것은?

This offer is made subject to the goods being available when the order is received.

① Offer Subject to Prior Sale
② Offer Subject to Final Confirmation
③ Offer on Approval
④ Offer on Sale or Return
(* offer subject to prior sale 선매조건부 청약, offer subject to final confirmation 확인조건부 청약, offer on approval 승인조건부 청약)

14. 다음 문장 중 잘못된 것을 고르시오.

① The authorities are most likely to permit us to import your products.
② Please let us have a confirmation of your acceptance of this order.
③ The trade term of this transaction is to FOB Busan.
④ We have on hand information on IC's from various sources.

(* be likely to ~할 것 같다, trade terms 무역거래조건)

15. 다음 (　　) 안에 들어가기에 가장 적합한 것은?

The enclosed agreement is submitted for your comments. If you have (　　), sign and return the duplicate to us.

① not objection to any of it's clause
② not objection to any of its clause
③ not objection to some of its clause
④ not objections to any of its clause
(* clause 조항, return the duplicate 부본을 반송하다)

16. 다음 문장의 (   ) 안에 알맞은 것을 고르시오.

An announcement inviting tenders is not normally an offer; unless accompanied by words indicating that the highest or lowest tender will be accepted, it is mere attempt to ascertain whether an acceptable offer can obtained, i.e. it is (   ).

① counter offer
② firm offer
③ an invitation to offer
④ acceptance

(* tender 입찰(*cf.* highest tender 최고입찰 ↔ lowest tender 최저입찰)

17. 다음 문장의 (   ) 안에 알맞은 것을 고르시오.

For quantities of 500 dozen and (   ), we can offer a discount of 10% (   ) list price.

① over－to
② over－off
③ more－off
④ up－on

18. 다음 문장의 (   ) 안에 들어갈 단어는?

This offer is (   ) for your acceptance by fax on or before October 12th, 2005.

① open
② null
③ void
④ validity

(* be open 유효하다(=be valid))

19. 다음 문장의 (　　) 안에 들어갈 단어는?

> We have accepted your offer in (　　) of your past services, through we have received similar orders from order other sources.

① anticipation　　② expectation
③ appreciation　　④ excess

(* in appreciation　~에 감사하여, ~에 대한 보답으로

20. 다음 문장의 (　　) 안에 들어갈 단어의 순서가 올바르게 된 것 하나를 고르시오.

> However, we regret to say that US$ 40 a pair seems to be too (　　) for us. Gloves of similar (　　) are offered to us by some other (　　) at much (　　) prices.

① quality, sources, high, lower　　② sources, lower, high, quality
③ high, quality, lower, sources　　④ high, quality, sources, lower

21. 다음 문장 중 밑줄 친 부분의 뜻과 같은 것을 고르시오.

> Our prices will be very <u>competitive</u> in Singapore market.

① highest　　② low
③ expensive　　④ rising

(* competitive 경쟁적인 → 저렴한(low))

22. 다음 문장을 읽고 필요한 용어나 단어를 고르시오.

> Among some kinds of offer, (　　) is an offer open for a reasonable time in which the offeror binds the offeree to accept it within that period.

① offer an approval　　② firm offer
③ offer an prior sale　　④ free offer

(* reasonable time 합리적 기간, 상당한 기간)

23. 다음 문장을 읽고 필요한 용어나 단어를 고르시오.

Weight and quantity ( ) by the seller as ( ) in ( ) shall be final.

① specializing－unit－the letter of credit
② determined－set forth－the transport
③ fixed－as follows－the shipping notice
④ received－set－the selling offer
(* weight and quantity 중량과 수량)

24. 다음 문장의 ( ) 안에 들어가기에 적합하지 않은 것을 고르시오.

If you can ( ) the price, we can place repeat orders with you.

① give us a special discount of ② jump down
③ allow a shade of ④ cut down
(* reduce the price 가격을 할인하다(=cut down the price=allow a shade of the price))

25. 다음 문장을 읽고 필요한 용어나 단어를 고르시오.

For order 100 M/T or more, we can offer a discount of 3% ( ) list price.

① on ② for
③ off ④ to

(* M/T(metric ton; French Ton; Kilo Ton) ; 1M/T(=1,000kgs=2,204lbs)
* L/T(long ton; English Ton; Gross Ton) ; 1L/T(=1,016kgs=2,240lbs)
* S/T(short ton; American Ton; Net Ton) ; 1S/T(=907kgs=2,000lbs))

26. 다음 문장을 읽고 필요한 용어나 단어를 고르시오.

We offer you firm Gold Star Model KT 2030 Color TV 2,000 sets at US $ 500 ( ) DIF Hamburg for shipment during the end of July, ( ) your reply ( ) here ( ) September 20th.

① per set – subject to – reaching – by
② set – confirmation of – reaches – until
③ unit – according to – get – for
④ per set – covering – through – during

27. 다음 문장의 (　　) 안에 알맞은 용어나 단어를 고르시오.

(　　) is an offer open for a reasonable time in which the offeror binds the offeree to accept it within that period.

① Offer without engagement
② Offer subject to market fluctuation
③ Offer on approval
④ Offer subject to prior sale

28. 다음 문장의 (　　) 안에 알맞은 것을 고르시오.

In case of a firm offer, (　　).

① the offeror may revoke it at any time.
② the offeree may accept it within its validity.
③ it can be amended or revoked without prior notice by the offeror.
④ it can be accepted with amendments made by the offeree.
(* revoke 취소하다, validity 유효기간, without prior notice 사전통지 없이)

29. 다음 문장은 어떠한 내용에 관한 것인가?

Your offer meets our requirement both in price and quality. But we need the shipped goods at the latest by the end of November.

① Counter offer requesting early shipment
② Counter offer accepted
③ Asking for shipping schedule
④ Counter offer asking early shipment.
(* meet our requirement 당사의 요구를 충족시키다, early shipment 조기선적)

30. 다음 문장의 괄호 안에 들어갈 가장 알맞은 내용을 고르시오.

> (   ) is an offer open for a reasonable time in which the (   ) binds the (   ) to accept it within that period.

① Counter offer - offeror - offeree
② Counter offer - offeree - offeror
③ Firm offer - offeree - offeror
④ Firm offer - offeror - offeree
(* firm offer에 관한 설명임)

〈객관식 문제 해답〉

문제	해답	문제	해답	문제	해답
1	③	11	①	21	②
2	②	12	②	22	②
3	①	13	①	23	②
4	②	14	③	24	②
5	④	15	④	25	③
6	②	16	③	26	①
7	④	17	③	27	②
8	②	18	①	28	②
9	③	19	③	29	④
10	①	20	④	30	④

section 4 해석 및 영작문제

1. 해석문제

① Thank you for your counter offer of August 30, against which we have today telexed our acceptance of your counter offer.
(* have telexed 텔렉스를 보냈다, acceptance of your counter offer 반대청약의 승낙)

② You will find that we are compelled to cut our price to a point where no margin of profit is left to us.
(* no margin of profit 이윤이 없다)

③ We are going to dispose of this popular Model ABC-20 before introducing a new model. Our offer to you is a price reduction of 10% off the list price to a sale of 10,000 units.
(* dispose of; sell off 매각하다, introduce 도입하다, list price 정가)

④ The cost of raw materials and wages are on a steady rise, but we offered this model to you at the former price in appreciation of your past trading.
(* cost of raw materials 원료비용, be on a steady rise 꾸준히 상승세에 있다, in appreciation of ~에 감사하여)

⑤ We are glad to accept your telex offer of April 20 for 10,000 pairs of Leather Glove at US$ 14.50 per pair FOB Busan for June Shipment.

⑥ To our regret, Model No. 100 is out of stock now and will not be available the end of this your. But we are pleased to offer you Model. 100 which is slightly better, similar quality instead, also which will be perhaps more suitable for our market.
(* slightly better, similar quality 다소 더 좋고 유사한 품질, be more suitable for(or to) ～에 더 적합하다)

⑦ For your reference we are sending you two samples of Model No.200 by air parcel post. If you have no objection to any of them, please inform us of your decision soon.
(* if you have no objection to ～에 반대가 없다면)

⑧ If you miss this chance, we are not confident that we can get any better offers because the costs of materials and labor are increasing more and more.
(* the costs of materials and labor 원재료와 노동 비용)

⑨ In view of our competitors underselling us, you are well advised to make some discount to maintain the market share of your products. (* In view of …의 관점에서)

⑩ As explained, we are forced to decline your order by circumstance over which we have no control. We hope that we shall be able to help you when you are in the market next.
(* be forced to 억지로 …하게 되다)

2. 영작문제

① 이 오퍼는 당사의 최종확인을 조건으로 함을 유의하시기 바랍니다.
(* 최종확인 final confirmation, ~유의하시기 바랍니다 please note)

② 요청에 따라, 당사는 귀사의 즉시 승낙을 조건으로 이 품목을 귀사에 확정 오퍼 합니다.
(* As requested 요청에 따라, 즉시 승낙 immediate acceptance, 조건으로 be subject to)

③ 위 모델은 선착순 조건으로 청약합니다. 그것은 현재 생산되고 있지 않은 최종 재고품 때문입니다.
(* 선착순 조건으로 subject to being unsold; subject to prior sale)

④ 위 상품은 우수한 디자인과 최상의 품질로 인해 특히 매매가 잘 되며 최저가격으로 제공되었습니다.
(* 우수한 디자인 super(or superior, excellent) design, 매매가 잘 되며 it is marketable; it is a good seller, 최상의 품질 best quality)

⑤ 영국제품은 귀사의 것보다 가격이 미화 20달러에서 40달러까지 더 저렴하며 성능과 디자인도 훌륭합니다.
(* 영국제품 British make, 성능과 디자인 performance and design)

⑥ 당사의 실수요자들은 가격인하가 30달러까지 된다면 귀사 제품은 가격면에서 다른 잘 팔리는 전자제품과 경쟁할 수 있다는 보고를 하고 있습니다.
(* 실수요자들 end-users, 다른 잘 팔리는 전자제품 other best selling electronic products)

⑦ 디지털형 시계부착 라디오 CR-113A 형 3,000대에 대한 확정 오퍼를 요청한 9월 20일자 귀사 서한을 접수하였습니다. 그 회답으로 다음과 같이 팩스합니다. (* 확정오퍼 firm order, 회답으로 by return)

⑧ 귀사의 10월 20일자 오퍼의 내용과 관련, 당사는 다음과 같이 반대오퍼를 FAX(타전)했습니다.

품목 : 카세트 테이프 CRT 508 품질 : 첨부된 명세서에 명시된 수량 : 100 세트 가격 : 인천 본선인도조건 1세트 당 15달러 선적 : 8/9 지불 : 은행확인 신용장에 의한 일람후 30일불 환어음

⑨ 최근 원면의 가격이 상당히 올랐으나 이 물품은 종전 가격으로 오퍼할 수 있습니다. 그 이유는 원재료의 가격인상 전에 이미 면직물 RC-7071B를 대량으로 구입하였기 때문입니다. (* 가격인상 price increase)

⑩ 귀국으로부터의 주문 쇄도로 인해 공장은 당분간 완전히 예약돼 있습니다. 이런 형편이므로 당사의 의료용 기기 SI-1800 오퍼는 가장 저렴한 가격이며 납기도 가장 빠릅니다. (* 주문쇄도 a rush of orders)

CHAPTER 06

ORDER AND CONTRACT
주문 및 계약

section 1

MODEL LETTER

Model Letter No. 1 <Electric Machinery의 주문>

Gentlemen :

We ①are pleased to place an order with you for the following ②goods on the terms and conditions set forth below.

Commodity	: Bright Brand Electric Machinery Model No. ETW-215
Quality	: Same as the attached ③specifications
Quantity	: One hundred units
Packing	: One unit in an export ④carton box and one hundred units in strong wooden case
Payment	: A draft at sight drawn under irrevocable letter of credit
Delivery	: Within 30 days after the date of this letter
Price	: @ US $1.000 CIF Busan
Insurance	: ⑤To be effected subject to ICC (C) by you

In order to cover this order, we are going to instruct our bankers ⑥to open an irrevocable L/C ⑦in your favor for the amount of this order, and you will be duly notified of it through their ⑧correspondent in Korea.

This order is particularly important for us and we would request you to handle it promptly. We trust you will ⑨execute ⑩in strict accordance with the instructions.

Very truly yours,

내용요약

1단락 - 주문의사표시

2단락 - 주문내용

3단락 - 결제조건 및 방법

4단락 - 신속한 주문이 이루어지길 기대하는 결문

용어해설

① are pleased to ~을 기쁘게 생각하다.

② goods(=items) 제품, 품목

③ specifications 명세서

④ carton box 종이박스

⑤ To be effected subject to ICC (C) by you
ICC (C)조건으로 귀사에 의해 부보할 것

⑥ to open an irrevocable L/C 취소불능신용장을 개설하다

⑦ in your favor 귀사를 수익자로 하여

⑧ correspondent 통신자, 통지선

⑨ execute 실행하다, 조달하다. *cf.* proceed 처리하다

⑩ in strict accordance with ~와 엄격하게 일치하여

Model Letter No. 2 <매매 관련 계약서의 송부>

SCOTT & CO., LTD.

26 Manor Street, London EC 23 AB
England

August 5, 2010

William & Brothers, Inc.
2743 Lake Avenue, Montreal 10, Canada

Dears Sirs,

Thank you for ①your Order No. 321 of 28th July.

Enclosed is our ②Sales Note No. 10 ③in duplicate, which we hope you will find ④correct.

All the goods ordered are ⑤in our stock and can be shipped to you by the end of August as you requested, ⑥provided you open a letter of credit immediately.

As soon as your L/C reaches us, we will ⑦start arranging shipment.

Thank you again for this order.

Yours faithfully
SCOTT & CO., LTD.
TOM JONES
TOM JONES
EXPORT MANAGER

내용요약

1단락 - 주문수락
2단락 - 매출계약서 동봉
3단락 - 신용장 개설하면 선적함
4단락 - L/C도착 즉시, 선적을 준비할 것임

용어해설

① your Order No. 321 of 28th July 7월 28일자 귀사의 주문 321호
② Sales Note 매출계약서
③ in duplicate 2통으로
④ correct 정확한, 틀리지 않은
⑤ in our stock 재고에서
⑥ provided you open a letter of credit immediately
귀사가 즉각 신용장을 개설한다면
⑦ start arranging shipment 선적준비를 시작하다

Sample Form <Order Sheet>

M I K I TEL : 03-3590-5131 / TELEX : 3222-6472 DATE : May 3, 2010
CORPORATION

ORDER SHEET

Messrs. SANG SHIN CORP.

Dear Sirs :

We have the pleasure in sending this order on terms and conditions stated on the face and back of this Order Sheet.
Kindly sign and return the Duplicate immediately as your confirmation of the same. If you find anything not in order, please let us know immediately by return.

Style Code	Description	Quantity	Unit Price FOB, CIF, CFR	AMOUNT
B4906	COTTON 100% CD30/CD10 530G/36INCHES			
SB-8250 (4088701)	BABY TRAINER SUIT	7,200SET	US $6.50/SET	US $46,800.-
	TOTAL	7,200SET		US $46,800.-

SHIPMENT TERMS	REMARKS
PARTIAL SHIPMENT : ALLOWED PROHIBITED SHIPMENT DATE : JULY 27, 2010 by BOAT/AIR DESTINATION : TOKYO OR JAPANESE PORT PAYMENT TERMS : AN IRREVOCABLE L/C AT SIGHT GRAND TOTAL AMOUNT : US $46,800.00	

CONFIRMED BY

Hong Gil-Dong

K. D. Hong, Manager

MIKI CORPORATION TOKYO

田 村

T. Tamura, Manager

Sample Form <CONTRACT NOTE>

SANG SHIN CORPORATION

TLX : K24171 SHOJSON

CONTRACT NOTE

SEOUL. ......

CABLE : BOHJTEX AND BHOJSONS SEOUL

TEL : 328-8940

MESSRS. ....

Dear Sirs,

We wish to confirm to have this day sold you the following merchandise on the terms stated below and given overleaf and on the general Terms & Conditions for business working mutually agreed upon. If you find anything not in order, kindly let us know immediately by telegram.

Reference - Your/Cable/Letter/Indent No. :

INDENT No. ....

Sample No.	
Article & Brand	
Dimension(Approximately)	
Design, Colour	
Price	
Quantity(Approximately)	
Amount	
Packing	
Shipment	
Payment	
Make-up & Stamping ...	
Shipping marks	
Remarks	

SANG SHIN CORPORATION

E. & O. E. ....

Sample Form <매매계약서(이면)>

General Terms and Conditions

1. **Principal to Principal Basis** : This Contract recognizes the fact that it is on a principal to principal basis between Seller and Buyer.
2. **Quantity** : Quantity is subject to a variation of five percent (5%) plus or minus at Sellers' option.
3. **Shipment** : The date of Bill of Loading shall be taken as the conclusive date of shipment. Partial shipment and/or transshipment shall be permitted, unless otherwise stated on the face hereof, Seller shall not be responsible for nonshipment or late shipment in whole or in part by reason of Force Majeure, such as fires, floods, earthquakes, tempests, strikes, lockouts, and other industrial disputes, mobilization, war, threat of war, riots civil commotion, hostilities, blockade, requisition of vessel, and any other contingencies beyond seller's control.
4. **Price** : The price(s) is 〔are〕 based on the rate of freight and insurance premium prevailing at the time of accepting the order, and any increase in the rate of freight and insurance premium at the time of shipment shall be borne by Buyer.
5. **Trade Terms** : The trade terms used in this Contract shall be governed and interpreted by the provisions of Incoterms(1990) edition unless otherwise specifically stated.
6. **Infringement** : Buyer shall hold seller harmless from liability for any infringement with regard to patent, trade mark, design and /or copyright originated or chosen by Buyer.
7. **Claims** : Any claim by Buyer must be made in writing within fourteen days of receipt of the goods at destination stated on the face hereof, and no claim will be recognized if they are used.
8. **Arbitration** : All disputes, controversies, or differences which may arise between Seller and Buyer, out of or in relation to or in connection with this Contract, or for the breach thereof, shall be finally settled by arbitration in Seoul, Korea in accordance with the Commercial Arbitration Rules of The Korean Commercial Arbitration Board. The award rendered by the arbitrator(s) shall be final and binding upon both parties.
9. **Governing Law** : This Contract shall be governed in all respects by the laws of Korea.

Sample Form <CONTRACT SHEET>

태평양물산주식회사
PAN-PACIFIC TRADING CO., LTD.

1127-35 Kuro-Dong, Kuro-Gu Seoul, Korea
TEL : 02-530-1725 . FAX : 02-530-1001
TLX : K25045 PAPATOCO
E-mail : PAPA@KORNET.NET

CONTRACT SHEET

Messrs. : MONGSEO CORPORATION
AMGALANBAATAR 32 ULAANBAATAR CITY
MONGOLIA

DATE : May 15, 2010
S/N No. DP-964p001

Dear Sirs,

We are pleased in confirming the sales as follows. If you find herein anything not in order, please let us know immediately.

Packing : 24PCS SOLID COLOR SOLID SIZE PACKING
Shipment : JUNE 10, 2010
Destination: BAYSHORE, NEW YORK, USA
Payment: IRREVOCABLE LETTER OF CREDIT AT SIGHT OR T/T REMITTANCE
Remarks : *DOCUMENTS REQUIRED :
1. SIGNED COMMERCIAL INVOICE COPY
2. PACKING LIST COPY
3. CERTIFICATE OF ORIGIN COPY
4. NON-NEGOTIABLE COPY OF FORWARDER'S CARGO RECEIPT ON BOARD MARINE BILL OF LADING(FULL SET REQUIRED
IF MORE THAN ONE ORIGINAL HAS BEEN ISSUED) ISSUED TO ORDER BLANK ENDORSED MARKED NOTIFY DAVID PEYSER SPORTSWEAR INC. INDICATING OUR LETTER OF CREDIT
C-59 NUMBER AND MARKED FREIGHT PREPAID

H.S. CODE	DESCRIPTION	QUANTITY	UNIT PRICE	TOTAL AMOUNT
FOR MAKING CHARGE OF:				
6201:931000	MEN'S MICRO FIBER JACKETS 85 PERCENT POLY/15 PERCENT NYLON COATED			
	S/# 1610 (PO#8067)	10,000PCS	@$1.30	US $13,000.-
	(PO#8068)	20,000PCS	@$1.30	US $26,000.-
	TOTAL	30,000PCS		US $39,000.-

///

Confirmed by Buyer

MONGSEO CORPORATION

Confirmed by Seller

PAN-PACIFIC TRADING CO., LTD

Sample Form <PROFORMA INVOICE>

SAM YANG CO., LTD.

263 YEONJI-DONG, JONGNO-GU, SEOUL, KOREA — Date : March 10, 2010
C.P.O. BOX NO. 2001 — C/N NO. YS052
TELEX : K34567
CABLE : "SAMCO" SEOUL
PHONE : 740-7114
E-MAIL : SAMCO@KORNET.NET
BUYER : MAY CO., LTD

PROFORMA INVOICE

SAM YANG CO., LTD. as the Seller(hereinafter referred to as "the Seller") HEREBY CONFIRMS having sold to the Buyer named above the following goods on the terms and Conditions hereinafter set forth:

COMMODITY : POLYESTER STABLE FIBRE OPTICAL, BRIGHT, RAW WHITE
1 2DX38MM
TPA PROCESSING
QUALITY : "A" GRADE
QUANTITY : 36,000.00KGS
PACKING & MARKING : 250.00KGS/BALE 250.00KGS/BALE 250.00K
UNIT PRICE : USD1.00 75/KG CFR LAGOS/APAPA, NIGERIA
TERMS OF DELIVERY :
AMOUNT : USD63,000.00
PAYMENT : AT SIGHT L/C
TIME OF SHIPMENT : MAY. 31, 2010 12,000.00KGS
JUN. 30, 2010 12,000.00KGS
JUL. 31, 2010 12,000.00KGS
PORT OF SHIPMENT : PUSAN, KOREA
INSURANCE : TO BE COVERED BY BUYER
INSPECTION : SELLER'S INSPECTION TO BE FINAL
SPECIAL TERM & CONDITIONS : L/C SHOULD BE ARRIVED HERE AT LEAST 30DAYS IN ADVANCE

CONFIRMED BY

SAM YANG CO., LTD
CL KIM

______________________ ______________________

1. INCOTERMS 2000

INCOTERMS 2000은 약 2년 동안의 개정작업을 통해 완성되어 ICC Publication NO. 560호로 공포되었으며, 2000년 1월 1일부터 시행되고 있다. INCOTERMS 2000은 1990에 비해 구성이나 각 조건, 매매계약 당사자의 의무사항 등에서 큰 변화는 없는 것으로 나타났다. 즉, 외관상 13개 무역조건과 그 조건을 4개 그룹화한 것은 동일한데, 다음과 같은 주요 특징적 변화가 이루어졌다.

1) FAS 조건에서, INCOTERMS 1990은 수출통관의무를 매수인이 부담하도록 했으나, INCOTERMS 2000은 최근의 국제무역관행을 반영하여 매도인이 부담하도록 하였다.
2) DEQ 조건에서, INCOTERMS 1990은 수입통관의무를 매도인이 부담하였으나 INCOTERMS 2000은 최근 무역관행상 매수인이 부담하도록 하였다.
3) FCA 조건하에서의 적재 및 하역의무가 그동안 운송형태별로 여러 가지 종류로 나뉘어져 분쟁을 야기시킴으로 INCOTERMS 2000에서는 매도인의 영업장 구내에서 인도하는 경우 매도인이 적재에 대한 책임을 지며, 인도가 기타 장소에서 발생되면 매도인은 하역에 대한 책임이 없음을 분명히 밝혀 두 가지로 구분 단순화하였다.

다만 적출지인도조건인 EXW 조건의 매수인 수출통관의무규정과 도착지 인도조건인 DDP 조건의 매도인 수입통관의무규정은 이들 정형거래조건의 특성을 감안 변경치 않았다. 이 외에도 INCOTERMS 2000은 오늘날 일반적인 복합운송체제에서 주로 사용되는 FCA, CPT 및 CIP 등의 조건에서 적재 및 하역의무에 대하여 분명히 한 것이 특징이다. 또한 13개 무역조건에서 사용되는 다양한 표현에 대해 가능한 일관성이 있도록 동일한 의미를 전하려는데 동일한 용어를 사용하도록 하고 용어의 해석상에 분쟁이 없도록 주요용어는 서문에 그 개념을 정의해 놓은 것이 특징이다.

〈INCOTERMS 2000〉

그룹		가 격 조 건	비용분기	위험분기
선적지인도조건	E	EXW : Ex Work 공장인도조건	매도인 공 장	매도인 공 장
	F	FCA : Free Carrier(복합운송) 운송인인도조건	최초운송인 에게 인도시	최초운송인 에 인도시
		FAS : Free Alongside Ship 선측인도조건	선 적 항 본선선측	선 적 항 본선선측
		FOB : Free On Board 본선인도조건	선 적 항 본선난간	선 적 항 본선난간
	C	CFR : Cost and Freight 운임포함인도조건	FOB+목적항 까지 운임	선 적 항 본선난간
		CIF : Cost, Insurance and Freight 운임/보험료포함인도조건	CFR+목적항 까지 보험료	선 적 항 본선난간
		CPT : Carriage Paid To(복합운송) 운송비지급인도조건	지 정 목적지	최초운송인 에 인도시
		CIP : Carriage and Insurance Paid To (복합운송) 운송비/보험료지급인도조건	CPT+목적지 까지 보험료	최초운송인 에 인도시
도착지인도조건	D	DAF : Delivered At Frontier 국경인도조건	지 정 국경선	지 정 국경선
		DES : Delivered Ex Ship 착선인도조건	도착항 본선위	도착항 본선위
		DEQ : Delivered Ex Quay 부두인도조건	도착항 부 두	도착항 부 두
		DDU : Delivered Duty Unpaid 관세미지급인도조건	최 종 도착지	최 종 도착지
		DDP : Delivered Duty Paid 관세지급인도조건	최 종 도착지	최 종 도착지

section 2 Useful Expressions

1. 머리말(Opening Clauses)

① We are pleased to send you an order for 150 M/T of Ship Plates as per the specifications and Price List No. 213 you sent us on May 13. (metric tons. 1000kg) (귀사가 5월 13일 당사에 보낸 설명서와 가격표 213호에 따라 Ship Plates 150M/T의 주문을 발송합니다.)

② We enclose our formal Order No. 345 for 500 doz. of Jet Sprinklers L213. (500다스의 정식주문서 345호를 동봉합니다.)

③ We are in the market for "Hankuk" Pneumatic Cylinders Model M-5, and are pleased to place the following order with you.

(당사는 "한국" Pneumatic Cylinders Model M-5를 매입하고자 다음의 주문을 귀사에 발주합니다.)

④ We confirm our cable order dispatched this afternoon as follows. This order is placed on the samples and prices you sent us on March 1.

(금일 오후 보낸 다음 내용의 전보를 확인합니다. 이 주문은 귀사가 3월 1일 당사에 보낸 견본과 가격에 따라 발주된 것입니다.)

⑤ Please deliver the following goods as per your quotations and samples sent us on April 27. (4월 27일 당사에 제시했던 귀사의 견적서와 견본에 일치하는 아래 언급된 상품을 인도하여 주십시오.)

⑥ Thank you for your quotation of ...

(…에 대한 귀사의 견적에 감사드립니다.)

⑦ We have received your quotation of ... and enclose our official order form. (…에 대한 귀사의 견적을 받았습니다. 당사의 주문서를 동봉합니다.)

⑧ Please supply the following items as quickly as possible.

(가능한 한 빨리 다음의 품목을 보내 주십시오.)

2. 상품품질(Quality of Goods)

① Weights and colours must be as per the samples kept in our office.

(중량과 배색은 당사 사무실에 비치된 견본과 일치해야 합니다.)

② Please supply us with pure wool only. Mixtures are unsuitable.

(반드시 순모만을 보내 주십시오. 혼합물은 부적당합니다.)

③ Please supply in assorted colours, preferably 50 doz. watch of dark brown, many blue, light green and orange. (분류된 색대로 암갈색, 진한 곤색, 밝은 초록색, 오렌지색을 50다스씩 보내 주십시오.)

④ The alcohol contents must not be under 15%.

(알코올 함량이 15% 이하면 안됩니다.)

⑤ The overall length must not exceed 6 ft. and the total weight must not be above 4 cwt.

(전장 6 ft. 이내에, 총중량이 4 cwt. 이하여야 합니다.)

⑥ We must point out [Please note] that the machine tools must be guaranteed to be to our own specifications.

(본 공장기계는 당사 설명서에 적합하다는 것을 보충해 주십시오.)

⑦ The parts supplied must be absolutely airtight, and we place these order subject to this guaranty.

(공급된 부분은 절대적으로 밀폐되어야 하며, 당사는 이것을 보장한다

는 조건하에 본 주문을 발주합니다.)

⑧ Five sets of shipment/advance samples to be sent by air freight before shipment.
(선적 전에 선발견본 5세트가 항공편으로 발송됩니다.)

3. 가격(Price)

① The prices are F.O.B. Busan inclusive of packing.
(본 가격은 포장을 포함한 FOB 부산항 조건으로 인지됩니다.)

② There is no market here for the higher-priced cameras. Please send only such models in the medium price range.
(이곳에는 고가의 카메라 수요가 없으니, 중간가격의 모델로 보내주십시오.)

③ This order is not too small, and we should be graceful if you would make a quantity discount.
(적지 않은 주문이므로 귀사가 수량할인을 해주면 고맙겠습니다.)

④ The minimum quantity required is three tons, and we woful take up to a maximum of five tons if the quality is high enough.
(필요한 최저수량은 3톤이나 품질이 우수하다면 최대 5톤은 주문할 것입니다.)

4. 선적지시(Shipping Instructions)

① We would ask you to do everything possible to ensure punctual shipment. (기일 엄수하여 선적될 수 있도록 가능한 한 모든 것을 다 해줄 것을 귀사에 요청합니다.)

② Punctual shipment is essential. (기일엄수선적이 매우 중요합니다.)

③ When the goods are ready for shipment, please inform us, and we will send you detailed instructions. (상품의 선적준비가 되었을 때 당사에 통지해주시면, 상세한 선적지시서를 보내겠습니다.)

④ We request you to make shipment so that the goods may arrive here not later than August 31. (본 상품이 8월 31일까지 당지에 도착될 수 있도록 선적해 줄 것을 귀사에 요청합니다.)

⑤ We must have the goods by the end of November as our stock is running short.

(당사의 재고가 고갈되고 있으니 11월말까지 본 상품을 접수해야 합니다.)

⑥ Shipping instructions will be airmailed upon receipt of your acceptance of the order.

(귀사의 주문 승낙통지를 받는 즉시 선적지시서를 항공편으로 보낼 것입니다.)

⑦ To avoid difficulties with the customs authorities here, please make sure that our shipping instruction are carefully observed.

(당지 세관을 쉽게 통과하기 위하여 당사 선적지시서가 주의 깊게 준수되 었음을 확인하십시오.)

⑧ We shall have to decline to accept the goods if they are shipped on or after March 17. (본 상품이 3월 17일 이후에 선적된다면, 당사는 수락을 거절할 것입니다.)

⑨ We reserve the right to cancel this order unless the goods in our hands by the end of June.

(6월말까지 상품이 당사에 접수되지 않으면 본 주문은 취소될 것입니다.)

⑩ Your goods are nearly for dispatch and we should be glad to have your immediate instructions. (귀사 상품의 발송준비가 다 되었으니 조속히 귀사의 선적지시서를 보내주십시오.)

5. 포장(Packing)

① Please pay special attention to packing and the time of shipment. (포장과 선적시기에 유의하여 주십시오.)

② The good must be packed in cases of 30 dozen tin-lined boxes. (본 상품은 30 다스의 함석내장 상자로 포장되어야 합니다.)

6. 주문사절의 이유

1) 가격의 설정

① We fear we shall have to revise our pricing considerably to produce the quantity you have in mind. (귀사가 주문한 수량을 생산하기 위하여 당사 가격이 상당부분 수정되어야 합니다.)

② We should find it rather difficult to consider your order at the price you named. The very best we could do would be $2.50 per lb. (귀사가 언급한 가격으로는 주문받을 수 없습니다. 당사의 최저조건은 $2.50 per lb입니다.)

③ The price is not attractive enough to induce us to take up the manufacture of this item. (귀사가 제시한 가격은 실제 수준보다 약 5% 비쌉니다. 따라서 당사는 카운터오퍼를 포기합니다.)

④ We fear the quantity you require may not warrant our expense and trouble involved in re-adjusting our manufacturing process. (귀사가 요청한 수량으로는 재조정된 당사의 제조과정에 관련된 비용과 번거로움을 보상할 수 없습니다.)

2) 기술상의 문제점

① We fear we could not accept this order as IC's of this quality is rather hard to come by at the moment. (현재 주문한 품질의 IC's를 구할 수 없기 때문에 이 주문을 수락할 수 없습니다.)

② Supplies of raw materials are becoming increasingly difficult to obtain and we are forced to decline your order with thanks.
(원자재 구입이 더욱 어려워져서 귀사의 주문을 사절할 수밖에 없습니다.)

③ We may not supply exactly the same articles that you want as they are not in our line.
(귀사가 원하는 품목을 당사는 제조하지 못하므로 공급할 수 없습니다.)

④ Because of the technical difficulties we are facing in production, we may not be able to accept any further order for some time. (당사가 직면한 생산기술상의 문제 때문에 더 이상의 주문을 받을 수 없습니다.)

3) 주문의 쇄도

① Our works are fully employed and our output capacity cannot keep pace with the demand. So we cannot take on any more orders for the time being. (당사 공장이 완전 가동되고 있어서 당사의 생산능력으로는 수요를 맞출 수 없습니다. 따라서 당분간 더 많은 주문을 받을 수 없습니다.)

② We have a good many orders on hand for this article, and could not possibly effect shipment within the time suggested by you.
(당 품목에 주문이 폭주하여 귀사가 제시한 기간내에 선적할 수 없습니다.)

③ We shall have to decline this order because the earliest delivery we could promise at present would be next January. (현재 당사가 확약할 수 있는 가장 빠른 인도가 내년 1월이므로 당 주문을 사절해야만 합니다.)

④ Because of the acute shortage of the shipping space available, we see no possibility of shipping your requirements during June.
(이용 가능한 선복부족으로 6월 중 귀사 주문품의 선적이 불가능합니다.)

4) 재고

① Our stock os exhausted and we are expecting a fresh supply from our suppliers any day now. (당사의 재고가 고갈되어 공급자들로부터 새로운 공급을 기다리고 있습니다.)

② They are out of stock, and could not tell exactly when we might be able to lay in a large enough lot for you. (상품이 품절이어서 귀사에 필요한 충분한 재고비축시기를 정확히 말씀드릴 수 없습니다.)

③ We have accepted a rush of orders from EU countries so that our stock is entirely cleared for the moment. (우선 당사재고를 처분하기 위해 EU 국가들로부터 쇄도하는 주문을 받고 있습니다.)

7. 대체품의 제공

① We can obtain these items at the price you named in plastics alone. Please advise us preferably by cable if you want us to ship these. (당사는 귀사가 제시한 플라스틱 가격으로 당 품목을 구입할 수 있으니 선적을 원하면 전보로 통지해 주십시오.)

② We have to wait for your confirmation before taking steps to supply an order of this size in the alternative designs. (대체 디자인으로 이 크기의 주문품을 공급하기 이전에 귀사의 확인서를 받아야 합니다.)

③ We are sending you our nearest finish for confirmation : we could not quite match the finish of your sample. (당사는 귀사 확인서에 가장 유사한 제품을 발송합니다. 따라서 귀사 견본품과 일치하지는 않습니다.)

④ Our Model No. 123 is nearest to the measurements you specified : but then, it is only 32 in, deep instead of the 35 on that you want. (당사모델 123호가 귀사가 지시한 치수에 가장 근접합니다. 단 귀사가 원하는 35인치 깊이 대신 32인치 깊이의 차이일 뿐입니다.)

⑤ We can offer a very similar item S/No. 321 at 80¢ instead. This chemical is available immediately from stock, and is perhaps even more suitable. (그 대신에 당사는 가장 유사한 품목인 S/No. 321을 단가 80센트로 오퍼합니다. 이 화학제품은 재고가 있어 즉시 이용가능하고, 어쩌면 더 적합할지 모릅니다.)

⑥ The quality you ordered is out of stock at present, but we can recommend Item No. 1231 as a good substitute, It is very close to your choice in quality though of a different brand. (귀사가 주문한 상품은 현재 품절 중이지만, 대체품으로 Item No. 1231을 추천합니다. 상표는 다르지만 질적인 면에서는 주문한 것과 거의 유사합니다.)

⑦ We have a superior model to offer as per the enclosed specification if you are prepared to go up to $12.00 per set, You might possibly fing the new model even more suitable to your market. (귀사가 $12.00 per set로 지불할 의향이 있다면 동봉한 명세서대로 상급모델을 오퍼합니다. 아마 신 모델이 귀사 시장에 더 적합하다는 것을 알게 될 것입니다.)

〈주문에 관한 어구〉

additional order	추가주문	substantial order	대량주문
back order	이월주문	telephone order	전화주문
cable order	전신주문	trial order	시험주문
initial order	최초주문	verbal order	구두주문
limited order	한정주문	order backlog	주문잔여
market order	시세주문	order blank	주문용지
open order	무조건주문	order book	주문기장
opening order	최초주문	order form	주문서식
original order	원 주 문	order goods	지시인도화물
regular order	정기주문	order memo	주문메모
repeat order	재 주 문	order number	주문번호
sample order	견본주문	order point	발 주 점
scheduled order	계획주문	order production	주문생산
sizeable order	대량주문	order quantity	주문수량
spilt order	분할주문	order record	주문장부
standing order	연속주문	order sheet	주 문 서

section 3 객관식문제

1. 다음 문장의 (　　) 안에 적절하지 못한 단어를 고르시오.

Thank you kind cooperation and expect your (　　) order from you.

① continuing　② continuous
③ continual　④ constant
(* continuing 계속적인, 연속적인(=continuous=continual), constant 불변의, 일정한)

(2~4) 다음 서한을 읽고 물음에 답하시오.

> Thank you your inquiry of 16 ((1)) which we have quoted the price as shown in the following firm offer which shall remain ((2)) force ((3)) June 31st.
> Article : Computer Table TAB-900
> Quantity : 1,000 sets
> Price : US $ 100 per set CIP New York US $ 100,000
> Payment : at 30 d/s under Irrevocable L/C which is opened in our favor
> Insurance : ICC [A] ((4))
> Shipment : No later than July 31st

(* CIP(Cost, Insurance Paid to) 운송비·보험료지급인도조건, at 30 d/s(=at 30 days after sight) 일람후 30일 조건으로)

2. 위의 (1), (2), (3)에 들어갈 전치사는?

① (1) on (2) as (3) until　② (1) under (2) as (3) by
③ (1) against (2) in (3) until　④ (1) for (2) in (3) by

3. Who wrote this offer?

① seller ② buyer
② distributor ④ supplier

4. 협회적화약관 A조건에서 파업, 폭동, 소요약관을 추가할 경우에 (4)에 들어갈 어구를 고르시오.

① with W/SRCC ② including SRCC
③ with ISC ④ including ISO
(* W/SRCC(=war, strike, riot and civil commotion) 전쟁, 파업, 폭동, 소요약관)

5. 다음 주어진 문장을 배열하였을 때 바르게 배열된 것을 고르시오.

We are ( ) to place a trial order for the following: 500 ( ) No. A-444 ( ) brush.

① pleasing – grosses – teeth
② glad – gross – teeth
③ pleased – gross – tooth
④ pleasure – gross – tooth

6. 다음 문장을 읽고 바른 해석을 위하여 필요한 용어나 단어를 고르시오.

A letter of order has to be clear about the ( ), their code number, if any, the number, weight or ( ) ordered, rate on which the order is placed and the date or time by which the order is required to be ( ).

① items – quality – packed
② articles – quantity – executed
③ packing – quantity – issued
④ description – measurement – performed
(* letter of order 주문서, * description 물품명세, * measurement 용적)

7. 다음 문장을 완성하는 데 적절한 용어나 단어를 고르시오.

Under pressure of rising costs we shall not find it possible to extend these favorable terms beyond that date, so (   ) take advantage of them now and send us an immediate order?

① how do
② why not
③ however do
④ what not

8. 다음 문장을 읽고 그 내용이 맞게 해석된 것을 고르시오.

Please pay your prompt and keen attention to this order.

① 이 주문에 대해서 세심하고 깊은 배려를 해 주시기 바랍니다.
② 이 주문에 대해서 귀하의 즉각적이고 올바른 배려를 해 주시기 바랍니다.
③ 이 주문은 신속하고도 특별한 주의가 요구됩니다.
④ 이 주문에 대해서 신속하고 조심성 있는 주의를 해 주십시오.

9. 다음 중 문장에 대해 해석이 잘못된 것을 고르시오.

① We should be grateful if you would arrange for prompt shipment. (즉시 선적을 수배해 주면 고맙겠다.)

② These goods are urgently wanted, and there fore we ask you to ship them by the first available vessel. (그 물품을 급하게 필요로 하고 있기 때문에 첫번째 이용할 수 있는 선박에 선적해 줄 것을 요구한다.)

③ This credit valid until August 31st, and will arrive within a week through our bankers correspondents in New York. (이 신용장은 8월 31일까지 만료되며 뉴욕에 있는 당 행의 환계약은행을 통하여 일주일 내에 도착될 것이다.)

④ We trust you will execute this initial order in strict accordance with instructions we have given in our order, while you may be sure that once this initial shipment turns out satisfactory in all respects, we are sure to place reorders with you. (당사는 귀사가 당사 주문서에 명시한 지시에 따라 이 첫 주문을 이행해 주리라 믿고, 한편 이번 첫 적송품이 모든 점에서 만족스러운 것으로 판명되면 꼭 재 주문을 하겠다.)

(* correspondent bank 환거래은행(*cf.* depository bank 예치은행), * turn out 판명되다, 드러나다, * reorder 재 주문)

10. 다음은 무역거래에서 활용되는 표현들이다. 각 문장들이 전달하는 의미 가운데 다른 세문장과 관련이 가장 적은 것을 고르시오.

① We enclose a trial order for ABC Semiconductor. Should the quality come up to our expectations, you may be sure we will send further orders in the near future.

② Referring to your offer of September 20th, we are pleased to give you an order for 2,000 M/T of Raw Rubber, Grade A.

③ We place an order with you as shown in the particulars, confirming the cable exchanged between us as per the confirmation copies enclosed.

④ We thank you for this order, and hope that we may have the pleasure of hearing further from you soon.

(* ①, ②, ③은 주문의 의사표시이며, ④는 주문확인의 의사표시이다,
* expectation 기대, 예상, further orders 추가적인 주문, in the near future 가까운 장래에)

11. 다음 ( ) 속의 우리말에 가장 알맞은 단어나 용어를 고르시오.

It is difficult for them to get (귀사가 요구하신 모델).

① model inquired about
② the model inquiring for
③ the model you inquired to
④ the model you inquired for

12. 다음 ( ) 안의 우리말에 가장 알맞은 영작을 고르시오.

The commodity we order must (당사의 명세서와 모든 면에서 일치해야 합니다.)

① be compliance for our details in every detail.
② be up to our specifying on all details.
③ comply with our specifications in every detail.
④ comply to our particulars in all detail.
(* comply with ~과 일치하다, in every detail 모든 면에서)

13. 다음 우리말을 영작하였을 때 가장 잘된 것을 고르시오.

전신에 의한 모든 주문은 발신일을 포함하여 72시간 동안 유효하다.

① All orders making by cable have to remain force during three days including the day cabled.
② All orders making with cable must remain effect during three days including day cabled.
③ All orders made with cable should remain effective for three days excluding the day cabled.
④ All orders made by cable shall remain in force for three day including the day cabled.

14. 다음 문장의 밑줄 친 부분을 대체할 수 없는 것은?

The enclosed agreements shall <u>be open</u> until May 30th.

① be effective ② stand good
③ be effected ④ be valid

15. 다음 용어의 해석이 맞는 것은?

① 1 small gross consists of 10 dozens and makes 120 pieces.
② 1 yard is 12 feet.
③ 1 cbm is equal to 40cft.
④ 1 pint is half a gallon.
(* 1 yard=3 feet, * 1 pint=1/8 gallon, * 1 CBM(cubic Meter)=1m×1m× 1m=1㎥)

16. 다음 용어의 설명으로 틀린 것은?

① The Rye Terms are developed for the sale of grain.
② The Rye Terms are a king of quality terms.
③ The Tale Quale Terms are a modification shipped quality terms.
④ The Sea Damaged Terms are developed for the sale of grain.
(* The Tale Quale Terms are modification shipped quality terms. → The tale Quale Terms are shipped quality terms. * shipped quality terms 선적품질조건(*cf.* landed quality terms 양륙품질조건))

17. 다음 문장이 요구하는 내용을 가장 잘 충족시키는 표현을 고르시오.

> We hereby agree with drawer, endorser and bona-fide holder of drafts drawn under and in compliance with terms of this credit that such drafts shall be duly honored on presentation and surrender of the documents.

① engagement clause ② document release clause
③ infringement clause ④ bill of exchange clause
(* drawer 발행인, * honor 어음을 인수(결제)하다, * drawee 지급인, * engagement clause 지급확약조항, * endorser 배서인, * bona-fide holder 선의의 소지인, * draft 환어음)

18. 다음 문장의 내용과 맞지 않는 것을 고르시오.

> Agent shall be allowed a commission of 10% on all sales of the goods even in cases where such sales are made directly by manufacturer for shipment to the said area.

① This is a kind exclusive sales contract.
② Agents are entitle to get commission of 10% on gross proceeds.
③ Manufacturer must pay commission of 10%, though sales within the said area was carried out by himself.
④ Manufacturer must not export to the said area.
(* even in cases where 비록 ~하는 경우에도, * to the said area 상기의 지역으로, * exclusive sale contract 독점판매계약, * gross proceeds 총금액)

19. 다음의 밑줄 친 부분과 같은 의미의 구문을 고르시오.

> We enclose two copies of agreement and hope to have one of them <u>duly recognized by yourselves</u>.

① if you do not have any objection. ② if you understand the effect.
③ that you have acknowledged. ④ that you have signed.
(* duly recognized by yourselves 귀사에 의하여 정히 확인된)

(20~21) 다음 글을 읽고 물음에 맞는 답을 고르시오.

A popular method of selling overseas is by the use of an agent, who is actually operating in the overseas territory. (A) who makes, himself responsible for any bad debts through insolvency, etc., this usually meaning a higher commission and also having a considerable bearing on the exporter's methods of payment. (B) who imports and holds stock, but does not pay until goods are sold. His use might affect exporter's invoicing procedure.

20. A menas (　　).

① Sole Agent　　② Del Credence Agent
③ distributor　　④ Consignment Agent
(* method of selling overseas 해외판매방식, * distributor 판매대리점, 배급업자)

21. B menas (　　).

① Exclusive Agent　　② Sole Distributor
③ Consignment　　④ Del Credence Agent

22. 다음 문장을 읽고 그 내용에 해당하는 것을 고르시오.

Type of agency who makes himself responsible for any bad debts th rough insolvency, etc. This usually offers a higher commission and also has a considerable bearing on the exporter's methods of payment.

① Independent agency　　② Special agency
③ Exclusive agency　　④ Del credere agency.
(* responsible for ～에 관하여 책임 있는, * bad debt 악성부채, * insolvency 지급불능, * considerable 상당한, * method of payment 결재수단, * special agency 특별대리점, * exclusive agency 독점대리점)

23. 다음 문장을 읽고 바른 해석을 위하여 필요한 용어나 단어를 고르시오.

When a country (　　) its currency, it increases its value so that it can buy more foreign currency that before.

① evaluates
② revaluates
③ devaluates
④ estimates

24. 다음 문장의 구성이 잘못된 것을 고르시오.

① We accept your offer with following sight modification.
② We are invited to enter the competitive bidding to be held on 25th. Day.
③ As the price is bearish we suggest you to place an immediate order.
④ If you are satisfied with our samples and quotations, may we expect your initial order by return mail?

(* offer 청약, 오퍼, quotation 견적, slight modification 경미한 변경, initial order 시험주문, bidding 입찰(*cf.* auction 경매), by return mail 회신편으로, bearish (경기가) 약세인 ↔ bullish (경기가) 강세인, sample 견본)

25. 다음 문장의 설명과 관련이 있는 것을 고르시오.

(가) It shall mean all parts, circuits, components and assemblies, of whatever source, which constitute a complete unit of Products. (나) Products sold hereunder shall meet the requirements of this Agreement, and Products shall be manufactured on the basis of it described in Exhibit attached hereto.

① (가) Warranties (나) Spare Pares
② (가) Spare Pares (나) Warranties
③ (가) Spare Pares (나) Specifications
④ (가) Warranties (나) Specifications

(* Spare Pares 예비부속품, Specifications 명세서)

26. 다음 문장의 내용이 틀린 것을 고르시오.

① The "E"-term is the seller makes the goods available to the buyer at the seller's own premises : the term in which the seller's obligation is at its minimum
② The "F"-term require the seller to deliver the goods for carriage as instructed by the seller's own.

③ The "C"-term require the seller to contract for carriage on usual terms at his own expense, therefore, a point up to which he would have to pay transport cost must necessarily be indicated after the respective "C"-term.

④ The "D"-terms is responsible for the arrival of the goods at the agreed place or point of destination at the border or within the country of import.

(* ②의 seller's own이 buyer가 되어야 한다.)

27. 다음 문장의 설명과 관련이 있는 것을 고르시오.

The validity, construction and performance of this Agreement shall be governed by and interpreted in accordance with Vienna Convention(1980)

① Governing Law
② Trade Terms
③ Claims
④ Force Majeure

(*Governing Law 준거법)

28. 다음 문장을 읽고 틀린 것을 고르시오.

① Please inform us when the order is ready for shipment.
② Detailed instructions regarding marks and numbers will follow.
③ We advise of you that we have sent you transport documents.
④ We note that you can supply these items from stock.

(* We advise of you that we sent you transport documents. → We advise you that we have sent you transport documents.)

29. 다음 문장을 읽고 틀린 것을 고르시오.

① Model No. 333 is on the market.
② A delay of a week seems unavoidable.
③ Hana Trading would start off with a trial order.
④ The merchandise will reach to you safely.

(* The merchandise will reach to you safely. → The merchandise will reach you safely, on the market 시판중인, trial order 시험주문)

30. 다음 문장의 밑줄 친 부분 중 틀린 것을 고르시오.

> According to an article under GATT, ① any advantage, favour, immunity granted by any contracting party ② to any product originating in or destined for any other country ③ shall be accorded immediately and conditionally ④ to the like product originating in or destined for the territories of all other contracting parties.

(* GATT(General Agreements on Tariffs and Trade) 관세 및 무역에 관한일반협정, immunity 면제, 면역, the like product 유사제품, contracting party 계약당사자, originate in 비롯하다, 생기다, destined for 예정된, ~를 향하는)

〈객관식 문제 해답〉

문제	해답	문제	해답	문제	해답
1	④	11	④	21	③
2	④	12	③	22	③
3	①	13	④	23	①
4	②	14	③	24	③
5	③	15	①	25	③
6	④	16	③	26	②
7	②	17	①	27	①
8	④	18	④	28	③
9	③	19	④	29	④
10	④	20	③	30	③

section 4 해석 및 영작문제

1. 해석문제

① We are pleased to give you an order for 500 units of Portable Radio Set A777 based on the catalog and price list you sent us on January 5.
(* give you an order for ~에 대해 주문하다, Portable Radio Set 휴대용 라디오세트)

② This order is based on our counter sample No 100 and price list of July 1. Shipping instructions and transferable L/C will be airmailed on receipt of your fax acknowledgement.
(* counter sample 수정 견본, price list 가격표, transferable L/C 양도가능 신용장)

③ This model is getting outdated and is now almost substituted by model No. 100. Model No.100 is competitive in price and quality, so the improvements made on the older model will more than offset the difference in price.
(* is getting outdated 구식이 되어가고 있다. older model 종전 모델, offset 상쇄하다)

④ Upon inspection we appreciate the superiority of your lot in both material and finish, but your price is exceedingly high as compared with that of British make.
(* Upon inspection 검사 결과, lot 상품, material and finish 원료 및 마무리 면에서, as compared with ~와 비교하여)

⑤ We are therefore afraid there is little prospect of doing business with you unless some substantial discount is granted off the list price.
(* substantial discount 상당한 가격할인, list price 정가)

⑥ The quality you ordered is out of stock at present, but we can recommend Item No, 2351 as a good substitute. It is very close to your choice in quality though of a different brand.
(* It is very close to your choice in quality though of ... 질적인 면에서는 귀사가 주문한 것과 거의 유사한 것이다.)

⑦ All notices to be given hereunder shall be given in writing and sent by registered air mail to the addresses stated above or to such addresses as are notified in writing by the parties.
(* registered air mail 등기항공우편, written notice 서면통지)

⑧ Thank you for your Order for 100 units Microphone C60. Unfortunately, however, we cannot fill your order on the terms you requested.
(* on the terms you requested 귀사가 요구한 조건으로, fill one's order ~의 주문을 이행하다)

⑨ We regret that we are not in a position to accept your order for silk socks as we are out of the exact items desired
(* be not in a position to(=cannot) ~할 수 없다)

⑩ Thank you again for your order and we promise you to pay our best attention to this order. We are pleased to accept your fax order of January 5 and are sending our Sales Note. 100 with the copies of the relative faxes.
(* pay attention to ~에 주의를 기울이다, Sales Note 매약서, the copies of the relative faxes 관련 팩스의 사본)

2. 영작문제

① 당사는 뉴욕의 Smith 상사에 만년필 1,000개의 주문을 하였습니다.
(＊~에게 주문을 하다 order a thing from a person)

② 당사는 적송품이 크리스마스 시즌 이전에 발송되는 명백한 조건으로 주문서를 동봉하오며, 인도지연의 경우 주문을 취소할 선택권을 보유합니다.
(＊~이라는 명백한 조건으로 on the clear understanding that, 적송품 consignment, 인도지연 delayed delivery, 선택권을 보유하다 reserve the option)

③ 당사는 귀사가 주문하신 제품의 재고가 현재 떨어졌음을 유감으로 생각합니다. 그 대신 인조견으로 만든 당사의 신제품인 "사이너"표를 청약할 수 있습니다.
(＊물결무늬 견직 watered silks, 그 대신에 in their place, 인조견 rayon)

④ 당사는 동제품에 대한 주문이 완전 예약되었는바, 동제품은 이 분야에서 최신 제품입니다. 당사가 할 수 있는 가장 빠른 선적 시기는 6월입니다.
(＊~으로 꽉 차 있다. ~에 종사하다 be occupied with, 최신 제품 the last word; the latest; most up-to- date)

⑤ 당사는 귀사의 전신승낙을 받는 즉시 6월 선적을 완료하도록 최선을 다하겠으며, 귀사에게 이후 진전 상황에 대해서 계속 알려드리겠습니다.
(＊계속 연락하다 keep you informed)

⑥ 귀 품질은 우수한 것 같으므로 시험주문을 합니다. 만일 품질이 만족스러우면 가까운 장래에 또 주문을 하겠습니다.

(* 귀 품질은 우수하다 your quality is excellent, 시험주문을 하다 make a trial order. 가까운 장래에 in the near future)

⑦ 이 시험주문의 IT-5763이 고객들에게 인기가 있으면 차 후 1,000대를 주문하고 싶으니 수량, 가격, 선적, 보험조건에 대해서 특별히 주의해 주십시오.

(* 시험주문 trial order, 특별히 주의를 기울이다 pay special attention to)

⑧ 참으로 유감스러운 일이지만 당사에서는 알루미늄 제품의 3,000달러 이하 주문은 모두 거절하고 있으며, 이 이하의 주문은 당사의 미국대리점에서 취급하고 있습니다.

(* …이하 not more than, not exceeding)

⑨ 디지털 카메라에 대한 당사의 조회에 관한 회답으로 보내주신 4월 20일자 귀사의 오퍼에 감사드립니다. 당사는 동제품 100대에 대해 정식 주문서 제10호를 동봉하오니 재고품에서 인도하여 주시길 바랍니다.

(* 정식 주문서 formal(=official) order)

⑩ 이 주문품은 긴급히 필요하므로 가능한 한 빠른 선편으로 보내려고 노력해 주시기를 바랍니다.

(* 긴급히 필요한 urgently needed(=wanted), 빠른 선편 by the first available vessel)

CHAPTER 07

PAYMENT & LETTER OF CREDIT
대금결제와 신용장

section 1

MODEL LETTER

Model Letter No. 1 Irrevocable Letter of Credit

THE XYZ BANK CO., LTD.
LOS ANGELES, CA, USA

September 1, 2010

Boboonet Trading Co., Ltd
5-I Myeong-dong Jung-gu, Seoul, Korea

Gentlemen :

①We hereby establish this irrevocable credit NO. 8035 in your favor for account of Pinnacle Corporation, 200 Spring Street, Los Angeles, California for a sum or sums not exceeding a total of U.S. $50,000,000 (U.S. $Fifty Million Only) ②available by your draft drawn on us at 90 days after sight ③accompanied by the following documents evidencing shipment of 10 units of office computers from Inchŏn to Los Angeles :

(1) ④Full set of clean on board ocean bills of lading issued to order of shipper, endorsed in blank, marked "Freight Prepaid" and "Notify : Pinnacle Corporation, 200 Spring Street, Los Angeles, California" and dated not later than September 30, 2010.
(2) Signed Commercial Invoice in triplicate.
(3) Packing List in duplicate.
(4) Marine Insurance Policy in duplicate, endorsed in blank for 110% of the full invoice value subject to ICC (A)

⑤Evidencing shipment of 10 units of office computers from Inchŏn to Los Angeles.

⑥Partial shipments are permitted. Transshipment is not permitted. All drafts drawn ⑦hereunder must state the number date, and name of establishing bank of this credit. The amount and date of payment/acceptance/negotiation of each draft must be endorsed on the reverse thereof.

This credit is subject to ⑧Uniform Customs and Practice for Documentary Credits (the latest revision), ⑨International Chamber of Commerce.

We engage with the ⑩drawers, endorsers and ⑪bona fide holders of drafts drawn under in compliance with the terms of this credit that such drafts shall ⑫be duly honored ⑬on due presentation if presented to the drawee bank on or before October 10, 2010.

Very truly yours,

내용요약

1단락 - 취소불능신용장의 개설
2단락 - 환어음에 첨부할 주요서류명세
3단락 - 상기 서류의 용도설명
4단락 - 환어음 기재사항
5단락 - 준거법
6단락 - 지급보증문언

용어해설

① We hereby ... Fifty Million Only 취소불능신용장발행 및 환어음관련사항
② available by your ... days after sight
취소불능신용장 No. 8035에 대한 설명(본 신용장은 …에 이용 가능하다)
③ accompanied by the following documents your draft에 대한 설명

④ 구체적인 서류명이 기재된 부분
  - Full set 전통(통상 원본 3통)
  - clean on board ocean bills of lading 무사고선적해상선화증권
  - issued to order of shipper 송화인의 지시인식으로 작성된
  - endorsed in blank 백지배서 된
  - Signed Commercial Invoice in triplicate 서명된 상업송장 3부
  - Packing List in triplicate 포장명세서 3부
  - Marine Insurance Policy 해상보험증권

⑤ Evidencing shipment of ... Los Angeles 상기의 서류에 대한 설명

⑥ Partial shipments / Transshipment 분할선적 / 환적

⑦ hereunder(=under this credit) 본 신용장에 근거하여
here of(=of this credit) 본 신용장의

⑧ Uniform Customs and Practice for Documentary Credits
화환신용장에 관한 통일규칙 및 관습

⑨ International Chamber of Commerce 국제상업회의소(I.C.C)

⑩ drawers 환어음 발행자인 수출업자 / endorsers 배서인(매입/지불/인수은행)

⑪ bona fide holders 선의의 소지인

⑫ be duly honored 정당하게 결제되다

⑬ on due presentation 정당한 제시가 있은 후에

Model Letter No. 2 L/C Advise (신용장개설 통지)

UNIVERSAL TRADING CO., LTD.

30 Liver Street, New York
N.Y., 19879, U.S.A.
Tel : 1+813+320+4377
Fax : 1+813+321+4377
E-mail : unitra@trade.com

September 10, 2010

Mr. K. D. Hong
President
TELEPIA CO., LTD
Fax 82+3447+7864

Dear Sirs :

We have instructed Korea Exchange Bank, Seoul to open an Irrevocable Letter of Credit No. EB 512 KE13 ①in your favor to cover the goods ②as itemized in our order No. 218 dated March 2 and shall be advised of the L/C arrival through our bankers' ③corres bank-their Tokyo branch.

The terms of the credit ④authorize you to draw at 30days after sight on our bank for the full invoice amount. These goods are urgently wanted, and therefore we ask you to try to ship them by ⑤M/V. "Arirang star" leaving Busan on July 20. Also ⑥please see that they are carefully packed to ensure their safe arrival.

As this is our first transaction with you, please ⑦be strict with the instructions. ⑧Should your first shipment turn out satisfactory, you may expect ⑨ensuing orders in the near future.

If you find any ⑩discrepancy or condition which needs amending, please let us know by fax so that we can correct them.

Yours very truly,

John R. Clinton
Vice President

내용요약

1단락 - 신용장 개설통지
2단락 - 신용장의 조건과 조속한 선적과 포장에 만전을 기할 것을 당부함
3단락 - 거래의 원만한 성립과 차후 거래를 기대
4단락 - 신용장의 조건이 계약과 불일치할 경우 수정을 요하는 결문

용어해설

① in your favor 귀사를 수익자(수혜자)로 하여
② as itemized 기재된 대로
③ corres bank(correspondent bank) 환거래 취결은행
④ authorize 권한을 부역하다, 수권하다.
⑤ M/V(motor vessel) 동력선박
⑥ please see (to it) that 명심하다, 유념하다
⑦ be strict with ~을 준수하다, 엄밀히 하다.
⑧ Should your first shipment turn out satisfactory
귀사의 첫 적송품이 만족스러우면
⑨ ensuing 다음의, 계속되는, 잇따라 일어나는
⑩ discrepancy 모순, 차이, 불일치

Model Letter No. 3 <A Request for Extension(L/C 유효기일/선적기일 연장요청)>

Gentlemen :

①As we faxed this morning, we have to ask you to ②extend the shipment time of your order No. 100 for the following reasons :

A few days ago, we received an ③advance sample from the manufacturer and noticed that it was ④not quite satisfactory ⑤in finish.

We instructed them to examine the ⑥whole lot again and they say that they will deliver perfect goods by 25th July. This will make it impossible for us to ship the goods by S/S "HANBADA" sailing on the 27th.

The next ⑦available vessel is M/S "ILLSUNG" scheduled to sail on 8th August.

We are sorry to trouble you, but shall be obliged if you will amend the L/C to extend the shipment time and ⑧validity for two weeks respectively.

We believe that it is ⑨worth while to wait for better goods and trust that you will comply with our request.

Yours truly,

내용요약

1단락 - 신용장 개설통지
2단락 - 선적서류 구비하여 Nego할 것
3단락 - 무역거래조건
4단락 - 주문이 만족하게 수행되기를 기대

용어해설

① **As we faxed** 당사가 팩스로 보낸 바와 같이
② **extend** 연기하다, 연장하다
③ **advance sample** 선발견본
④ **not quite** 아주 …하지는 않은 [못한]
⑤ **in finish** 마무리
⑥ **whole lot** 전제품
⑦ **available vessel** 이용 가능한 선박
⑧ **validity** 유효기일
⑨ **worth while to** …할 보람이 있는

section 2 Useful Expressions

1. 신용장 관련 문제

① As requested, we have immediately arranged with our bankers to extend the expiry date of our L/C No. FU-5803 for two weeks up to 15th October, 2010.

(귀사의 요청에 따라 당사는 2002년 10월 15일까지 신용장 FU-5803호의 유효기간을 3주 연장하도록 거래은행에 지시했습니다.)

② Payment will be made by paying your sight draft under our Irrevocable Letter of Credit. (지불은 당사 취소불능신용장에 의거한 귀사 일람출급어음을 당사가 지불함으로써 이루어집니다.)

③ In order to cover this bushiness we shall instruct our bankers to open an Irrevocable Letter of Credit for the amount of this business in your favor. (본 거래의 결제를 위하여 거래금액에 대한 취소불능신용장을 귀사를 수익자로 하여 개설하도록 당사의 거래은행에 지시했습니다.)

④ We will open an Irrevocable and Confirmed Letter of Credit covering our order within this week.

(당사 주문에 대한 취소불능신용장을 이번 주 내로 개설하겠습니다.)

⑤ We have learned that the L/C had been arranged, but we have not received the banker advice yet.

(신용장의 개설이 준비되었지만 아직 은행의 통지를 받지 못했습니다.)

⑥ According to the Credit we received, the payment was to be made at 60 d/s. (당사 수취의 신용장에 따르면 지불이 일람 후 60일 출급으로 되어 있는 바, 당사는 일람출급으로 지불되는 것을 원합니다.)

⑦ We would ask you to pay either by Banker's draft or by opening an Irrevocable Letter of Credit in our favor. (은행어음 또는 당사를 수익자로 한 취소불능신용장의 개설로 지불하도록 요청합니다.)

⑧ We thank you very much for your L/C and shipping instructions covering your trial order.

(귀사의 시험주문에 대한 신용장과 선적지시서에 감사드립니다.)

⑨ We do not open an letter of credit for any order of less than U.S. $3,000.00 because our bank charges are too high.

(당사 거래은행의 수수료가 너무 비싸 미화 3만달러 이하의 주문에 대해서는 신용장을 개설하지 않습니다.)

⑩ We hereby establish our Irrevocable Letter of Credit in your favour available by your drafts at sixty days after sight drawn on this bank. (당 행은 귀사를 수익자로 하여 당행 앞 일람 후 60일 출급의 어음을 발행할 수 있는 취소불능신용장을 개설합니다.)

⑪ The Bill of Lading must indicate that the goods were boarded on the carrying vessel not later than March 31, 2010. (선화증권은 2010년 3월 31일까지 본선에 화물이 선적되도록 명시되어야 합니다.)

⑫ Transshipment is prohibited. Partial shipments are permitted.

(환적 금지, 분할 선적 허가.)

⑬ The amount of each draft drawn under this credit and the date of negotiation must be endorsed on the reverse hereof by the negotiating bank. (본신용장에 의거하여 발행된 어음금액 및 매입일은 매입은행에 의하여 반드시 본 신용장 이면에 배서되어야 합니다.)

2. 대금결제 관련 문례

① In order to cover this order we have established an Irrevocable and confirmed L/C in your favour through The Chicago Bank, Ltd., London for Stg. £5,800.60.

(본 주문의 대금지불을 위해 시카고은행 런던본점을 통하여 귀사를 수익자로 하는 5,800파운드 60펜스의 취소불능확인신용장을 개설하였습니다.)

② Your bank check we received for US $12,000 has been credited to your account, which is now completely clear.

(당사가 수취한 미화 12,000달러의 은행수표가 귀사 계정에 입금되어 완전히 청산되었습니다.)

③ For the balance of Stg. £5,250 in your favor, you may draw on us at sight as usual. (귀사 수취잔고 영국통화 5,250파운드에 대하여 예전처럼 일람출급어음을 당사 앞으로 발행하십시오.)

④ We have opened an Irrevocable Letter of Credit No. Ku0301 though The Woori Bank Ltd., Chicago Branch, under which you may draw on us at 30 days sight.

(우리은행 시카고지점을 통하여 취소불능신용장 Ku0301호를 개설하였으니 동 신용장에 의거하여 일람 후 30일 출급으로 당사 앞 어음을 발행하십시오.)

⑤ We enclose the statement of your account showing a balance of U.S. $12,500. (잔고 미화 12,500달러의 귀사 계산서를 동봉합니다.)

⑥ The Bill of Exchange was presented by The Tokyo Bank, Seoul Office, and was accepted by us; we have received the Bill of Lading.

(어음이 동경은행 서울사무소에 의해 제시되어 당사가 인수하고 선화증권도 수취했습니다.)

⑦ This is to call your attention to the fact that your account of US $25,000 is still unpaid. (귀사 계정의 미화 25,000달러는 아직도 미불이므로 귀사의 주의를 환기시킵니다.)

⑧ We ask for your protection of our draft on presentation.

(당사 어음이 제시되는 즉시 지불할 것을 요청합니다.)

⑨ As your draft was dishonored, please negotiate for the matter with the drawee and let them protect it at once. (귀사 어음이 부도났으므로 이에 대하여 어음지급인과 교섭하여 지불하여 주십시오.)

⑩ Please note that the usance of our drafts is 30 days after sight, regardless of D/A or D/P terms.

(당사 어음기간은 D/A 또는 D/P 조건에 관계없이 30일인 것에 주의하십시오.)

section 3 객관식문제

1. 다음 문장을 읽고 바른 해석을 위하여 필요한 용어나 단어를 고르시오.

Expiry date means the last date for (　　) of documents by the beneficiary in the Documentary Credit transaction.

① shipment　② dispatch
③ presentation　④ pick-up
(* Expiry date 유효기일(만기일), beneficiary 수익자(수출업자))

2. 다음 문장의 (　　) 안에 알맞은 용어나 단어를 고르시오.

In "When a client induces a bank to give a letter of credit to a third party, he cannot, of his own will, compel the bank to cancel the letter, for the contract does not exist between the client and the bank, but between the banks and third party", a client means (　　).

① beneficiary　② consumer
③ shipper　④ opener
(* compel A to B A에게 B를 강요하다, shipper 화주, opener(=applicant) 발행의뢰인)

3. 다음 문장을 읽고 그 내용에 해당하는 것을 고르시오.

A disadvantage to the seller in the Documentary Credit transaction.

① Once an irrevocable credit is established it can not be amended or cancelled without the consent of the seller.
② A letter of credit may lose its commercial value when the seller fails to comply with any of the terms and conditions of the credit.
③ The buyer can not withhold payment under any per text.
④ The seller can use the credit as a method of finance for export.
(* irrevocable credit 취소불능신용장(*cf.* revocable credit 취소가능신용장)

4. 다음 문장의 내용이 잘못된 것을 고르시오.

① A Credit subject to the eUCP("eUCP Credit") is also subject to the UCP without express incorporation of the UCP.

② Where the eUCP applies, its provision shall prevail to the extent that they would produce a result different from application of the UCP.

③ The eUCP shall apply as a supplement to the UCP where the Credit indicates that is subject to eUCP.

④ If only paper documents are permitted under an eUCP Credit, the UCP alone shall not apply.

(* eUCP Artice e1, e2 참조, 오직 종이문서가 eUCP 산용장하에서 허용될 경우, UCP는 독자적으로 적용된다.)

5. 다음 문장을 읽고 바른 해석을 위하여 필요한 용어나 단어를 고르시오.

> Under the Documentary Credit operation, the banks shall have reasonable time, not to exceed (   ) banking days following the day of receipt of the documents, to examine the documents and to inform the party from which it received the documents accordingly.

① three　　② five

③ seven　　④ twenty one

(* reasonable time 상당한 기간, banking days 은행영업일, whether take up or refuse the documents 서류를 수리할 것인지 또는 거절한 것인지)

6. 다음 문장의 괄호 안에 알맞은 것을 고르시오.

> (   ) means a data process attached to or logically associated with an electronic record and executed or adopted by a person in order to identify that person and to indicate that person's authentication of the electronic record.

① electronic record　　② electronic signature

③ format　　④ superimposed

(* eUCP Artice e3 a, b 참조. 전자서명은 전자기록에 첨부된 또는 논리적으로 결합시키는 또한 신원을 식별하기 위하여 또는 전자기록의 특정인의 인증을 표시하기 위하여 수행되고 채용된 자료 처리과정을 의미한다.)

7. 다음 문장의 괄호 안에 알맞은 것을 고르시오.

Parties to a Collection are :
(　　) who is the party entrusting the handling of a collection to a bank.
(　) which is any bank, other than the remitting bank, involved in processing the collection.
(　　) which is the collecting bank making presentation to the drawee.
(　) which is the bank to which the principal has entrusted the handling of a collection.

① principal - presenting bank - collecting bank - remitting bank
② drawee - presenting bank - remitting bank - collecting bank
③ principal -collecting bank - presenting bank - remitting bank
④ drawee - remitting bank - presenting bank - collecting bank
(*URC Articel 3 참조.)

8. 다음 문장을 완성하는 데 적절한 용어나 단어를 고르시오.

(　　) is also known as the correspondent bank which is requested by the issuing bank to notify the exporter to the opening of a documentary credit.

① Opening Bank　　② Negotiating Bank
③ Advising Bank　　④ Reimbursing Bank
(* reimbursing bank 상환은행)

9. 다음 문장을 완성하는 데 적절한 용어나 단어를 고르시오.

Expressions such as "prompt", and the like should not be used, If they are used bank will (　　).

① disregard them　　② reject documents
③ treat as discrepancy　　④ not pay
(* disregard 무시하다, discrepancy 불일치, 하자)

10. 다음 문장을 읽고 그 내용에 해당하는 것을 고르시오.

> The Documentary Credit specifically nominates the bank which is to effect acceptance under the Credit on presentation to it of the required documents including a bill of exchange drawn on the accepting bank at a usance in the credit. This L/C is primarily designed to provide finance for the applicant.

① Sight Payment L/C ② Deferred Payment L/C
③ Acceptance L/C ④ Negotiation L/C

(* sight payment credit 일람지급신용장, deferred payment credit 연지급신용장, acceptance credit 인수신용장, negotiation L/C 매입신용장)

11. 다음 문장을 읽고 바른 해석을 위하여 필요한 용어나 단어를 고르시오.

> Banking charges in relation to L/C are borne by the parties concerned. All banking charges outside importer's country are usually for the account of (　　)

① beneficiary ② applicant
③ opening ④ advising bank

12. 다음 문장을 읽고 바른 해석을 위하여 필요한 용어나 단어를 고르시오.

> The (　　) has the right to substitute his own invoice for that of the Second Beneficiary(ies), for amount not excess of the original amount stipulated in the Credit.

① Applicant ② Issuing Bank
③ First Beneficiary ④ Second Beneficiary

13. 다음 문장을 읽고 바른 해석을 위하여 필요한 용어나 단어를 고르시오.

> By implementation of the UCP 500, issuing banks are expressly allowed to contact the (　　) to obtain his waiver of discrepancies.

① applicant ② beneficiary
③ remitting bank ④ reimbursing bank

(* waiver 포기, remitting bank 추심의뢰은행)

14. 다음 문장을 완성하는 데 적절한 용어 및 단어를 고르시오.

> In general, advising bank as confirming bank (   ) if the documents appear on their face to be in order, (   ).

① is not obliged to honour the credit－if there has been a breach of the contract of sale

② has the option of not honoring the credit－if there has been a breach of the contract of sale

③ either is under obligation to pay the credit or is under no obligation to pay the credit－if there has been a breach of the contract of sale

④ is obliged to honour the credit－whether or not there has been a breach of the contract of sale

(* in general 일반적으로, confirming bank 확인은행, on their face 문면 상으로)

15. 다음 문장을 완성하는 데 적절한 용어나 단어를 고르시오.

> Issuing bank (   ) require a claiming bank to supply a certificate of compliance with the terms and condition of the credit to the reimbursing bank.

① shall ② shall not

③ must ④ must not

(* certificate of compliance 일치증명서)

16. 다음을 읽고 바른 해석을 위하여 필요한 용어나 단어를 고르시오.

> If an Irrevocable Credit provides for negotiation, the Issuing Bank is bound to pay (   ) recourse to drawers and/or bona fide holders, Draft(s) drawn by the Beneficiary and/or document(s) presented under the Credit.

① with ② without

③ on ④ together

(* recourse 상환청구, 소구, drawer 발행인(*cf.* drawee 지급인), bona fide holder 선의의 소지인)

17. 다음을 읽고 바른 해석을 위하여 필요한 용어나 단어를 고르시오.

> If the Advising Bank cannot establish apparent authenticity of the Credit which it advises, it must (　　　).

① inform, without delay, the Issuing Bank of the fact.
② inform, without delay, the Applicant of the fact.
③ destroy the Credit, without delay, to avoid any utilization.
④ refuse to inform the Beneficiary of the fact.
(* authenticity 진정성)

18. 다음의 밑줄 친 단어와 같은 뜻으로 쓰인 것을 고르시오

> After received of the credit and if all the terms and conditions thereof are acceptable to him, the Beneficiary arranges to collect the required documents and arranges for <u>the goods to be delivered to the importer.</u>

① drawing of a bill of exchange　② delivery of a copy of B/L
③ negotiation　④ the shipment of the goods

19. 다음 각 문장의 (　　) 안에 가장 알맞은 것끼리 연결한 것을 고르시오.

> If the expression "on or about" or similar expressions are used, banks will interpret them as a stipulation that shipment is to be made during the period from ((a)) days before to ((b)) days after the specified date, both and days included.

① (a) five　(b) five　② (a) seven　(b) seven
③ (a) five　(b) ten　④ (a) seven　(b) ten

20. 다음 문장의 내용을 틀리게 전달한 것을 고르시오.

> Credit means an engagement by a bank or other person made at the request of a customer that the issuer will honor draft or other demands for payment upon compliance with the conditions specified in the credit. The engagement amy be either an agreement to honor or a statement that the bank or other person is authorized to honor.

① 신용장은 발행은행이 고객의 요청에 따라 발행한 것으로서 은행 또는 타인에 의한 하나의 약속을 의미한다.

② 신용장의 발행인은 신용장에 명시된 조건에 따라 대금지급을 위한 환어음 또는 다른 지급 다른 지급요구에 응하여야 한다.
③ 신용장에 의한 약속은 신용장 발행은행이 환어음을 발행한다는 합의일 수 있다.
④ 이 약속은 은행 또는 타인이 인수지급의 권한을 부여받는다는 진술일 수 있다.
(* at the request of a customer 고객의 요청에 의하여)

21. 다음 중 각 문단에 대한 해석이 틀리게 된 것을 고르시오.

Special Condition(s) of L/C :

① Documents to be presented within 10 days after the date of issuance of the transport document but within the validity of the credit. (서류는 운송서류 발급일자 후 10일 이내에 제시되어야 함. 다만, 신용장 유효기간 이내에 제시되어야 함.)
② All banking charges outside Korea are for account of beneficiary. (대한민국 이외에서 발생하는 모든 은행수수료는 수익자의 계정에 입금함.)
③ All document to be sent to us by registered airmail in 2 consecutive lots. (모든 서류는 연속 2편의 등기우편으로 발행은행에 송부되어야 함.)
④ Proceeds drawn under this credit will be remitted as per instruction of the negotiating bank upon receipt of the documents in compliance with the terms and conditions of the credit. (이 신용장에 의한 대금지급은 신용장의 조건과 일치하는 서류의 접수 후 매입은 은행의 지시에 따라 송금됨.)
(* validity of the credit 신용장의 유효기일, banking charges 은행수수료, for account of ~의 계산으로, ~의 부담으로, proceeds 대금, 수익)

22. 다음 빈칸에 알맞은 내용을 고르시오.

Whereby a bank(the "Issuing Bank") acting at the request and on the instructions of a customer(the "   ") or in its own behalf, is to make a payment to or to the order of a third party(the "   ") or is to accept and pay bills of exchange(Draft(s)) drawn by the (   ).

① Applicant -Beneficiary -Beneficiary
② Applicant -Applicant -Beneficiary
③ Beneficiary -Applicant -Applicant
④ Beneficiary -Applicant -Beneficiary
(* UCP(500) Article 2 Meaning of Credit 참조.)

23. 우리말을 영문으로 옮길 때 가장 적절한 것을 고르시오.

이 조회와 관련된 일체의 비용은 귀사 청구서를 받자마자 기꺼이 당사가 지급하겠습니다.

① Any expenses connected with this inquiry will be gladly paid by us on receipt of your check.
② Any expenses connected with this inquiry will be gladly paid by us on receipt of your bill.
③ Any expenses regarding with this inquiry will be gladly paid by us on receipt of your bill.
④ Any expenses regarding with this inquiry will be gladly paid by us on receipt of your check.
(*귀사 청구서를 받자마자 on receipt of your bil, ~와 관련된 connected)

24. 다음 문장의 설명과 관련이 있는 것을 고르시오.

It is a Credit under which the Beneficiary may request the bank authorized to pay, incur a deferred payment undertaking, accept or negotiate to make the Credit available in whole or in part to one or more other Beneficiary(ies) (Second Beneficiary(ies)).

① A local Credit ② A transferable Credit
③ A with recourse Credit ④ A revolving Credit
(* A transferable Credit 양도가능 신용장)

25. 다음 중 밑줄 친 부분이 나타내는 것 고르시오.

an unconditional order in writing, addressed by one person to another, singed by the person issuing it, which requires the person to whom it is addressed to pay a specified sum of money to the order of a third person.

① commercial invoice ② bill of lading
③ letter of credit ④ bill of exchange
(* bill of exchange(환어음)은 채권자가 채무자에 대하여 일정금액을 제3자에게 지급할 것을 무조건 위탁하는 증서임을 설명하고 있다.)

26. 다음 문장의 내용에 알맞은 용어를 고르시오

> For the purposes of these Articles, the expressions "Documentary Credit(s)" and "Stand-by Letter(s)" or Credit mean any arrangement, however named or described, whereby a bank(the "(A)") acting at the request and on the instructions of a customer(the "(B)") or on its own behalf is to make a payment to or to the order of a third party(the "(C)"), or os to accept and pay bills of exchange(Draft(s)) drawn by the Beneficiary.

① (A) Advising Bank - (B) Applicant - (C) Beneficiary
② (A) Advising Bank - (B) Beneficiary - (C) Applicant
③ (A) Issuing Bank - (B) Applicant - (C) Beneficiary
④ (A) Issuing Bank - (B) Beneficiary - (C) Applicant
(* 신용장은 개설의뢰인(Applicant)의 요청에 의해 개설은행(Issuing Bank)이 제3자(수익자: Beneficiary) 또는 수익자가 지시하는 자가 발행하는 환어음에 대하여 인수하거나 지급할 것을 약정하는 신용자의 정의를 나타내는 조항이다(UCP 제2조 참조).

27. 다음 문장의 해석으로 맞는 것을 고르시오.

> Upon receipt of your confirmation of this order, we will open the Letter of Credit 60 days prior to the shipping date with an expiration date 15 days after the shipping date.

① 당 주문에 대한 확인을 귀사가 받는 즉시, 당사는 선적일 후 15일 간의 유효기간과 함께 선적일에 앞서 60일 동안 유효한 신용장을 개설하겠습니다.
② 당 주문에 대한 귀사의 확인을 받는 즉시, 당사는 선적일 후 15일 이후에 효력이 끝나는 신용장을 선적일 이전 60일 동안 유효하도록 개설하겠습니다.
③ 당 주문에 대한 확인을 구사가 받는 즉시, 당사는 선적일 60일 이전에 개설하겠습니다. 단, 신용장의 효력은 전적 후 15일까지 입니다.
④ 당 주문에 대한 귀사로부터의 확인을 받는 즉시, 당사는 신용장의 효력이 선적일 후 15일까지인 신용장을 선적기일 60일 전에 개설할 것입니다.
(* Upon receipt of ~을 받자마자, prior to ~보다 전에, expiration 만기)

28. 우리말을 영문으로 옮길 때 가장 적절한 것을 고르시오.

당사는 원래의 선적일자에 맞출 수 없으므로 신용장을 정정하고 선적일자를 한달간 연장해 주시기 바랍니다.

① As we cannot extend the original ship date, would you be so kind as to amend the L/C and meet the ship date for one month.

② As we cannot meet the original ship date, would you be so kind as to amend the L/C and meet the ship date for one month.

③ As we cannot extend the original ship date, would you be so kind as to meet the L/C and amend the ship date for one month.

④ As we cannot meet the original ship date, would you be so kind as to amend the L/C and extend the ship date for one month.

(* meet 만족(충족)시키다, amend 정정하다, extend 연장하다.)

29. 다음 문장의 해석이 잘못된 것을 고르시오.

① In order to cover this business we shall instruct our bankers to open an Irrevocable Letter of Credit. (본 거래의 결제를 위하여 취소불능신용장을 개설하도록 당사의 거래은행에 지시했습니다.)

② We will open an Irrevocable and Confirmed Letter of Credit in your favor covering our order within this week. (당사 청약에 대하여 귀사를 수익자로 한 취소불능하고 양도 가능한 신용장을 이번 주 안에 개설하겠습니다.)

③ We enclose the statement of your account a balance of U.S.$ 10,000. (당사는 잔고 미화 10,000달러의 귀사 계산서를 동봉합니다.)

④ We ask for your protection of our draft on presentation (당사 어음이 제시되는 즉시 지불할 것을 요청합니다)

(* Confirmed Letter of Credit 확인신용장, order 주문)

30. 다음 문장의 순서가 올바른 것을 고르시오.

(A) The terms of the credit authorize you to draw at 30days after sight on our bank for the full invoice amount.
(B) As this is our first transaction with you, please be strict with the instructions. Should your first shipment turn out satisfactory, you may expect ensuing orders in the near future.
(C) We have instructed Korea Exchange Bank, Seoul to open an Irrevocable Letter of Credit No. EA 531 KA12 in your favor to cover the goods as itemed in our order No.123.
(D) If you find any discrepancy or condition which needs amending, please let us know by fax so that we can correct them.

① C-A-B-D ② A-B-C-D
③ A-C-B-D ④ C-B-A-D

(* 신용장개설통지에 대한 올바른 순서 ① 신용장 개설통지, ② 신용장의 조건, ③ 거래의 성립과 차후 거래를 기대, ④ 신용장의 조건이 계약과 불일치할 경우 수정을 요하는 결문)

<객관식 문제 해답>

문제	해답	문제	해답	문제	해답
1	③	11	①	21	②
2	④	12	③	22	①
3	②	13	①	23	②
4	④	14	④	24	②
5	③	15	②	25	④
6	②	16	②	26	③
7	③	17	①	27	④
8	③	18	④	28	④
9	①	19	④	29	②
10	③	20	③	30	①

section 4

해석 및 영작문제

1. 해석문제

① We would appreciate your expediting L/C opening by June 30. Otherwise, owing to cost increase in raw materials, additional 8% charge to our previous offer will be added.
(* would appreciate ~해 주시면 감사하겠습니다)

② We will instruct our bankers to open an irrevocable L/C by fax in your favor immediately on receipt of your order acceptance.
(* in your favor 귀사를 수익자로 하여 on receipt of ~을 받자마자)

③ We are pleased to inform you that we have instructed San Francisco Bank, San Francisco to open an irrevocable and confirmed L/C No. 2731 in your favor for $80,000 to cover our order for 100 units of VCR SV-100.
(* we are pleased to inform a person that~ (누구)에게 ~을 알리다 [통지하다], cover (대금)결제하다)

④ We hereby open in your favor a confirmed irrevocable without recourse credit No. SK-910520 for account of Far East International, Hong Kong,
(* confirmed irrevocable without recourse credit 확인 · 취소불능 및 상환불능 신용장, for account of ~계정에 대해)

⑤ In order to cover the amount for the canned crab meat, we have today issued a transferable L/C by telex in your favor through the Industrial Bank of Korea, Seoul. You will be notified by their correspondent in

London prior to receipt of this letter.
(* canned crab meat 게살 통조림, transferable L/C 양도가능 신용장, prior to ~전에)

⑥ The credit in question has been today mailed to you through the corres bank, New York of our bankers, and we expect it will reach you in time for shipment.(* in time 적기에)

⑦ You are hereby authorized to draw on the Chartered National Bank for a sum not exceeding US$ 100,000.00 (say U.S. dollars one hundred thousand only) available by your drafts, drawn in duplicate. (* in duplicate 2통, sum not exceeding 사용 가능한 금액)

⑧ This is a sort of force majeure, and there is no other vessel scheduled to sail for Osaka during September October. We, therefore, ask you to extend the L/C SK-931642 for one month so that we can ship your order in October after the typhoon has passed by.
(* a sort of force majeure 일종의 불가항력, scheduled to sail 출항 할 예정인)

⑨ In fact a terrible typhoon struck Korean peninsula during July and our manufacturer suffered serious damage, making it impossible to deliver the contracted products within the validity of the L/C which expires on July 31.
(* terrible typhoon 심한 태풍, Korean peninsula 한반도, the validity of the L/C 신용장의 유효기간 이내)

⑩ Under such circumstances, we hope you will agree to extend the shipping date until August 14 and expiry date until August 24. We trust you will understand the situation and accept our request.
(* shipping date 선적일자, expiry date 만기일)

2. 영작문제

① 계약대로 귀사 물품을 선적할 수 있도록 즉시 신용장을 개설해 주시면 고맙겠습니다.
(＊~할 수 있도록 so that~can[=may], 계약대로 as contracted)

② 계약조건에 따르면 선적이 4월 말까지 되었어야 합니다. 그러나 신용장이 도착하지 못했습니다. 5월 20일까지 선적이 가능하도록 지체없이 신용장을 개설해 주시면 감사하겠습니다.
(＊~에 따르면 according to, ~까지 되지 못하다 be held up pending (=until), 지체 없이 without delay)

③ 11월 5일까지 유효한 4,000달러의 취소불능신용장을 귀사를 수익자로 하여 개설하도록 아람은행 서울지점에 지시했습니다.
(＊~에게 …하도록 지시하다 instruct to, ~일까지 유효한 valid[=available] until)

④ Motorbike Model MB-7 100대의 귀 주문 제123에 대한 신용장 제111호를 받았습니다. (＊~에 대한 covering)

⑤ 귀 주문품은 전부 선적준비가 되어 있으며 당사는 귀 신용장을 받는 즉시 그것들을 선적하겠습니다.
(＊귀 주문품 your goods; your orders, 선적준비가 되다 be ready for shipment, 귀 신용장을 받자마자on receipt of your L/C)

⑥ 신용장 제2468호의 선적일 및 유효기일을 각각 2주간씩 연장해 주실 것을 요구합니다.
(＊유효기간 the validity; the period of validity, 선적일 the shipping date, 각각 respectively)

⑦ 상품명이 신용장에 잘못 기재되어 있으며, 신용장금액이 800달러나 부족하므로 따라서 신용장을 급히 팩스로 변경할 것을 요구합니다.

(* 상품명 The name of merchandise, 기재되다 be described, 부족한short, …에게 ~하도록 요구하다 ask … to do~)

⑧ 수취한 신용장에 따르면 일람 후 60일 출급조건으로 결제하기로 되어 있습니다. 그러나 당사는 일람출급조건으로 하기를 원합니다. 이것은 귀사에 의해서도 합의되었고 귀 주문서에도 명시되어 있습니다.

(* 일람 후 60일 출급조건 at 60 days after sight(=at 60 d/s), 결제하기로 되어 있다 the payment is to be made, 일람출급조건 at sight, 합의되다 be agreed on)

⑨ 샌프란시스코 소재 아메리카 은행이 발행한 7월 8일자 당사의 취소불능 신용장 제2205호를 참조하시기 바랍니다. 당사는 오늘 아메리카 은행으로부터 동봉해 드린 텔렉스를 받았습니다. 기타 모든 조건은 변경되지 않았습니다.

(* ~을 참조하다 please refer to, 동봉해 드린 텔렉스 enclosed telex)

⑩ 우리나라의 좋지 못한 외환사정에 비추어 보아 L/C 베이스로는 거래 할 수 없습니다. 90일 인수인도조건으로 상품을 보내주실 수 있습니까? 가능하다면 그 기간동안 발생되는 금리는 당사가 부담하겠습니다.

(* 좋지 못한 외환사정 tight foreign exchange situation, ~에 비추어보아 in view of, 90일 인수인도조건 on 90 days D/A base, 금리를 부담하다 bear the interest)

CHAPTER 08

MARINE INSURANCE
해상보험

section 1 MODEL LETTER

Model Letter No. 1 <보험부보 요구>

Gentlemen ;

We have received your e-mail of December 12, 2010 regarding marine insurance for your order No. M0-001.

As this contract is ①on an F.O.B. basis, marine insurance on the ② consignments should be ③effected by you. The present ④shipping schedule is that the shipments of 70 units for ₩14,000,000 are to be loaded on the Gloria ⑤due to leave Inchŏn port on or about December 21. The shipping advice will be given to you by ⑥teletransmission as soon as the shipment has been finished. The ⑦remainder of 30 units for ₩6,000,000 will be scheduled in January.

We assure you that we will ⑧take special note of your ⑨shipping instructions.

Very truly Yours,

내용요약

1단락 - 해상보험에 관한 서신 잘 받았음
2단락 - 해상보험부보요망
3단락 - 선적지시서 내용에 주의를 기울일 것이니 안심바람

용어해설

① on an F.O.B. basis F.O.B. 조건을 근간으로
② consignments 화물, 적화
③ to effect (보험을) 부보하다, 발효시키다
④ shipping schedule 선적계획
⑤ due to leave 출항예정의
⑥ teletransmission 전신
⑦ remainder 나머지, 잔여분
⑧ take special note of …에 특별한 주의를 기울이다
⑨ shipping instructions 선적지시

Model Letter No. 2 <보험회사에 대한 보험계약신청>

10th October, 2010

The Hyundai Marine and Fire Insurance Co., Ltd.

Gentlemen :

We are instructed by our buyer ①to make marine insurance contract with you on 10 cases of our TV set which we are shipping to New York by the s/s "Korea Maro" due to set sail from Busan ②on or about November 20, 2010.

Please cover us ③on ICC(B) ④including War Risks ⑤for the amount of $33,100.00 ⑥at the rate you gave us by telephone yesterday, and one copy of our invoice is enclosed herewith.

We hope you will send us your Insurance Policy in duplicate and three copies, and at the same time ⑦the statement of premium due soon.

Your prompt attention to this matter would be much appreciated.

Yours faithfully,

ORIENTAL CO., LTD.
Inclos. Invoice

내용요약

1단락 - 보험계약체결의 신청
2단락 - 보험조건과 금액을 명시
3단락 - 보험증권의 송부요망
4단락 - 조속한 회답을 기대

용어해설

① to make marine insurance contract with you 귀사와 해상보험계약을 체결하다
② on or about 경(시간이나 기간과 함께 쓰임)
③ on ICC(B) 단독해손담보조건
④ including War Risks 전쟁위험 특약을 포함한
⑤ for the amount of 보험금액에 대하여(=for the sum of=to the amount of)
⑥ at the rate (보험의)요율로
⑦ the statement of premium due 보험료명세서

Sample Form <Marine Insurance Policy(해상보험증권)>

THE KORYO FIRE & MARINE INSURANCE CO., LTD.

Address: 145, Naesoo-Dong, Chongro-Ku, Seoul, Korea. K.P.O. BOX 295
Telephone: 722-4254~9, 725-0385~9 Cable: KRFIRE SEOUL Telex: K28320

MARINE CARGO INSURANCE POLICY

Policy No.① 301HAA85110420 | Assured(s), etc.② WOO YANG ELECTRONICS COMPANY

*Claim, if any, payable at/in*⑤
CALEB BRETT (H. K.) LTD. 1004
MONGKOK COMMERCIAL CENTER
16 ARGYLE ST. KOWLOON, HONGKONG
TEL: 3-941573
IN U. S. CURRENCY

Ref. No.③ INVOICE NO. WY-841109
L/C NO. ILC7265

Amount insured hereunder④
US$1, 665. 22
($1, 513. 84×110%)

*Survey should be approved by*⑦
THE SAME AS ABOVE

Conditions and Warranties⑥
INSTITUTE CARGO CLAUSE(A),
INSTITUTE WAR CLAUSE(CARGO),
INSTITUTE STRIKES CLAUSE(CARGO)
AS ATTACHED.
CLAIMS PAYABLE IN HONGKONG
IN CURRENCY OF THE DRAFTS.

Local Vessel or Conveyance⑧	From (interior port or place of loading)⑨
Ship or Vessel⑩ "HAPPY STAR V-23"	Sailing on or about⑪ NOV. 14, 1995
at and from⑫ PUSAN, KOREA	transhipped at⑬
arrived at⑭ HONGKONG	thence to⑮

Subject-matter Insured⑯
66, 500 PCS OF MYLAR CAPACITOR

Subject to the following Clauses as per back hereof
Institute Cargo Clauses specified above
On-Deck Clause
Institute Replacement Clause (applying to machinery)
Institute Classification Clause

Marks and Numbers as per Invoice No. specified above

Place and Date signed in⑰
SEOUL, KOREA, NOV. 13, 1985

IMPORTANT

⑲PROCEDURE IN THE EVENT OF LOSS OR DAMAGE FOR WHICH UNDERWRITERS MAY BE LIABLE
LIABILITY OF CARRIERS, BAILEES OR OTHER THIRD PARTIES

It is the duty of the Assured and their Agents, in all cases, to take such measures as may be reasonable for the purpose of averting or minimizing a loss and to ensure that all rights against Carriers, Bailees or other third parties are properly preserved and exercised. In particular, the Assured or their Agents are required:

1. To claim immediately on the Carriers, Port Authorities or other Bailees for any missing packages.
2. In no circumstances, except under written protest, to give clean receipts where goods are in doubtful condition.
3. When delivery is made by Container, to ensure that the Container and its seals are examined immediately by their responsible official.
   If the Container is delivered damaged or with seals broken or missing or with seals other than as stated in the shipping documents, to clause the delivery receipt accordingly and retain all defective or irregular seals for subsequent identification.
4. To apply immediately for survey by Carriers' or other Bailees' Representatives if any loss or damage be apparent and claim on the Carriers or other Bailees for any actual loss or damage found at such survey.
5. To give notice in writing to the Carriers or other Bailees within 3 days of delivery if the loss or damage was not apparent at the time of taking delivery.

NOTE: The Consignees or their Agents are recommended to make themselves familiar with the Regulations of the Port Authorities at the port of discharge.

INSTRUCTIONS FOR SURVEY

In the event of loss or damage which may involve a claim under this insurance, immediate notice of such loss or damage should be given to and a Survey Report obtained from this Company's Office or Agents specified in this Policy or Certificate.

DOCUMENTATION OF CLAIMS

To enable claims to be dealt with promptly, the Assured or their Agents are advised to submit all available supporting documents without delay, including when applicable:

1. Original policy or certificate of insurance.
2. Original or certified copy of shipping invoices, together with shipping specification and/or weight notes.
3. Original or certified copy of Bill of Lading and/or other contract of carriage.
4. Survey report or other documentary evidence to show the extent of the loss or damage.
5. Landing account and weight notes at port of discharge and final destination.
6. Correspondence exchanged with the Carriers and other Parties regarding their liability for the loss or damage.

☞ In the event of loss or damage arising under this Policy, no claims will be admitted unless a survey has been held with the approval of this Company's office or Agents specified in this policy.

Numbers of Policies issued⑱

DUPLICATE

⑳Notwithstanding anything contained herein or attached hereto to the contrary, this insurance is understood and agreed to be subject to English law and practice only as to liability for and settlement of any and all claims.

This insurance does not cover any loss or damage to the property which at the time of the happening of such loss or damage is insured by or would but for the existence of this Policy be insured by any fire or other insurance policy or policies except in respect of any excess beyond the amount which would have been payable under the fire or other insurance policy or policies had this insurance not been effected.

We, THE KORYO FIRE & MARINE INSURANCE CO., LTD. hereby agree, in consideration of the payment to us by or on behalf of the Assured of the premium as arranged, to insure against loss damage liability or expense to the extent and in the manner herein provided.

In witness whereof, *I* the Undersigned of THE KORYO FIRE & MARINE INSURANCE CO., LTD. on behalf of the said *Company* have subscribed *My* Name in the place specified as above to the policies, the issued numbers thereof being specified as above, of the same tenor and date, one of which being accomplished, the others to be void, as of the date specified as above.

For THE KORYO FIRE & MARINE INSURANCE CO., LTD.

AUTHORIZED SIGNATORY

826-3

section 2

Useful Expressions

① ××보험회사에 100만 달러의 (손해)보험을 (상품)에 들다 [부보하다]

to insure (a thing) against (damage) for $1 million with ×× Insurance Co.

to insure (a thing) from (damage) for $1 million by ×× Insurance Co.

to insure (a person) for $1 million against (damage) on (a thing) with ×× Insurance Co.

to insure (a person) for $1 million against (damage) on (a thing) by ×× Insurance Co.

to cover (a person) for $1 million against (damage) on (a thing) in ×× Insurance Co.

to effect insurance on (a thing) for $1 million against (damage) with ×× Insurance Co.

to effect insurance on (a thing) for $1 million from (damage) by ×× Insurance Co.

② ××보험회사에 저율로 (상품)에 보험을 들다

to insure (a thing) at a low premium in ×× Insurance Co.

to have a cargo insured 화물을 보험에 들다

= to carry insurance on a cargo

to apply for insurance for $1 million 100만 달러의 보험을 신청하다

= to apply for an insurance policy of $1 million

③ Please effect insurance on the cargo for $10 million by s.s. "Queen Mary", from Busan to Singapore. (퀸 메리호의 선적화물에 대하여 부산항에서 싱가폴까지 1천만 달러의 보험계약을 체결해 주십시오.)

④ Please insure the goods by s.s. "Hanbada" from Inchŏn to Sydney, for $20 million. (한바다호 선적화물에 대하여 인천항에서 시드니까지 2천만달러의 보험

계약을 부보해 주십시오.)

⑤ Please insure against ICC(A) for US $100,000.00 value of one thousand sewing machines, shipped at San Francisco to Inchŏn. (샌프란시스코 선적 인천행의 재봉기계 1,000대를 ICC(A) 조건으로 10만달러의 보험에 부보해 주세요.)

⑥ We have effected the insurance you ordered in the goods by s.s. "Hanbada", from your port to Busan, at 0.15 percent. (귀항에서 부산까지 0.15 퍼센트의 보험료로 한바다호 적재화물에 귀사가 요청한 보험을 부보하였습니다.)

⑦ We have the pleasure to wait on you with a policy of insurance for US $510,000.00 effected by us on the goods by s.s. "Hanbada", from Hongkong to Busan. (홍콩에서 부산까지 한바다호 적재화물에 부보한 51만달러의 보험증권을 보내주세요.)

⑧ We enclose the covering note for US $51,000.00 on semiconductor, by your M/V from New York to London. (뉴욕에서 런던까지 귀 선박 적재 반도체에 대한 5만1천달러의 보험증명서를 동봉합니다.)

⑨ We have opened insurance for ₩510,000.00 on rice at 0.30 percent.
(이 이상 유리한 보험이 없기 때문에 0.30퍼센트의 보험료로 51만원의 보험을 부보하였습니다.)

⑩ Please insure against ICC(A) for US $500,000.00on the shipment by s.s. "Hanbada." (한바다호 적재화물에 대해 ICC(A) 조건으로 50만달러의 보험을 부보하십시오.)

⑪ We have received with thanks your letter of May 7, informing us that you will effect the insurance at 0.25%. As we are satisfied with the rate quoted, please open insurance for ₩6,000,000.00 ICC(C) on the goods.

(5월 7일자 귀 서한을 받았으며 귀사가 0.25퍼센트로 부보할 것이라는 것을 알았습니다. 이 보험료는 만족한 것이니 해당 화물에 대하여 ICC(C) 조건으로 600만원의 보험을 부보하여 주십시오.)

〈보험용어정선〉

Average	해손	Insured goods	피보험화물
Average bond	해손계약서	Insurance rate	보험료율
Against All Risks(A.A.R.)	전위험담보	Insured amount	보험금액
Abandonment	위부	Insured value	보험가격
Average deposit	해손공탁금	Insurance money	보험금
Average statement	해손정산서	Jettison	투하
Beneficiary	보험금수취인	Leakage	누손
Barratry	선원악행	Marine Insurance	해상보험
Cover Note	보험승낙서	Particular average(P.A.)	단독해손
Free of Particular Average(F.P.A.)	단독해손부담보	Premium	보험료
General Average(G.A.)	공동해손	Pilferage	좀도둑질
Insurance underwriting	보험업	Total Loss Only(T.L.O)	전손담보
Insurance agency	보험대리점	Total Loss(T.L.)	전손
Insurer	보험업자	The insured person	피보험자
Insurance underwriter	보험회사	Time Policy	정기보험증서
Insurance Policy	보험증권	With Average(W.A.)	단독해손담보

section 3 객관식문제

1. 다음 내용 중 잘못 전달한 것을 고르시오.

> Insurance Policy or Certificate of Insurance in negotiable form in duplicate, endorsed in blank, covering ICC(A), institute War Clause for full invoice value plus 10% with claim payable in Hong Kong in the currency of the draft.

① 부보금액 : 송장금액의 110%
② 공란배서
③ 환어음 통화
④ 유통 가능한 양식으로 발행될 것
(* in negotiable form 유통 가능한 양식으로, in blank 무기명 배서)

2. 다음 보험에 관한 설명 중 ( ) 안에 적합한 용어는?

> ( ) is the prime cost of property insured, plus the expenses of and incidental to shipping and the charges of insurance upon the whole.

① the insurance money
② the insurable interest
③ the insurance premium
④ the insurable value
(* insurable interest 피보험이익, Insurance premium 보험료, insurable value 보험가액, insured amount 보험금액)

3. 다음 문장의 내용과 맞지 않는 것을 고르시오.

> Insurance policy or certificate in duplicate, endorsed in blank for 110% of the invoice cost. Insurance policy must include : Institute cargo Clause ICC(B).

① Insurance certificate by insurance broker be replace with insurance policy.
② In negotiating, blank endorsement must be made by beneficiary.
③ 110% is added to the invoice cost as expected profit.
④ Insurance policy must be issued in two original copies.
(* insurance broker 보험중개인, expected profit 예상이익)

4. 다음 문장을 읽고 바른 해석을 위하여 필요한 용어나 단어를 고르시오.

Abandonment has effect only where is (　　), whereas subrogation applies to all cases where loss is paid, whether the loss is total or partial.

① an actual total loss　　② a general average
③ a constructive total loss　　④ a partial loss

(* abandonment 위부, subrogation 대위, actual total loss 현실전손 (*cf.* constructive total loss 추정전손), partial loss 분손)

5. 다음 문장을 읽고 바른 해석을 위하여 필요한 용어나 단어를 고르시오.

(　　) comprehends all loss occasioned to ship, freight, and cargo, which has not been wholly or partly sacrificed for the common safety or which does not otherwise come under the heading of general average or total loss.

① Abandonment　　② Average
③ Particular average　　④ Marine adventure

(* comprehend 포함하다, 이해하다, common safety 공공의 안전, marine adventure 해상사업)

6. 다음 문장을 읽고 바른 해석을 위하여 필요한 용어나 단어를 고르시오.

(　　) comprehends all loss arising out of a voluntary sacrifice of a part of either vessel or cargo, made by the captain for the benefit of the whole.

① Particular average　　② General average
③ Total loss　　④ Physical loss

(* voluntary sacrifice 자발적 희생, captain 선장, physical loss 물적 손해)

7. 다음 문장을 완성하는 데 적절한 용어 및 단어를 고르시오.

Ordinarily shipment bound for export is covered for the invoice amount (　　) and claims are payable at (　　).

① minus ten precent－importing country
② minus ten percent－exporting country
③ plus ten percent－importing country
④ plus ten percent－exporting country

8. 다음 문장을 읽고 밑줄 친 부분의 의미와 같은 것을 고르시오.

> This insurance <u>attaches</u> from the time the goods leave the warehouse or place of storage.

① 부보한다 ② 보험이 개시된다
③ 담보한다 ④ 보험에 귀속된다
(* warehouse 창고, storage 보관)

9. 다음 문장을 읽고 밑줄 친 부분의 의미와 같은 것을 고르시오.

> <u>The burden of proof</u> rests upon the shipowner who wants to rely on one of the excepted perils.

① 거증책임 ② 시험책임
③ 검사의무 ④ 증언책임
(* burden of proof 거증책임, rely on 의존하다, 신뢰하다, expected perils 예상 위험)

10. 다음 문장을 읽고 바른 해석을 위하여 필요한 용어나 단어를 고르시오.

> Unless otherwise stipulated in the Credit, the minimum amount for which the insurance document must indicate the insurance cover to have been effected is the ( ) value of the goods plus ( ), but only when the ( ) value can be determined from the documents on their face.

① FOB－20%－FOB ② CFR－20%－CFR
③ CIF－10%－CIF ④ CIF－15%－CIF

11. 다음 문장을 완성하는 데 적절한 용어 및 단어를 고르시오.

> In the event of ( ), the assured may claim from any underwriters concerned, but he is entitled to recover more than the statutory indemnity.

① reinsurance ② double insurance
③ coinsurance ④ full insurance

12. 다음 문장을 완성하는 데 적절한 용어 및 단어를 고르시오.

The marine policy must specify the (　　) of the assured or of some person who effects the insurance on his behalf. the subject matter insured and the (　　) insured against.

① name－risk
② slip－cover note
③ name－cover note
④ slip－risk

13. 다음 문장을 완성하는 데 적절한 용어나 단어를 고르시오.

When the subject-matter insured becomes constructive total loss the assured must tender reasonable notice of (　　) the insurer.

① subrogation
② abandonment
③ disclosure
④ representation

(* subject-matter insured 보험의 목적물)

14. 다음 문장을 완성하는 데 적절한 용어나 단어를 고르시오.

When the subject-matter insured becomes damaged beyond repair or if the anticipated payment of the expenses would exceed the insured value it is considered to be (　　) and not worth while for repairs.

① constructive total loss
② actual total loss
③ particular charges
④ total loss

15. 다음 주어진 문장과 관련되는 것을 고르시오.

An assault on a vessel, cargo, crew or passengers at sea by persons owing no allegiance to a recognized flag and acting for personal gain.

① Theft
② Pilferage
③ Piracy
④ Arrest

(* assault 습격, crew 승무원, passengers 여객, theft 절도, pilferage 발화, piracy 해적, arrest 강유)

16. 다음 주어진 문장과 관련되는 것을 고르시오.

> A government order to stop movements of ships and cargoes in or out of ports to safeguard the interests of the country.

① Embargo　　② Capture
③ Seizure　　④ Rebellion

(* government order 정부명령, embargo 수출금지, capture 포획, seizure 나포)

17. 다음을 읽고 바른 해석을 위하여 필요한 용어나 단어를 고르시오.

> The purpose of (　　) is to prevent the assured from recovering more than once for the same loss.

① abandonment　　② subrogation
③ warranty　　④ salvage

(* warranty 담보(*cf.* express warranty 명시담보), implied warranty 묵시담보)

18. 다음 문장의 (　　) 안에 알맞은 용어나 단어를 고르시오.

> When there is no intention of the shipper to transfer the title of the lot to anyone except the consignee, (　　) is issued in the name of particular consignee.

① order B/L　　② stale B/L
③ third party B/L　　④ straight B/L

(* order B/L 지시식 선화증권, stale B/L 제시기간 경과 선화증권, third party B/L 제3자 선화증권, straight B/L 기명식 선화증권)

19. 다음 문장을 읽고 바른 해석을 위하여 필요한 용어나 단어를 고르시오.

> (　　) is usually the seller's agent in the buyer's country who should be advised by the shipping company when the vassel arrives.

① A notify party　　② A consignee
③ A shipper　　④ A broker

(* notify party 도착화물 통지처, consignee 수화인(*cf.* consignor 송화인))

20. 다음 문장의 (　　) 안에 알맞은 용어나 단어를 고르시오.

> Constructive total loss arises when the vessel or cargo is in such a situation that the (　　) of salvaging and repairing her would exceed her (　　) when repaired.

① cost－value　　② value－cost
③ interest－capital　　④ capital－interest

21. 밑줄 친 부분의 영작이 부적절한 것을 고르시오.

> ①공동해손은 선주와 화주가 일반적으로 선박과 적하의 공동복지와 안전을 위해 ②어떤 재산 또는 선박의 일부분이 희생된 경우에 입은 ③일체의 손해 또는 발생된 비용에 대해 ④비례하여 분담할 책임이 있다는 것을 의미한다.

① General Loss
② any property or part of the ship has been sacrificed
③ any losses sustained or expenses incurred
④ liable to make a pro rata contribution
(* 공동해손 General Average)

22. 다음 밑줄 친 부분의 영작이 부적절한 것을 고르시오.

> ①가습열손을 포함하여 ②면책비율이 없는 분손담보조건으로 ③보험을 체결하고 ④보험료는 선불하여 주십시오.

① sweat & heating　　② WAIOP
③ arrange insurance　　④ the premium
(* WAIOP(With Average Irrespective of percentage) 면책비율이 없는 분손 담보조건, 보험을 체결하다 effect insurance)

23. 다음 문장 중 밑줄 친 부분의 해석이 잘못된 것을 고르시오.

> In no case shall this insurance cover ①ordinary leakage, ②ordinary loss in weight or volume, or ③ordinary wear and tear of the ④subject-matter insured.

① 통상의 누손 ② 통상의 중량, 용적의 손실
③ 자연소모 ④ 협정보험가액
(* subject-matter insured. 보험의 목적)

24. 다음 문장 중 밑줄 친 부분의 해석이 맞는 것을 고르시오.

> Insurance to be covered on ICC(A) including W/S.R.C.C(War/ Strikes, Riots and Civil Commotions) for 10% over the invoice amount.

① 전쟁, 파업, 소요, 내란 ② 전쟁, 파업, 폭동, 소요
③ 전쟁, 파업, 공장폐쇄 , 폭동 ④ 전쟁, 파업, 폭동, 내란
(* W/S.R.C.C(War/ Strikes, Riots and Civil Commotions) 전쟁, 파업, 폭동, 소요위험)

25. 다음 문장 중 밑줄 친 부분의 해석이 맞는 것을 고르시오.

> In no case shall this insurance cover
> ㉮ ordinary leakage or wear and tear of the subject-matter insured.
> ㉯ loss damage or expense attributable to wilful misconduct of the assured.
> ㉰ deliberate damage to or destruction of the subject-matter insured.

① ㉮ 통상의 누손 또는 자연소모
㉯ 피보험자의 고의적인 불법행위에 기인하는
㉰ 의도적인 손상이나 파괴
② ㉮ 통상의 누손 또는 자연소모
㉯ 보험자의 고의적인 불법행위에 기인하는
㉰ 정교한 손상이나 파괴
③ ㉮ 통상의 손상 또는 용적의 손실
㉯ 피보험자의 나쁜 행위에 기인하는
㉰ 의도적인 손상이나 파괴
④ ㉮ 통상의 손상 또는 자연소모
㉯ 보험자의 나쁜 행위에 기인하는
㉰ 의도적인 손상이나 파괴

26. 다음 문장의 괄호 안에 알맞은 것을 고르시오.

> ICC(A) clause covers the following loss or damage to the subject-matter insured except (   ).

① overturning or derailment of land conveyance
② loss damage or expense caused by inherent vice or nature of the subject-matter insured
③ vessel or craft being stranded grounded sunk or capsized
④ earthquake volcanic eruption or lighting
(* ICC(A) 제1조 위험조항 및 제4조 일반면책조항 4.4항 참조.)

27. 다음 중 무역용어의 연결이 잘못된 것은?

① insurance premium - 보험금
② insured - 피보험자
③ total loss - 전손
④ amount insured - 보험금액

28. 다음 중 해상보험 용어의 설명이 잘못된 것은?

① Insurance Policy- 보험정책
② Insurance Certificate - 보험증명서
③ Risks Clauses - 위험약관
④ Exclusions Clauses - 면책약관

29. 다음 빈칸에 가장 적합한 것은?

> "The insurance shall be contracted with underwriters or an insurance company of good repute and failing express agreement to the contrary, be in accordance with _______ cover of the Institute Cargo Clauses."

① medium ② minimum
③ full ④ limited

30. 해상보험에서 추가로 담보할 수 있는 부가위험에 대한 다음 설명 중 맞는 것은?

① RFWD : Rain and/or Frozen Water Damage
② TPND : Theft, Pilferage and Non-Deposit
③ COOC : Contact with Oil and/or Other Cargo
④ JWOB : Jettison & Washing On-Board
(* ① 빗물, 담수에 의한 손해(Frozen → Fresh), ② 도난, 발하, 불착손해 (Non-Deposit → Non-Delivery), ③ 유류 및 타화물접촉손해 ④ 투하, 갑판유실손해(On-Board → Over-Board)

〈객관식 문제 해답〉

문제	해답	문제	해답	문제	해답
1	②	11	②	21	①
2	④	12	①	22	③
3	①	13	②	23	④
4	③	14	①	24	②
5	③	15	③	25	①
6	②	16	①	26	②
7	③	17	②	27	③
8	②	18	④	28	②
9	①	19	①	29	①
10	③	20	①	30	③

section 4

해석 및 영작문제

1. 해석문제

① General average losses and contributions and salvage charges are not recoverable under the suing and labouring clause.
(* General average 공동해손, salvage charge 구조비, sue and labour clause 손해방지약관)

② Transport documents are required both to assure that the goods are being properly transported and for the buyer to claim possession of the goods at destination.
(* Transport documents 운송서류, at destination 목적지에서)

③ Please insure the goods by s.s. "President" from Inchŏn to Sydney, for $20 million. (*goods 화물)

④ In the case of any actual or apprehended loss or damage the earner and the consignee must give all reasonable facilities to each other for inspecting and tally in the goods.

⑤ Please insure against ICC(A) for US $100,000 value of one thousand sewing machines, shipped at San Francisco to Inchŏn.
(*ICC(A) 협회화물약관(A), sewing machines 재봉기계)

⑥ Nothing in this Convention shall prevent the application of provisions in the contract of carriage by sea or national law regarding the adjustment of general average.

⑦ This insurance covers general average and salvage charges, adjusted or determined according to the contract of affreightment and/or the governing law and practice.
(* contract of affreightment 용선계약)

⑧ We hereby issue our irrevocable documentary credit No. HS-941187 available with the advising Bank by negotiation of the beneficiary's draft.

⑨ As instructed we shall effect insurance for the computers and will attach the policy to the transport documents.

⑩ Please insure U.S. $800 per 100 cases of raw Korean Mink skin against All Risk including War Risk and S.R.C.C.
(*S.R.C.C. Strikes, Riots and Civil Commotions).

2. 영작문제

① 이 화물은 전쟁위험을 포함한 분손담보조건으로 부보하고 보험료와 운임을 선급해야 합니다.

② 본 계약은 F.O.B. 조건이기 때문에, 귀사측에서 화물을 보험에 부보해야 함을 잊지 마시기 바랍니다.
(* F.O.B. 조건 on an F.O.B. baeio ; on F.O.B. terms)

③ "손해방지약관"은 피보험자로 하여금 이미 어떤 손해가 발생시 그 손실이나 더 이상의 손실로부터 상품을 구조하는 가능한 어떤 조치도 취하게 해 준다.

④ 보험증권에 별도의 합의가 없는 한 선박 또는 화물의 보험자는 지연이 피보험위험으로 일어난 경우라 할지라도 지연에 기인하여 발생한 손해에 대해서는 보상책임을 지지 않는다.

⑤ 전위험담보조건으로 송장금액의 15%를 초과하는 금액으로 부보하여 주십시오. (* A.R. All Risks)

⑥ 면직물 600야드가 홍콩으로 가는 도중 선박의 화재로 인해 부분적 손해를 입었습니다.

⑦ 모든 화물은 총 송장금액에 10%의 희망이익을 더하여 ICC(B)조건으로 부보하지 않으면 안됩니다. (* 화물 shipment, 희망이익 expected profit)

⑧ 지난주 귀사의 서신을 받았으며, 귀사가 0.25%로 부보할 것이라는 것 을 알았습니다. 이 보험료는 만족스러운 것이니 해당화물에 대하여 단독해

손부담보조건(F.P.A.)으로 미화 5백달러 보험을 부보하십시오.
(* F.P.A. Free From Particular Average)

⑨ 싱가포르에서 부산까지 "여명호" 선적화물에 부보한 금액 5천달러의 해상보험증권을 기다리고 있으니 입수되는 즉시 보내주시면 감사하겠습니다. (* 보험증권 Insurance Policy)

⑩ 다음 빈칸에 미국 각 주의 명칭을 약호로 표시하시오.

Alabama		Montana	
Alaska		Nebraska	
Arizona		Nevada	
Arkansas		New Hampshire	
California		New Jersey	
Canal Zone		New Mexico	
Colorado		New York	
Connecticut		North Carolina	
Delaware		North Dakota	
District of Columbia		Ohio	
Florida		Oklahoma	
Georgia		Oregon	
Guam		Pennsylvania	
Hawaii		Puerto Rico	
Idaho		Rhode Island	
Illinois		South Carolina	
Indiana		South Dakota	
Iowa		Tennessee	
Kansas		Texas	
Kentucky		Utah	
Louisiana		Vermont	
Maine		Virginia	
Maryland		Virgin Islands	
Massachusetts		Washington	
Michigan		West Virginia	
Minnesota		Wisconsin	
Mississippi		Wyoming	
Missouri			

CHAPTER 09

SHIPMENT AND NEGOTIATION
선적 및 수출대금회수

section 1 MODEL LETTER

Model Letter No. 1 <Shipment Advice(선적 통지)>

Gentlemen :

We have completed the shipment of your order N0. 220 for 10 dozen TV Set A Type which was shipped by the m/s "Korea Maro" sailed from Busan for the final destination, New York. You will find enclosed the copies of ①shipping documents, ②viz. a ③non-negotiable copy of ④clean prepaid Bill of Lading made out to order, a copy of Insurance Policy which covers the invoice amount plus 10 per cent and copies of Commercial and Customs Invoice.

Against this shipment, we have drawn a ⑤draft at sight for $21,000.00 under your L/C No.222 with original shipping documents attached, through our bankers, for which we ask ⑥the favor of your kind protection on presentation.

The ⑦ETA at New York is October 5, 2009 and we trust that the goods will reach you ⑧in good condition and give you complete satisfaction.

Your very truly,

내용요약

1단락 - 주문품의 선적완료
2단락 - 선적과 더불어 대금결제에 대한 호의를 부탁함.
3단락 - 추정도착일의 통지와 안전항해를 기대

용어해설

① shipping documents 선적서류
② viz.(=namely) 즉 , 다시 말하자면
③ non-negotiable 비유통성의
④ clean prepaid Bill of Lading made out to order
지시식으로 작성된 무사고 운임선불 선하증권(B/L)
⑤ draft(=Bill of Exchange) 환어음
⑥ the favor of your kind protection on presentation.
(환어음) 제시에 대하여 호의적인 인수
⑦ ETA 추정도착시각(=Estimate time of arrival) (opp. ETD 추정출항시각)
⑧ in good and give you complete satisfaction condition
양호하고 완전히 만족한 상태

Model Letter No. 2 <Payment(결제)>

Gentlemen :

①Please find enclosed an order sheet and a ②bank check for U.S. $2,000.00 ③covering the ④opening order for item MK-1. We would appreciate your prompt arrangements for the shipment.

For further orders, we ⑤are willing to establish Letters of Credit through our bankers, CHB Bank, Seoul branch, under which you may draw drafts at 60 days after sight.

We are also interested in importing models which are at present ⑥ available only in your domestic market. Will you kindly send us ⑦ brochures for them as soon as possible, so that we may let our ⑧sales promotion department check market ⑨feasibility ⑩here.

Very truly yours,

내용요약

1단락 - 주문서와 수표동봉, 조속한 선적요구
2단락 - 다음의 거래는 신용장에 의해 지불할 것임
3단락 - 다른 모델에도 관심 있으니 자료 보내 줄 것을 희망

용어해설

① Please find enclosed …을 동봉합니다
② bank check 은행수표
③ covering …을 위하여(=for)
④ opening order 최초의 주문
⑤ are willing to …해도 좋다, 기꺼이 …하다
⑥ available 입수 가능한
⑦ brochures 팜플렛
⑧ sales promotion 판매촉진
⑨ feasibility 실행가능성
⑩ here 당지에서, 이 곳에서

Sample Form ① <BILL OF EXCHANGE>

BILL OF EXCHANGE

No. ______________________ Date. May 13, 2010

Korea

FOR U.S. $35,780.00

AT XXXXXXXXXXXXXXX SIGHT OF THE FIRST BILL OF EXCHANGE(SECOND OF THE SAME TENOR) AND DATE BEING UNPAID

PAY TO Kookmin Bank OR ORDER THE SUM OF

US DOLLARS THIRTY FIVE THOUSAND SEVEN HUNDRED EIGHTY ONLY

VALUE RECEIVED AND CHARGE THE SAME TO ACCOUNT OF KENSHOEN CO., LTD.

DRAWN UNDER THE ASAHI BANK LTD., TOKYO, JAPAN

L/C NO. LC-610-309841 DATED Jan. 08, 2010

TO THE ASAHI BANK LTD., TOKYO, JAPAN

Madang Co., LTD.

PARK

H. S. Park, President

① 어음번호 ② 어음금액

③ 발행지 ④ 발행일

⑤ 어음지불기일 ⑥ 제1권, 제2권의 구별

⑦ 어음 매입/지불/인수은행 ⑧ 어음금액확인문언

⑨ 대가문언 ⑩ 매수인의 성명

⑪ 신용장개설은행 ⑫ 신용장번호

⑬ 신용장개설일 ⑭ 수신인

⑮ 발행인

Sample Form ② <COMMERCIAL INVOICE>

COMMERCIAL INVOICE

Shipper/Exporter MADANG CO., LTD 101-1, SAMSUNG-DONG, GANGNAM-GU, SEOUL, KOREA.	No. & Date of Invoice MD990115 JAN. 15, 2010 No. & Date of L/C No: LC-610-309841 Date: Jan. 08, 2010
For account & Risk of Messrs. KENSHOEN CO., LTD. 144 DOYU-CHO, SANYO SAGARU SAKAIMACHI-DORI, NAKAGYO-KU, KYOTO, JAPAN.	L/C Issuing Bank THE ASAHI BANK LTD., TOKYO, JAPAN.
Notify Party 1. SAME AS ABOVE. 2. KSA INTERNATIONAL INC. NO. 13 MIBU TAKAHI-CHO, NAKAGYO-KU, KYOTO, JAPAN ATTN. : MR.SAKATA TEL:075-803-1234	Remarks * AS PER OFFER SHEET NO. : MD-70106 DATED : JAN. 06, 1999
Port of Lading BUSAN PORT, KOREA	Final Destination KOBE PORT, JAPAN
Carrier GLORIA	Sailing on/or About JAN. 18, 2010

Marks and Number of PKGS	Description of Goods	Q'TY/Unit	Unit-Price	Amount
"20FT' HANGER CONTAINER"		FOB KOREA		
	LADIES H/MADECOAT			
	S/#.MC-100-130	20 PCS	@$593.00	US $11,860.00
	S/#.MC-100-137	20 PCS	@$598.00	US $11,960.00
	S/#.MC-100-138	20 PCS	@$598.00	US $11,960.00
	TOTAL	60 PCS		US $35,780.00
	//////////	///////		/////////

YUN KoDang
MR. K.D. YUN

TEL. No. (02)3443-9547
FAX No. (02)3443-9548

Signed by MADANG CO., LTD.
PARK
H.D.PARK/PRESIDENT

Sample Form ③ <PACKING LIST>

PACKING LIST

Shipper/Exporter MADANG CO., LTD 101-1, SAMSUNG-DONG, KANGNAM-KU, SEOUL, KOREA.	No. & Date of Invoice MD990115 JAN. 15, 2010 No. & Date of L/C THE ASAHI BANK LTD., TOKYO, JAPAN.
For account & Risk of Messrs. KENSHOEN CO., LTD. 144 DOYU-CHO, SANYO SAGARU SAKAIMACHI-DORI, NAKAGYO-KU, KYOTO, JAPAN.	L/C Issuing Bank THE ASAHI BANK LTD., TOKYO, JAPAN.
Notify Party 1. SAME AS ABOVE. 2. KSA INTERNATIONAL INC. NO. 13 MIBU TAKAHI-CHO, NAKAGYO-KU, KYOTO, JAPAN ATTN. : MR.SAKATA TEL:075-803-1234	Remarks * AS PER OFFER SHEET NO. : MD-70106 DATED : JAN. 06, 1999
Port of Lading PUSAN PORT, KOREA / Final Destination KOBE PORT, JAPAN	
Carrier GLORIA / Sailing on/or About JAN. 18, 2010	

Marks and Number of PKGS	Description of Goods	Quantity	Net. WT	Gross WT	Measurement
"20FT' HANGER CONTAINER"					
	LADIES H/MADE COAT				
	S/#.MC-100-130	20 PCS	30 KGS	33 KGS	
	S/#.MC-100-137	20 PCS	40 KGS	44 KGS	
	S/#.MC-100-138	20 PCS	45 KGS	48 KGS	
	TOTAL	60 PCS	105 KGS	115 KGS	

TEL. No. (02)3443-9547
FAX No. (02)3443-9548

Signed by MADANG CO., LTD.
PARK

H.D.PARK/PRESIDENT

Sample Form ④ <BILL OF LADING>

shipper :	**JANGYUNGLINE, LTD.**
Consignee : TO ORDER OF SHIPPER	COPY NON-NEGOTIABLE
Notify Party : SUMIKIN BUSSAN CORPORATION 5-27 AKASAKA 8-CHOME, MINATO-KU TOKYO 107 JAPAN (SEC. NO. 9132-300	ALL TERMS, CONDITIONS AND EXCEPTIONS AS PER ORIGINAL BILL OF LADING

Carriage by	Place of Receipt		
Vessel JANG YUNG LOTUS	Voyage No. 126A	Flag KOREA	Final Destination (for the Merchant's reference)
Port of Loading BUSAN, KOREA	Port of Discharge MOJI, JAPAN	Transhipment to	Place of Delivery

Container & Seal No. Marks and Numbers	No. & Kind of package	Description of Goods	Gross Weight	Measurement
CRXU2052418 88191 FRON & BACK	22 C/T	(CFS/CFS) SAID TO CONTAIN CHILDREN'S KNIT WEAR	KGS 287.000	CBM 2.433
MIKJ (INDDIA) TOKYO, JAPAN STYLE #: GA/L-4151 COLOR: SIZE: Q'TY: /T NO. 13-34 MADE IN KOREA		ORDER NO. 215999 GROUP NO. FGY45 STYLE NO. GA-4151 702PCS (ITEM NO. 6080924) STYLE NO. GAL-4151 288PCS (ITEM NO. 6080931) TOTAL: 990PCS L/C NO. YL910-10113		
	22 C/T		2870.000	2.433

Number of
Packages or Units(in words) SAY: TWENTY TWO (22) CARTONS ONLY

& Charge	Revenue Tons	Rate	Per	Prepaid	Collect
OCEAN FREIGHT	2.433	USs21.75	/m3		USs52.92
C.A.F		USs23.15	/%		USs12.92
M/M SUR	2.433	USs10.00	/M3		USs10.00
CFS CHARGE	2.433	4500.00	/M3	₩10948	
KOR C.H.C	2.433	4000.00	/M3	₩9732	
JPN C.H.C	3.000	600.00	/M3		
CONTAINER COLLECT		1000.00	/M3	₩3000	YEN 1359.80
FREIGHT COLLECT					USs75.14

	Freight payable at DESTINATION	Place of Issue SEOUL, KOREA
	No. of Original B(s)/L THREE (3)	Date of Issue OCT. 22 2010

OCT. 22 2010	JANGYUNGLINE, LTD.

Sample Form ⑤ <INSPECTION CERTIFICATE>

INSPECTION CERTIFICATE

****

TO WHOM IT MAY CONCERN ;

I HEREBY CERTIFY THAT I HAVE INSPECTED AND APPROVED FOLLOWING GOODS AND SHIPMENT.

DESCRIPTION ; CHILDREN'S KNIT WEAR

ORDER NO. 21599 GROUP NO. F6Y45

STYLE NO. GA-4151 (ITEM NO. 6080924); 702PCS
STYLE NO. GAL-4151 (ITEM NO. 6080931); 288PCS

QUANTITY ; 990PCS

L/C NO. ; YL-910-1103

VESSEL NAME ; JANG YUNG LOTUS V-126A

SANG SHIN CORPORATION

HONG GIL-DONG

PRESIDENT, G. D. HONG

section 2 Useful Expressions

1. 선적통지 문례

① Confirming our cable dispatched to you last evening we wish to inform you that we shipped this morning the above-mentioned goods against your Order No. 833 on board M.V. "Hanbada".

(어제 저녁 귀사 앞으로 보낸 당사 전보를 확인하며, 귀사의 주문 833호의 상기 언급된 상품을 오늘 아침 한바다호에 선적했음을 통지합니다.)

② We have pleasure on informing you that your goods will be shipped by the M.V. "Hanbada", leaving Busan for Manila on 2nd April.

(귀사의 주문품은 4월 2일 부산항 출항 마닐라행의 한바다호에 선적될 예정임을 통지합니다.)

③ Please send us one copy of Bill of Lading as soon as ship the goods stipulated.

(계약된 상품이 선적되는 즉시 선화증권 사본 1통을 당사로 보내주십시오.)

④ We ask you to extend Letter of Credit, so as to enable us to complete the shipment.

(선적이 완료될 수 있도록 신용장기한을 연기해 주십시오.)

⑤ We are pleased to confirm our shipping notice by telex this morning, reading as follows:

(오늘 아침 텔렉스로 타전한 선적통지를 다음과 같이 확인합니다.)

⑥ The M.V. "Hanbada" will reach Manila port in a couple of day, and we hope to inform you by telex as to the safe arrival of the goods before long.

(한바다호는 2일 이내에 마닐라에 도착할 것이고, 머지않아 상품의 무사 도착을 알릴 수 있으면 좋겠습니다.)

⑦ All negotiable set of B/L made out to order must be endorsed by the shipper.

(지시식으로 작성된 양도 가능한 선화증권 전통에는 화주의 배서가 필요합니다.)

⑧ We wish to draw your attention to the following shipping instructions and ship our order in strict accordance with them.

(다음의 선적지시에 주의하고 엄밀하게 그 조항을 준수하여 당사의 주문품을 선적하여 주십시오.)

⑨ Shipping Documents consisting of B/L invoice in triplicate and Insurance Policy have been delivered to The Bank of Liverpool, Ltd., Seoul Branch as instructed. We hope the goods will reach you in safety and come up to your expectation.

(선화증권, 송장 3통 및 보험증권을 포함한 선적서류는 지시된 대로 리버풀은행 서울지점에 송부될 것입니다. 상품이 무사히 귀사에 도착하여 기대에 부응하기를 기원합니다.)

⑩ Seller must notify the buyer, without delay that the goods have been delivered on board the vessel.

(매도인은 매수인에게 주문품이 본선의 갑판에 인도되었음을 지체 없이 통지하여야 합니다.)

2. 포장 및 선적에 관한 문례

1) seller로부터 buyer에게 통지

① All export orders will be delivered in wooden cases cleated and wire-strapped. Solid stuffing inside the cases is free from vibration and jarring.

(모든 수출용 주문품들은 밧줄걸이로 고정시키고 철사로 묶은 나무상자를 발송합니다. 상자 안에 채울 물건은 진동과 삐걱거림이 없습니다.)

② Your brass tubes will be sent in 50 bundles, firmly clamped by wires. (귀사가 주문한 놋쇠관은 철사로 단단히 묶은 50본의 묶음으로 보냅니다.)

③ Detergent is shipped in wooden barrels of 30 gallons in capacity.

(세제는 30갈론 들이의 나무통으로 선적합니다.)

④ Fish liver oil is contained in rust-proof drums of 10 gallons.

(어간유는 10갈론 들이 녹 방지 드럼에 넣었습니다.)

⑤ Tar is delivered in a 200kg steel drum with double hoops as reinforcement.

(타르는 2중의 쇠테로 보강한 200kg들이 강철드럼으로 발송했습니다.)

⑥ A special crate with reinforced bottom will be necessary for the shipment of such a heavy item, and both padding and bolting down will be essential.

(바닥을 보강한 특수 나무상자는 이러한 중량물의 선적에 필요하고, 또한 물건을 채워 넣어 볼트로 고정시키는 것이 중요합니다.)

⑦ The machines will be supplied in specially designed crates.

(기계는 특별하게 디자인된 나무상자로 발송합니다.)

⑧ Styrene boxes are used to reduce weight, and they are so easy to be carried. (중량을 줄이기 위하여 합성수지 상자를 사용하므로 운반이 용이합니다.)

⑨ When all items of your order are collected at our factory, we will pack them into suitable sizes for delivery. (귀사의 주문품을 당사의 공장에 집화할 때, 인도에 적합한 크기로 포장하겠습니다.)

⑩ The goods ordered are shipped in 25kg canvas, wrapped and sealed in polyethylene bags. (주문품은 25kg 들이 마포자루에 담아서 폴리에틸렌 자루로 포장하고 밀봉하여 선적합니다.)

⑪ Partial strapping of the carton will not only save freight, but give full protection to the contents. (마분지 상자를 부분적으로 묶은 것은 운임을 절약하고 내용물을 완전하게 보호해 줄 것입니다.)

⑫ To save freight we recommend overall water-proof wrapping, packed in a crate with reinforced base.

(운임절약을 위해 바닥을 보강한 나무상자로 포장된 완전방수포장을 권합니다.)

⑬ All sacks have an interior water-proof lining.

(모든 자루에는 내부에 방수안감이 붙습니다.)

⑭ The goods will be packed in cloth bales, about 1.5m long by 1m girth in size.

(상품은 길이 1.5m 둘레 1m의 피륙자루로 포장되었습니다.)

⑮ A batten-reinforced case would meet your needs and be much lower in price than a solid wooden case. (받침대로 보강한 상자는 귀사의 요구를 충족시켜 주고, 단단한 나무상자보다 값이 저렴합니다.)

⑯ The 1lb. size cans of chemicals will be shipped in strong cartons, each containing 24 cans. (화학제품이 담겨진 1파운드 중량의 캔들은 각각 24캔 들이의 마분지 상자에 넣어 선적됩니다.)

⑰ The export sewing machines are warped in stout water-proof material, and packed in pairs in light-weight crates. (수출용 재봉기계는 완전방수제로 싸여 가벼운 나무상자에 두 개씩 포장됩니다.)

2) Buyer가 Seller에게 하는 지시

① Overall measurements of each case must not exceed 80cm(L) × 50cm(W)×40cm(D).

(각 상자의 전체 치수는 길이 80cm×50cm× 40cm를 초과해서는 안됩니다.)

② Packing in tough wooden cases is essential. Cases must be nailed, and secured by overall metal strapping.

(견고한 나무상자 포장이 중요합니다. 상자는 못을 박아 고정하고 쇠줄로 묶어 안전해야만 합니다.)

③ Please get the small parts together in canvas, bags before packing them in a crate. (작은 부품은 나무상자로 포장하기 전에 마포자루에 함께 넣어 주십시오.)

④ Crates must not exceed an overall length of 4 feet.

(나무상자는 전장이 4피트를 초과하면 안됩니다.)

⑤ Please send ten bottles, heavily padded and packed in a carton.

(빽빽하게 속을 채워서 마분지 상자로 포장된 병 10개를 발송해 주십시오.)

⑥ If cartons are used, please contain each chemical in strong polyethylene bags to make certain protection from damp.

(마분지 상자를 사용한다면 습기를 막아줄 견고한 폴리에틸렌 자루에 각 화학제품을 넣어 주십시오.)

⑦ Carton boxes must have an interior lining of stout, damp-resisting paper.

(마분지 상자는 완전방습지로 내부 안감을 붙여야 합니다.)

⑧ Will you please make vent-holes in the cases to lessen condensation.

(응축을 줄일 수 있도록 상자에 통풍구를 설치하여 주십시오.)

section 3 객관식문제

1. 다음 문장을 완성하는 데 적절한 용어나 단어를 고르시오.

Liner rates are based party on (　　) of carriage and party on (　　) of the goods.

① cost－freight　　② condition－value
③ freight－commodity　　④ costs－value
(* liner 정기선(*cf.* tramper 부정기선))

2. 다음 주어진 문장을 완성하였을 때 바르게 배열된 것을 고르시오.

Shipping service can be expressed by the speed, (　　), time of vessel and rendered through the transport of (　　) from production area to consuming place by means of ships.

① freight－cargoes　　② space－tonnages
③ freight－passenger　　④ space－commodities
(* shipping service 해운, production area 생산지역)

3. 다음 문장을 완성하는 데 적절한 용어나 단어를 고르시오.

The shipping business is to carry goods and passenger aboard the (　　) from one place to another by see or water for the purpose of (　　).

① shipping line－promotion of foreign trade
② carrier－development of tourist industry
③ vessel－freight earnings
④ sea－expansion of transportation facilities
(* passenger 여객, tourist industry 관광산업, freight earning 운임수입)

4. 다음 문장의 (　　) 안에 알맞은 용어나 단어를 고르시오.

> A (　　) is one who engaged in the trade of carrying goods on a regular business and who holds himself as ready to carry for anyone who may wish to employ him.

① NVOCC　　② ocean freight forwarder
③ freight conference　　④ common carrier

(* NVOCC(Non-vessel Operating Common Carrier) 비선박보유운송업자, freight forwarder 운송주선업자, freight conference 운임동맹)

5. 다음 주어진 문장과 관련되는 것을 고르시오.

> A system for carrying loaded barges or lighters on ocean voyages.

① LASH　　② P&I club
③ EDI　　④ DWT

(* barge 바지선(*cf.* lighter 부선), LASH(=Lighter Abroad Ship), P&I club(Protection & Indemnity club) 선주책임상호조합, EDI(Electronic Data Interchange) 전자자료교환방식)

6. 다음을 읽고 바른 해석을 위하여 필요한 용어나 단어를 고르시오.

> If a ship loads and/or discharges in less than the prescribed time, the owners pay a (　　) as a reward for time saved.

① despatch money　　② demurrage
③ congestion surcharge　　④ diversion charge

(* prescribed time 규정된 시기, reward 보상, despatch money 조출료, demurrage 체선료, surcharge 할증료)

7. 다음을 읽고 바른 해석을 위하여 필요한 용어나 단어를 고르시오.

> If words "(　　)" appear by stamp or otherwise on transport documents, they should be considered as the evidence of the payment of freight.

① freight to be paid
② freight payable
③ freight paid
④ freight collect

(* freight prepaid 운임 선지급(=freight paid), freight collect 운임 후지급 (=freight to be paid, freight prepayable))

8. 다음 문장을 읽고 그 내용이 틀린 것을 고르시오.

> The negotiable ocean bill of lading fulfills three important functions, namely …

① proof of delivery of the goods on board the vessel.
② appointment of the consignee.
③ evidence of the contract of carriage.
④ a mean of transferring rights to the goods in transit by the transfer of the paper document to another party.

(* proof of delivery 인도의 증거, on board the vessel 본선 적재된, consignee 수화인(*cf.* consignor 송화인), evidence 증거)

9. 다음 문장의 ( ) 안에 알맞은 용어나 단어를 고르시오.

> Your credit ( ) April 25th. No direct vessels are available during April. Would you please extend the shipment and expiry dates for 30 days respectively?

① is to be opened by
② is to expire on
③ is to be valid from
④ is to amended until

(* direct vessel 직항선)

10. 다음 문장을 완성하는 데 적절한 용어 및 단어를 고르시오.

> Freight is the reward payable to a ( ) for the carriage and ( ) of goods in a recognized condition.

① shipper－departure
② carrier－arrival
③ shipper－acceotance
④ carrier－departure

11. 다음 문장의 (　　) 안에 들어갈 적합한 것을 고르시오.

> (　　) is a document of title which refer to an order given by an owner of goods to a person in possession of them, e.g. carrier or warehouseman.

① Bill of Exchange
② Warehouse warranty
③ Certificate of receipt
④ Delivery order

(* document of title 권리증권, in possession of ~를 소유(점유)하여, e.g. (example grata) 예를 들면(=for example))

12. 다음 용어의 설명 중 틀린 것은?

① A shipper has a right to demand delivery of the goods.
② A shipowner is a person who possess a ship.
③ A carrier does not need to own a means of transportation.
④ A freight forwarders are a kind of transport broker.

13. 다음은 무역거래에서 활용되는 표현들이다. 각 문장들이 전달하는 의미 가운데 다른 세문장과 관련이 가장 적은 것을 고르시오.

① Shipment to be made within three weeks of receipt of a credit.
② We can effect shipment within one month after your order has been confirmed.
③ The time of shipment is fast approaching, and we have to ask you to cable a credit and shipping instructions promptly.
④ Two equal monthly shipments during July and August, 20XX.

14. 다음 문장의 (　　) 안에 들어갈 적합한 것을 고르시오.

> The original shipping documents are (　　) and will be (　　) within a few days.

① in orders－good
② in orders－valid
③ in order－available
④ in order－useful

15. 다음 문장의 (　　) 안에 알맞은 용어나 단어를 고르시오.

> (　　) is just a bill which is not accompanied by any transport documents.

① Clean Bill　　② Sight Bill
③ Time Bill　　④ Credit Bill

(* clean bill 무화환어음, sight bill 일람불어음, time bill 기한부어음 (=usance bill))

16. 다음 문장의 (　　) 안에 알맞은 용어나 단어를 고르시오.

> A documents called (　　) signed by the shipper may be given to the steamship company in order to make up for issuing a clean bill of lading for shipments in foul condition.

① Trust Receipt　　② Booking Note
③ Letter of Indemnity　　④ Manifest

(* steamship company 선박회사(=shipping company), in foul condition 하자 있는 상태로, booking note 선복신청서)

17. 다음 문장을 읽고 바른 해석을 위하여 필요한 용어나 단어를 고르시오.

> If a Credit calls for a multimodal transport, banks will accept a document which appears on its face to indicate the name of the carrier or multimodal transport operator and to have been signed by them or the (　　).

① master　　② owner
③ shipper　　④ courier

(* on its face 문면상으로)

18. 다음 문장을 읽고 바른 해석을 위하여 필요한 용어나 단어를 고르시오.

> Unless otherwise stipulated in the Credit which not transferred, commercial invoices must be made out in the name of the (　　).

① Applicant　　② Issuing Bank
③ Beneficiary　　④ Negotiating Bank

19. 다음을 읽고 바른 해석을 위하여 필요한 용어나 단어를 고르시오.

If a Credit calls for a transport document covering at least two different modes of transport(multimodal transport), banks will accept a document which indicates that the goods have been ( ), taken in charge or loaded on board.

① received ② shipped on board
③ accepted ④ dispatched
(* dispatch 발송, taking in charge 인수, loading on board 본선적재, shipment 선적)

20. 다음 문장을 완성하는 데 적절한 용어나 단어를 고르시오.

A fire occurred at Singapore warehouse on September 10th. which caused excessive loss made ( ) the debt. Accordingly, we ask you for ( ) payment.

① it difficult to pay for－two month's extension of
② it pay difficult－two months' extension of
③ it difficult to pay－two month's extension of
④ to pay difficult－two month's extension of

21. 다음 문장을 완성하는 데 적절한 용어나 단어를 고르시오.

Thank you for your check for US $ 1,000, which has been ( ) of drafts that the same shall be duly honored on presentation to the ( ).

① debited－receipt ② credited－receipt
③ debited－check ④ credit－receipt

22. 다음 문장을 완성하는 데 적절한 용어 및 단어를 고르시오.

Cover notes issued by brokers ( ), unless specifically authorized in the credit.

① will not be accepted ② will be accepted
③ may not be accepted ④ may be accepted

23. 다음 문장의 ( ) 안에 들어갈 적합한 단어를 고르시오.

Your account fell ( ) May 5th and still remain ( ).

① due－outstanding ② overdue－pending
③ expired－open ④ due－settled
(* outstanding 미지불의, 미해결의)

24. 다음 문장에서 밑줄 친 부분을 바꾸어 쓸 수 있는 단어를 고르시오.

We have drawn on you at sight for Us $ 100,000 under L/C No. PCSEL9988 issued by the BCD Bank and negotiated it with XYZ Bank.

① valued ② increased
③ decreased ④ submitted

25. 다음 문장의 ( ) 안에 들어갈 적합한 단어를 고르시오.

A draft should be drawn ( ) sight ( ) an irrevocable letter of credit, ( ) the full invoice amount ( ) full sets of shipping documents.

① on－for－at－together ② at－by－for－together
③ at－under－at－with ④ at－against－for－with

26. 다음 주어진 문장을 배열하였을 때 바르게 배열된 것을 고르시오.

Transport documents should be attached to your draft. our forwarding agents will deal ( ) marking and ( ) shipping instructions.

① in－dispatching ② with－dispatching
③ in－dispatch ④ with－dispatch

27. 만일 은행이 서류를 거절하기로 했는데 아래의 방법들만 가능하다면 어느 방법으로 이를 통보하여야 하는가?

① animal
② express mail
③ courier
④ telephone call followed by written confirmation

28. 만일 은행이 서류를 거절하기로 했다면 누구에게 이를 통보하여야 하는가?

① the party from whom the bank received the documents
② Beneficiary
③ Advising Bank
④ Remitting Bank

29. 은행이 서류를 거절한다는 통보를 보낼 때 언급할 필요가 없는 것은?

① All discrepancies in the documents
② the fact that the Applicant went bankrupt
③ it is returning the documents to the presenter
④ it is holding the documents at the disposal of the presenter
(* all discrepancies 모든 불일치, bankrupt 파산한(*cf.* go bankrupt 파산하다), at the disposal of the presenter 제시인의 처분에 따라)

30. 다음 문장을 완성하는 데 적절한 용어 및 단어를 고르시오.

> Unless otherwise stipulated in the credit the reimbursing bank's charges should be form the account of the (　　　).

① beneficiary
② applicant
③ negotiating bank
④ issuing bank

〈객관식 문제 해답〉

문제	해답	문제	해답	문제	해답
1	④	11	④	21	②
2	①	12	③	22	②
3	③	13	③	23	①
4	④	14	①	24	①
5	①	15	③	25	④
6	①	16	①	26	④
7	③	17	①	27	④
8	②	18	④	28	①
9	②	19	①	29	②
10	②	20	③	30	④

section 4 해석 및 영작문제

1. 해석문제

① We are pleased to inform you that we have shipped today 100 units of Portable TVs covering your order No.300 by m/s Korea, for which you will find the goods in order.

(* we are pleased to inform you that~을 알리게 되어 기쁘다, find the goods in order 물품이 완전한 상태인 것을 알다)

② Covering your order No. 250, we are pleased to inform you that your consignment of microwave oven has been shipped by m/s Pacific leaving Busan on May 15, due to arrive at London on June 10.

(* microwave oven 전자레인지, due to arrive at 도착할 예정인)

③ We deeply regret our inability to ship your order by m/s Venus which was to leave Busan on January 12 due to the sudden sailing cancellation. Therefore please extend the shipping date to February 28.

(* We regret our inability to~할 수 없어 유감이다, 선적일 the shipping date, ~ 할 예정인 be to~)

④ To cover this shipment we have today drawn a draft on you at 60 d/s for US $50,000 under the L/C No.1122 through The Shinhan Bank, Seoul.

(* under 의거하여, drawn a draft on you at 60 d/s 일람 후 60일 불어음을 발행하다)

⑤ To cover this shipment, we have drawn a draft at sight and have negotiated it through the Boram Bank, Seoul with the relative shipping documents. Please honor it on presentation.

(* negotiate 매도하다, relative shipping documents 관계 선적서류, honor a draft, (어음) 대금을 지급하다, on presentation 제시 시에)

⑥ We are pleased to inform you that we have instructed San Francisco Bank, San Francisco to open an irrevocable and confirmed L/C No. 2731 in your favor for $80,000 to cover our order for 100 units of VCR SV-100.

(* we are pleased to inform that~(누구)에게 ~을 알리다[통지하다])

⑦ We shall be obliged if you will open an L/C immediately so that we can[may] ship your goods as contracted.

(* so that~can[may] ~할 수 있도록, as contracted 계약대로)

⑧ We ask you to extend the shipping date and the expiry date of the credit No.2468 for two weeks respectively.

(* the shipping date 선적일, respectively 각각)

⑨ The name of merchandise is incorrectly described in the L/C. We ask you, therefore, to amend it urgently by fax.

(* the name of merchandise 상품명, 기재되다 be described 기재하다, ask a person to do (누구)에게~하도록 요구하다)

⑩ To cover this shipment, we have drawn on you at sight through Korea First Bank, main office under the L/C No.123 issued by the Indian Commercial Bank, Calcutta, and ask you to honor the draft upon presentation.

(* To cover 결제하기 위해, to honor 지급하다)

2. 영작문제

① 귀 주문 ST-100호의 물품은 2월 15일 당지를 출항하는 Pacific 호로 적송하겠습니다.

(＊귀 주문 ST-100호의 물품 the goods on your Order (No.) ST-100, 당지를 출항하는 leaving here; scheduled to leave here)

② 항만노동자의 파업 때문에 부산을 출항할 예정인 Daehan호의 출항이 취소되었습니다.

(＊항만노동자 workers at the port[port workers, ～때문에 owing to, ～을 출항할 예정인 scheduled to sail from～)

③ 갑작스런 태풍 때문에 선박이 큰 손해를 입어서 당사가 쉬 주문품을 신용장의 유효기간 내에 선적할 수 없게 된 것을 알리게 되어 매우 유감스럽습니다.

(＊～ 때문에 on account of , (손해 등을) 입다 suffer, ～가 …할 수 없다 It is impossible for ～to…)

④ 당사는 물품이 귀사에게 안전하게 도착되기를 바라며, 금후의 주문을 기대합니다.

(＊금후의 주문 further orders, 기대하다 look forward to)

⑤ 당사의 판단으로는 5월초 울산을 출항하는 부산호 편이 최적 선적기일 것입니다. 따라서 당사는 신용장이 적시에 우리에게 도착하면 그 선편에 선적할 것입니다. (＊적시에 well in time)

⑥ 동일한 목적항으로 가는 별도의 적송품이 컨테이너 한 개로 운송 된다면 운송비를 절약할 수 있고, 컨테이너에 적입되는 상품에 대해 부과되는 보다 저렴한 보험료 때문에 추가의 보험절약이 있습니다.
(*컨테이너에 적입된 상품 container stowed goods)

⑦ 중량이 100kg 나가는 한 상자 당 운임이 미화 20달러이고 이에 2달러의 보험료와 당사 자신의 수수료 1달러가 가산되어 합계 23달러가 됩니다. 당사의 비용은 일반특혜관세용 원산지 증명서의 입수를 포함한 적송품에 관련된 모든 절차를 카버합니다.
(*중량이 ~나가는 상자 a case weighing, 당사 자신의 수수료 our own commission, 일반특혜관세용 원산지 증명서 GSP C/O)

⑧ 모든 품목은 포장 전에 개별 검사되었습니다. 인도를 받은 뒤 빨리 개장하여 검사해 주시면 감사하겠으며, 파손의 경우 당사에게는 물론 운송인에게도 신속히 통지해 주시기 바랍니다.
(*개별 검사되다 be individually examined, 파손의 경우 in the event of any breakage, 운송인 carrier)

⑨ 귀사의 주문승낙을 받자마자 당사는 거래은행에 귀사를 수익자로 하여 취소불능신용장을 팩스로 개설하도록 지시하겠습니다.
(*귀사의 주문승낙 your order acceptance, ~을 받자마자 on receipt of)

⑩ Motorbike Model MB-7 100대의 귀 주문 제123에 대한 신용장 제111호를 받았습니다. (*~에 대한 covering)

CHAPTER 10

CLAIMS AND SETTLEMENT
클레임 및 해결

section 1

MODEL LETTER

Model Letter No. 1 <Claim(클레임의 제기)>

November 1, 2009

Oriental Exporting Co., Ltd.
Seoul, Korea

Gentlemen :

Ten cases of TV Set for our Order No.220 per m/s "Korea Maro" have reached here, but ①we extremely regret to have to inform you that six units in C/N 10 are different in quality from the ②specifications of our Order. They are quite useless for ③the purpose intended.

You will recognize that we ④are not in a position to accept these goods and reship the goods to you. But ⑤in view our initial business with you we are loath to take such a drastic step. We are, however, entitled to some compensation.

We hope you will immediately inform us what ⑥settlement you are prepared to make to meet the case.

Very truly yours,

내용요약

1단락 - 다른 상품이 도착한 것에 대해 주의를 촉구
2단락 - 손해의 내용을 통지
3단락 - 감정서를 보내어 클레임을 제기하고 조속한 해결을 기대

용어해설

① we extremely regret 매우 유감으로 생각하다.
② specifications 명세 *cf.* description 기술
③ the purpose intended 의도된 목적
④ are not in a position to …할 이유가 없는, …하는 것이 불가능한
⑤ in view of ~의 견해로는
⑥ settlement 해결, 청산

Model Letter No. 2 <Adjustment of Claim(클레임의 조정)>

November 10, 2009

Gentlemen :

We deeply regret to learn from your letter of November 1, 2009 that there were some different qualities in our shipment against you Order No.220.

①Upon tracing our records, we find that our shipping clerk shipped the goods of B Type instead of A Type for which your order was given.

We are very sorry for this carelessness on our part. In order to adjust your ②claim of this time, we would like either to send you the right goods as soon as possible or to give you a special ③allowance of 20% off the invoice amount.

Please accept our apologies for the inconvenience we have ④caused you and let us know which of the above two ⑤adjustment is preferable to you.

Very truly yours,

내용요약

1단락 - 주문과 다른 상품을 보냈다는 서신 잘 받았음
2단락 - 확인해 본 결과 잘못 선적된 것임을 알림
3단락 - 가격의 20%할인을 제시함
4단락 - 공정하고 타당한 조정이 이루어지길 기대함

용어해설

① Upon tracing our records 당사의 기록을 조사해 본 결과
② claim 배상청구, 요구, 주장
③ allowance 할인하다 *cf.* discount
④ caused 원인이 되다, 일으키다 *cf.* damage; raise
⑤ adjustment 조정

Model Letter No. 3 <파손된 물품의 대체품 요구>

May 5, 2009

HYUNDAI Computer Co. Ltd.
Seoul, Korea

Gentlemen :

We have received ①your shipment covering our order No. 615 for 100 units of Color Printer, but have found that several of the cases of 100 printers are ②in a badly damaged condition. Among the goods, eight units are broken and the ③mechanisms are ④exposed beyond repair. It seems that ⑤some accident was made ⑥on account of the wrong packing.

As you see in our ⑦survey report, ⑧eight units of printers are ⑨badly damaged on account of the inferior packing, they are ⑩quite unsaleable. Therefore we would ask you to ship the ⑪good replacement for ⑫the broken goods as soon as possible.

It is ⑬the first time ⑭in all these years of business that we have to ⑮lodge our claim with you. We trust that you will ⑯pay your immediate attention to this matter.

Yours truly,
ULTRA BUSINESS MACHINES INC.

내용요약

1단락 - 8대의 프린터가 파손되었음을 통지
2단락 - 대체품의 요구
3단락 - 조속한 조치를 취해줄 것을 믿음

용어해설

① your shipment 귀사의 적화품
② in a badly damaged condition 심하게 파손된 상태로
③ mechanism 기구
④ exposed beyond repair 노출되어 수리할 수 없다
⑤ some accident 어떤 사고
⑥ on account of the wrong packing 불량포장 때문에
⑦ survey report 감정보고서
⑧ eight units of printers 프린터 8대
⑨ badly damaged 심하게 파손된
⑩ quite unsaleable 완전히 판매할 수 없는
⑪ good replacement 훌륭한 대체품
⑫ the broken goods 파손된 상품
⑬ the first time 처음의 것
⑭ in all these years of business 거래를 하는 동안
⑮ lodge our claim 클레임을 제기하다
⑯ pay your immediate attention 귀사가 조속한 배려를 하다

※ 참고 : Korean Commercial Arbitration Board(대한상사중재원)의 중재조항

❑ 제 1 안

"All dispute, controversies or differences which may arise between the parties, out of or in relation to or in connection with this contract, or for the breach thereof shall be finally settled by arbitration in Seoul, Korea in accordance with THE COMMERCIAL ARBITRATION RULES OF THE KOREAN COMMERCIAL ARBITRATION BOARD and under THE LAWS OF KOREA. The award rendered by the arbitrator(s) shall be final and binding upon both parties concerned."

(이 계약으로부터 또는 이 계약과 관련하여, 또는 이 계약의 불이행으로 말미암아 당사자간에 발생되는 모든 분쟁, 논쟁, 또는 의견차이는 대한민국 서울특별시에서 대한상사중재원의 상사중재규칙 및 대한민국법에 따라 중재에 의해 최종적으로 해결한다. 중재인(들)에 의해 내려지는 판정은 최종적인 것으로 양 당사자 쌍방에 대하여 구속력을 가진다.)

❑ 제 2 안

"All disputes which may arise between the parties, out of or in relation to or in connection with this contract, or for the breach thereof shall be settled by arbitration, in accordance with the Arbitration Rules of any permanent arbitration institution with which either party may file his application for arbitration ahead of the other party, and under the law of the country where such arbitration institution is situated. A counterclaim, if any, shall be filed also with same arbitration institution. The award rendered by the arbitrator(s) shall be final and binding upon both parties concerned."

(이 계약으로부터 또는 이 계약과 관련하여, 또는 이 계약의 불이행으로 말미암아 당사자간에 발생되는 모든 분쟁은 당사자 일방이 먼저 중재신청을 제출한 상설중재기관의 중재규칙 및 그 기관이 소재하는 국가의 법에 따라 중재에 의해 최종적으로 해결한다. 반대 신청이 있는 경우에도 전기 중재기관에 제출해야 한다. 중재인(들)에 의해 내려지는 판정은 최종적인 것으로 당사자 쌍방에 대하여 구속력을 갖는다.)

section 2

Useful Expressions

1. 클레임의 제기에 관한 문례

1) 규격·내용 상위

① We are possibly unable to supply our customers with the products received from you.

(수취한 상품을 당사의 고객에게 공급할 수 없습니다.)

② You have delivered the goods below the standard we expected from the samples.

(견본으로부터 기대한 표준보다 하급품이 도착했습니다.)

③ Having comparing the goods received with the sample, we have found that the color is not the same.

(견본과 비교해 색상이 다릅니다.)

④ By some mistake the goods have been wrongly delivered.
(어떤 착오에선지 다른 상품이 도착했습니다.)

⑤ We cannot accept the goods as they are not of the shape we ordered. (주문한 형과 상이하므로 상품을 인수할 수 없습니다.)

⑥ The screwhead should be below the outer surface, but they stand out above it.

(나사의 머리부분이 凹 이 되어야 하는 바, 위로 돌출되었습니다.)

⑦ The finish is not good and the gilt comes off partly.

(마무리가 좋지 않고, 부분적으로 도금이 벗겨졌습니다.)

⑧ We have just asked our shipping agents to collect the case to deliver it to another customer.

(그 상자를 다른 고객에게 발송하기 위하여 선적대리점에 집화하도록 지시했습니다.)

⑨ We are very sorry for our mistake in the number, which resulted in your receiving the wrong goods.

(상이한 상품을 수취하도록 한 것은 당사의 번호착오로 변명의 여지가 없습니다.)

⑩ We are very sorry to learn that the goods sent to you were not of the quality you expected. (발송된 상품이 귀사가 바라던 품질의 것이 아니라는 것에 변명의 여지가 없습니다.)

⑪ We should appreciate returning the goods to us, as the expense for returning them will, of course, be borne by us.

(반송료는 물론 당사의 부담으로 그 상품의 반송을 원합니다.)

⑫ The defect may be due to a fault in a machine, and we are now checking up all the machines. (결함은 기계의 결함인 것으로 추정되어 모든 기계를 점검하고 있습니다.)

2) 수량부족·품목부족

① Having checking the goods received, we have found that some items on your invoice have not been contained.

(수취한 상품을 조사해보니 송장상의 몇 개 품목이 누락되었습니다.)

② Fifteen service trays are entered on the invoice, but there were only twelve in the case. (송장에는 접대용 쟁반 15개가 기재되어 있으나, 상자에는 10개밖에 없습니다.)

③ To our regret, the case contains only 10 forks instead of 12 entered on the invoice. (유감스럽게도 송장의 12개입 명시에도 불구하고 상자에는 10개밖에 없습니다.)

④ You have not sent us all the goods we ordered, the following are missing.
(주문품을 전부 보내지 않았습니다. 부족품은 다음과 같습니다.)

⑤ We are checking up the missing goods with our packers.
(부족품에 대해 포장업자와 조사 중입니다.)

⑥ We have found that packers misread the number, and have instructed them to send you the goods immediately. (포장업자가 번호를 잘못 읽은 것을 인지하고 상품의 지급 발송을 지시했습니다.)

3) 선적지연

① The delivery time was clearly mentioned in our letter and you duly acknowledged it. (인도시기는 당사의 통신문에 명시되었고 귀사도 그것을 확인했습니다.)

② If the goods have not yet been shipped, we must ask you to send them by air.
(주문품이 미발송되었다면 항공편으로 발송해 주십시오.)

③ We pointed out before placing an order that prompt deliverly is essential. (발주 전에 지적한 대로 급송이 절대 필요합니다.)

④ This terrible delay has caused us a great loss of business.
(이러한 극도의 지연은 거래에 막대한 손실을 초래하였습니다.)

⑤ It is essential that the delivery should be punctual, otherwise our summer sale cannot be carried out. (출화일 엄수가 최대의 중요사항인데, 그렇지 않으면 하절기 매출을 수행할 수 없습니다.)

⑥ You will remember that the goods would be shipped by November 15, 1999.
(1999년 11월 15일까지 출화한다는 것은 주지의 사실입니다.)

⑦ We are very sorry for this delay, which you will understand was due to circumstances beyond our control.
(지연에 대해 변명할 여지가 없습니다. 이것은 귀사가 인지하고 있는 바와 같이 당사로서도 어쩔 수 없는 사정입니다.)

⑧ Your letter must have crossed with ours informing you of the shipping of your order. (주문품의 선적에 대해 통지한 당사의 서한과 귀사의 서한이 어긋났음이 분명합니다.)

⑨ The goods are already on their way and the documents were given to the bank.
(상품은 이미 운송 중에 있고, 서류는 은행에 인도되었습니다.)

4) 포장불량

① We regret to have to tell you about the way in which the consignment just received has been packed.
(수취한 화물의 포장에 대해서 말하지 않을 수 없습니다.)

② As soon as we received your letter, we asked the packers to look into the matter. (귀사의 통신문 접수 즉시 그 문제를 조사하도록 포장업자에게 지시했습니다.)

③ The stuffing inside the case was so loose that some cups and plates have broken.
(상자안을 너무 헐겁게 채워서 컵과 접시 몇 개가 파손되었습니다.)

④ The packers maintain that the cartons must have been roughly handled.
(포장업자의 불평은 마분지 상자가 거칠게 취급되었다는 것입니다.)

5) 품질불량 및 기타

① As the goods we ordered are seasonal [X-mas, Easter, etc.] we must cancel the order unilaterally. (당사가 주문한 상품은 크리스마

스, 부활절 등과 관련된 계절상품이기 때문에 당사가 일방적으로 주문을 취소합니다.)

② Unless you ship the goods by the end of this week, we shall be forced to cancel the order. (만약 귀사가 이번 주말까지 상품을 선적하지 않으면 당사의 주문은 취소될 것입니다.)

③ On inspection of the goods, the size turned out to be quite different from what we ordered color. (상품을 조사해본 결과 당사가 주문한 상품과 크기 및 색상이 매우 다른 것으로 판명되었습니다.)

④ We are much surprised to receive such poor quality merchandise. (당사는 이렇게 저질의 상품을 받고 매우 놀랐습니다.)

⑤ It is difficult for us to understand why you shipped merchandise so poor in quality that we cannot sell them at all to our customers. (당사 고객에게 팔 수 없을 정도로 저질인 상품을 선적하다니, 그 이유를 이해하기 어렵습니다.)

⑥ We are very disappointed to learn of the defective goods you shipped. (당사는 귀사가 선적한 결함상품을 입수하고 매우 실망했습니다.)

6) 결미구절(Closing Clauses)

① Please check this matter at your end once more and let us know what you find. (본건에 대해 귀사의 자세한 조사를 다시 한 번 요구하며 발견된 사실을 당사에 알려주시기 바랍니다.)

② Be so kind as to investigate this matter immediately. (본건에 대해 즉각적인 조사를 행해 주십시오.)

③ We ask you to investigate this matter personally. (당사는 본건에 대해 귀사가 직접 조사해 줄 것을 요구합니다.)

④ Please give this matter your urgent attention. (본건에 대한 귀사의 절대적인 주의를 촉구합니다.)

⑤ Please let us know of your decision on this unhappy matter by cable. (본건에 대한 귀사의 결정을 전신으로 알려주세요.)

⑥ We shall expect your explanation quite acceptable to us.

(당사는 당사가 받아들일 수 있는 귀사의 설명을 기대합니다.)

⑦ Please look into this matter and give us your answer by September 30th.

(본건을 조사하여 그 결과를 9월 30일까지 알려 주십시오.)

⑧ Please check this matter personally and if you agree with our claim please send us our credit note for it.

(본건을 친히 조사해 주시기를 바라며, 만약 당사의 클레임에 동의하시면 당사에 credit note를 보내 주십시오.)

⑨ Please settle this unpleasant affair as soon as possible.

(가능한 한 조속히 이 불쾌한 사건에 대한 해결을 촉구합니다.)

⑩ Please give us a satisfactory solution to the claim we raised on.

(당사가 제기한 클레임에 대한 만족스러운 해결책을 강구해 주세요.)

2. 클레임 해결에 관한 문례

1) 서두구절(Opening Clause)

① We acknowledge the receipt of your claim letter of ...

(당사는 …에 대한 귀사의 클레임 관련 통신문을 받았습니다.)

② Upon receipt of your letter of ... we checked our files and records and found that. (귀사의 …대한 통신문을 받자마자 당사의 파일과 기록들을 조사하여 그 내용을 발견하였습니다.)

③ Thank you for notifying us of our poor packing regarding order No. ... (주문 …호의 불량포장에 대한 귀사의 통지에 감사드립니다.)

④ We are sorry that we have caused you such inconveniences by shipping poor quality goods. (저질품의 선적으로 귀사에 불편을 끼쳐 드린 데에 대해 변명의 여지가 없습니다.)

⑤ We are sorry to hear of your complaint regarding ...
(…에 대한 귀사의 불평, 매우 유감스럽게 생각합니다.)

⑥ Thank you for calling attention to our negligence in connection with our shipment of ... (…의 선적과 관련된 당사의 태만에 대한 귀사의 주의 촉구에 감사드립니다.)

⑦ In reply to your letter of ..., we would like to answer as follows:
(귀사의 …에 대한 통신문의 응답으로, 다음과 같이 회신합니다.)

⑧ We are very much perturbed to learn of your claim dated.
(당사는 귀사의 클레임을 제기 받고 매우 당황하였습니다.)

⑨ We are sorry for the delayed shipment.
(선적지연에 변명의 여지가 없습니다.)

⑩ Due to the carelessness of our dispatching department the cargo was delayed beyond the contracted date for which we apologize. (당사 상품발송부의 부주의로 인하여 계약상의 날짜를 넘겨 지연된 점 사과드립니다.)

⑪ We find no excuse for our poor handing of the cargo under your order No ... (귀사의 주문 …호 상품에 대한 당사의 불성실한 처리에 대해 변명할 길이 없습니다.)

⑫ Please accept our sincere apology for the mistake we made on the shipment of ... (…의 선적에 있어 당사가 저지른 실수에 대해 진심으로 사과드립니다.)

⑬ At first we were shocked to learn of your 50% claim.
(귀사의 50% 클레임 제기에 당사는 매우 당황스러울 따름입니다.)

2) 결미구절(Ending Clause)

① As you suggested I shall take up this matter personally and report to you the findings.

(귀사의 요구에 따라 당사는 본건을 특별히 다룰 것이며, 발견된 사항에 대해 귀사에 보고하겠습니다.)

② I shall instruct a detailed investigation on this matter from the mill to the warehouse at the pier.

(당사는 본건에 대해 공장에서 부두의 창고에 이르기까지 상세한 조사를 지시했습니다.)

③ We are sorry to inform you that we cannot accept your claim in to ... (당사는 …에 대한 귀사의 클레임을 수락할 수 없음을 통보하게 되어 매우 유감스럽게 생각합니다.)

④ We feel that you should claim the steamship company rather than us.

(당사의 생각으로는, 귀사는 당사보다 선박회사에 클레임을 제기해야 할 것으로 사료됩니다.)

⑤ Upon investigation, we find we did not make any mistake on our part and ask you to check at your end once more.

(조사결과 당사 측에는 아무런 잘못도 없음을 발견하였으니 귀사도 다시 한 번 조사해 볼 것을 요청합니다.)

⑥ Please adjust your claim to 10% instead of 30% which is quite unreasonable from our point of view.

(당사의 관점에서 그것은 매우 불합리한 것이므로 30% 대신 10%로 귀사의 청구를 조정해 주시기를 바랍니다.)

〈품질에 관한 어구〉

average quality	평균품질	usual quality	보통품질
bad quality	저질품질	quality assurance	품질보증
best quality	최고품질	quality certificate	품질증명
choice quality	선택품질	quality characteristic	품질특성
common quality	보통품질	quality competition	품질경쟁
excellent quality	우수품질	quality consciousness	품질의식
extra quality	특등품질	quality control	품질관리
fair quality	우량품질	quality first	품질제일
first-class quality	일등품질	quality goods	고급물품
good quality	우량품질	quality guarantee	품질보증
highest quality	최고품질	quality landed	양륙품질
inferior quality	열등품질	quality level	품질수준
medium quality	중등품질	quality magazine	고급잡지
ordinary quality	보통품질	quality mark	품질화인
poor quality	열등품질	quality paper	고급용지
prime quality	일등품질	quality products	고급산품
second quality	이등품질	quality shipped	선적품질
standard quality	표준품질	quality standard	품질수준
superior quality	최고품질	quality test	적성검사
uniform quality	균일품질		

〈수량에 관한 어구〉

additional quantity	추가수량	moderate quantity	적당한 수량
average quantity	평균수량	negligible quantity	하찮은 수량
considerable quantity	상당수량	reasonable quantity	적정수량
corresponding quantity	상응수량	sizeable quantity	상당한 수량
enormous quantity	막대한 수량	small quantity	소량
entire quantity	전체수량	some quantity	약간의 수량
equal quantity	등[같은]수량	sufficient quantity	충분한 수량
exact quantity	정확한 수량	total quantity	총수량
extra quantity	잔여수량	whole quantity	전체수량
fixed quantity	고정수량	workable quantity	실행가능수량
full quantity	전수량	quantity afloat	운송중 수량
great quantity	거대한 수량	quantity discount	수량할인
immense quantity	막대한 수량	quantity order	다량주문
large quantity	대량	quantity production	대량생산
liberal quantity	충분한 수량	quantity standard	수량표준
limited quantity	한정된 수량	quantity variation	수량상위

section 3 객관식문제

1. 다음 문장의 뜻이 세 문장과 다른 하나를 고르시오.

① We are checking up the missing goods with our packers.
② To our regret, the case contains only 10 forks instead of 12 entered on the invoice
③ We are very disappointed to learn of the defective goods you shipped.
④ Having checking the goods received, we have found that some items on your invoice have not been contained.

(* ①, ②, ④는 수량부족에 대한 내용이며, ③은 품질불량을 나타내는 문장 임)

2. 다음 문장의 설명과 관련이 있는 것을 고르시오.

An agreement for taking and abiding by the judgement of selected persons in some disputed matter, instead of carrying it to established tribunals of justice. And the award shall be binding upon both parties concerned.

① Mediation ② Litigation
③ Intercession ④ Arbitration

(* tribunals of justice(법정)의 판정의 대신하여 양 당사자를 구속하게 되는 것은 Arbitration(중재)이다.)

3. 다음 문장의 순서가 가장 잘 된 것을 고르시오.

(A) They are quite useless for the purpose intended. (B) Ten cases of TV Set for our order No. 22 per m/s "Arirang" has reached here, but we regret to find that six units in C/N 10 have been considerably damaged. (C) We hope you will immediately inform us what settlement you are prepared to make to meet the case. (D) you will recognize that we are not in a position to accept these goods and reship the goods to you.

① A-B-C-D ② B-A-D-C
③ B-A-D-C ④ B-A-D-C

(* Claim의 제기의 순서 ① 다른 상품의 도착에 대한 주의를 촉구, ② 발생 원인을 제시, ③ 손해의 내용의 통지, ④ 조속한 해결을 기대하는 끝맺음)

4. 다음 괄호 안에 알맞은 단어를 고르시오.

> All claims which can not be amicably settled between Seller and Buyer shall be finally settled by (　　) in Seoul Korea in accordance with the Commercial Arbitration Rules of The Commercial Arbitration (　　).
>
> The (　　) rendered by the arbitrator(s) shall be final and binding upon both parties.

① arbitration, committee, award
② litigant, Board, judgement
③ arbitration, Board, award
④ litigant, committee, judgement

(* arbitration 중재, The Commercial Arbitration Board 상사중재위원회, 중재인의 판정은 The award로 나타낸다.)

5. 다음 문장 중 밑줄 친 부분의 해석이 잘못 된 것을 고르시오.

> Seller shall warrant ①the merchant ability and fitness for a particular purpose ② when made known to seller of the goods. Any claim by buyer, ③except for latent defects, ④must be made in writing as soon as practicable after the arrival of the goods at the final destination.

① 상품성과 시장성
② 매도인에게 알린 경우
③ 잠재적 하자를 제외하고
④ 서면으로 이루어져야한다

(* ①은 상품성과 적합성을 나타낸다.)

6. 다음 영어문장을 우리말로 옮길 때 가장 적합하게 해석 된 것을 고르시오.

> In all claims in which a third party, for example, the steamship company is involved, the underwriter upon payment of any claims to the assured retains the right of subrogation, that is, of collecting damages from the third party.

① 예를 들면, 제3자인 선박회사가 포함된 모든 클레임에서 보험자는 피보험자에게 보험금을 지급하자마자 제3자로부터 손해배상금을 회수할 수 있는 권리, 즉 대위권을 취득한다.
② 예를 들면, 제3자인 선박회사가 포함된 모든 클레임에서 피보험자는 보험자에게 보험금을 지급하자마자 제3자로부터 손해배상금을 회수할 수 있는 권리, 즉대위권을 취득한다.
③ 예를 들면, 제3자인 선박회사가 포함된 모든 클레임에서 피보험자는 보험자에 게 보험금을 지급하자마자 제3자로부터 손해배상금을 회수할 수 있는 권리, 즉 채권자의 권리를 취득한다.
④ 예를 들면, 제3자인 선박회사가 포함된 모든 클레임에서 보험자는 피보험자에게 보험금을 지급하자마자 제3자로부터 손해배상금을 회수할 수 있는 권리, 즉 손해배상청구권을 취득한다.

(*subrogation(대위권)에 관한 설명이다.)

7. 다음 문장의 해석이 가장 잘 된 것을 고르시오.

> An investigation made by the recognized surveyor has revealed the fact that the deterioration is attributable for the improper packing.

① 공인된 조사에 의해 부적합한 포장으로 인하여 변질되었다는 사실이 인정되었습니다.
② 공인 감정인의 조사에 의해 변질이 포장을 부적절하게 했다는 사실을 발견했습니다.
③ 공인 감정인의 조사에 의해 부적합한 포장으로 인하여 변질되었다는 사실을 발견했습니다.
④ 공인된 조사에 의해 감정인은 부적합한 포장으로 인하여 변질되었다는 사실을 발견했습니다.

(* is attributable for ~에 기인하여)

8. 다음 문장 중 밑줄 친 부분의 해석으로 맞는 것을 고르시오.

> About a years ago <u>an action was brought against the firm by one its suppliers</u> for recovery of sums due, though payment was later recovered in full.

① 공급업자 한 명에 의해 소송이 제기되었다
② 공급업자 한 명에 대하여 소송을 제기하였다.
③ 공급업자 한 명이 법을 위반하였다.
④ 공급업자 한 명이 손해배상 청구를 하였다.
(* bring an action against ~을 상대로 소송을 제기하였다.)

9. 우리말을 영문으로 옮길 때 가장 적절한 것을 고르시오.

> 귀사에게 끼친 불편에 대하여 당사의 심오한 사과를 받아주시고, 당사는 장차 발생하는 그러한 사고에 모든 주의를 다할 것을 약속합니다.

① Please accept our profound inconvenience for the trouble you have been put into, and we assure you that we will take every precaution against such an incident arising in the future.
② Please accept our profound apologies for the inconvenience you have been put to, and we assure you that we will take every precaution against such an incident arising in the future.
③ Please accept our profound attention for the trouble you have been put to, and we assure you that we will take everything precaution against such an incident arising in the future.
④ Please accept our profound apologies for the trouble you have been put to, and we assure you that we will take the inconvenience precaution against such an incident will not arise in the future.
(* put a person to inconvenience ~에게 폐를 끼치다, 새 take every precaution against ~에 모든 주의를 다하다.)

10. 우리말을 영문으로 옮길 때 가장 적절한 것을 고르시오.

> 당사의 기록을 검사해 보니 당사의 선적부 직원이 상이한 물품을 선적하였음을 알았습니다.

① Upon tracing our records, we find that our shipping clerk shipped wrong goods.
② When we examined our records, we found that our shipping clerk shipped wrong goods.
③ When we inquired into our records, we learned that our shipping clerk shipped different merchandise.
④ Upon examining of our records, we learn that our shipping clerk shipped different merchandise.
(* examine 검사(조사, 심사)하다, trace 추적하다, inquire into 주사하다, shipping clerk 선적부 직원)

11. 우리말을 영문으로 옮길 때 가장 적절한 것을 고르시오.

당사는 귀사가 요구한다면, 배상청구절차를 밟는 데 귀사를 도와드릴 것을 약속드립니다.

① We assure you that we will assist you, if requested, in proceeding the claim.
② We will assist you that we assure you, if requested, in proceeding the claim.
③ We will assist you if requested, in proceeding the claim that we assure you.
④ We assure you that if requested, in proceeding the claim we will assist you.

12. 우리말을 영문으로 옮길 때 가장 적절한 것을 고르시오.

부주의한 포장 때문에 그들 중의 몇 개는 매우 인하된 가격으로 당사가 처분하지 않을 수 없을 정도로 손해를 입었습니다.

① Owing to negligent packing, several of them were damaged by such an extent as we were compelled to dispose them at greatly reduced prices.
② Owing to negligent packing, several of them were damaged by such an extent that we were compelled toward disposing them at greatly reduced prices.
③ Owing to negligent packing, several of them were damaged to such an extent that we were compelled to dispose of them at greatly reduced prices.
④ Owing to negligent packing, several of them were damaged to such an extent that we were compelled to be disposed of them at greatly reduced prices.
(* to such an extent that ~할 정도로, dispose of ~을 처분하다.)

13. 다음 문장을 영작한 부분 중 틀린 곳을 고르시오.

당사는 그 누수가 유전자 식품 자체의 고유한 결함과 빈약한 포장으로 야기되었음을 알고 깜짝 놀랐습니다. ICC (C) 조건에 우담수누손 조건을 더해 부보한 보험업자는 위의 이유로 인해 당사의 클레임을 수락하지 않습니다.

① We are surprised to find the leakage has been caused
② by both inherent vice of the GMO foods and poor packing.
③ The underwriter whom the goods were insured on ICC (C) plus JWOB
④ would not accept our claim owing to the above reason.

14. 다음 영어 문장을 우리말로 옮길 때 가장 적합하게 해석 된 것을 고르시오.

Even though we could not find the reason on our part to entertain your claim, we made a decision to meet you halfway for keeping mutual friendly relationships in the future.

① 당사가 귀사의 클레임을 향유하고자 하는 원인을 발견할 수도 없었지만, 앞으로의 우호적인 거래관계를 유지하기 위해 중간지점에서 만나보기로 결정했다.
② 귀사의 클레임을 당사가 즐길만한 이유를 발견한 것은 아니지만, 앞으로의 우호적인 거래관계를 유지하기 위해 귀사와 중간지점에서 만나보기로 결정했다.
③ 비록 귀사의 클레임을 당사가 즐길만한 이유를 발견한 것은 아니지만, 앞으로의 우호적인 거래관계를 유지하기 위해 타협하기로 결정했다.
④ 비록 당사는 귀사의 클레임에 응할 이유는 찾지 못하였으나 앞으로의 우호적인 거래관계를 유지하기 위해 타협하기로 결정했다.

15. 다음 문장의 순서가 올바른 것을 고르시오.

(A) Mistakes can occur even in the best conducted organization, but we are not in a position to accept these goods. The photographs and survey report made by the public authority are enclosed.
(B) We would appreciate your prompt adjustment to this matter.
(C) We are sorry to have to call your attention to delivery of the wrong goods, which arrived in poor condition.
(D) To our regret we have to tell you that the goods are quite inferior to the samples received and that one package was so badly wrapped that four boxes in it were broken and the part of the contents was spilled.

① B-A-C-D ② C-D-A-B
③ A-C-D-B ④ A-D-C-B

(* Claim 제기의 올바른 순서 ① 다른 상품이 도착한 것에 대해 주의를 촉구, ② 손해의 내용을 통지, ③ 감정서를 보내어 클레임을 제기, ④ 조속한 해결을 기대)

16. 다음 우리말을 영문으로 옮길 때 잘못 된 부분을 고르시오.

목제 상자들은 너무나 허약했고, 포장은 수출용으로 충분하지 못했다. 첨부한 것은 손상이 검정인 보고서로 결함 있는 포장의 결과임을 보여 주고 있다.

① The wooden cases were too fragile
② and the packing was insufficient for export.
③ Attached is a surveyor's report
④ showing damages to be the result of fault packing.

17. 다음 우리말을 영어로 옮길 때 영작이 잘못된 것은?

"당사는 손해로 인해 귀사에 클레임을 제기할 수밖에 없습니다."

① We are able to claim on you for the loss.
② We have to claim on you for the loss.
③ We are forced to claim against you for the loss.
④ We are compelled to claim against you for the loss.

18. 다음의 협약은 무엇을 다루기 위한 것인가?

The United Nations Convention on the Recognition and Enforcement Foreign Arbitral Awards, 1958.

① validity of contract　② due process of arbitration
③ effect of arbitration　④ right of arbitration

(* The United Nations Convention on the Recognition and Enforcement Foreign Arbitral Awards, 1958 외국중재판정의 승인과 집행에 관한 협약)

19. 다음 문장의 (　　)안에 공통으로 들어갈 가장 적합한 단어를 고르시오

A claim has been (　　　　) with the authorities. We have (　　　　) a request for docking rights with the Korean Maritime Agency.

① given　② received
③ filed　④ attached

(* enter(file, lodge, put in, send in) one's claim with A for compensation, make one's claim on A for compensation : A에게 배상을 청구하다)

20. 다음 빈칸에 알맞은 표현을 고르시오.

As a result of our survey we must (　　　　　) you for the amount of $10,000.

① demand claim to　② make a claim to
③ file a claim with　④ request claim on

21. 다음 내용의 (　　)에 적합한 용어를 고르시오.

In all claims in which a third party --- for example, the steamship company --- is involved, the underwriter upon payment of any claims to the assured retains the (　　　), that is, of collecting damages from the third party.

① authority　② right of claim
③ right of subrogation　④ position of creditor

(* right of subrogation 대위권)

22. 다음 밑줄 부분에 적절하지 않은 용어는 무엇인가?

> "Claims, if any, shall be ________ by cable within fourteen days after arrival of goods at destination."

① taken　　② submitted
③ filed　　④ lodged

23. 국제무역계약서에서 다음의 조항에 가장 적합한 명칭은 무엇인가?

> "Seller or Buyer shall hold the other party free from liability for any infringement with regard to patent, trade mark, design and/or copyright originated or chosen by them."

① Claim Clause　　② Warranty Clause
③ Arbitration Clause　　④ Infringement Clause

(* free from : …이 없는, …을 면한, with regard to : …와 관련하여, infringement 위반, 위배, 침해, patent : 특허(권), 특허증, design : 의장, copyright : 저작권, 판권)

〈객관식 문제 해답〉

문제	해답	문제	해답	문제	해답
1	③	9	②	17	①
2	④	10	④	18	③
3	②	11	①	19	③
4	③	12	③	20	③
5	①	13	③	21	③
6	①	14	④	22	①
7	③	15	②	23	③
8	①	16	④		

section 4

해석 및 영작문제

1. 해석문제

① Your shipment of our Order No. 10 has arrived today. Upon unpacking the consignment, however, we found that 30 out of the 500 VCR we ordered were different goods.
(* on unpacking ~를 풀어보니, out of ~중(에서))

② The consignment for 100 units of electric fan arrived today. On opening the container we found the goods were short by 5 units. Please forward the five electric fans by airmail.
(* electric fan 선풍기, by airmail 항공편으로, forward 보내다)

③ AS the goods were packed very strongly with the greatest care we can only presume that the case has been roughly handled. Therefore we ask you to lodge your claim with the insurance company.
(* very strongly 견고하게, with the greatest care세심한 주의로, lodge a claim with ~에게 클레임을 제기하다)

④ We apologize for the inconvenience you have been put to and assure you that we shall be careful never to make such a mistake again.
(* cause a person inconvenience ~에게 폐를 끼치다, ~에 대하여 사과하다 apologize for)

⑤ You told us that our order NO. 50 was almost ready for shipment and that your shipping advice would follow "in due course." More than a fortnight has passed since then, yet we have not heard from you anything about the shipment.
(* shipping advice 선적통지, in due course 일이 순조롭게 진행되어)

⑥ We cannot possibly deliver the merchandise in this condition to our customers, but might accept the lot at a reduction of 20% on the contract price.
(* reduction 할인, 삭감)

⑦ We admit that the wrong goods have been shipped through an error of our shipping clerk. We were temporarily understaffed and had to hire new men, but all this is no excuse. We only wish you to understand that this is really an exception.
(* shipping clerk 선적부 직원, understaffed 인원부족의)

⑧ From the Clean B/L you will see that the goods were shipped in good condition. We suggest, therefore, that you lodge your claim with the shipping company.
(* Clean B/L 무고장 선화증권)

⑨ Though we find no difference between the shipping sample and the duplicate sample in our hands, we will meet you halfway by offering a discount of 5% in view of our long pleasant relation.
(* in view of our long pleasant relation 오랜동안의 유쾌한 거래관계를 고려하여)

⑩ We apologize for the inconvenience this business has caused you and assure you of our best attention to your future orders.
(* best attention to your future orders 귀사의 장래 주문에 대한 최대한의 주의)

2. 영작문제

① 오늘 견손수건 1,000다스를 받았는데 유감스럽게도 그것들은 귀사 견본보다 품질에서 매우 열등하다는 것을 말씀드립니다.
(＊견손수건 Silk Handkerchiefs, 유감스럽게도~을 말하다 regret to say that~)

② 오늘 아침 PC의 적송품을 받았습니다. 상자를 조사해 보니 제10번 상자에 포장되어 있는 2대의 컴퓨터가 심하게 손상되어 판매할 수 없다는 것을 알았습니다.
(＊examine 조사하다, damaged 손해를 입히다, unsaleable 판매할 수 없는)

③ 당사는 물품을 긴급히 필요하므로 즉시 대체품의 발송을 준비해 주시기 요구합니다.
(＊대체품 a replacement; a substitute, 준비하다 arrange for)

④ 당사는 적재된 물품의 결함을 귀사에게 보상하기 위해 10%의 할인을 할 용의가 있습니다.
(＊~에게 10%의 가격할인을 하다 give you a 10% allowance)

⑤ 물품은 품질면에서 불량이므로 20상자 전부를 반송하오니 그것들을 대체해주실 것을 요구합니다.
(＊품질면에서 in quality, 불량inferior, 대체하다 replace)

⑥ 귀사에게 끼친 폐에 대하여 사과하며 다시는 그러한 실수를 하지 않도록 주의할 것을 약속합니다.
(＊~에게 폐를 끼치다 cause a person inconvenience, ~에 대하여 사과하다 apologize for)

⑦ 당사는 귀사가 전술한 사정을 이해하고 이 건을 우호적으로 해결하기를 바랍니다.
(* 전술한 foregoing, 우호적으로 amicably, 해결하다 settle)

⑧ 당사가 주문한 상품은 계절성이 있는 상품이므로 그 주문을 일방적으로 취소 해야겠습니다.
(* 일방적으로 unilaterally)

⑨ 당사가 선적한 물건이 귀사의 주장과 같이 그렇게 불량하다고는 믿어지지 않습니다. 당사가 New York에 있는 국제감정기관에 검사요청을 하였으므로 검사원이 도착할 때까지 포장을 풀지 말아 주십시오.
(* 공공감정기관 public survey authority)

⑩ 이 건에 대해서는 공장에서 부두창고까지의 자세한 조사를 지시하겠습니다. 귀사가 제시한 대로 본인이 친히 이 문제를 조사하여 귀하에게 결과를 알려드리겠습니다.
(* 공장에서 부두창고까지 from the mill to the warehouse at the pier, 본인이 친히 personally)

CHAPTER 11

OTHER LETTER
기타 서식

section 1 영문이력서 작성법

미국에서는 Resume이라고 하고, 영국에서는 C.V.(Curriculum Vita를 줄임)라고 한다. 제목을 붙일 때는 회사를 구분하여 사용해야 한다. 요즘은 영문과 국문의 이력서가 외국회사 외에 국내회사에서도 많이 요구되므로 작성방법을 정확히 알아 두어야 한다.

영문이력서를 작성할 경우에는 우선, 한국적인 사고방식에서 완전히 벗어나 이력서를 통해 적극적으로 자기를 PR하여야 한다. 왜냐하면 외국회사는 국내회사 보다 이력서를 중시하며, 맡기게 될 업무의 범위나 직책이 처음부터 명확하게 정해져 있어 그에 대응하는 능력을 이미 갖추고 있는 사람을 요구하기 때문이다.

☼ 영문이력서를 100배 잘 쓸 수 있는 Key Point !!!!!

① 긴 문장이 아닌 간결한 어구로 표현해야 한다.

② 마침표와 쉼표를 정확히 붙이고, 문법적으로 틀리지 않게 하며, 특히 중학교 시절에 배운 실력을 십분 활용하여 주어 "I"는 생략하고, 주어의 수와 시제에 주의한다.

③ 경력과 학력은 최근 것부터 시작해서 과거로 거슬러 올라간다. 가능한 비어있는 란이 없도록 해야 하며 장기간의 공백이 있을 때는 그 이유를 확실히 적는다.

④ 경력사항은 실적 중심으로 구체적으로 기재한다.

⑤ 취득한 학위는 빠짐없이 기재한다.

⑥ 읽는 사람을 위해 전문용어 사용은 피한다.

⑦ 약자는 가급적 쓰지 않는 것이 좋으며, 어쩔 수 없이 써야 한다면 처음 나올 때 완전한 말과 약어를 함께 적어 놓고 그 이하를 약자로 기재한다.

＊ 영문 이력서 작성요령

1) Personal Identification(개인 정보) : Personal Data

① 『Personal History(Resume) of Kil Dong Hong』식으로 누구의 이력서인지 첫줄 상단에 표시한다. 그 밑에 현주소나 연락처, 전화번호, 기타 인적사항을 기재한다.

② 나이(Date of Birth)는 월, 일, 년도 순으로 기재한다.

③ 본적과 현주소를 기재할 때는 『번지, 통/반, 읍·면·동, 군·구, 시·도』 순으로 쓰고 마지막에 우편번호를 기재한다.

④ 가족관계는 『The second son of Dong-Suk Hong』 식으로 기재한다.

2) Professional Objective(희망 직종) : Job Object

이 부분은 직업목표를 밝히는 중요한 부분으로 지원자의 취업직종분야 혹은 부서를 열거식으로 나열해도 좋다.

"Account, Computer Programmer, Electrical Technician, Hotel Manager, Stewardess" 등으로 표현한다. 지원자가 찾고 있는 position을 명시하기 위해서는 지원하는 기업의 organizational chart(부서, 기구)를 알아보고 희망하는 해당 부서가 있는지 여부를 확인할 필요가 있다.

신청하는 기업의 부서 또는 position의 이름을 확인할 수 없을 경우에는 자신의 적성과 교육배경을 활용할 수 있는 분야(전공과 동일분야에 진출하는 경우)에서 근무하고 싶다고 기술하면 된다.

〈Exam〉 To obtain an entry level position which will enable me to utilize my organizational, communication and interpersonal skill and field of study.

3) Educational Background(학력) : Educational History

미국식 기재방식은 최근 졸업한 학교부터 과거순으로 기재하는 것이 원칙이나 한국식으로 과거부터 최근 순으로 기재해도 통용된다. 졸업년도와 학교, 학위명을 기재하며, 부전공과 졸업평점이 채용에 큰 변수로 작용한다면 명기하도록 한다.

〈Exam 1〉 Mar., 1992 : Hangang Univ., Daejon
Major : Mechanical Drafting
Degree : B.S.

〈Exam 2〉 Hangang University, Suwon
Currently pursuing Masters Degree in Education
Hangang University, Suwon
B.A. in English, Feb., 2001

〈Exam 3〉 졸업예정자인 경우
Hangang University, Seoul
Major : Business Administration
B.A. Candidate in Feb. 2003

4) Business Background(경력) : Work Experience

영문이력서를 요구하는 대다수 외국기업의 경우, 학벌이나 자격증 위주가 아니라 (특수분야제외) 적성 및 능력위주로 직원을 채용하므로 경력란이 resume의 가장 중요한 부분인 셈이다. 최근의 경력부터 역순으로 쓰되 근무기간, 회사명 및 소재도시, 직위, 직무내용을 기재한다.

이 중 가장 중요한 것은 회사명이 아니라 실제 업무내용이다. 기업은 이 부분을 토대로 "What can you do for me?"의 궁금증을 풀려고 한다. 그러므로 그 기업이 필요로 하는 업무내용과 관계없는 경력은 간소화시키고 관계 있는 경력을 부각시키는 것이 중요하다.

〈Exam 1〉 Nanum Bakery, Daechi-dong, Seoul
Cashier and Baker(part-time, June 92 ~ September 92)

〈Exam 2〉 7/92 ~ 9/92 : Good Photo Studio, Inchŏn
Held position of photo-developing
technician and assistant manager

〈Exam 3〉 Gildong Inc., Chang-dong, Seoul
June 1992 - present
Job title : Secretary

Duties : - Used numerous w.p. packages in secretarial capacity
- Bookkeeping, ordering of supplies ...

5) School Activities(각종 활동경력)

이 난은 조직력, 협동심, 지도력을 표현할 수 있는 공식적인 기재란이다. 사회 초년생의 resume에는 경력란이 충분히 채워질 수 없으므로 재학시절의 동아리 혹은 과외활동을 써도 된다.

〈Exam〉 Mar., 1990 to Feb., 1991 Treasurer of the Chung-Ang Accounting Society, Hangang Univ.

6) Military Service(병역 사항)

병역란은 대부분 직장에서 병역필 혹은 면제를 취업의 필수조건으로 요구하는 경우가 많으므로 꼭 밝혀둔다.

〈Exam 1〉 군 필자의 경우

Mar. 1, 1988. Enlisted in the R.O.K. Army(or KATUSA, or Defence Corps)as a private(Service Number 13488816).

Dec, 2, 1990. Discharged from service and placed on the reserve list

〈Exam 2〉 군 면제자인 경우

Mar. 3, 1988 Exempted from military service and joined in second national military

7) Special Acquirement(자격) : Skills

학원이나 친지에게서 배운 기술은 있는데 실제로 활용한 실무경력이 없는 경우 이 난에 간략히 적어 넣는다. resume은 "What I did"(나는 이러저러한 일을 했었다)보다는 "What I can do for you"(내가 과거에 쌓은 이러저러한 경력이 귀사에 도움이 된다)에 초점을 두어야 한다는 것을 잊지 말아야 한다.

〈Exam〉 Feb., 1990. Earned the second grade bookkeeping given by the Chamber of Commerce and Industry.

8) Reward and Punishment(**상벌**) : Honors and Awards

교내외 입상경력을 기재한다. 상벌사항이 없으면 'None'이라고 기재한다.

〈Exam〉 Mar., 1990. Awarded an excellence prize in the Nationwide College Student English Speech Contest by the Korea Herald

9) References(**신원조회처**)

추천인, 신원보증인이 될 수 있는 교수, 친척, 선배 등을 기재하고, 성명, 직위, 직장, 전화번호를 꼭 명기해 둔다. 대개 2명의 추천인을 기재하는 것이 좋고 기재하기 전에 추천인의 허락을 받아야 한다. 그리고 지원자는 수시로 자신의 근황을 꼭 추천인에게 알릴 책임이 있다.

10) **기타**

『상기와 여히 상위 없음』의 표현방식은 다양한 패턴이 있으므로 취사선택한다.

① I hereby certify the above statement to be true and correct in every detail.

② I here declare that the above mentioned are correct and true to the best of my knowledge.

③ I hereby certify that the foregoing statements are true, correct and complete to the best of my knowledge.

④ I hereby declare upon my honour the above to be a correct statement.

끝으로 『I herby-』문장에서 3행정도 띈 좌측 편에 『November 20,1999』식으로 작성 년월일을 적는다. 그런 다음 자필로 서명하면 영문이력서가 완성된다.

참고사항

우리나라에서는 이력서를 쓸 때 「상기 내용은 사실이며...」라는 문구를 쓰는데 외국기업의 경우에는 이러한 문구나 신청인의 서명 날인 따위는 필요하지 않다.

추천서 및 기타 서류는 기업이 요청할 때 제공하면 되므로 「References available upon request」(추천서, 기타 참조인 및 서류는 귀사 요청시 제출하겠습니다)라고 적으면 된다.

Model Letter No. 1 <영문이력서 작성하기>

Personal History

Person Data

- Name in full : Hong, Gil-dong
- Date of Birth : May, 5, 1962
- Present Address : 123-45, Sadang-dong, Seocho-ku, Seoul
- Sex : Male

Education

- Feb., 1981 Graduated Haeseong High School, Seoul
- Mar., 1982 Entered College of Business Administration, Seoul University
- Aug., 1988 Graduated same with B.A. degree in Business Administration

Job Experience

- Jan., 1989 Entered Samsung Petrochemical Co.
- Prepared daily Cash Flows
- Reported short and long Cash Flows
- Notified Withholding tax with allowance.

Aug., 1991 Resigned same company

Dec., 1991 Entered Posco Huls Co. Aug., 1992 Resigned same company

- Calculating acquires asset(land, building, car, fixture, etc.)
- Reported and paid local tax(registration tax, acquisition tax, etc.)
- Calculating depreciation of fixed assets.
- Prepared cost accounting
- Surveyed raw cash, raw material, inventory, cash, etc.

May, 1993 Entered Hanyang Co.

- Audited and Reporting Financial statement(B/S, P/L, C/S, etc.)
- Calculating Term expense and income
- Managed account books and other related documents
- Reporting monthly financial statement
- Audited actual inventory

Aug., 1996 Resigned same company

Sep., 1996 Entered Business Administration in General affairs, finance and accounting

Model Letter No. 2 <영문이력서 작성하기>

Gil Dong Hong
Seoul, Korea
OBJECTIVE : Marketing Position in Consumer Product or Service Industry

QUALIFICATION
* Extensive marketing courses with real cases and projects.
* Broad knowledge in Asian market
* Intercultural and interpersonal communication skills.

EDUCATION
- Thunderbird-American Graduate School of International Management
- Master of International Management
- Glendale, AZ USA Dec. 1997
- Arizona State University
- Bachelor of Science in business
- Major in Marketing
- Tompe, AZ USA Aug, 1995
- International Business Seminar in Europe Winter 1994
- Business seminars in 10 local and international companies

INTERNSHIP
- Samsung Electronics
- CPU Marketing Group in Semiconductor Division
- Kiboung, Korea Summer 1997

LANGUAGES
- Korean(Native), English(Fluent), Japanese(Intermediate)

COMPUTER SKILLS
- Microsoft Word, Excel, Power Point, Access, and SPSS

HONORS AND ACTIVITIES
- Vice president and Treasurer of Korean Club(Thunderbird)

Model Letter No. 3 <영문 자기소개서 작성하기>

COVER LETTER
801-21, Daehung-dong, Mapo-gu,
Seoul
02-523-2611
March 10, 2010
Director of Personnel
G. E. Korea Ltd.
Namsan Bldg. 11-03
Kwang Hwa Mun, Seoul

Dear Sirs,

I am replying to your advertisement in the Seoul Times of March 2, 2010 for the position of computer programmer.

As the enclosed resume shows, the courses I took at university include Information Science and Managements, and the practical education taught me important skills in computer programming. Therefore, I feel the requirements of your position and my qualifications seem to match well.

I enjoy working, taking on challenges and accepting responsibilities.

I am ready for a new challenge and I sincerely hope you will offer the opportunity to me.

May I have the privilege of an interview to discuss my qualifications with you in detail. I would appreciate it if you would write or call me at 02-719-9421 to set up an appointment.

Sincerely yours,

Kim Jae Keon

Model Letter No. 4 <영문자기소개서 작성하기>

236-304 Ahyun-3-dong Mapo-gu
Seoul
April 28, 2010

Personnel Manager
Hyunmi Business Corporation
55-3 Jongno-2ga Jongno-gu
Seoul

Dear Personnel Manager :

I am writing in response to your advertisement in the Korea Daily.
I feel that I am well qualified for position with your company.
As you can see from my resume, I have a Bachelor's Degree in computer science from Han-gang University, and I also worked as an interest with Company during my senior year. My interest in computer systems has greatly increased as a result of this training and experience.

I am eager to work in the Korean computer industry. I feel that I can contribute to the development of your company, and I hope to help make Korea a major force in the world computer field.

I would like to have an interview with you at your convenience. I am looking forward to hearing from you.

Sincerely yours,

Enclosure : Resume Kim Dae-sung

Model Letter No. 5 <영문 자기소개서 작성하기>

330-1 Chang-dong Dobong-gu
Seoul
April 28, 2010

Personnel Manager
55-3 Jongno-2ga Jongno-gu
Seoul

Dear Personnel Manager :

Having served for the past three years as a sales person of a major car company, I feel qualified for the position of sales manager which you advertised in the Korea Daily on Monday, April, 22, 2010.

As indicated in the enclosed resume, I graduated from Han-gang University, and speak English fluently. Currently I am learning computer programming. I am doing it as a way of enhancing my job efficiency, and believe that I am prepared to meet all of your expectations.

I feel that I can make the most of my experience and skills as a sales person if I am given the opportunity to work for your company.

I would appreciate your giving me the opportunity to discuss my qualifications with you. Thank you for your time, and I look forward to hearing from you.

Sincerely yours,

Enclosure : Resume Kim dae-sung

section 2 Letter of Introduction and Recommendation (소개장 및 추천서)

❋ 소개장과 추천서

우리 나라와는 달리 영국이나 미국 등의 서구국가들은 소개장을 중요시한다. 즉 경력보다는 소개자와 피소개자를 동등하게 대우하기 때문에 소개나 추천에 권위를 부여하고 있다. 그러므로 무역상사나 제조업자가 대표를 외국에 파견할 때에는 거래처나 은행앞으로 소개장을 써주는 것이 효과적인 거래유인방법이라 할 수 있다.

❋ 작성요령

소개나 의뢰를 추천 받았을 때에는 의례적이고 형식적으로 쓰지 말고, 객관적인 입장에서 올바르게 써야 한다. 따라서 의뢰인과의 관계, 소개의 목적, 소개자가 평가한 의뢰인의 능력이나 자질, 인품에 대하여 책임있고 신중한 소견을 명기할 필요가 있다.

〈WTO에 대하여〉

World Trade Organization 세계무역기구

1996년 GATT(관세 및 무역에 관한 일반협정)에서 95년 1월 1일 이전 출범한 다자간 무역기구이다. 많은 나라에서 보호무역 수단으로 남용되어온 반덤핑 상계관세 제도 및 관세인하 요구 등 세계무역분쟁 조정기능에 대해 명료성과 합의성의 수준을 높임으로써 이들의 남용을 어느 정도 제한할 수 있게 하고, 또 보다 객관적이고 신속한 분쟁해결 절차를 마련하여 공정한 무역질서를 확립하게 위해 생겼다.

Model Letter No. 1 <해외방문 지사장의 소개>

Please permit me to introduce Mr. Choi Byeing Choon the ①bearer of this letter, Manager of New York branch of Boboonet Trading Co., Ltd., with whom we have had business relations for many years and is believed to be one of the most trustworthy firms in Korea.

He is going to visit your city for the purpose of ②getting acquainted with the general business customs and conditions in order to organize a new branch there.

As this is his first trip to your city, I sincerely ask you to ③render him all the assistance possible and facilitate the purpose of his trip.

Yours faithfully,

내용요약

보부넷 무역의 뉴욕지점장이 이 소개장을 가지고 귀사에 신규지점을 개설하기 위해서 방문하니 협조해 달라는 소개장

용어해설

① **bearer of this letter** 이 서한의 소지자
② **getting acquainted with** …의 지식을 얻다
③ **render him all the assistance** 그에게 모든 협조를 제공하다

Model Letter No. 2 <추천서(미국유학)>

Letter of Reference

The ①applicant Hong Gil-dong was a student in our university 1995~1998. Through my contact with him in these years I found him to be a steady and ②assiduous young man with considerable ③mental alertness, deeply interested in me English language as well as in Politic-Economic systems in England and America.

After graduation he joined the Pacific Metal Company., Ltd., Seoul one of the most outstanding manufacturers of ④non-ferrous metals in Korea and has been employed in market research for this line both at home and abroad.

I feel sure that a chance to study in the United States will mean a great deal to him in terms of personal development and the prosecution of his study.

I entertain no doubt about his ⑤steadfastness of purpose and general adaptability, and I consider him an excellent ⑥candidate for the scholarship.

Kim Chi-guk
Professor of Foreign Trade Department
Gyeonggi University

내용요약

교수가 제자의 미국유학을 추천하는 통신문

용어해설

① applicant 신청자
② assiduous 근면한
③ mental alertness 조심성
④ non-ferrous metals 비철금속
⑤ steadfastness 견실성
⑥ candidate 후보

부록

APPENDIX

부록 1 국제무역사시험 기출문제

제21회 국제무역사 기출문제(2008년)

01 다음 문장에서 밑줄 친 this가 지칭하는 것을 고르시오.

This is so important that it is a problem affecting not only the price but also the sales and reputation of goods. So this is regarded as an important means to strengthen the competitive power in the heated competition nowadays.

① quality ② quantity ③ payment ④ delivery

02 다음 문장의 밑줄 친 this offer가 지칭하는 것을 고르시오.

This offer, in fact, is a rejection of the offer. If a buyer doesn't agree to any or some if the transaction terms or a quotation or an offer, he makes this offer. In this offer, a new price as well as other new terms is suggested. Hence, it is a new offer, ato the same time, the original offer lapses.

① firm offer ② free offer
③ conditional offer ④ counter offer

03 다음 문장에서 설명하고 있는 내용과 관계가 있는 용어를 고르시오.

In case of an export business covering a large amount of goods, it is necessary to make shipment in several lots by several lots by several carriers sailing on different dates.

① transshipment ② partial shipment
③ multimodal transportation ④ intermodal transportation

04 다음 무역계약서의 권리침해 조항의 괄호 속에 들어갈 당사자를 순서대로 나열한 것은?

> Infringement: Buyer shall hold ( ) harmless from and against claims brought by the third parties due to any infringement with regard to patent, trade mark, design and/or copyright originated or chosen by ( ).

① consignee	shipper	② buyer	buyer
③ seller	buyer	④ applicant	beneficiary

05 다음 신용장과 관련된 내용의 영문표현 중 잘못 된 것을 고르시오.

① Honour means to pay at sight if the credit is available by sight payment

② Banks deal with documents and not with goods, services or performance to which the documents may relate.

③ A credit is irrevocable even if there is no indication to that effect.

④ Beneficiary means the party on whose request the credit is issued.

06 다음 문장의 괄호 안에 들어갈 가장 적절한 단어를 순서대로 나열한 것은?

> We will arrange ( ) our bank ( ) opening an L/C in your favor.

① to, of　② of, to　③ for, with　④ with, for

07 다음에 설명하는 신용장 거래 관련은행들이 적절하게 연결된 것을 고르시오.

> ㉠ The bank is also known as the correspondent bank which is requested by the issuing to inform the beneficiary of a credit.
> ㉡ The bank which adds its own undertaking to that of the issuing bank
> ㉢ The bank that makes negotiation to the beneficiary against the presen tation of shipping documents.
> ㉣ The bank which opens the credit initially and acts for the applicant

① confirming bank - advising bank - negotiation bank - issuing bank

② confirming bank - advising bank - issuing bank - negotiation bank

③ advising bank - confirming bank - negotiation bank - issuing bank

④ confirming bank - advising bank - issuing bank - negotiation bank

08 다음은 신용장 통일규칙(UCP600) 제3조 해석조항에 나오는 내용으로 괄호 안에 들어갈 가장 적합한 단어를 고르시오.

> The words 'from' and 'after' when used to determine a maturity date ( ) the date mentioned.

① regard ② disregard ③ include ④ exclude

09 다음 문장에서 설명하고 있는 화물의 종류를 보기에서 고르시오.

> Cargo that makes up of unpacked commodity; for example, grain, oil, and ore.

① bulk cargo ② container cargo
③ minimum cargo ④ maximum cargo

10 다음 문장의 괄호 속에 넣을 단어로 적절하지 않은 것을 고르시오.

> The quality you ordered is out of stock at present, but we can recommend Item No.1231 as ( ).

① a substitute ② a replacement
③ a substance ④ an alternative one

11 다음 문장과 관련이 있는 Business Letter를 고르시오.

> We trust that the above information, which is given for your confidential use and without responsibility on our part, will prove helpful to you

① Trade Inquiry ② Credit Inquiry
③ Circuler Letter ④ Shipping Advice

12 다음 문장의 괄호 속에 들어갈 가장 적절한 단어를 고르시오.

> The date of Bill of Lading shall be taken as a(n) ( ) proof of the date of shipment.

① conclusive ② exclusive ③ uncertain ④ restricted

13 다음 문장에서 밑줄 친 부분의 해석이 잘못된 것을 고르시오.

> Your ①Account Sales has been examined and found ②in order. We have accordingly drawn on you at sight for the amount ③due to us and should be glad of you would ④meet our draft on presentation.

① 매출계산서 ② 제때에

③ 우리에게 갚아야 할④ 환어음을 결제하다

14 다음 용어의 설명이 잘못된 것을 고르시오.

① Tenor of the Draft : The day by which a bill of exchange must be paid.

② Trade Deficit : A ration's excess of imports over exports over a period of time.

③ Consolidation : In transportation, the combining of smaller shipments into a single shipment that is sent to a destination point.

④ Payment : A draft calling for payment on a future date which the drawee has agreed to pay signing 'accepted' on the draft.

15 다음 내용의 밑줄 친 부분과 관련이 있는 것을 고르시오.

> A transport document bearing a clause such as shipper's load and count and said by shipper to contain is acceptable.

① 고지약관 ② 부지약관 ③ 처리약관 ④ 이행약관

16 다음에서 설명하는 운송서류의 종류를 보기에서 고르시오.

> This transport document is one which bears no clause or notation which expressly declares a defective condition of the goods and/or the packaging.

① Clean transport document ② Foul transport document

③ Combined transport document ④ Stake transport document

17 다음에서 설명하고 있는 가격조건을 고르시오.

> Title, risk and insurance cost pass to the buyer when delivered to carrier by a seller who pays transportation cost to destination, used for any mode of transportation.

① CFR ② CIF ③ CPT ④ CIP

18 다음 문장에서 설명하는 가격조건을 보기에서 고르시오.

> The seller fulfills his obligation to deliver when the goods have been made available to the buyer on board the ship uncleared for import at the named port of destination. The seller has to bear all costs and risks involved in bringing the goods to the named port of destination.

① CFR ② CIF ③ DAF ④ DES

19 다음 영문에서 설명하고 있는 내용과 가장 관련이 있는 것을 고르시오.

> A notice to importer by shipping line regarding the shipment which just landed or is to land on the port of destination.

① shipping notice ② departing notice
③ arrival notice ④ loading notice

20 다음은 신용장상의 선적서류에 관한 조건이다. 이 신용장에서 요구하는 B/L로 적절하지 않은 것을 고르시오.

> FULL SET OF CLEAN ON BOARD BILL OF LADING MADE OUT TO ORDER MARKED FREIGHT PREPAID NOTIFY XYZ CO.

① Clean B/L ② On Board B/L ③ Through B/L ④ Order B/L

21 다음 내용의 영작이 가장 잘된 것을 고르시오.

> 귀사가 당사에게 발송할 어떤 주문도 가장 낮은 가격과 가능한 최고의 조건으로 수행되어질 것을 귀사가 확신할 것입니다.

① You may be assured that any orders we may send you will be executed at the reasonable price and on the best terms possible.

② You may be assured that any orders we may send you will be quoted at the lowest price and on the best terms possible.

③ You may be assured that any orders we may send us will be executed at the competitive price and on the best terms possible.

④ You may be assured that any orders we may send you will be quoted at the lowest price and on the best terms possible.

22 다음 내용의 영작이 올바르게 된 것은?

> 선적되는 제품의 품질은 주문한 선발견본의 품질과 같아야만 합니다.

① The quality of the product to be shipped must be equal to those of shipping sample on which an order is given.

② The quality of the product to be shipped must be identical to that of shipping sample on which an offer is given.

③ The quality of the product to be shipped must come up to that of advance sample on which an order is given.

④ The quality of the product to be shipped must be up to those of advance sample on which an order is given.

23 다음 문장의 밑줄 친 부분에 들어갈 내용으로 적절하지 않은 것을 고르시오.

> Owing to the rush of orders from China, the market is strong and our materials are almost exhausted. Therefore, ____________________.

① We are willing to allow a special discount of 10% off the price list.

② We would suggest that you place an order promptly.

③ We are not in a position to promise delivery within four weeks.

④ We regret that we are unable to allow you any discount in this instance.

24 다음 문장의 다음에 이어지는 동일한 필자가 쓴 내용으로 적절하지 않은 것을 고르시오.

> Our end-users report that yours will be competing with other best selling chinaware in price if the price reduction is made up to $3.

① Under such circumstances, we would like to refrain placing an order with you if our revised price reduction is unacceptable.

② Under such circumstances, we are in a position to place an order with you provided you allow us a discount as stated in our revised price list.

③ Under such circumstances, we shall be glad to accept your offer if our revised price reduction is acceptable.

④ Under such circumstances, we shall be pleased to allow you the requested discount to materialize this initial business with you.

25 다음 문장의 해석이 가장 잘된 것을 고르시오.

> We are pleased to offer you firm the following goods subject to your reply reaching us not later than June 20.

① 당사는 귀사의 회신이 6월 20일까지 당사에게 도착하더라도 아래 품목에 대해 확정오퍼를 제시하겠습니다.

② 당사는 귀사의 회신이 6월 20일까지 당사에게 도착한다는 조건으로 아래 품목에 대해 확정오퍼를 제시하겠습니다.

③ 당사는 귀사의 회신이 6월 20일까지 당사에게 도착하기전이라도 아래 품목에 대해 확정오퍼를 제시하겠습니다.

④ 당사는 귀사의 회신이 6월 20일까지 당사에게 도착하지 않는다면 아래 품목에 대해 확정오퍼를 제시하겠습니다.

26 다음 무역거래 과정에서 나타나는 당사자들 중에서 수출상이 아닌 것을 고르시오.

① Shipper ② Consignor ③ Payer ④ Drawer

27 다음 괄호 안에 들어갈 거래 당사자를 고르시오.

> Upon checking the L/C carefully, however, we found it stipulates 'freight prepaid'. As you might understand we have contracted by FOB basis. Accordingly, the term 'freight collect' should be used because the (   ) should pay the ocean freight.

① exporter ② importer ③ carrier ④ shipowner

28 다음은 UCP 600의 내용이다. 다음 문장의 빈 칸에 알맞은 서류의 유형을 고르시오.

> A(n) (   ) will be accepted as an original whether marked as an original or not.

① rail or inland waterway transport document

② road transport document

③ air transport document

④ courier receipt

29 다음 무역영문서한의 구성요소 중 필수요소를 고르시오.

① Reference Number ② Letter Subject

③ Date ④ Identification Marks

30 다음은 UCP 600의 내용이다. 다음 문장의 빈 칸에 알맞지 않은 것을 고르시오.

> A bank assumes no liabilities or responsibilities for the form, (①), accuracy, (②), (③) or legal effect of any document, or for the general or particular conditions stipulated in a document of (④) thereon.

① sufficiency ② genuineness ③ falsification ④ superenclosed

31 다음 중 연결이 서로 잘못된 것을 고르시오.

① Foul B/L - Dirty B/L

② Time Charter - Term Charter

③ Shipping Conference - Navigation Conference

④ Dock Receipt - Mate's Receipt

32 다음 문장이 설명하는 단어를 고르시오.

> Bill of Lading issued by freight forwarders who consolidate several cargoes belonging to different owners or forming the subject-matter of different export transactions in one consignment shipped under a groupage bill of lading issued by the carrier to the forwarder.

① Stale B/L ② Master B/L

③ House B/L ④ Forwarder's waybill

33 다음 빈 칸에 알맞은 단어를 고르시오.

> ( ) means that the charterer must load and/or discharge as quickly as possible depending on the prevailing circumstances at the loading/discharging place.

① CQD ② WWD ③ SHEX ④ SHEXEU

34 다음 용어의 관계가 서로 잘못된 것을 고르시오.

① Vanning - Devanning ② Demurrage - Despatch money

③ Liner - Tramper ④ Liner terms - Berth terms

35 다음 문장의 빈 칸에 알맞은 내용이 순서대로 연결된 것을 고르시오.

> Carriage of goods ( ) contrary to express agreement for carriage ( ) is deemed to be an ( ) or ( ) of the carrier.

① on deck - under deck - act - omission

② under deck - on deck - act - omission

③ on deck - under - breach - neglect

④ under deck - on deck - breach - neglect

36 다음 용어에 대한 설명이 틀린 것을 고르시오.

① Jettison - To throw goods or tackle overboard to lighten a ship In distress.

② Average adjuster - An expert in loss adjustment in marine insurance, particular with regard to hulls and hull interest.

③ Expropriation - The taking of possession by a government of someone else's property or goods.

④ Latent defect - Defect which could be discovered by reasonable and customary inspection.

37 다음 용어의 연결이 서로 틀린 것을 고르시오.

① Bill of Exchange - Draft
② Red Clause L/C - Packing Credit
③ Open Account - Escrow Account
④ Open Credit - General Credit

38 다음 용어에 대한 설명이 틀린 것을 고르시오.

① Maturity date - Due date of payment of a usance bill or promissory note.

② Tenor - Term or period of credit granted by the drawer of bill of exchange.

③ Drawee - Party on whom a bill is drawn and the one to whom presentation is to be made according to the collection order.

④ Clean collection - Collection of financial documents accompanied by commercial documents.

39 다음 중 밑줄 친 단어와 괄호안의 단어가 같은 의미가 아닌 것은?

① We suggest that you should make further <u>shading</u> of prices. (allowance)

② The <u>captioned</u> goods will prove suitable for your market in price. (above)

③ The result of sale <u>fell short of</u> our expectation. (was scanty)

④ The first available vessel <u>clears</u> on December 10, 2007. (takes the customs procedures)

40 다음의 내용과 관련 있는 약관과 그 신용장의 유형이 잘 연결된 것을 고르시오.

> We hereby agree with the drawer, endorser and bona-fide holder of drafts drawn under and in compliance with the terms of this credit that such drafts shall be duly honored on presentation and surrender of the documents.

① Engagement clause - Open Credit
② Compliance clause - Usance Credit
③ Payment clause - Sight Payment Credit
④ Endorsement clause - General Credit

41 다음 빈 칸에 알맞은 것이 아닌 것을 고르시오.

> They are enjoying a good reputation in the business circles for their punctuality in meeting their (   ).

① obligations
② liabilities
③ commitments
④ responsibilities

42 다음 밑줄 친 부분과 같은 의미로 틀린 것을 고르시오.

> We should, of course, <u>treat as strictly confidential</u> any advice you might give us.

① treat in strict confidence
② consider as absolutely confidential
③ keep in strict secrecy
④ treat in utmost discretion

43 다음 보험 관련 용어의 연결이 잘못된 것을 고르시오.

① subject-matter insured : 보험목적물
② the sym insured : 보험 청구액
③ insurable value : 보험가액
④ insurance premium : 보험료

44 다음 문장이 의미하는 단어를 고르시오.

> This contract is one which requires or authorizes the delivery of goods in separate lots to be separately accepted, even though the contract contains a clause "each delivery is a separate contract" or its equivalent.

① indent contract
② Installment contract
③ agency contract
④ Consignment contract

45 다음 문장이 의미하는 것을 고르시오.

> Relation in which one person acts for or represents another by latter's authority, either on the relationship of principal and agent, master and servant or employer and independent contractor.

① agency ② agreement ③ del credere ④ authorzation

46 다음은 UCP 600의 용어에 대한 정의로 틀린 것을 고르시오.

① Applicant means the party at whose request the credit is issued.

② Confirmation means a definite undertaking of the confirming bank, In addition to that of the issuing bank, to honour or negotiate a complying presentation.

③ Credit means any arrangement, however named or described, that Is revocable and thereby constitutes a definite undertaking of the issuing bank to honour a complying presentation.

④ Banking day means a day on which a bank is regularly open at the place at which an act subject to these rules is to be performed.

47 다음 빈 칸에 알맞은 단어가 아닌 것을 고르시오.

> We have paid your draft pm us for ₩500,000 in favor of Messrs. Kims & Co. on due date and have (　　) the amount to your debit.

① debited ② placed ③ carried ④ passed

48 다음 밑줄 친 내용과 괄호안의 단어와 같은 의미가 아닌 것은?

① It is our <u>ardent</u> wish to establish a wide sales-network of these lines with your powerful cooperation.(passionate)

② Such knowledge is <u>requisite</u> if we are to make the most faborable selections. (dispensable)

③ We thank you for your letter of May 6 proposing business in Sundry <u>goods</u> ranging from Belts 시 Umbrellas. (supplies)

④ However, if you require more detailed information, we will immediately send the necessary details to meet your <u>demands</u>. (requirements)

49 다음은 인코텀즈의 전문 내용 중 일부이다. 빈 칸(ⓐ, ⓑ, ⓒ)에 알맞은 단어로 구성된 것을 고르시오.

> The term "(ⓐ)" may be used for any (ⓐ) including that of the country of export. Therefore it is of vital (ⓑ) that the (   ) in (ⓒ) be defined precisely by always naming the point and place in the term.

① frontier - importance - question

② quay - essence - concern

③ alongside ship - importance - question

④ works - essence - concern

50 다음 문장이 의미하는 조건을 고르시오.

> The seller delivers the goods, cleared for export, to the carrier nominated by the buyer at the named place. And this term may be used irrespective of the mode transport, including multimodal transport.

① FOB ② DDU ③ FCA ④ EXW

■ 제21회 국제무역사 기출문제(2008년) 해답

문제	1	2	3	4	5	6	7	8	9	10
정답	①	④	②	③	④	④	③	④	①	③
문제	11	12	13	14	15	16	17	18	19	20
정답	②	①	②	④	②	①	③	④	③	③
문제	21	22	23	24	25	26	27	28	29	30
정답	③	③	①	④	②	③	②	①	③	④
문제	31	32	33	34	35	36	37	38	39	40
정답	④	③	①	④	①	④	③	④	④	①
문제	41	42	43	44	45	46	47	48	49	50
정답	④	④	②	②	①	③	①	②	①	③

제20회 국제무역사 기출문제(2007년)

01 다음 무역영어 내용 중에서 서신의 결미구절에서 적절한 표현을 고르시오.

① Awaiting your answer, We are.

② Hoping to hear from you soon, We are.

③ Looking forward to hear from you.

④ Your prompt attention to this matter will be appreciated.

02 다음 무역영어 표현 중 Courtesy(예의성)을 고려한 것을 고르시오.

① You are requested to reply immediately without fail.

② We are astonished at your notice that you made a delay in shipment.

③ You are requested to open an L/C in our favour immediately.

④ We are very sorry not having answered to your letters.

03 무역영어 표현에서 '시황이 나빠지다'라는 표현 중 적절하지 않는 것을 고르시오.

① market declines
② market soars
③ market collapse
④ market sags

04 다음 문장의 밑줄 친 단어를 대체하는 데 적절하지 않은 것을 고르시오.

> We shall, of course, do our utmost to <u>complete</u> your order as usual.

① place ② execute ③ fill ④ carry out

05 다음 중 문법 또는 어법상 잘못된 문장을 고르시오.

① We should be obliged if you would introduce some prospective buyers In your city.

② We may refer you to ABC bank, Seoul regarding our credit standing.

③ As for our credit standing they will provide you with necessary information.

④ Place inform us your frank opinion concerning their credit standing.

06 다음 밑줄 친 무역영어 표현 및 단어와 같은 의미가 아닌 것을 고르시오.

① This bookable price and superior quality of our goods will, we are sure, enable you to do a large-scale business in them. <acceptable>

② The price of the captioned goods is ¥750 a yard, deducting 3% discount, carriage paid. <subject>

③ The buyer is good for the price. <able to withdraw>

④ We regret to inform you that there is no market here for the goods. <demand>

07 다음 밑줄 친 부분과 같은 의미의 단어가 아닌 것을 고르시오.

① Concerning our credit standing Woori Bank will supply necessary information.
<as to>

② Would you five us any information for us on their financial status and reputation? <standing>

③ Any information you may supply us will be held as strictly confidential. <in strict confidence>

④ This information is supplied for your files only and without any responsibility. <your documentary data>

08 다음 문장의 사용에서 밑줄 친 부분과 바꾸어 쓸 수 있는 단어가 아닌 것을 고르시오.

① Our prices will be very competitive in Singapore market. <low>

② We regret to say that no price reduction is possible at present in our quotation. <concession>

③ The seller must supply the buyer with samples gratis in this offer.
<of commercial value>

④ We hope that this information will prove useful to you and ask you to treat it with utmost discretion. <in strict confidence>

09 다음 문장들의 배열이 의미가 통하도록 올바르게 된 것을 고르시오.

> 가. We have sent you two copies of our latest catalog separately together with price list by another post.
> 나. You are entitled to have a special 8% discount on all orders over U$10,000 if you place orders by the end of this month.
> 다. We believe there is a large demand for the products in your country and would appreciate your opinions on their suitability.
> 라. We expect you to take steps to make a favorable offer without delay.

① 다-가-나-라　② 가-라-나-다　③ 다-다-가-라　④ 가-다-나-라

10 다음 문장을 읽고 필요한 용어나 단어를 순서대로 나열한 것은?

> Among some kinds of offer, (　　　) is an offer open for a reasonable time, which the (　　　) binds the (　　　) to accept within that period.

① offer on approval - offeror - offeree
② firm offer - offeror - offeree
③ offer on prior sale - offeree - offeror
④ free offer - offeree - offeror

11 다음 문장의 (　　　) 안에 넣을 때 뜻이 가장 달라지는 것은?

> We thank you for your having given us the earliest opportunity of making this offer and trust you will accept it (　　　).

① without loss of time　② without delay
③ as soon as possible　④ sooner or later

12 다음 문장의 (　　　) 안에 넣을 때 뜻이 가장 달라지는 것은?

> We will (　　) this offer (　　) until the 15th of April 2007.

① make, good　② hold, in force
③ keep, open　④ take, expire

13 다음은 일반거래조건협정서의 일부이다. 밑줄 친 환어음의 유형으로 맞는 것을 고르시오.

> Payment Seller shall draw drafts under credits at 30d/s, documents attached, for the full invoice amount.

① documentary drafts
② sight bill of exchange
③ demand drafts
④ non-documentary bill of exchange

14 다음의 문장이 설명하고 있는 청약의 유형을 고르시오.

> This offer is made subject to the goods being available when the order is received.

① Offer subject to being unsold
② Offer subject to seller's final confirmation
③ Offer on approval
④ Offer on sale or return

15 다음 문장의 내용과 일치하는 문장은?

> Shipment is to be made within the time stipulated in the contract, except in circumstances beyond the Seller's control

① Shipment is to made within the time without exceptions
② The Buyer is likely to ignore negligence by the seller.
③ Shipment is allowed to be made punctually, even if the Seller is unable to secure raw materials.
④ The Seller is not responsible for delay in shipment in the case of force majeure.

16 다음 문장의 (　　)안에 넣을 때 뜻이 가장 달라지는 것은?

> We are pleased to (ⓐ) our sale to you of the following goods on the terms and conditions below. We shall do our (ⓑ) to (ⓒ) this order at the specified time.

	ⓐ	ⓑ	ⓒ		ⓐ	ⓑ	ⓒ
①	confirm	best	execute	②	acknowledge	utmost	carry out
③	confirm	utmost	execute	④	admit	best	place

17 다음 무역영어가 같은 의미로 연결되지 않은 것은?

① ETA- ETD　② Foul B/L - Clauses B/L

③ Liner - Tramper　④ Floating policy - Named policy

18 다음 무역용어가 서로 같은 의미로 연결되지 않은 것은?

① term draft - tenor bill of exchange　② feeler sample - test sample

③ floor price - ceiling price　④ bidding - tender

19 다음 무역영어 표현 중 (　　)안에 들어갈 수 없는 것은?

> They have no difficulties in meeting their (　　), but bankruptcy of the firm is anticipated under such situation.

① obligations　② commitments

③ liabilities　④ responsibilities

20 다음 문장의 (　　) 안에 공통으로 들어가는 단어를 고르시오.

> Please (　　) the insurance for US$ 20,000.
> We ask you to (　　) shipment of our order by the end of June.

① take　② effect　③ endeavor　④ cover

21 다음 문장을 영작한 것으로 적당하지 않은 것을 고르시오.

> 즉각적으로 물품을 선적하여 주십시오.

① Please ship the goods immediately.

② We hope you will ship the goods at once.

③ We shall be obliged of you would make a prompt shipment of the goods.

④ We shall appreciate your making prompt shipment of the goods.

22 다음 문장 중 잘못된 부분이 있는 것을 고르시오.

① Your name and address have been given through the KITA of New York as one of the well-known importers handing chips.

② We are indebted to your name and address for the KITA of New York as one of the well-known importers handing chips.

③ We owe your name and address for the KITA of New York as one of the well-known importers handing chips.

④ Through the KITA of New York, we have learned that you are one of the well-known importers handing chips.

23 다음 해상운송 용어에 대한 설명이 틀린 것을 고르시오.

① layday : 정박일수

② damages for detention : 체화손해배상금

③ demurrage : 체선료

④ customary quick despatch : 관습적 조속하역

24 다음 일반거래조건협정서의 내용으로 빈 칸에 알맞은 단어가 아닌 것을 고르시오.

① Now, therefore, in consideration of the mutual (　　) and agreements herein contained the parties hereto agree as follows; <covenants>

② The minimum quantity for an order is to be the (　　) contents of one package stated n Price-List. <standard>

③ Prices are to be quoted in U.S. Dollars on the (　　) of C.I.F. New York, unless otherwise specified. <basis>

④ The date of Bill of Lading shall be taken as (　　) proof of the day of the shipment. <prime-facie>

25 다음 밑줄 친 부분의 해석이 틀린 것을 고르시오.

> If any one of the following events shall occur:
> (a) insolvency, bankruptcy, ①liquidation or ②dissolution of the Buyer;
> (b) institution of any proceeding against the Buyer under the provisions of any insolvency or bankruptcy law or any law for the relief of debtors;
> (c) appointment of a ③trustee, receiver of liquidator over any of the Buyer's assets or property;
> (d) issuance of an order for ④the attachment of the Buyer's assets or property, the Seller may, without prejudice to the other rights and remedies which it may have.
> (i) forthwith terminate this Agreement in whole or in part by notice in writing to the Buyer.
> (ii) delay or suspend shipment or delivery of the Products,
> (iii) stop the products in transit.

① 청산　　② 해산
③ 관재인 또는 수익관리인　　④ 강제

26 다음 밑줄 친 부분과 같은 의미가 아닌 것을 고르시오.

① We trust that you will find them correct in detail. <in good order>
② No claim shall be entertained unless notified within a fortnight after arrival of the goods at the port of destination. <four days>
③ As to the settlement of account, we are agreeable to your terms. <terms of payment>
④ As the prices are bullish, we suggest that you place an immediate order. <stiff>

27 다음 영문에서 설명하고 있는 서류를 고르시오.

> This is a document which is tendered by shipper 새 shipping company in order to get clean ill of lading

① letter of guarantee ② trust receipt
③ letter of credit　　④ letter of indemnity

28 다음 신용장 개설문장에서 (　　) 속에 들어 갈 전차사가 순서대로 나열된 것은?

> We have drawn (　　) you a draft (　　) the L/C and negotiated it (　　) the ABC Bank, Seoul with the relative shipping documents and ask you to honor the draft (　　) presentation.

① to - of - from - at ② to - under - from - on

③ on - under - through - on ④on- of -through - at

29 다음 내용의 영작 표현으로 적합하지 않은 것을 고르시오.

> 당사는 당사의 주문번호 235호에 대한 미화 10,000달러에 대해 귀사를 수익자로 한 신용장을 발행하도록 당사의 거래은행에 지시하였습니다.

① We have instructed our bankers to open an L/C in your favor for US$10,000 against our order No.235.

② We have instructed our bank to arrange an L/C in your favor for US$10,000 against our order No.235.

③ We have instructed our bankers to negotiate an L/C in your favor for US$10,000 against our order No.235.

④ We have instructed our bank to establish an L/C in your favor for US$10,000 against our order No.235.

30 다음 내용의 영작으로 가장 잘 된 것을 고르시오.

> 모든 보험 증권은 미국 달러로, 또 손해배상지급지는 서울로 하여 작성한다.

① All insurance policies shall be made out in US Dollars and claims paid at Seoul.

② All insurance policies shall be made out in US Dollars and claims payable at Seoul.

③ All insurance policies shall be made in US Dollars and claims paid at Seoul.

④ All insurance policies shall be made out in US Dollars and claims payable at Seoul.

31 다음 내용의 영작으로 가장 잘 된 것을 고르시오.

> 매도인은 매수인에게 견품을 무료로 제공해야 하며, 선적되는 품질은 주문을 한 견품의 품질과 동일해야 한다.

① The seller are to supply the buyer the samples free of charge and the quality of the goods to be shipped should be equal to those of the sample of which an order is given.

② The seller are to be supplied the buyer with the samples with cost and the quality of the goods to be shipped should be equal to that of the sample of which an order gave.

③ The seller are to supply the buyer the samples gratis and the quality of the goods to be shipped should be equal to those of the sample on which an order gave.

④ The seller are to supply the buyer with the samples for nothing and the quality of the goods to be shipped should be equal that of the sample on which an order is given.

32 다음 문장의 뒤에 나올 내용으로 적합하지 않은 것을 고르시오.

> Thank you for your order of October 25, the goods are out of stock at present.

① We can offer you Model 123 as an excellent replacement at the same price.

② Further booking of your order is impossible.

③ We regret our inability to assist you this time.

④ It is possible to meet your order.

33 다음 ( ) 안에 넣을 용어로 적절하지 않은 것을 고르시오.

> Force majeure : Seller is not responsible for the non-delivery or the delay in shipment caused by prohibition of export, war or warlike operation, ( ).

① insurrection ② mobilization ③ riot ④ theft

34 다음 문장과 관련되는 것을 고르시오.

> A shipping container designed for the carriage of liquids.

① Refrigerated container ② Pen container
③ Tank container ④ Dry container

35 다음 추심과정에서의 관계당사자를 설명하는 문장에서 ( ) 속에 들어 갈 은행을 고르시오.

> (   ) is the bank to which the principal(exporter or drawer) has entrusted the operation of collection.

① Collection Bank ② Remitting Bank
③ Presenting Bank ④ Accepting Bank

36 다음 문장에서 언급하는 무역거래 형태를 고르시오.

> Business is to be transacted between the Seller and Buyer on their own account and responsibility for the sale of the Seller's goods in China.

① principal to principal ② principal to agent
③ agent to principal ④ principle to principle

37 다음 조건을 충족시키는 Incoterms 가격조건을 고르시오.

> · The terms are used for any mode of transportation.
> · The export clearance obligation rests wi고 the seller.

① EXW ② FCA ③ FAS ④ FOB

38 다음 단어의 설명이 틀린 것을 고르시오.

① indemnification - the term mean the insurance company will compensate the client to restore him to his original position before the loss or damage.

② jettison - to throw goods, tackle overboard to lighten a ship in distress.

③ pilferage - loss caused by theft of goods during transit or storage.

④ straight B/L - a B/L issued in the name of a specified consignee, and it is, therefore, interpreted that there is an intention of the supplier to transfer the ownership of the goods to any oe but consignee.

39 다음 문장에서 설명하고 있는 신용장의 종류를 고르시오.

> A letter of credit which when drawn upon is automatically restored to its full amount, periodically, or after a particular event prescribed in the credit.

① red clause L/C
② revolving L/C
③ escrow L/C
④ back to back L/C

40 다음 문장의 (　　　) 속에 들어갈 용어를 고르시오.

> (　　　) means any person who, in a contract of carriage, undertakes to perform or to procure the performance of carriage by rail, road, sea, air inland waterway or by a combination of such modes.

① Shipper ② Consignor ③ Consignee ④ Carrier

41 다음 대금결제 관련 약어 풀이가 잘못된 것은?

① COD : Cash on Delivery

② CAD : Cash against Delivery

③ D/P : Documents against Payment

④ D/A : Documents against Acceptance

42 다음 빈 칸에 알맞은 용어를 고르시오.

> Hence, the (　　) are distinguishable from all other terms in that they contain tow "critical" points, one indication the point to which the seller is bound to arrange and bear the costs of a contract of carriage and another one for the allocation of risk.

① "E"-term ② "F"-term ③ "C"-term ④ "D"-term

43 랜드브리지에 의한 복합운송과 관련된 다음 용어에 대한 약어 풀이가 잘못된 것은?

① SLB : Soviet Land Bridge
② MLB : Mini Land Bridge
③ ALB : American Land Bridge
④ CLB : Canada Land Bridge

44 다음 계약서의 선적조항이다. 예문의 (   ) 안에 들어갈 당사자를 보기에서 고르시오.

> All shipment is to be made within the time stipulated in each contract, except in circumstances beyond the seller's control. If (㉠) fails to ship the goods within the period stipulated, (㉡) shall have a right to cancel the order thus unshipped.

① ㉠ seller, ㉡ buyer　② ㉠ buyer, ㉡ seller
③ ㉠ seller, ㉡ bank　④ ㉠ buyer, ㉡bank

45 다음 해상운송 관련 용어를 설명하고 있는 문장에서 (   ) 속에 들어갈 용어가 적절하게 나열된 것을 고르시오.

> ㉠ (   ) means that freight has been paid in advance by the shipper.
> ㉡ An exporter can ship his cargo on a (   ) basis if contracted FOB.
> ㉢ If the number of laydays be exceeded, the charter have to pay (   )
> ㉣ If the work be completed in less than the number of days allowed, the charterer receives (   )

① ㉠ freight collect　㉡ freight prepaid
　㉢ demurrage　㉣ dispatch money
② ㉠ freight prepaid　㉡ freight collect
　㉢ dispatch money　㉣demurrage
③ ㉠ freight prepaid　㉡ freight collect
　㉢ demurrage　㉣ dispatch money
④ ㉠ freight collect　㉡ freight prepaid
　㉢ dispatch money　㉣ demurrage

46 다음 설명 중 잘못된 것은?

① Consignee means that the person entitled to take delivery of the goods.

② Multimodal transport contract means that a single contract for the carriage of goods by at least two different modes of transport.

③ Door to door service will be possible under FCL/FCL transport.

④ Trampers are vessel that run on a regular scheduled service between groups of ports.

47 다음 문장의 (　　) 안에 들어갈 단어가 순서대로 배열된 것을 고르시오.

> All (　　) which can not be (　　) settled between Seller and Buyer shall be finally settled by (　　) in Seoul, Korea in accordance with the Rules of The Korean Commercial Arbitration (　　).

① claims - amicably - arbitration - Committee

② arbitration - amicably - claim - Board

③ claims - amicably - arbitration - Board

④ arbitration - amicably - claim - Committee

48 다음 신용조회 회신 관련 문장에 이어질 내용으로 적절하지 않은 것을 고르시오.

> They have made many questionable and dubious business with their customers in the past and suffered a heavy loss by the recent depression.

① We would advise cash transaction only.

② Business with them is recommended on a fully secured basis only.

③ You would run some risk in establishing a connection with them

④ You can safely trust them in entering into credit transaction with them.

49 다음 문장 중 내용을 바르게 영작한 것을 고르시오.

㉠ We were indebted to the KITA that your interested in exporting automatic copying machines to China.
㉡ If your prices are reasonable and terms are satisfactory, we shall soon place a large order with you.
㉢ For any information as to our financial standing, we refer you to the Commercial Bank of China, Shanghai, who will furnished you with every information you desire.
㉣ We are writing to you with eager wishes to introduce your products In this country.

① ㉠ - ㉡ - ㉢ - ㉣　　② ㉠ - ㉣ - ㉡ - ㉢
③ ㉣ - ㉠ - ㉡ - ㉢　　④ ㉣ - ㉡ - ㉢ - ㉠

50 다음의 주어진 내용이 순서대로 가장 잘 연결된 것을 고르시오.

㉠ Consequently, we are not in a position to enter into any new distribution agreement at this time.
㉡ Unfortunately, our present production capacity is not even able to meet the supply commitments we have already made.
㉢ Thank you for your letter inquiring into the possibility of handing our products in your markets.
㉣ Rest assured we will be in touch with you as soon as our production permits.

① ㉡ - ㉣ - ㉢ - ㉠　　② ㉡ - ㉢ - ㉣ - ㉠
③ ㉢ - ㉠ - ㉡ - ㉣　　④ ㉢ - ㉡ - ㉠ - ㉣

■ **제20회 국제무역사 기출문제(2007년) 해답**

문항	정답	문항	정답	문항	정답	문항	정답	문항	정답
1	④	11	④	21	③	31	④	41	②
2	④	12	④	22	③	32	④	42	③
3	②	13	①	23	②	33	④	43	①
4	①	14	①	24	④	34	③	44	①
5	④	15	④	25	④	35	②	45	③
6	③	16	④	26	②	36	①	46	④
7	④	17	②	27	④	37	②	47	③
8	③	18	③	28	③	38	④	48	④
9	④	19	④	29	③	39	②	49	②
10	②	20	②	30	②	40	④	50	④

부록 2

무역영어 검정시험 기출문제

2009년 제86회 무역영어 검정시험 기출문제 1급

✽ 다음 문제를 읽고 알맞은 것을 하나 골라 답안카드의 답란(①, ②, ③, ④)에 표기하시오.

〈제1과목〉 영문해석

01 다음 괄호 안에 차례로 들어갈 가장 적절한 것을 고르시오.

> We have received your inquiry of March 31 with thanks. We are interested in our purchase order as follows.
> (A) : Wooden Jewel Box WJB 05-002 natural wood, top-opening, with two drawers
> Make up : One piece in a case to be wrapped with paper
> (B) : To contain ten cases in a carton box
> Quantity : Three hundred pieces as a trial order
> (C) : To be quoted CIF New York per piece in U.S. Dollar
> (D) : Irrevocable L/C at sight
> Bank Reference : The Bank of New York

① Article - Shipment - Payment - Prices

② Article - Packing - Prices - Payment

③ Shipment - Packing - Prices - Payment

④ Article - Packing - Payment - Prices

02 다음 중 Insurance Certificate에 관한 설명 중 가장 잘못된 것을 고르시오.

① provides evidence that cover has been taken out under an 'open policy'.

② gives brief details of risks covered.

③ be countersigned by the insured (exporter for CIF shipments, importer for CFR and FOB).

④ provides actionable evidence of a contract of insurance.

03 다음 괄호 안에 들어갈 가장 적절한 문장을 고르시오.

> An open account trading is NOT easy to be concluded if (　　)

① The seller feels comfortable with its relationship with the buyer and with the credit and country risk.

② The seller and the buyer know each other well and have a long-established trading relationship with a good track records.

③ The seller is unable to obtain the detailed credit information of the buyer who is based in a less developed country.

④ The buyer intends to pay upon taking delivery of the goods.

04 다음이 설명하고 있는 가장 적절한 것을 고르시오.

> A ship designed to transport cargo from one sea port to another along regular long-distance maritime routes according to a schedule.

① ferries　　② cruise ship

③ tramp steamers　　④ liner

05 다음 중 내용이 틀린 것을 고르시오.

① An insurance policy is not acceptable in lieu of an insurance certificate or a declaration under an open cover.

② A credit should state the type of insurance required and, if any, the additional risks to be covered.

③ An insurance document may contain reference to any exclusion clause.

④ An insurance document may indicate that the cover is subject to a franchise or excess(deductible).

06 다음 중 영어문장의 해석이 가장 적절한 것을 고르시오.

① Steps are being taken immediately to ensure that such mistakes do not occur in future. -> 그러한 실수가 향후 다시는 재발하지 않도록 즉시 조치를 취하고 연락드리겠습니다.

② We duly received the returned shipment, which we trust failed to meet the requirements of your company. -> 반송된 물품을 잘 받았으며, 귀사의 요구 사항에 추후엔 잘 이행하도록 하겠습니다.

③ I believe this annual report is just sufficient to provide you with the requested financial data. Also enclosed are our company profile brochure and leaflets for your further reference. -> 요청하신 재무 자료는 이 연감으로 충분하리라 믿습니다. 추가로 참고하실 수 있도록 당사의 회사 소개 브로셔와 리플릿을 아울러 동봉합니다.

④ Recent depreciation of Korean Won currency has been a major factor for rise of prices of imported raw silk. -> 근래 원화의 평가절상은 수입 생사 가격의 주요 상승 요인이었습니다.

07 Based on the information provided, what Incoterms would you see quoted in the credit?

> 44E : Port of Loading / Airport of Departure Pusan 44F: Port of Discharge / Airport of Destination Seattle
> 46A : Documents Required
> + SIGNED COMMERCIAL INVOICE IN TRIPLICATE
> + FULL SET CLEAN ON BOARD BILLS OF LADING GOODS CONSIGNED TO THE ORDER OF SEOUL BANK MARKED FREIGHT COLLECT AND NOTIFY APPLICANT

① FOB ② FCA ③ CFR ④ CPT

08 다음이 설명하고 있는 무역클레임 해결방안을 고르시오.

> An agreement for taking and abiding by the judgement of selected persons in some disputed matter, instead of carrying it to established tribunals of justice. And the award shall be binding upon both parties concerned. The process by which parties to a dispute submit their differences to the judgement of an impartial third person or group selected by mutual consent.

① intercession ② conciliation ③ arbitration ④ litigation

[문제 9~11] 다음을 읽고 물음에 맞는 답을 고르시오.

> Wanted
> This is a challenging career opportunity for the individual interested in designing marketing strategies for new lab products. Activities include planning, pricing, packaging and promotion. BA/BS degree (MBA preferred) and five years marketing and sales experience. We offer an excellent benefits package including medical/dental/life insurance, retirement, stock purchase and more. To apply, send resume and salary history to Melissa Ketchem, Personnel Manager.

09 What kind of applicants would be most attracted to this job?

① Retired marketing managers that want to continue working

② Those who finished MBA course along with BS degrees and some experience

③ Those with MBAs looking for temporary positions

④ Recent MBA graduates with little experience

10 What information is not provided in this ad?

① Minimum years of experience

② Salary range

③ Job requirements

④ Necessary educational background

11 What kind of benefits are provided to the employee?

① Health insurance ② Scholarship

③ Overseas training ④ Housing loan

[문제 12~13] 다음 괄호 안에 들어갈 가장 적절한 것을 고르시오.

12 The ( ) must be completed in strict agreement with the terms of the credit. A slight variation may cause difficulties, in particular with the bank which may, in that case, be reluctant to make payment under the letter of credit.

① invoice ② bill of lading

③ insurance document ④ open cover

13 Where the ship concerned in the adventure is ( ), and after the lapse of a reasonable time no news of her has been received, an ( ) may be presumed.

① recover - partial and total loss ② damage - partial and total loss

③ missing - actual total loss ④ missing - right of subrogation

14 다음 문장이 의미하고 있는 가장 적절한 것을 고르시오.

> A service specially equipped for the transportation of highway trailers or removable trailer bodies on rail cars. A joint carrier movement in which the motor carrier forms a pickup and delivery operations at a rail terminal is sometimes necessary.

① fishyback
② roll on/roll off ship
③ feeder service
④ piggyback

15 Which of the following banks makes an independent undertaking to pay, accept, or negotiate without recourse draft(s) and/or documents presented under a letter of credit issued by another bank when the documents have been complied with the terms and conditions required in the credit?

① Issuing Bank
② Advising Bank
③ Negotiating Bank
④ Confirming Bank

[문제 16~17] 다음을 읽고 질문에 답하시오.

> Four Convicted in Sweden in Internet Piracy Case PARIS - A Swedish court has convicted four men linked to an Internet file-sharing service, the Pirate Bay, of violating copyright law, giving the music and movie industries a prominent victory in their campaign to curb online piracy. The court found on Friday that the men - the three founders, Frederik Neij, Gottfrid Svartholm Warg and Peter Sunde, as well as Carl Lundstrom, who provided financing had aided copyright infringement by operating the site, which provides links to thousands of songs, films, video games and other material, and helps users download them. They were each sentenced to a year in prison and were also ordered to pay 30 million kronor (about $3.6 million), in damages to leading entertainment companies. Internet users and media companies have been following the case closely because of the size of Pirate Bay - it is estimated to have more than 20 million users worldwide - and the defiant stance of its operators.

16 Choose the right answer for the blank The Pirate Bay is a company that ( ).

① was founded by four men who were all sentenced to a year in prison and were also ordered to pay $3.6 million.
② provided service on the Internet which allowed its customers to download

text files only.

③ was financed by a man named Carl Lundstrom.

④ is estimated to have more than 20 million users in Sweden.

17 Which of the following statements can logically appear right after the passage.

① John Kennedy, chief executive of the International Federation of the Phonographic Industry, one of the groups that had supported the case against Pirate Bay, said the decision "sent a strong message about the importance of copyright."

② In France last week, the National Assembly rejected a government proposal to cut off the Internet connections of persistent copyright pirates, in a surprise vote. President Nicolas Sarkozy has said the government will reintroduce the measure at the end of the month.

③ As the media industries battle pirates in court, they have also been lobbying for tougher legislation against unauthorized file-sharing, but with limited success.

④ Figures from Netnod, which operates Internet exchanges in Sweden, show that the volume of Internet traffic plunged as the law took effect ? suggesting, analysts said, that some file-sharers may have been deterred.

18 A nominated bank acting on its nomination, a confirming bank, if any, or an issuing bank each has a maximum number of banking days following the day of presentation to determine whether a presentation is complying. What is this maximum number of banking days?

① 3 banking days ② 5 banking days

③ 7 banking days ④ 10 banking days

19 On March 1, 2009, the ABC Co. (an exporting company, the beneficiary of the documentary L/C) received from the CB bank advice of the documentary L/C issued by the IB bank for USD 100,000.00 and fully confirmed by the CB bank. However, on March 15, 2009, the ABC Co. just received from the CB bank an amendment of the L/C reducing the credit amount to USD 80,000.00. Under this situation, how much are the IB bank and the CB bank liable for the ABC Co. respectively?

① Both IB bank and CB bank . USD 80,000.00

② Both IB bank and CB bank - USD 100,000.00

③ IB bank - USD 80,000.00; CB bank - USD 100,000.00

④ IB bank . USD 100,000.00; CB bank - USD 80,000.00

20 Which is true under the following example, where the UN Convention on Contracts for the International Sale of Goods applies? On May 1, ABC (an exporting company) made an offer that stated: "We will hold this offer open until May 31." On May 7, XYZ (an importing company) mailed a letter rejecting this offer. However on the next day, before the XYZ's letter reached ABC, XYZ urgently phoned to ABC and said: "Please ignore our letter sent on May 7, we accept your offer.

① The contract was concluded on May 7.

② The contract was concluded on May 8.

③ The contract was concluded on May 31.

④ The contract was not concluded.

[문제 21~23] Choose the answer which translates best the following sentence into Korean.

21

The "PUSAN", sailing from Pusan in early April, would be the most favorable shipping arrangement. We are, therefore, anticipating effective shipment by the vessel provided the Letter of Credit reaches us in time.

① 4월 초 부산을 출항하는 부산호편이 최적 선적일 것입니다. 따라서 당사는 정시에 신용장을 선박에 제공할 효과적인 선적일을 준비할 것입니다.

② 4월 초 부산을 향해서 출항하는 부산호편이 최적 선적일 것입니다. 따라서 당사는 정시에 신용장을 선박에 제공할 효과적인 선적일을 계산할 것입니다.

③ 4월 초 부산을 출항하는 부산호편이 최적 선적일 것입니다. 따라서 당사는 신용장이 우리에게 적시에 도착하면 그 선편에 효과적인 선적을 기대하고 있습니다.

④ 4월 초 부산을 향해서 출항하는 부산호편이 최적 선적일 것입니다. 따라서 당사는 신용장이 적시에 우리에게 도착하면 그 선편에 선적할까 하고 있습니다.

22 We are pleased to grant you a 20% discount from the list price because we believe that your initial order deserves such a concession. We hope you will accept our offer and give us your order soon.

① 최초의 주문은 양도할 가치가 있다고 생각되어 원래 가격에서 20퍼센트를 할인해 드립니다. 당사의 오퍼를 받아들이셔서 즉시 주문을 주시길 바랍니다.

② 최초의 주문은 양보할 가치가 있다고 생각되어 표시가격에서 20퍼센트를 할인해 드립니다. 당사의 오퍼를 받아들이셔서 즉시 주문을 주시길 바랍니다.

③ 최초의 주문은 양보할 가치가 있다고 생각되어 할인가격에서 20퍼센트를 추가 할인해 드립니다. 당사의 오퍼를 받아들이셔서 즉시 주문을 주시길 바랍니다.

④ 최초의 주문은 양보할 가치가 있다고 생각되어 표시가격에서 20퍼센트를 추가 할인해 드립니다. 당사의 오퍼를 받아들이셔서 즉시 주문을 주시길 바랍니다.

23 I trust the first shipment will be delivered to our London office on or before May 25, 2008, as previously agreed; I hope that everything is in order. If you find anything inconsistent with your understanding, please let me know as soon as possible.

① 이전에 합의된 대로 2008년 5월 25일까지는 1차로 선적한 물건이 저희 런던 지사에 인도되리라 확신하며 모든 일이 순조롭게 진행되기를 바랍니다. 당신이 알고 계신 합의 내용과 다른 점이 있으면 가능한 한 빨리 통보하여 주시기 바랍니다.

② 이전에 합의된 대로 2008년 5월 25일까지는 1차로 선적한 물건이 저희 런던 지사에 인도되었음을 확신하며 모든 것이 잘 주문되었음을 바랍니다. 당신이 알고 계신 합의 내용과 다른 점이 있으면 가능한 한 빨리 통보하여 주시기 바랍니다.

③ 이전에 합의된 대로 2008년 5월 25일까지는 1차로 선적한 물건이 저희 런던 지사에 인도되었음을 확신하며 모든 일이 순조롭게 진행되기를 바랍니다. 당신이 알고 계신 합의 내용과 다른 점이 있으면 가능한 한 빨리 통보하여 주시기 바랍니다.

④ 이전에 합의된 대로 2008년 5월 25일까지는 1차로 선적한 물건이 저희 런던 지사에 인도되리라 확신하며 계약상의 모든 품목이 순조롭게 주문되기를 바랍니다. 당신이 알고 계신 합의 내용과 다른 점이 있으면 가능한 한 빨리 통보하여 주시기 바랍니다.

24 This is a clause commonly found in international commercial contracts. This stipulates an amount of money agreed upon by both parties to a contract which one will pay to the other a party in case he fails to perform certain obligations that he has to fulfill under the contract. What is this called in contracting practices?

① liquidated damage clause
② provisional damage clause
③ sustained damage clause
④ foreseen damage clause

25 Which of the following statements is/are right for FOB of INCOTERMS 2000?

A. The buyer must bear all risks of loss of or damage to the goods from the time they have passed the ship's rail at the named port of shipment.
B. The buyer must bear all risks of loss of or damage to the goods from the agreed date or the expiry date of the agreed period for delivery which arise because the vessel nominated by him fails to arrive on time.
C. The buyer must bear all risks of loss of or damage to the goods from the agreed date or the expiry date of the agreed period for delivery which arise because the vessel nominated by him is unable to take the goods
D. The buyer must bear all risks of loss of or damage to the goods from the agreed date or the expiry date of the agreed period for delivery which arise because the vessel nominated by him closes for cargo earlier than the time he notified to the seller.

① A only ② A and B only
③ A, B and C only ④ A, B, C and D

〈제2과목〉 영작문

[문제 26~27] Place words in good order to make a complete sentence to fill in the blank. Consider the context.

26 ( ), and I am sure you will carry your success here over to the challenges of your new position.

1) them	2) you	3) are	4) to	5) have
6) your employers	7) joining	8) very lucky		

① 2-3-8-4-5-6-7-1 ② 2-3-8-4-5-1-7-6
③ 6-3-8-4-5-2-7-1 ④ 6-5-8-4-3-2-7-1

27 Unfortunately he will be in Australia at that time. He ( ).

1) to be able	2) on another occasion	3) however	4) sends
5) to attend	6) his apologies	7) hopes	8) and

① 3-4-6-8-7-1-5-2 ② 7-3-6-8-4-1-5-2
③ 3-7-6-8-4-1-5-2 ④ 3-4-6-8-1-5-7-2

※ [문제 28~30) 다음 괄호 안에 들어갈 가장 적절한 것을 고르시오.

28 In ( ), the parties bear the responsibility of setting up, on their own, the arbitral tribunal that will settle their dispute.

① Institutional Arbitration ② Ad-hoc Arbitration
③ Commercial Arbitration ④ Civil Arbitration

29 Our company will be fully engaged in production for the time being ( ) the rush of orders from your country. Under these circumstances, we have no room to accommodate more orders this time.

① in spite of ② in order to
③ due to ④ according to

30 We had asked you to pack them into strong wooden box with iron ban, but they were packed in hardboard box which is not enough to ( ) multimodal transport.

① stand up ② stand up to
③ stand out ④ stand to

31 다음 문장과 가장 관련이 깊은 것을 고르시오.

> The delivery of documents under a credit to the issuing bank or nominated bank or the documents so delivered

① Acceptance ② Complying Presentation
③ Presentation ④ Negotiation

32 다음 문장이 설명하는 가장 적절한 용어를 고르시오.

> The clause to allow the assured to take measure to avert or minimize insured losses, without prejudice to his rights to claim under the policy.

① Sue and Labor Clause ② Subject matter insured
③ Subrogation ④ Pilferage

[문제 33~34] The following dialogue is a sample personal request, answer the questions.

> Pierre: Hi Jane, did you get the e-mail about next week's meeting?
> Jane: Yes, I got it.
> Pierre: Great. I'd like to put you in charge of reviewing the last meeting minutes for us.
> Jane: Sure, I can do that. (1).
> Pierre: Thanks, you'll have ten minutes to remind us of what we discussed last meeting. This will be good for Stella to hear. Stella will be our new project (2).

33 Choose the most appropriate sentence to fill in the blank (1).

① I'd like to take a moment to introduce our new team manager.

② I think we'll begin now.

③ As you probably have heard, this could be our busiest season to date.

④ I think there is a copy of the minutes in my file.

34 Choose the most appropriate word to fill in the blank (2).

① speaker ② listener

③ coordinator ④ audience

[문제 35~38] 다음을 가장 적절하게 영작한 것을 고르시오.

35 당사는 이곳 시간으로 6월 4일 오후 3시까지 귀사의 회신이 도착하는 것을 조건으로 하여 다음과 같은 품목에 대하여 확정청약을 제시합니다.

① We give you firm offer about the following items subject to your reply reach here by 3 P.M. June 4, our time.

② We firmly offer you the follow items subject to your reply reach here by 3 P.M. June 4, our time.

③ We firmly offer you the following items owing to your reply reaching here by 3 P.M. June 4, our time.

④ We offer you firm the following items subject to your reply reaching here by 3 P.M. June 4, our time.

36 만약 귀사 계정이 5월까지 해결되지 않으면 당사는 그 회수를 위해 법적조치를 취하지 않을 수 없습니다.

① If your account is settled by May, we shall be compelled to take legal actions for our payment.

② Unless your account is settled by May, we shall be compelled to take legal actions for our payment.

③ If your account is settled by May, we shall be compelled to take legal steps for its payment.

④ Unless your account is settled by May, we shall be compelled to take legal steps for the collection.

37 우리는 현 시점에서 귀사에 도움을 드릴 수 없어 유감이며 다른 소스를 통하여 정확한 정보를 취득하실 수 있기를 바랍니다.

① We are unable to supply information you are seeking and hope you can place the right information from other sources.

② We regret not being able to assist you this time, hoping you are able to acquire right information from other sources.

③ We are pleased to assist you this time, and hope you can get the right information from other sources.

④ We are obliged to assist you this time, hoping you can get right information from other sources.

38 시장조사를 해 본 결과 귀사 제품이 성공할 수 있을 것 같습니다. 만일 거래조건들이 만족스럽다면 귀사제품을 수입하고 싶습니다.

① Market researches revealed that you can be successful, and we'd like to import your products if the terms and conditions are complied with.

② Market researches revealed that yours can success, and we'd like to import your products if the terms and conditions are met.

③ Market researches revealed that yours can be successful, and we'd like to import your products if the terms and conditions are satisfactory.

④ Market researches revealed that you can supply us with a success, and we'd like to import your products if the terms and conditions are satisfactory.

39 다음 대화에서 (가), (나), (다) 안에 들어갈 가장 적절한 것이 순서대로 나열된 것은?

> Hansu : Let me show you the latest price and catalog.
> We (가) our products at Coex Trade Fair in 2008.
> Jacky Lin : We surveyed our market and sized up your competitors in EU market. We also obtained some catalogs of products similar to yours.
> Hansu : Really? Please compare the specs, functions & warranty of our products
> (나) others. Our warranty is complete, not (다).

① showed - to - sales talk ② showed - with - sales propaganda
③ displayed - to - sales promotion ④ displayed - with - sales puffs

[문제 40~41] Choose a mismatched pair in the following expressions.

40 Telephoning situation.

① Sorry, I cut off = Sorry, the line was disconnected
② Can you speak up? = Can you speak more loudly?
③ I'm a bit tied up at the moment = I'm not available at the moment
④ Sorry, I didn't catch that = Sorry, I'm on another line

41 Discussion situation.

① Let's not jump to conclusions = Let's not make a judgment too quickly
② Let's get started = Let's go for it
③ I'd like to take issue with = I'm going to debate
④ I'm not with you = I didn't follow you

42 The following is part of indent order, in which one of the underlined parts must be correctly rewritten. Choose the pair in which erroneous part is correctly composed

> We are glad to email our indent order for undergarments and clothing accessories ①<u>as per attachment files</u>. Please produce and ship on our account for delivery during July, 2009, and also arrange cargo insurance for your invoice amount plus 10% to cover estimated profit and your charges. Upon receipt of your ②<u>proposal</u> of our indent order, our bank will issue a transferable L/C ③<u>in your favor</u>, and your bank will ④<u>advise you of the credit arrival</u>.

① as per attachment files -> as per enclosures

② proposal -> acknowledgement

③ in your favor -> in our favor

④ advise you of the credit arrival -> advice you the arrival of L/C

[문제 43~46) 다음은 아래 문장을 차례대로 영작한 것이다. 가장 적절하지 못한 것을 고르시오.

43 매도인은 직접 또는 간접으로 불가항력에 기인하는 선적지 연에 대하여는 책임이 없는 것으로 한다. 불가항력의 어떠한 사례라도 일어나는 경우에는 그 발생 또는 존재를 증명하는 서류들을 지체 없이 매도인이 매수인에게 제출하기로 한다.

① Seller shall not be responsible for any delay in shipment

② directly or indirectly due to Force Majeure

③ In event of any case of it arising

④ Documents shall be submitted to Seller without undue delay

44 XYZ사는 자신을 당사의 각종 자동차 제품을 판매하는 중국지역 독점판매 대리점으로 지명해 달라고 당사에 팩스로 요청하였고 귀 은행을 신용조회처로 제공하였습니다. 동봉 된 봉투로 보내주시면 감사하겠습니다.

① To appoint them as our exclusive agent

② to distribute our auto products in China

③ XYZ will request your bank to have a reference of our company

④ We would appreciate it if you reply this letter to us in the enclosed envelope

45 그러나 우리들의 고객들은 송장총액에서 20%를 할인해서 이 결함 상품을 받아들임으로써 그들이 당사에게 호의를 베풀겠다고 제의합니다. 당사는 이를 상당히 타당성 있는 제의로 보니 동액을 우리 계좌에 넣어주심으로써 조속히 해결하시기를 부탁드립니다.

① Our customers are willing to do us a favor

② by accepting the defective goods

③ at a reduction of 20% on the invoice amount

④ please remit the same amount for prompt settlement by debiting from our account

46 당사의 컴퓨터 제품의 판매가 한국에서 소량에 지나지 않아 시장을 확장하고자 합니다. 그래서 귀사가 당사의 대표적인 선정품에 대해서 위탁매매거래를 허용하는 것을 제의 하고자 이 서신을 보냅니다.

① We are anxious to expand the market for our computer products.

② which at present enjoy only limited sales volume in Korea.

③ We are, therefore, writing to suggest that you allow us to sell.

④ our representing products selected on an assignment.

47 다음의 영작이 가장 잘못된 것을 고르시오.

① 만일 이 편지를 받으시기 전에 송금하셨다면, 당사의 성급함을 용서하시기 바랍니다. → If this letter crossed paths with your remittance to us, please forgive us for being patient.

② 본인의 클레임을 처리해 주겠다던 귀사의 약속이 전혀 지켜지지 않았습니다. → Your promise to settle my claim has never been carried out.

③ 이번 선적분에 대해서는 대금을 청구하지 않을 것이며, 아직도 필요하시다면 새로 보내 드릴 준비가 되어 있음을 알려 드립니다. → Please be assured that no payment will be claimed for the said shipment and also be advised that we are prepared to send a new package if you are still in need.

④ 그러나 이번 일에 대한 조사 결과 불행히도 귀사의 클레임은 합당치 않음이 밝혀졌으며 따라서 그 기계를 회수해 올 수 없음을 알려 드립니다. → Unfortunately, our investigation of this case does not support your claim and we are, accordingly, not in a position to take the machine back.

48 다음을 영작한 것 중 가장 적절한 것을 고르시오.

> 5월 20일자 귀하의 조회에 대한 회신으로 당사는 귀사께서 말씀하신 기업에 대하여 아래와 같이 호의적인 보고를 드리고자 합니다.

① In reply to your inquiry of May 20, we are glad to give your favorable report on the firm referred to as followings.

② In reply to your inquiry of May 20, we are glad to give you a favorable report on the firm referred as follows.

③ Replying to your inquiry of May 20, we are glad to report favorably for the referred firm to as under.

④ Replying to your inquiry of May 20, we are obliged to give you a favorable report for the referred firm as follows.

49 Read the following sentence and find an error.

> Many companies try to extend this (A)phase of the product life cycle and use (B)extension strategies such as (C)find new uses or new markets for the product, or changing (D)its appearance.

① (A) ② (B)
③ (C) ④ (D)

50 Choose a word or a term which is necessary to fill in the blank.

> A promisor (offerer) promises to do something for the promisee (offeree) and expects a return promise or performance. This return promise or performance is ( ).

① Contract ② Counter offer
③ Conditional offer ④ Consideration

〈제3과목〉 무역실무

51 다음 괄호 안에 들어갈 가장 적절한 것을 고르시오.

> 국제매매에서 계약이 해제되고 물품의 시가가 있는 경우 손해배상액은 (가)와 (나)의 차액뿐만 아니라 회수가능한 기타의 모든 손해배상액을 회수할 수 있다. 그러나 손해배상청구자가 물품을 인수한 후에 계약을 해제한 경우에는 (나) 대신에 (다)를 적용한다.

① (가)물품인도시의 가격, (나)해제시의 시가, (다)물품인수시의 시가
② (가)물품인도시의 가격, (나)이행시의 가격, (다)물품인수시의 가격
③ (가)계약체결시의 가격, (나)해제시의 시가, (다)물품인수시의 시가
④ (가)손해발생시의 가격, (나)해제시의 시가, (다)계약체결시의 시가

52 수출화물의 선적업무에 대한 설명 중 옳지 않은 것은?

① 정기 컨테이너선의 선적스케줄은 해운전문잡지, 해당 선사의 홈페이지 혹은 KL-Net 등 인터넷 전문 사이트를 통해 알 수 있다.
② Booking Note를 위해서 원칙적으로 인보이스와 포장명세서 사본을 선사(포워딩 업체 포함)에 보내야 한다.
③ 선적스케줄의 확인은 선박의 입출항 일자 및 시간, Transit Time 등을 확인해야

한다.

④ 선박회사가 제공하는 선적스케줄을 보면, 우리나라를 기점으로 할 때 유럽 수출 항로는 Westbound, 반대인 경우는 Eastbound라고 표시된다.

53 다음은 당해 물품의 포장, 용기 등에 수입물품의 원산지를 표시하는 경우이다. 틀린 것은?

① 실질적인 변형을 일으키지 않는 제조공정에 투입하는 부품 및 원재료를 수입 후 실수요자에게 직접 공급하는 경우

② 상거래 관행상 최종 구매자에게 포장, 용기에 봉인되어 판매되는 물품

③ 해당 물품에 원산지를 표시하는 것이 불가능한 경우

④ 원산지표시로 인하여 당해 물품이 크게 훼손되는 경우

54 국제물품매매계약에 관한 UN 협약상 다음 사례에 관한 해석으로서 타당한 것은?

> 2009년 4월 1일 미국의 Seller는 한국의 Buyer에게 냉장고 단가 500$에 10,000대를 판매할 것을 청약하면서 4월 10일까지 응답이 없으면 승낙한 것으로 간주하고 물품을 송부하겠다고 통지하였다. 이에 대해 Buyer는 아무런 응답을 하지 않자, Seller는 4월 15일 냉장고 10,000대를 선적하여 한국 Buyer에게 4월 30일 도착했다.

① 승낙이 없었다.

② 4월 10일 승낙이 있었다.

③ 4월 10일 계약이 성립되었다.

④ 4월 30일 계약이 성립하였다.

55 신용장 거래에 있어서 CIF NEW YORK에 대한 설명 중 옳지 않는 것은?

① CIF NEW YORK 조건은 매도인이 NEW YORK까지 운임 및 적하보험료를 부담하는 매매계약조건이다.

② CIF NEW YORK 매매조건하에서 신용장 결제가 사용되는 경우 관련은행들에 있어서는 물품의 매매가 아니라 서류거래로 파악하는 것이 신용장통일규칙(UCP600)의 입장이다.

③ 신용장 거래에 의한 CIF NEW YORK 조건에서 매도인은 상업송장 선하증권 보험증권 이외에 신용장에서 요구하는 서류를 제공하지 않으면 신용장 조건의 불일치를 이유로 지급받지 못할 수 있다.

④ CIF NEW YORK 조건에서 신용장조건에 별도의 규정이 없는 경우 매도인은 협회적하약관<ICC(C)> 조건으로 CIF 계약금액의 120%를 부보 하여야 한다.

56 다음 중 국제물품매매계약에 관한 UN협약에 대한 설명으로 틀린 것은?

① 당사자의 영업소가 모두 체약국내에 있거나 국제사법에 따라 어느 체약국의 법률이 적용되는 국제매매에만 이를 적용한다.

② 계약위반의 유형을 세분화하고 있다.

③ 계약의 자동적인 해제는 인정하지 않고 있다.

④ 국제무역상의 신의성실의 준수에 대한 고려도 포함하도록 하고 있다.

57 신용장에서 운송서류로 해상선하증권을 요구하였는데 다음과 같은 운송서류가 제시되었다. 이에 대한 설명으로 틀린 것은?

> Bill of Lading
> For Combined Transport or Port to Port Shipment
> .
> .
> .
> Signed by UCP Shipping Ltd
> James Brown
> As agents for King Line, the Carrier

① 이 선하증권의 운송인은 King Line이다.

② 운송인의 대리인으로 UCP Shipping Ltd가 서명하였다.

③ 서류제목이 복합운송 또는 해상운송에 사용할 수 있다는 이중목적 선하증권으로 해상선하증권이 아니므로 하자(discrepancy)가 된다.

④ 운송인의 대리인이 서명하는 대신에 선장 또는 선장의 대리인이 서명하여도 수리할 수 있다.

58 Incoterms 2000에 규정된 무역거래조건에 대한 설명으로 옳지 않은 것은?

① FAS조건에서 '선측(Alongside Ship)'은 본선에서 통상 사용하는 선적기기가 도달할 수 있는 지점을 의미한다.

② CFR조건에서 부선료나 Wharfage가 정기선운임에 포함되어 있지 않으면 매수인이 부담해야 한다.

③ CIF조건에서 매도인은 별도의 약정이 없는 경우 협회적하약관의 최소담보조건으로 부보하면 자신의 의무를 이행한다.

④ DES조건에서 지정 목적항까지의 비용은 매도인이 부담하나 운송 중 위험은 매수인이 부담한다.

59 수입물품의 생산·제조·가공과정에 둘 이상의 국가가 관련된 경우 단순한 가공활동을 하는 국가를 원산지로 보지 않는데, 단순한 가공활동에 해당되지 않는 것을 고르시오.

① 판매목적으로 물품을 맛있는 상태로 가공하기 위해 행하는 활동
② 판매목적으로 물품의 포장 등과 관련된 활동
③ 선적 또는 운송을 용이하게 하기 위한 가공활동
④ 각피, 탈각, 씨 제거 및 냉장육류의 냉동, 단순 절단 및 단순 혼합

60 물품을 선적하고 선적항에서 발행된 선하증권이 목적항 이외의 제3의 장소에서 송하인, 수하인, 통지처 등의 사항을 변경하여 다시 발행된 선하증권을 무엇이라 하는가?

① switch B/L
② surrendered B/L
③ red B/L
④ stale B/L

61 다음은 수입화물대도와 관련한 설명이다. 옳지 않은 것을 고르시오.

① 대도물품은 입고운반 출고 가공 매도 이외의 목적으로 사용하거나 제3자에게 담보로 제공할 수 없다.
② 화물의 소유권은 은행이 보유하고 화물의 점유권을 수입업자에게 이양하는 제도이다.
③ 수입업자가 신용장서류 도착 시 대금을 결제할 수 없을 때 개설은행으로부터 서류를 인도 받아 상품을 처분하고 그 대전으로 수입대금을 결제하도록 은행과 맺은 약정이다.
④ 대도물품을 매도할 경우, 금액 물품의 인도 대금의 영수방법 등에 관하여 사후에 사전에 은행의 동의를 받지 않고 은행에 반드시 신고하여야 한다.

62 신용장거래에서, 신용장상의 물품의 명세 란에 'Sketch Paper, Origin Japan'으로 기재되어 있고, 수익자가 제시한 상업송장 상의 물품명세에는 다음 보기와 같이 기재된 경우 은행에서 수리할 수 있는 것끼리 짝지어진 것은?

가. Sketch Paper, Origin Japan
나. Sketch Paper
다. Sketch Paper, Origin Japan, 55cm X 40cm
라. Sketch Paper, 55cm X 40cm
마. 55cm X 40cm, Origin Japan

① 가, 다
② 가, 나
③ 다, 마
④ 나, 라

63 다음 화환어음의 추심과정을 올바르게 나열한 것을 고르시오.

A. 수입지의 추심은행은 수입업자에게 관계 선적서류와 화환어음이 도착한 사실을 통지한다.
B. 수입업자는 수입에 필요한 모든 허가와 승인을 필한 후 수출업자에게 선적지시를 통지한다.
C. 수입업자는 수입대금을 지급한 후 선적서류를 추심은행으로부터 인도 받는다.
D. 수출업자는 관계 선적서류와 화환어음을 발행하여 거래은행에 제시하여 수입업자 앞으로 추심을 의뢰한다.
E. 수출업자는 선적기일 내에 선적을 완료하여 선하증권을 교부 받고 기타 필요한 제반 선적서류를 구비한다.

① B → E → D → A → C ② B → D → E → A → C
③ B → E → D → C → A ④ B → D → E → C → A

64 다음 선하증권 조건에 대한 설명 중 가장 적절한 것을 고르세요.

FULL SET OF CLEAN ON BOARD BILLS OF LADING MADE OUT TO THE ORDER OF TIJAS BANK AND BLANK ENDORSED MARKED FREIGHT PREPAID AND NOTIFY APPLICANT

① 선하증권은 원본 3부가 발행되어야 한다.
② 선하증권의 송하인(SHIPPER)에 대한 조건은 없으나, 선하증권에는 반드시 수출계약을 체결한 수출자가 송하인으로 표시되어야 한다.
③ 선하증권의 수하인(CONSIGNEE)란에 'TIJAS BANK' 라고 표시되어야 한다.
④ 무역거래조건(TRADE TERMS)이 FOB 조건은 아님을 유추할 수 있다.

65 해상적하(화물)보험에 대한 다음 설명 중 틀린 것은?

① I.C.C.(F.P.A.)는 전손과 공동해손은 보상하나 선박의 좌초, 침몰, 화재, 충돌로 인한 경우 이외의 분손에 대하여는 보상하지 않는다.
② I.C.C.(W.A.)는 I.C.C.(F.P.A.)에서 보상하는 손해에 추가하여 악천후로 인한 해손 침손과 갑판유실 등을 추가로 보상하여 준다.
③ I.C.C.(A/R)는 면책위험 없이 모든 위험을 보상하여 준다.
④ 일부 보험회사는 I.C.C.(A/R)에서 TPND위험은 보상하지 않으므로 유의하여야 한다.

66 다음 중 국내인도수출이 아닌 것을 고르시오.

① 외국 갑으로부터 주문받은 완성품을 국내 을이 지정받은 국내 병에게 인도한 후 대금을 갑으로부터 원화로 송금 받은 경우

② 외국 갑으로부터 주문받은 완성품을 국내 을이 지정받은 국내 병에게 인도한 후 대금을 갑으로부터 원화로 송금 받은 경우

③ 국내 을이 외국 갑으로부터 물품제조를 주문받고 국내병에게 지시하여 완성한 후 국내 정에게 인도한 후 대금을 갑으로부터 외화로 송금 받은 경우

④ 국내 을이 외국 갑으로부터 물품제조를 주문받고 국내 병에게 지시하여 완성한 후 국내 정에게 인도한 후 대금을 정으로부터 원화로 송금 받은 경우

67 보증신용장과 관련된 설명 중 가장 적절한 것을 고르시오.

① 보증신용장은 재화를 전달하는데 대한 지급 보증하는 용도로 주로 사용된다.

② '청구 보증서(Demand Guarantee)'와 '보증신용장'은 법률적 관점에서는 차이가 많다.

③ 보증신용장의 준거 규칙으로 'UCP 600' 이나 'ISP 98'을 사용할 수 있다.

④ 국내 기업의 해외법인이 현지 은행으로부터 여신을 받기 위한 담보용으로 제공하기 위해 활용되는 보증신용장은 'Performance Standby' 이다.

68 보험약관의 운송조항에 의할 때 해상적하보험의 보험자의 책임 종료시점으로 가장 정확한 것은?

① 운송물이 도착항에서 하선신고가 완료될 때 까지

② 운송물이 양륙될 때 까지

③ 운송물이 운송 중에 매각되어 양수인의 창고에 입고될 때 까지

④ 운송물이 수하주 또는 최종창고에 입고될 때 까지

69 다음은 수출입실적의 인정금액에 대한 설명이다. 옳지 않은 것을 고르시오.

① 수출실적은 FOB 통관가격, 수입실적은 CIF 통관가격

② 중계무역의 수출실적은 수출금액(FOB가격)에서 수입금액(CIF가격)을 공제한 가득액

③ 외국인수수입의 경우 수입실적은 FOB 수입통관가격

④ 외국인도수출의 경우에는 외국환은행의 입금액

70 UCP 600에서 신용장 양도시 예외적으로 신용장 조건 변경을 허용하는 사항으로 적절치 못한 것을 고르시오.

① 확인은행 또는 지정은행

② 부보 되어야 하는 담보율의 상향조정

③ 제시기간 또는 부여된 선적기간

④ 신용장 금액 또는 신용장에 명기된 모든 단가

71 신협회적하약관상 보험자의 일반면책조항에 속하지 않는 것은?

① 피보험자에 의한 고의의 불법행위

② 포장의 불완전

③ 보험 목적의 고유의 하자, 성질

④ 화재 폭발

72 일괄수주방식에 의한 수출을 제외하고 대외무역법에서 정하고 있는 산업설비수출의 인정 금액을 고르시오.

① FOB 기준 미화 50만 불 이상

② CIF 기준 미화 50만 불 이상

③ FOB 기준 미화 30만 불 이상

④ CIF 기준 미화 30만 불 이상

73 현행 외국환거래법상 대외채권의 회수에 관한 설명 중 옳지 않은 것은?

① 거주자는 건당 미회수 잔액이 미화 50만 불을 초과하는 대외채권을 채권의 만기일 또는 조건 성취일로부터 1년 6개월 이내에 국내로 회수하여야 한다.

② 거주자가 대외 채권회수의무를 면제받고자 하는 경우 한국은행총재에게 신고하여야 한다.

③ 대외채권을 보유하고 있는 거주자가 채권회수기한을 연장 받고자 하는 경우에는 한국은행총재에게 허가를 받아야 한다.

④ 거래상대방의 인수거절, 지급거절로 채권의 회수가 불가능하거나 불가피하게 채권금액을 감면하기로 한 경우로서 현지의 거래은행검사기관공증기관 또는 공공기관이 확인하는 경우로서 외국환은행장이 인정하는 경우 회수대상채권에서 면제할 수 있다.

74 국제물품매매계약에 관한 UN협약상 클레임에 관한 설명 중 옳지 않는 것은?

① 매수인은 주어진 상황에 따라 실행 가능한 짧은 기간 내에 물품을 검사하여야 한다.

② 매수인은 물품의 부적합을 발견했거나 발견할 수 있었던 때로부터 합리적인 기간 내에 그 계약부적합을 통지해야 한다.

③ 계약상 보증기간과 모순되지 않는 한 매수인은 물품을 실제 수령한 날로부터 늦어도 2년 내에 물품의 계약부적합 사실을 통지하여야 한다.

④ 계약이 운송을 포함하고 있는 거래의 경우는 위험이 최초운송인에게 이전될 때를 기준으로 물품검사시기가 변경된다.

75 다음 중 피보험이익에 대한 설명으로 틀린 것은?

① 보험의 대상인 보험의 목적에 대하여 특정인이 갖는 이해관계를 말한다.

② 반드시 계약체결 시에 확정되어 있어야 한다.

③ 금전으로 산정될 수 있는 경제적 이익이어야 한다.

④ 법률상 인정되는 것이어야 한다.

■ 제86회 무역영어 검정시험 기출문제 1급

문항	정답	문항	정답	문항	정답	문항	정답	문항	정답	문항	정답
1	②	14	④	27	①	40	④	53	①	66	④
2	④	15	④	28	②	41	②	54	①	67	③
3	③	16	③	29	③	42	②	55	④	68	④
4	④	17	①	30	②	43	④	56	②	69	③
5	①	18	②	31	③	44	③	57	③	70	①
6	③	19	②	32	①	45	④	58	④	71	④
7	①	20	②	33	④	46	④	59	①	72	①
8	③	21	③	34	③	47	①	60	①	73	③
9	②	22	②	35	④	48	②	61	④	74	④
10	②	23	①	36	④	49	③	62	①	75	②
11	①	24	①	37	②	50	④	63	①		
12	①	25	③	38	③	51	③	64	④		
13	③	26	③	39	④	52	②	65	모두정답		

2009년 제86회 무역영어 검정시험 기출문제 2급

✱ 다음 문제를 읽고 알맞은 것을 하나 골라 답안카드의 답란(①, ②, ③, ④)에 표기하시오.

〈제1과목〉 영문해석

01 UCP 600에서 Transferable Credits에 관한 설명으로 가장 적절한 것을 고르시오.

① A credit may be transferred in part to more than two second beneficiaries provided partial drawings or shipments are allowed.

② A transferred credit cannot be transferred at the request of the first beneficiary to any subsequent beneficiary.

③ The first beneficiary is not considered to be a subsequent beneficiary.

④ The transferred credit must accurately reflect the terms and conditions of the credit without the exception of the amount of the credit, which must not be reduced or curtailed.

02 What is an exporter who draws a bill of exchange on the importer under Documentary Collections?

① Shipper ② Seller

③ Payee ④ Drawer

03 While a promissory note is a financial statement in favour of the payee drawn up by the person who owes the money, which of the following instrument is an unconditional order, addressed by one person to another, signed by the person giving it, requiring the person to whom it is addressed to pay on demand or at a fixed or determinable future time a sum certain in money to or to the order of a specified person or to bearer?

① bill of exchange ② commercial invoice

③ cheque ④ documentary credit

[문제 4~5] 다음 문장이 설명하고 있는 가장 적절한 것을 고르시오.

04 The validity, construction and performance of this Agreement shall be governed by and interpreted in accordance with Vienna Convention(1980)

① Governing Law ② Trade Terms
③ Claims ④ Force Majeure

05 The relinquishing of a right or interest with the intention of never again claiming it.

① Reimbursement ② Demurrage
③ Abandonment ④ Convention

06 Which of the following transport documents is unable to convey title to the underlying goods?

① Marine Bills of Lading ② Air Waybill
③ Multimodal Transport Documents ④ Forwarder's Bills of Lading

07 What do the following statements on contracts describe under the UN Convention on Contracts for the International Sale of Goods?

* This is a proposal for concluding a contract addressed to one or more specific persons.
* This should be sufficiently definite and indicates the intention of the person who makes this to be bound by this when he receives the acceptance of this.

① Offer ② Order
③ Engagement ④ Agreement

08 다음 회화를 읽고 괄호 안에 가장 알맞은 것을 고르시오.

Porter : Hi, sir, here is your baggage.
James : Thank you. Can I make a long-distance call from my room to Nagoya, Japan?
Porter : Sure, you can. ( ). The charge will be added to your bill.
James : Thank you for your information.

① Your room is eight thirty five. Please take the elevator

② Dial 0, and a hotel operator will connect you to an outside operator

③ Let's make out shipping documents and bill of exchanges

④ You will be able to use our phone as freely as you can without any payment.

09 When another bank located in the Beneficiary's country adds its confirmation to a Documentary Credit, which of the following risks has the Beneficiary mitigated?

1. Issuing Bank risk.	2. Foreign exchange risk.
3. Political risk.	4. Documentary risk.

① 1 and 3 ② 1 and 4

③ 2 and 3 ④ 2 and 4

10 다음 용어의 설명이 틀린 것을 고르시오.

① Financial documents means bill of exchanges, promissory notes, cheques, or other similar instruments used for obtaining the payment of money.

② Shipping documents means invoices, transport documents, documents of title or other imilar documents, or any other documents whatsoever, not being financial documents.

③ Clean collection means collection of financial documents not accompanied by transport documents.

④ Documentary collection means only collection of financial documents accompanied by commercial documents.

[문제 11~16] 다음 괄호 안에 들어갈 가장 적절한 용어를 고르시오.

11 (   ) means the bank that issues a credit at the request of an applicant or on its own behalf.

① Nominated Bank ② Issuing Bank

③ Confirming Bank ④ Advising Bank

12 The terms "(   )", "second half", of a month shall be construed respectively as the (   ), and the 16th to the last day of such month, all dates inclusive.

① beginning - middle

② first half - 1st to the 10th

③ first half - 1st to the 15th

④ beginning - 1st to the 15th

13 (   ) is a bank which engages either that it will itself honor a credit already issued by another bank or that such a credit will be honored by the issuer or a third bank.

① Confirming Bank ② Issuing Bank

③ Negotiating Bank ④ Accepting Bank

14 (   ) should contain a certification from beneficiary confirming that the goods are as per proforma (   ) No KHS-8239 dated April 24.

① Invoice ② Export License

③ Free Offer ④ Local Credit

15 In the future, when you open your letter of credit, please give us 45 days from the opening date of the letter of credit to have sufficient time to arrange for (   ) before expiry date.

① shipment ② order

③ valid ④ contract

16 Goods sold on samples shall be (   ) to conform exactly to sample upon arrival at destination.

① guaranteed by buyer

② guaranteed by seller

③ guaranteed by seller-buyer

④ guaranteed by surveyor approved by seller

17 다음 용어의 해석이 틀린 것을 고르시오.

① Through Transport : 통운송
② Customary Early Dispatch : 관습적 조역하역
③ Contract of Carriage by Charter party : 용선운송계약
④ Contract Rate System : 계약운임제

↠ [문제 18~23] 다음을 가장 적절하게 해석한 것을 고르시오.

18 Special conditions : 3 copies of transport documents and shipping samples to be sent by courier services to the buyer within 5 days after shipment effected.

① 특별조건 : 선적견본과 운송서류 3겹을 선적이 영향을 미친 5일 이내에 택배로 수입상에게 발송되어야 함.
② 특별지시사항 : 선적견본과 운송서류 3부를 선적 후 5일 이내에 특별봉사로 수입상에게 발송되어야 함.
③ 특별조건 : 선적견본과 운송서류 복사본 3부를 선적 후 5일 이내에 특사배달로 수입상에게 발송되어야 함.
④ 특별사항 : 선적견본과 운송서류 복사본 3부를 선적이 영향을 미친 5일 이내에 특배로 수입상에게 발송되어야 함.

19 We will have to decline from entering into a business relationship with your company.

① 당사는 귀사와의 거래관계 개설을 거절할 수밖에 없습니다.
② 당사는 귀사와의 거래관계를 개설하는 쪽으로 기울고 있습니다.
③ 당사는 귀사와의 거래관계 개설을 유보하기로 하였습니다.
④ 당사는 귀사와의 거래관계 개설을 회사 방침으로 정하였습니다.

20 Thank you for your acceptance of our Order sheet No.55. We have instructed the Kookmin Bank, Jungang-dong Branch to open an irrevocable L/C for US$ 10,000 in your favor, valid until May 20.

① 당사의 주문서 55호 수락을 감사드립니다. 당사는 국민은행 중앙동지점에게 귀사를 수익자로 하여 5월 20일까지 유효한 10,000$짜리 취소불능 신용장을 개설하도록 지시했습니다.
② 당사의 주문서 55호 수락을 감사드립니다. 귀사는 국민은행 중앙동지점에게 당사를 수익자로 하여 5월 20일까지 유효한 10,000$짜리 취소불능 신용장을 개설하

도록 지시했습니다.

③ 귀사의 주문서 55호 수락하였음을 감사드립니다. 귀사는 국민은행 중앙동지점에게 당사의 요청으로 5월 20일까지 유효한 10,000$짜리 취소불능 신용장을 개설하도록 지시했습니다.

④ 당사의 주문서 55호 수락을 감사드립니다. 귀사가 당사의 요청으로 국민은행 중앙동지점에게 당사를 수익자로 하여 5월 20일까지 유효한 10,000$짜리 취소불능 신용장을 개설하도록 지시했습니다.

21 Elegance and efficiency are the trademarks of our excellent stainless steel vent hood. With rounded bull-nose corners, dual halogen lights and infinite variable speed settings, it is a perfect compliment to 30" Professional Range!

① 우아함과 효능성이 당사의 탁월한 스테인리스강 흡입구 후드의 특징입니다. 둥근 모서리와 함께 이중 할로겐 광선 및 무한하게 변경 가능한 속도 조절이야말로 30피트 프로페셔널 레인지에 더할 나위 없는 찬사입니다.

② 우아함과 유효성이 당사의 뛰어난 스테인리스강 환기구 후드의 특징입니다. 둥글고 뾰쪽한 모서리와 함께 이중 할로겐 광선, 그리고 속도를 일정 한도까지 조절 가능한 점은 30피트 프로페셔널 레인지에 더할 나위 없는 찬사입니다.

③ 우아함과 효율성이 당사의 탁월한 스테인리스강 환기구 후드의 특징입니다. 둥근 모서리와 함께 이중 할로겐 광선 및 무한하게 변경 가능한 속도 조절이야말로 30인치 프로페셔널 레인지에 더할 나위 없는 영광입니다.

④ 우아함과 능률성이 당사의 뛰어난 스테인리스강 흡입구 후드의 상징입니다. 둥글고 뾰쪽한 모서리와 함께 이중 할로겐 광선, 그리고 속도를 일정 한도까지 조절 가능한 점은 30인치 프로페셔널 레인지에 더할 나위 없는 영광입니다.

22 We are issuing in your favor this documentary credit available by the negotiation of your draft.

① 당사는 귀사 서류를 매입의뢰할 수 있는 이 화환신용장 을 당사를 수익자로 하여 개설합니다.

② 당사는 귀사 어음을 매입의뢰할 수 있는 이 보증신용장을 당사를 수익자로 하여 개설합니다.

③ 당사는 귀사 서류를 추심의뢰할 수 있는 이 보증신용장을 귀사를 수익자로 하여 개설합니다.

④ 당사는 귀사 어음을 매입의뢰할 수 있는 이 화환신용장을 귀사를 수익자로 하여 개설합니다.

23 The amount concerned was forwarded to your account in the Chase Manhattan Bank by a wire transfer today.

① 우려되는 금액이 오늘 체이스맨하탄 은행의 귀 계좌에 전신이체로 납입되었습니다.

② 그 관련 금액을 오늘 체이스맨하탄 은행의 귀 계좌에 전신이체(환)로 송금하였습니다.

③ 우려되는 금액이 오늘 체이스맨하탄 은행의 귀 계좌에 전신환으로 전달되었습니다.

④ 그 관련 금액을 오늘 체이스맨하탄 은행의 귀 계좌에 전신환으로 전달을 시도했습니다.

24 다음 문장의 괄호 안에 들어갈 가장 적절하지 않은 것은?

A. (a) are one of the main trade documents which are not only requests for payment but also reflects a contract.
B. In (b) transactions, the supplier draws a bill on the customer. It states that the customer will pay the supplier or payee an amount within a stated time.
C. (c) is a document issued by a bank on a customer's request, ordering an amount of money to be paid to a supplier.
D. When a letter of credit is accompanied by shipping documents, it is called a (d).

① a - Invoices　② b - Bill of exchange

③ c - Bank note　④ d - Documentary credit

25 Which term of INCOTERMS 2000 do the following statements describe?

* This term requires the seller to carry out, where applicable, all customs formalities necessary for the export of the goods.
* This term requires the buyer to contract at his own expense for the carriage of the goods from the named place.
* This term requires the seller to deliver the goods to the carrier or another person nominated by the buyer.
* This term may be used irrespective of the mode of transport, including multimodal transport.

① EXW　② FCA

③ CIP　④ CPT

〈제2과목〉 영작문

[문제 26~27] Read the following report on credit information and answer the questions

귀사가 조회하신 회사의 사업은 2009년 1/4분기 동안 당분간 적자로 유지되었다. 또한 동 상사는 융통어음을 이용하여 자금을 조달하였고, 그들의 무역업은 만족스럽지 못한 상태로 운영되었다. <u>(A)본 정보는 극비로 취급하시기 바란다</u>.

26 Which one explains wrong on the above?

① The business of the firm you inquired has been maintained with a deficit

② for a while during the first quarter, 2009.

③ They also have raised funds by making use of trade bills,

④ and their trade business has been operated under an unsatisfactory condition.

27 Which is the best translation of the underlined part(A) into English?

① Please note that this information shall be treated as absolute confidential.

② Please note that this information shall be kept as absolutely confidence.

③ Please note that this information should be treated in strict confidence.

④ Please note that this information should be kept in strictly confidential.

[문제 28~29] Mr. Jeong Inho, overseas manager of Jeil Trading Company browsed the following offer, and is going to make a counter offer. Answer the questions.

Contact : Hans A. Mahayni/Director
E-mail Add : hmgroup@ix.netcom.com
Company : Mahayni Gourp
P.O. Box 421999 San Francisco, CA 94142
U.S.A.
Phone : 650-2597878 Fax : 650-2597878
Date/Time : May 20, 2009 GMT

Dear Sir/Madam,
Sub-con offer the Atlantic pigtoe shells, unit price US$200.00 per (A) FCA San Francisco, which was cut to a point where no margin of profit is left to us. One (B) weighs 40 kg and the quantity is 1,000 (C).

Truly yours,

*pigtoe shells : 진주 양식용 조개

28 What is the intent of the above offer?

① The offeror offers the goods subject to final confirmation.

② The offeror offers firm subject to reply arriving at San Francisco by May 20.

③ The offeror offers on approval.

④ The offeror offers the goods on sale or return.

29 Which is the most logically arranged with answers suitable for (A), (B) and (C)?

① gross - gross - gross

② gallon - gallon - gallons

③ bale - bale - bales

④ yard - yard - yards

[문제 30~31] Read the following situation of settlement.

> Situation(A) is translated into English version(B).
> (A) 6월 5일자당사의 송품장에서의 예상치 못한 과오에 대해 진심으로 사과드린다. 1만 야드의 Carpet Backing Cloth의 정확한 금액은 신용장에 명시된 대로 미화 1,200달러이고, 송품장에 명시된 미화 1,000달러가 아니다. 과소 청구된 액수에 대한 차변표를 첨부한다.
> (B) We sincerely ①apologize to you ②for an unexpected error in our invoice of June 5. The correct amount for 10,000 yards of Carpet Backing Cloth is US$D1,200 as specified in the L/C and not US$1,000 as specified in the invoice. A ③credit note for the ④undercharged amount is attached.

30 Choose the pair in which the parties of the above situation correctly match the writer or receiver.

① Writer - Importer, Receiver - Exporter

② Writer - Exporter, Receiver - Importer

③ Writer - Issuing Bank, Receiver - Importer

④ Writer - Shipping Lines, Receiver - Exporter

31 Choose the answer which is not appropriate among the underlines.

① apologize to you

② for an unexpected error

③ credit note

④ undercharged

[문제 32~33] Read the following sentences and find an error.

32 The CEO (1)<u>of</u> an international clothes (2)<u>retail</u> group felt that his senior managers (3)<u>was</u> not (4)<u>performing</u> as they should.

33 These nuts (1)<u>have</u> (2)<u>market</u> tested and found to be most (3)<u>suited</u> to the Japanese (4)<u>palate</u>.

34 The following is part of a claim letter. Choose the option that correctly fills in the blanks(A, B) with suitable words.

> Upon opening the boxes, we find that leather products are much inferior in quality (A) our counter sample.
> Therefore we are compelled to (B) a claim with you.

① than - make ② than - lodge
③ to - accept ④ to - file

↔ [문제 35~38] 다음 문장의 괄호 안에 들어갈 가장 적절한 것을 고르시오.

35 Any claim exceeding 10 percent of the invoice amount is to be cabled within 10 days from the date of final discharge of goods ( ).

① at once ② at destination
③ at best ④ as soon as possible

36 (   ) includes any container, pallet or similar article of transport or packing, if supplied by the (   ).

① Goods - consignee ② Goods - consignor
③ Goods - operator ④ Goods - carrier

37 'Carriage paid to ...' means that the (   ) delivers the goods to the carrier nominated by him but the seller must in addition pay the cost of carriage necessary to bring the goods to the named (   ).

① buyer - port ② seller - port
③ buyer - destination ④ seller - destination

38 (　　) is generally considered to be made in writing if it is included in a document signed by the parties or contained in an exchange of letter, telexes, telegrams or faxes, or any other means of communication which prove its existence.

① The Arbitral Awards　　② The Arbitration Agreement
③ The Arbitration Process　　④ The Arbitrator

39 다음 중 신용장통일규칙 해석상 잘못된 것을 고르시오.

① The word 'after' will be understood to include the date mentioned under shipment terms.
② Unless otherwise stated in the Credit, a transferable Credit can be transferred once only.
③ The draft must be endorsed, if necessary.
④ The required number of originals and copies must be presented.

40 문장(B)는 문장(A)를 국제무역에서 통용되는 표현으로 고쳐 쓴 것이다. 빈칸에 들어갈 적절한 단어나 어구를 고르시오.

A: We are taking you to court to get our money back.
B: Unfortunately, we have no ( ) but to take legal action to recover the debt.

① method　　② means
③ procedures　　④ alternative

41 다음을 영작한 것 중 틀린 것을 고르시오.

요구되는 서류는 다음과 같음.
① 서명필 원본 상업송장 2통
② 일반특혜관세용 원산지증명서 형식 Form-1 3통
③ 대한상공회의소에 의해 발행된 원산지 증명서 4통
④ 각 포장단위마다 중량과 용적을 표시하고 있는 포장 명세서 3통

① SIGNED ORIGINAL COMMERCIAL INVOICE IN DUPLICATE
② TARIFF BENEFIT CERTIFICATE OF ORIGIN FORM-A IN TRIPLICATE.
③ CERTIFICATE OF ORIGIN IN QUADRUPLICATE ISSUED BY KOREA CHAMBER OF COMMERCE AND INDUSTRY.
④ PACKING LIST IN TRIPLICATE, WHICH MUST INDICATE WEIGHT AND MEASUREMENT PER EACH PACKAGE.

42 다음 중에서 밑줄 친 부분의 영작이 잘못된 부분을 고르시오.

> 이번 버전은 1.0버전이다. (1) 신용장은 e-UCP의 적용가능한 버전을 표시해야 한다. 만일 버전을 표시하지 않은 경우, (2) 신용장이 발행된 날짜에 유효한 버전의 적용을 받거나, 조건변경에 의해 e-UCP의 적용을 받게 되는 경우 (3) 그 조건변경일자에 유효한 버전이 적용된다. e-UCP를 준수하는 신용장(e-UCP신용장)은 (4) UCP적용의 명시적 표시가 없어도 UCP를 준수한다.

① A Credit must indicate the applicable version of the eUCP.

② it is subject to the version in effect on the date the Credit is issued or

③ on the date of that amendment.

④ without express corporation of the UCP.

[문제 43~44] 다음 문장을 영작한 것 중 가장 적절하지 못한 것을 고르시오.

43 그 회사는 이곳의 사업계에서 절대적인 신용을 누리고 있습니다.

① The firm enjoys excellent reputation among the business circles here.

② The firm enjoys an unlimited credit among the business circles here.

③ The firm enjoys an absolute confidence among the business circles here.

④ The firm enjoys an absolute examination among the business circles here.

44 당사는 그 서한에 수표를 동봉했습니다.

① We have enclosed a check in the letter.

② The letter was accompanied with a check.

③ The letter was accompanied in a check.

④ Enclosed is a check in the letter.

45 다음을 가장 적절하게 영작한 것을 고르시오.

> 계약은 복합운송을 이용할 의도로 운송비지급인도조건에 근거해야 한다.

① The contract shall be based upon CIP which intends to use multimodal transport.

② The contract shall be based upon CIF with a view to using multimodal transport.

③ The contract shall be based upon CPT with a view to using multimodal transport.

④ The contract shall be based upon CIP with a view to using multimodal transport.

[문제 46~47] 다음 회화를 읽고 물음에 답하시오.

J. E. Harley : What range of items does your production (가) in wool textiles products?
Hansook : It (나) pure woolen yarn, wool fabrics, and (다) such as carpets, sweaters and knitwears.
J. E. Harley : How did the textile serve Korea?
Hansook : It remarkably contributed to Korean textile industry.

46 위 대화의 내용으로 보아 (가) 및 (나)에 들어 갈 말이 가장 알맞은 것은?

① contain - excludes ② embody - includes
③ embrace - embraces ④ process - processes

47 (다) 에 가장 적절한 것을 고르시오.

① finished goods ② semi-finished goods
③ raw materials ④ cotton goods

48 다음 용어가 잘못 연결된 것을 고르시오.

① 운임 선불 : Dead Prepaid ② 부두사용료 : Wharfage
③ 선내하역비 : Stevedorage ④ 화물도착통지처 : Notify Party

[문제 49~50] 다음의 영작이 가장 잘못된 것을 고르시오.

49 ① 지시인식으로 발행된 무사고 선운임지급 비유통성 선화증권 사본1통.
→A non-negotiable copy of clean prepaid B/L made out to the order.

② 당사는 11월 동안에 상기주문의 선적을 완료하는 것이 불가능하게 되었음을 귀사에 통보하게 되어 매우 유감으로 생각한다.
→We are very sorry to advise you that it has become impossible to complete shipment of the captioned order during November.

③ 당사는 귀사가 5월 20일 주문한 도서를 모두 구하여, 발송하기 위하여 포장되었음을 알리게 되어 기쁘게 생각한다.
→We are pleased to confirm that all the books which you ordered on May 20 have now been obtained and are packed ready for dispatch.

④ 동봉해 드린 주문서의 양식에 정히 기입하셔서 즉시 반송해 주시길 바란다.

→We ask that you return to us straightway the enclosing order form duly filled out.

50 ① 당사의 오퍼를 받아들이셔서 즉시 주문을 주시길 바랍니다.

→We hope you will accept our offer and give us your order soon

② 귀사의 주문에 대하여 즉각적이고 최고의 배려를 해드릴 것을 약속합니다.

→You can be sure that your order will receive our immediate and most careful attention.

③ 시험주문이 있기를 고대하고 있으며, 그것으로 당사제품의 뛰어난 품질을 확인하실 수 있으리라 생각합니다.

→We look forward to a trial order, which will convince you of the high quality of our goods.

④ 최초의 주문은 양보할 가치가 있다고 생각되어 표시가격에서 20퍼센트를 할인해 드립니다.

→We are pleased to grant you a 20% discount from the list price because we believe that your final order deserves such a concession.

〈제3과목〉 무역실무

51 다음의 보기에 대한 설명 중 옳지 않은 것을 고르시오.

> 갑은 외국의 을에게 물품 A를 수출하는 업체인데, 구매주문을 국내 병에게 하고 병은 A의 제작을 중국현지공장 정에서 하여 바로 을에게 선적하고 대금은 갑이 병에게 지급한다.

① 본 거래는 중계무역에 대한 사례이다.

② 본 거래는 외국인도수출에 대한 사례이다.

③ 갑과 병의 거래에서는 영세율이 적용된다.

④ 갑과 병의 거래의 기준은 갑의 수출계약서 사본과 외화입금증명서이다.

52 선내하역비부담에 따른 해상운임의 분류 중 옳은 것을 고르시오.

① FI운임은 선주가 선적비용을 부담하는 경우의 운임이다.

② FO운임은 선주가 양하비용을 부담하는 경우의 운임이다.

③ Berth Term운임은 화주가 선적비용을 부담하는 경우의 운임이다.

④ FIO운임은 화주가 선적 및 양하비용을 부담하는 경우의 운임이다.

53 신용장거래의 주요 당사자들에 대한 명칭을 표기한 것으로 틀린 표현이 있는 것은?

① 수출업자-Beneficiary, Exporter

② 수입업자-Applicant, Drawer

③ 개설은행-Issuing Bank, Opening Bank, Credit Writing Bank

④ 통지은행-Advising Bank, Notifying Bank, Transmitting Bank

54 다음은 무역거래의 신용조사 절차를 설명한 것이다. 가장 적절한 것을 고르시오.

① 거래상대방을 물색한 뒤 청약서를 발송하고 계약이 체결되기 전에 신용조회를 반드시 한다.

② 거래상대방을 물색한 뒤 청약서를 발송하기 전에 신용조회를 반드시 한다.

③ 거래상대방에 대한 신용조회는 계약이 체결되지 전까지만 하면 된다.

④ 계약이 체결된 이후에 신용조회를 하여 체결된 계약을 이행하도록 한다.

55 다음 중 선주가 포워더에게 발행하는 선하증권과 포워더가 개별화주에게 발행하는 선하증권을 지칭하는 단어를 순서대로 나열하고 있는 것을 고르시오.

① 지시식 B/L, 기명식 B/L

② Groupage B/L, House B/L

③ 선적 B/L, 수취 B/L

④ 기명식 B/L, 수취 B/L

56 대외무역법령상 특정거래형태의 수출입에 관한 설명 중 잘못된 것은?

① 중계무역으로서 대금의 영수 및 지급을 같은 외국환은 행을 통하여 행하지 아니하는 송금방식의 거래와 선적 서류를 같은 외국환은행을 통하여 인수 및 송부하지 아니하는 거래는 지식경제부장관의 인정을 받아야 한다.

② ①의 경우에 수입 대금지급은행이 수출대금 영수은행을 지정하는 경우에는 지식경제부장관의 인정 없이 거래를 할 수 있다.

③ 신고가격 기준 미화 1만 달러 상당액 초과 물품을 수출 승인 면제 사유에 해당하지 않고 국내에서 외국으로 이동하는 무환수출의 경우 지식경제부장관의 인정을 받아야 한다.

④ 특정거래 형태의 수출입인정의 유효기간은 신고수리(인정)일부터 1년으로 한다.

57 INCOTERMS와 국제물품매매계약에 관한 UN협약에 대한 비교설명 중 잘못된 것은?

① CISG는 국제조약이고, INCOTERMS는 민간기구의 통일규칙으로서 양자는 상호 보완적이다.

② INCOTERMS는 가격조건과 인도조건 등 특정사항만 규율하는데 비해 CISG는 계약의 성립, 당사자의 의무 및 구제수단 등 매매계약의 일반적인 내용을 대상으로 한다.

③ INCOTERMS는 당사자의 원용에 의하여 적용되는데 비하여 CISG는 국제협약으로서 강행적으로 적용된다.

④ INCOTERMS는 당사자의 원용에 의하여 적용되는데 비하여 CISG는 당사자가 배제하지 않는 한 자동적으로 적용된다.

58 다음 중 Incoterms 2000의 각 조건별로 매도인이 부담하는 비용요소가 잘못 연결된 것은?

① FOB - 수출포장비, 수출국내륙운송비, 선적항의 THC

② EXW - 제조원가, 제품로열티, 수출포장비

③ CIF - 수출국의 운송주선인 비용, 영사사증료, 선적항까지의 내수로 운송비

④ DES - 도착항 창고료, 도착항 부두사용료

59 중재계약 또는 중재합의에 대한 설명 중 옳지 않은 것을 고르시오.

① 분쟁이 발생하였을 때, 상사중재에 의한다는 사전 중재합의조항이 계약서에 없다면 사후에는 상사중재에 의한 분쟁해결은 적용될 여지가 없다.

② 뉴욕협약 등 대부분 국가의 중재법은 서면중재합의를 요구함으로써 구두에 의한 중재합의는 인정하지 않는다.

③ 중재합의의 유효조항에는 중재장소, 중재기관, 준거법 등을 명시하여야 한다.

④ 중재합의는 그 합의 자체에 취소사유가 없는 한, 임의로 취소 또는 철회할 수 없다.

60 국내에서 수출물품을 조달하기 위해 이용되는 내국신용장(Local Credit)에 대한 설명으로 옳지 않은 것은?

① 내국신용장의 발급근거가 되는 원신용장을 Master Credit이라 한다.

② 내국신용장의 수익자인 물품공급자는 원신용장 개설은행으로부터 지급확약을 받게 된다.

③ 원신용장의 수익자는 내국신용장의 개설의뢰인이 된다.

④ 내국신용장 개설 의뢰인은 조달물품의 대금을 사전에 지급할 필요가 없이 외국환은행의 신용 및 융자로 대신하게 된다.

61 신용장에서 확인은행이 지급인인 환어음을 요구하고 있고, 이 신용장의 어음기한은 '60 DAYS AFTER SIGHT' 이다. 이 신용장의 종류로 가장 적당한 것을 고르시오.

① 지급신용장
② 일람출급신용장
③ 연지급신용장
④ 인수신용장

62 다음은 신용장에서 선하증권(B/L)을 요구한 경우, 개설은행에서 선하증권을 수리할 수 있는 요건에 대한 설명이다. 옳지 않은 것을 고르시오.

① 운송인의 '명칭(Name)'이 반드시 표시되어야 한다.
② 신용장에서 환적을 금지하였다면 어떠한 경우에도 환적이 허용되지 않는다.
③ 선하증권에서 '발행일자'와 '본선적재일자'가 표기된 경우, 이 중에서 '본선적재일자'를 선적일자로 간주한다.
④ 신용장에서 선적항 또는 도착항을 'Any Korean Port' 처럼 지리적 범위로 명시한 경우, 선하증권에는 반드시 해당 지리적 범위내의 '실제 항구명'이 표시되어야 한다.

63 과세물건의 확정시기에 대한 설명으로 옳지 않은 것을 고르시오.

① 도난물품 또는 분실물품 - 수입된 때
② 보세운송기간이 경과하여 관세를 징수하는 물품 - 보세운송신고를 하거나 승인을 얻은 때
③ 우편에 의하여 수입되는 물품 - 통관우체국에 도착된 때
④ 매각되는 수입물품 - 매각된 때

64 해상위험 중 투하(jettison)와 선원의 악행 (barratry)에 대한 다음 설명 중 옳지 않은 것을 고르시오.

① 투하는 위험의 적용 시 선박과 화물 등 공동의 안전을 위해 고의로 행하여진 경우 공동해손희생에 해당된다.
② 투하로 인한 손해는 공동해손이 선언되는 경우에 한하여 보상된다.
③ 선장이나 선원의 악행이란 선주 또는 용선자에게 손해를 입히는 선장이나 선원의 고의적인 모든 부정행위를 말한다.
④ 선장이나 선원의 악행이란 선주에게 손해를 입히는 부정행위를 의미하므로 선박보험자가 부담하는 위험이고, 적하보험에서 부담하는 위험은 아니다.

65 갑이 수입하여 국내 보세창고에 보관중인 물품 USD 1,000를 B/L의 양도를 통하여 국내 을에게 USD 1,500에 매도하였고 이후 을은 이를 바로 중국 병에게 수출하였다. 이 때 발생하는 상황에 대한 설명 중 옳은 것을 고르시오.

① 보세구역에서 국내사업자 간에 이루어진 거래는 원칙적으로 부가가치세 과세대상이 아니다.

② 갑이 구매확인서를 통하여 을에게 공급하였을 경우에는 부가가치세율이 영세율이다.

③ 갑은 을에게 USD 1,000에 대한 세금계산서를 발행하여야 한다.

④ 갑은 을에게 가득액인 USD 500에 대한 세금계산서를 발행하여야 한다.

66 다음 중 전자적 수단을 이용한 무역거래 지원 서비스와 거리가 가장 먼 것을 고르세요.

① Forfaiting ② uTradeHub

③ Trade Service Utility(TSU) ④ 무역 EDI

67 다음 중 예금잔액 부족으로 부도가 발생할 가능성이 있어서 원칙적으로 추심 전 매입(Bills Purchased)의 대상이 되지 않는 것은?

① Personal Money Order ② Personal Check

③ Postal Money Order ④ Cashier's Check

68 총톤수(G/T)에 관한 설명 중 옳지 않은 것은?

① 용적을 중심으로 한 톤수로 선박의 안전과 위생항해 등에 이용되는 장소는 제외된다.

② 상선이나 어선의 크기를 표시하여 각국의 해운력 비교에 이용된다.

③ 선박법에 의해 톤수의 명시가 강제된다.

④ 직접 상행위를 하는 용적의 크기를 표시한다.

69 SWIFT로 통지된 신용장에 보기와 같은 표시가 있다. 이것은 다음 중 무엇을 표시하는 것인가?

> 47A : Additional Conditions
> 1Marks...to be shipped between 010109 and 013109
> 1Marks...to be shipped between 020109 and 022809
> 1Marks...to be shipped between 030109 and 033109

① 분할선적　　② 할부선적　　③ 환적　　④ 일부선적

70 국제물품매매계약에 관한 UN협약 상 다음 보기에 대한 설명 중 가장 적절한 것을 고르시오.

> A기업은 4월 5일 피청약자인 B에게 유효기간이 5월1일까지인 취소불능의 청약서를 발송하였다. 피청약자 B는 4월 12일 이 청약서를 수령했다. 그러나 A는 이 청약서가 도착하기전인 4월 10일 이 청약을 철회한다는 내용의 FAX를 B에게 발송하였다. 그럼에도 B기업은 4월 13일 그 청약을 승낙한다는 내용의 FAX를 A기업에 발송하였다.

① A의 청약은 취소불능이므로 철회할 수 없다.

② 4월 12일 이내에 행한 A의 청약 철회는 유효하다.

③ 4월 13일자의 B의 승낙은 유효하다.

④ 계약은 4월 13일자로 성립되었다.

71 수출기업은 해상보험과 같은 통상의 보험으로 구제받기 어려운 위험을 수출보험제도를 이용하여 관리할 수 있다. 다음 각 수출보험제도에 대한 설명 중 적절치 못한 것을 고르시오.

① 수출신용보증 : 수출계약 체결 후 수출상이 수출대금을 받을 수 없게 된 때에 발생하는 손실을 수출상에게 보상하는 제도

② 문화수출보험 : 수출계약이 체결된 영화의 제작과 관련한 투자에서 발생하는 손실을 보상하는 제도

③ 환변동보험 : 수출거래 시나 수출용 원자재 수입거래시 보장 환율과 실제 결제시점의 환율을 비교하여 그 차액을 보상 또는 환수하는 보험

④ 농수산물수출보험 : 농수산물 수출계약 체결 후 수출이 불가능하게 되거나 수출대금을 받지 못하게 된 경우, 또는 농수산물의 국내가격 변동으로 당해 수출계약의 이행에 따라 입게 되는 손실을 보상하는 보험

72 항해용선계약에서 정박기간에 대한 설명으로 틀린 것을 고르시오.

① 선주는 Laytime Statement에 기록된 일정이 계약서상의 시간보다 길어지면 Demurrage를 지급받는다.

② 용선주는 Laytime Statement에 기록된 일정이 계약서상의 시간보다 짧으면 Despatch Money를 지급받는다.

③ Customary Quick Despatch 조건에서 일요일, 공휴일 및 야간하역을 약정된 하역일에 포함시킬지 여부는 항구의 관습에 따른다.

④ Weather Working Days 조건은 하역시작일로부터 끝날 때까지 모든 날짜를 정박기간에 포함시키는 방법이다.

73 컨테이너 내부의 화물의 종류와 적입상태 등을 표시하는 서류를 고르시오.

① Container Load Plan　　② Booking Note

③ Tally Sheet　　④ Gencon C/P

74 BWT(Bonded Warehouse Transaction)방식의 수입거래에 관한 설명 중 옳지 않는 것을 고르시오.

① 일반적으로 계약이 사전에 체결된 상태에서 해외 수출자의 위험과 비용부담으로 국내 보세구역에 물품을 반입하여 판매한다.

② BWT계약에서 신용장 결제방식이 채택된 경우 선적서류 제시기한이 선적후 21일이 초과할 가능성이 높다.

③ ②의 경우 신용장에 "Document presented later than 21days after the date of shipment Acceptable"이라는 조건을 추가하지 않으면 거절사유를 구성한다.

④ 해외 공급자의 경우 미판매 부담을 안고 있으나 수입자는 납기단축 및 현품확인 후 수입 가능하므로 유리하다.

75 다음은 외화획득용 원료에 대한 관리기준이다. 옳은 것을 고르시오.

① 외화획득의 이행기간을 연장하려면 연장신청서를 중앙행정기관장에게 제출하여야 한다. (농림수산물 제외)

② 농림수산물의 외화획득 이행기간 연장신청은 시도지사에게 한다.

③ 자율적으로 사후 관리를 할 수 있는 기업의 선정은 시도지사가 한다.

④ 사용목적을 변경하려면 관할 특별시장, 광역시장, 도지사 또는 특별자치도지사에게 신고하여야 한다.

■ 제86회 무역영어 검정시험 기출문제 2급

문항	정답	문항	정답	문항	정답	문항	정답	문항	정답	문항	정답
1	③	14	①	27	③	40	④	53	②	66	①
2	④	15	①	28	①	41	②	54	②	67	②
3	①	16	②	29	③	42	④	55	②	68	④
4	①	17	②	30	②	43	④	56	모두정답	69	②
5	③	18	③	31	③	44	③	57	③	70	②
6	②	19	①	32	③	45	③	58	④	71	①
7	①	20	①	33	①	46	③	59	①	72	④
8	②	21	③	34	④	47	①	60	②	73	①
9	①	22	④	35	②	48	①	61	④	74	①
10	④	23	②	36	②	49	④	62	②	75	④
11	②	24	③	37	④	50	④	63	①		
12	③	25	②	38	②	51	①	64	②		
13	①	26	③	39	①	52	④	65	②		

2009년 제85회 무역영어 검정시험 기출문제 1급

✱ 다음 문제를 읽고 알맞은 것을 하나 골라 답안카드의 답란(①, ②, ③, ④)에 표기하시오.

〈제1과목〉 영문해석

[문제 1~2] 다음을 가장 적절하게 해석한 것을 고르시오.

01 Choose the answer that appropriately translates the following sentence into Korean.

> The arbitral award shall have the same effect on the parties as the final and conclusive judgement of the court.

① 중재판정은 당사자간에 있어서 법원의 판결과 동일한 효력을 가진다.
② 중재판정은 당사자간에 있어서 대법원의 판결과 동일한 효력을 가진다.
③ 중재판정은 당사자간에 있어서 최종적이고 확정적인 판결력이 있다.
④ 중재판정은 당사자간에 있어서 법원의 확정판결과 동일한 효력을 가진다.

02 Which of the following term expresses best the sentence in the box?

> The substitution of one party for another whose debt the party pays, entitling the paying party to rights, remedies or securities that would otherwise belong to the debtor.

① Salvage charge
② Stevedorage
③ Subsidy
④ Subrogation

03 Choose the most appropriate words to fill in the blanks A and B.

> In case of fire on board the ship affecting the goods, if the (A) or the carrier so desires, a survey in accordance with shipping practices must be held into the cause and circumstances of the fire, and a copy of the (B) shall be made available on demand to the carrier and the (A).

① shipper - bill of lading
② claimant - surveyor's report
③ shipper - surveyor's report
④ claimant - bill of lading

04 Please choose the most appropriate answer after reading the dialogue. What is the problem?

> A: Could you type this letter for me and get it in mail today?
> B: I'd love to, but I've got to finish this report first. Try Jerry.
> A: I don't believe this! How do they expect us to run
> this office when we are understaffed like this?

① There aren't enough workers.
② Jerry is absent.
③ The report must be mailed today.
④ The letter must be e-mailed today.

05 Choose the one which can replace the underlined part.

> Inspiration Corporation in New York gave us (=Arirang Company) your name (= Springfield Limited) as a reference, and we would like to have business relations with <u>that company.</u>

① Inspiration Corporation
② Arirang Company
③ Springfield Limited
④ A bank in New York

06 Choose the one which translates inappropriately the underlined word or phrase into Korean.

> Transferring bank's charges ① <u>in respect of</u> ② <u>transfers</u> include commissions, fees, costs or expenses payable by ③ <u>the first Beneficiary</u>, ④ <u>unless otherwise agreed</u>.

① 관련하여
② 자금이체
③ 제1수익자
④ 달리 약정되지 않는 한

07 After the conclusion of the contract, but prior to the date for performance of the contract, it is clear that the seller will not deliver the goods in time, therefore, committing a fundamental breach of contract. Which can be true in this situation under the UN Convention on Contracts for the International Sale of Goods?

> A. The buyer can require the seller to deliver the goods in advance.
> B. The buyer can declare the contract avoided.
> C. The buyer can suspend the performance of his obligations.

① A and B ② A and C ③ B and C ④ A, B and C

08 Choose the one that is not an essential element of 'offer'.

① Intent to Contract

② Definite and certain terms

③ Communication to the offeree

④ It must confirm to the conditions set out in the offer

09 Choose the wrong expression in connection with UCP600.

① A bank is under no obligation to transfer a credit except to the extent and in the manner expressly consented to by that bank.

② Transferring bank means a nominated bank that transfers the credit or, in a credit available with any bank, a bank that is specifically authorized by the issuing bank to transfer and that transfers the credit. An issuing bank may be a transferring bank.

③ Transferable credit means a credit that has been made available by the transferring bank to a second beneficiary.

④ A credit may be transferred in part to more than one second beneficiary provided partial drawings or shipments are allowed.

[문제 10~11] Choose the most appropriate word(s) to fill in the blank(s).

10 (a) shall ship all goods in good condition, and (b) shall assume all risks of damage, deterioration, or breakage during transportation

① (a)-principal (b)-offeree

② (a)-The sellers (b)-the buyers

③ (a) The sellers (b)-offer

④ (a)-The buyers (b)-the sellers

11 Exporter is sometimes requested by the buyer abroad to insert accurate particulars into the invoice. The buyer may ask that the price for the goods be (   ) in the invoice because he wants to reduce or evade taxes or import duties in his country. Or, vice versa, he may ask that the invoice price be increased above the true purchase price and the excess be transferred to an account outside his country because he wishes to evade local exchange control on the transfer of fund abroad.

① rejected

② understanded

③ appeared

④ understated

12 Choose the most appropriate phrase to fill the blank.

> The claiming bank's claim for reimbursement must
> (   ).

① be in the form of a teletransmission, unless specifically prohibited by the issuing bank, or an original letter

② clearly indicate the credit number and issuing bank(and reimbursing bank's reference number, if known)

③ separately stipulate the principal amount claimed, any additional amount(s) and charges

④ include multiple reimbursement claims under one teletransmission

13 Choose the most appropriate set which is equivalent to the underlined words in order.

> In order to cover the amount of the canned crab meat, (가)<u>we</u> have today issued an L/C in your favor through the (나)<u>Banco Central do Brasil</u>. You will be notified by their (다)<u>correspondent bank in Singapore.</u>

① Beneficiary - Advising Bank - Issuing Bank

② Beneficiary - Issuing Bank - Advising Bank

③ Applicant - Issuing Bank -Advising Bank

④ Applicant - Advising Bank - Issuing Bank

14 Which of the following explanation is wrong?

① Consignee means the person entitled to take the delivery of the goods.

② Shipper means any person by whom or in whose name or on whose behalf of a contract of carriage of goods by sea has been concluded with a carrier.

③ Carrier means any person who undertakes to perform or to procure the performance of carriage such as by rail, road or sea.

④ The underwriter must be interested in the subject-matter insured at the time of the loss.

15 What is the document which is to evidence the receipt of goods on behalf of the master of a vessel indicating that the goods have been received in good order and conditions?

① Mate's Receipt

② Delivery Order

③ Dock Receipt

④ Forwarder's Cargo Receipt

16 A credit has the following documentary requirement : An insurance document issued for which of the following amounts will be acceptable?

A. USD65,650 B. USD72,515
C. USD72,215 D. USD73,215

46A: Documents Required
INSURANCE POLICY OR CERTIFICATE IN ONE ORIGINAL MADE OUT TO THE ORDER OF THE ISSUING BANK FOR EXACTLY 110% OF THE CIF INVOICE VALUE COVERING INSTITUTE CARGO CLAUSES (A), INSTITUTE STRIKES, RIOTS AND CIVIL COMMOTIONS CLAUSES WITH CLAIMS PAYABLE AT DESTINATION IN THE CURRENCY OF THE DRAFT The credit is issued for the amount of USD65,650.00

① A ② B

③ C ④ B, C or D

17 Choose the one which explains inappropriately the underlined part.

> ① <u>Full set</u> of ② <u>clean</u> ③ <u>on board</u> marine bills of lading made out to the order of ABC Bank, China, marked freight collect and ④ <u>notify</u> applicant.

① A bill of lading where the consignee's name is followed by the words "to order", thus allowing the consignee to endorse the bill of lading to another party thereby transferring title of the relative goods to another part.

② A bill of lading issued which bears no superimposed clause or notation that expressly declares a defective condition of the goods and/or the packaging.

③ A bill of lading indicating in its terms or by notation that the relative goods have been shipped on a specified vessel.

④ A party to whom arrival of the goods is advised by the shipping company when the vessel arrives.

18 In this memo, Ms. Brown is announcing the closure of a plant, but the sentences have become confused. Please choose the best answer that provides the correct order.

> INTERNAL MEMO
> To: Managers
> From: Kathy Brown, Production Manager
> Date: April 17
> Subject:: Closure of Anaheim Plant
>
> 1. Following a meeting of the board on April 15, the company has decided to close the plant in Anaheim
> 2. For any manager wising to attend, please note that the deadline for registration is April 20.
> 3. There will be an official meeting to discuss the closure on April 25.
> 4. This is due to recent poor results.

① 1-2-3-4
② 2-1-4-3
③ 1-4-3-2
④ 4-1-2-3

19 In this email, Mr. Yamamoto is placing an order, but the sentences have become confused. Please choose the best answer that provides the correct order.

> To: Daniel Craig
> Subject: Order No. 43207
>
> Dear Mr. Craig,
> 1. Please note the order must be here by September 10, in time for the new season. Best wishes,
> 2. As we all agreed, we will pay by letter of credit. I have already arranged this with the bank. As soon as the bank hands over the shipping documents, the credit will be released.
> 3. I attach our order No. 43207 for the selection of blouses, skirts, and dresses which we discussed on the phone yesterday. I can confirm that the 15% quantity discount off net prices that you offered is acceptable.
> 4. When you send the order, please make sure all cartons are clearly labeled with our logo and numbered. If some of the items are out of stock, please do not send substitutes.
>
> Koji Yamamoto

① 1 - 3 - 2 - 4　　② 3 - 4 - 2 - 1

③ 4 - 3 - 1 - 2　　④ 2 - 4 - 1 - 3

20 Which of the following is correct according to the advertisement in the box?

> Calson Freight
> International Shipping Company
> California, U.S.A
> Logistics and freight forwarding for large and small companies.
> Our services include:
> Road - import& export
> Air freight services
> Sea freight - container import and export Customs clearance
> Express service to North American destinations in 72 hours
> Frequent services to all countries
> Information: +1 310 990 4500

① The company can arrange transport for private individual.

② The company cannot ship goods by air.

③ The company can deliver to North American destinations in two days.

④ The company can help with customs procedures.

21 Below is the letter of complaint. Read it carefully and choose the one which puts the sections of the letter in the correct order.

Dear Sir or Madam,

(a) Could you please send us the correct invoice and inform us about the claims procedure for the damaged file cabinets?
(b) I am writing about your invoice 318/09 for the transport of our office furniture to new premises on June 7th.
(c) In addition, five file cabinets were damaged during transportation. Our contract with you states that you will pay compensations for damaged goods.
(d) The original quotation for this work was US$3,000. However, the invoice you sent us is for US$5000, and contains several errors. For example, the move took only one week, not two weeks as detailed in your invoice.

Yours sincerely,
Mark Hartford

① b - a - d - c
② c - b - d - a
③ b - c - d - a
④ b - d - c - a

22 Choose the one that matches the newspaper articles in the box B with the correct headlines in the box A.

Box A
(1) A plan for U.S. emissions to be buried under sea
(2) Wall Street finishes week higher, but just barely
(3) Lawmakers may limit paper mills' windfall
(4) After year of heavy losses, Citigroup finds a profit

Box B
(a) Profit at Citigroup and an upbeat turn in consumer confidence numbers bolstered investors' hopes that the worst economic declines were behind,and that the recent stock-market rally had some staying power. Most sectors of the stock market rose slightly on Friday, with financial firms and consumer stocks posting the largest gains.
(b) The proposal raises many environmental and political questions, and it is far from clear that the company can overcome the opposition that seems to crop up to any new power plant in the Northeast.
(c) After more than a year of crippling losses and three bailouts from Washington, Citigroup, a troubled giant of American banking, said Friday that it had done something extraordinary: it made money.
(d) Four years ago, Congress passed a tax credit meant to encourage companies to blend some bio-fuels into fossil fuels like diesel. The paper companies realized they might be able to claim the tax credit by going the other way, blending a little diesel into their black liquor.

① (1) - (d), (2) - (b), (3) - (c), (4) - (a)

② (1) - (b), (2) - (a), (3) - (d), (4) - (c)

③ (1) - (b), (2) - (d), (3) - (c), (4) - (d)

④ (1) - (d), (2) - (a), (3) - (b), (4) - (c)

23 Which of the following has a different purpose?

① Could you please send your catalogue and price list for exhibition stands? We are particularly interested in stands suitable for displaying furniture.

② We have heard about your latest equipment in laser surgery and would like more details. Please send us any information you can supply.

③ Please would you send me an up-to-date price list for your building materials?

④ We are writing to a number of building contractors to invite estimates for the conversion of Northern Airfield into a sports and leisure. If you can provide a competitive estimate, please contact us at 61-7-2345-6874.

[문제 24~25] Please answer after reading the following offer.

We are pleased to offer you firm subject to your reply reaching here by April 20 as follows:

Article: Shoes
Quality: Saehan Brand No. 6
Quantity: 200 pairs
Price: US $ 40 a pair F.O.B Busan
Shipment: May-June
Terms: (a) at 60d/s under (b)
We are sure that this is the best offer we can make and not that no other firm can offer you better terms than these.
Now we are receiving a lot of orders from all over the world and there is a possibility of our running out of stock one of these days.
Therefore we think it will be to your interest to place an order at once.

24 Which of the following is correct according to the offer?

① 오퍼의 품목은 구두이며 F.O.B 인천으로 한다.

② 전 세계적으로 인기가 좋아서 계속 생산 중에 있다.

③ 당사가 제안한 최선의 오퍼로 다른 회사는 이보다 더 좋은 조건의 제안을 할 수 없다.

④ 최선의 오퍼로 계속 생산 중에 있으며, 추후 주문도 가능하다.

25 Choose the most approriate words to fill in the blank A and B.

① Time Draft - Special L/C

② Draft - Irrevocable Letter of Credit

③ Draft - D/P

④ Draft - remittance

〈제2과목〉 영작문

[문제 26~27] Sunny Trading in the Republic of Korea has exported certain products to Vishal Overseas Ltd. in India under the L/C issued by the Oriental Bank of Commerce, Ashram Rd., Ahmedabad-380009, India. Sunny Trading is about to make out a bill of exchange at 30 days after completion of dispatch of the products for a sum not exceeding U.S.$30,000.50 and to negotiate it through the Citibank, Seoul Branch, Republic of Korea. The following is part of the bill of exchange.

AT (A) ______ THIS FIRST BILL OF EXCHANGE(SECOND OF THE SAME TENOR AND DATE BEING UNPAID) PAY TO (B) ________ OR ORDER THE SUM OF (C) _______ VALUE RECEIVED AND CHARGE THE SAME TO ACCOUNT OF (D) _________

26 Choose the option in which the underlined parts(A, B) are correctly arranged.

① 30 DAYS AFTER SHIPMENT DATE OF - THE CITIBANK, SEOUL BRANCH, REPUBLIC OF KOREA

② 30 DAYS AFTER SIGHT OF - THE CITIBANK, SEOUL BRANCH, REPUBLIC OF KOREA

③ 30 D/S AFTER B/L DATE - THE ORIENTAL BANK OF COMMERCE, INDIA

④ 30 DAYS AFTER INVOICE DATE - THE ORIENTAL BANK OF COMMERCE, INDIA

27 Choose the option in which the underlined parts(C, D) are correctly arranged.

① SAY THIRTY THOUSAND U.S. DOLLARS CENTS FIFTY ONLY -SUNNY TRADING, REPUBLIC OF KOREA

② THIRTY THOUSAND U.S. DOLLARS FIFTY CENTS FIFTY ONLY - SUNNY TRADING, REPUBLIC OF KOREA

③ SAY U.S. DOLLARS THIRTY THOUSAND ONLY FIFTY CENTS - VISHAL OVERSEAS LTD., INDIA

④ SAY U.S. DOLLARS THIRTY THOUSAND CENTS FIFTY ONLY- VISHAL OVERSEAS LTD., INDIA

[문제 28~29] Read the following letter and answer the questions.

> We are pleased to advise you that 500 Satellite Receivers have been today dispatched by (A) A-22 of Asiana Airlines at Incheon International Airport (B) Dubai June 30. We have (C)negotiated shipping documents under letter of credit through Bank of America, Seoul, which we hope your bank would (D)honour it upon presentation.

28 Choose the option that is correctly arranged with answers suitable in the blanks A and B.

① B/L No. - ETA

② Flight No. - ETA

③ B/L No. - ETD

④ Flight No. - ETD

29 The following statement refers to the underlined part(C). Choose the option that 'honour' does NOT mean.

① to pay at sight if the credit is available by sight payment

② to incur a deferred payment undertaking and pay at maturity if the credit is available by deferred payment

③ to accept a draft drawn by the beneficiary and pay at maturity if the credit is available by acceptance.

④ to make a payment by instalment and reimburse at maturity if the credit is available by payment by instalment

[문제 30~31] The underlined phrase is not correct. Please choose the best answer that corrects and produces the most effective sentence.

30 The rising of cost of data-processing operations at many financial institutions has created a growing opportunities for independent statistics service companies.

① Because the rising cost
② Rising costs
③ Because of rising costs
④ The rising cost

31 Many household cleaning products can be harmful to health, but consumers may not think of them to be hazardous substance.

① a consumer may think of them being
② consumers may not think of them as
③ consumers may think of them being
④ household cleaning products may not be thought of

[문제 32~35] Choose the most appropriate word(s) in order to complete the sentence.

32 Insecurity in the _____ market has affected consumer_____.

① job - confidence
② job - consumption
③ work - confidence
④ work - trust

33 _____ imports are increasing and the country now has a big trade _____.

① abroad - deficit
② abroad - shortage
③ foreign - deficit
④ foreign - shortage

34 When we have shipped your order, we will cable you (   ) and, at the same time, draw on you at 60d/s, D/A through the Seoul Bank here.

① to be advised
② to that effect
③ to be surrendered
④ to that goods

35 A contract of marine insurance is a contract whereby the insurer ( ) to indemnify the assured, in manner and to the extent thereby agreed, against marine losses, that is to say, the losses incident to marine adventure.

① undervalues ② performs ③ undergoes ④ undertakes

36 Read the following letter regarding L/C amendment and choose the answer which is wrongly described.

> The stipulation specified in the L/C on ①the port of destination is a trouble in the execution of your order.'from Gwangyang, Republic of Korea' shall be ②replaced by 'Busan, Republic of Korea'. We have today booked a ③ship's space of m/s 'Colombo V-22' ④sailing for Vostochny, Russia on August 8.

① the port of destination ② replaced by

③ ship's space ④ sailing for

37 The underlined phrase has a room for more appropriate expression. Please choose the answer that produces the most effective sentence.

> Disappointed by the reported earnings for the second quarter of the fiscal year, <u>it was decided by the company president to initiate paycuts.</u>

① the company president decided to initiate paycuts

② the staff was initiated

③ the decision of the company president was to initiate

④ a salary was initiated to the staff

38 The following is part of SWIFT L/C. Choose the answer which is logically arranged and suitable for the blanks.

> 31C Date of Issue : 2009/02/22
> 31D Date and Place of Expiry : (A)
> 44A Loading on Board/Taking in Charge at/from : Busan, Republic of Korea
> 45A Description of Goods : Secondary Quality Cold Rolled Coils - CIF Rotterdam
> 44C Latest Date of Shipment : (B)
> 46A Documents Required : Full Set of Clean Board Ocean Bills of Lading Marked
> Freight (C)

① 2009/08/04 - 2009/07/20 - Paid

② 2009/07/20 - 2009/08/04 - Prepayable

③ 2009/08/04 - 2009/07/20 - To Collect

④ 2009/07/20 - 2009/08/04 - Prepaid

39 Which of the following sentence is grammatically incorrect?

① The company referred to us in your letter of August 20 is one of the most reliable dealers in Machinery in this city.

② Your name and address have been given us by our Chamber of Commerce and Industry.

③ Your name as an exporter of Axon office equipment has been passed us from the British Consulate General, Seoul.

④ Your company has been recommended to us by the courtesy of the Tokyo Chamber of Commerce as a leading importer in Japan.

40 Choose the best sentence to fill in the blank.

> A condition of ( ) would be regarded as a non-documentary condition which is disregarded in Documentary Credit operations.

① Documents must be presented within 10 days after the date of shipment.

② Shipment must be effected by Far Eastern Marine Line.

③ One set of original documents including 1/3 bill of lading must be sent to the applicant directly within 3 days after shipment.

④ A copy of courier's receipt evidencing that one set of copy documents were sent to the applicant within 3 days after shipment is effected.

41 Choose the inappropriate part of translation into English for the following sentence.

> 이행을 정지하는 당사자는 물품이 발송되기 전후를 불문하고 상대방에게 즉시 그 정지에 관한 통지를 보내야 하고, 또한 상대방이 그의 이행에 대하여 적절한 보장을 제공하는 경우에는 이행을 계속하여야 한다.

① The party suspending performance,

② whichever it is before or after dispatch of the goods,

③ shall immediately give the other party the notice thereof to the other party, and shall continue on the said performance

④ in case of other party will provide excessive assurance of his performance.

42 Choose the inappropriate translated expression for the underlined words or phrases under the following sentence.

> 신용장이란 (1) <u>개설의뢰인의 요청이나 계산에 따라,</u> 또는 금융기관인 경우에는 (2) <u>스스로 또는 자신의 계산에 따라</u> 개설인이 수익자에게 금전적 가액의 지급이나 교부로써 (3) <u>서류제시를 수리하겠다는</u> (4) <u>제5-104조의 요건을 충족하는 일정한 확약을 의미한다.</u>

① at the request or of the account for an applicant

② to itself or for its own account,

③ a documentary presentation

④ satisfying the requirements of Section 5-104

[문제 30~31] (43~46) Choose the best answer which translates the following sentence into English.

43 귀사의 가격이 저렴하면 우리는 귀사에게 대량의 최초주문을 하려고 계획하고 있습니다.

① If your prices are competitive, we plan to place a large reorder with you.

② If your prices are exorbitant, we plan to place a large initial order with you.

③ If your prices are extravagant, we plan to place a large initial order with you.

④ If your prices are competitive, we plan to place a large initial order with you.

44 귀사의 주문품은 10월 4일 부산항 출항예정인 'HappyStar V-12'에 선적될 예정임을 알려 드립니다.

① We are glad to inform you that the goods covering your order will be shipped by 'Happy Star V-12'scheduled to sail Busan on October 4.

② We are glad to advise you that the consignment covering your order will departure by 'Happy Star V-12' scheduled to arrive at Busan on October 4.

③ We are glad to inform you that the goods covering our order is scheduled to ship on board 'Happy Star V-12' and arrive at Busan on October 4.

④ We are glad to advise you that the ordered goods will be shipped on a vessel of 'Happy Star V-12' scheduled to leave Busan on October 4.

45 농업용 기기를 취급하는 몇몇 믿을만한 수입업자들을 소개해 주시면 감사하겠습니다.

① We will appreciate it if you introduce us some of reliable importers handling farm equipment.

② We shall be obliged if you will introduce us to some believable importers handling farm equipment.

③ We would be most grateful if you introduce us to some of believable importers handling farm equipment.

④ It would be highly appreciated if you will supply us to some reliable importers handling farm equipment.

46 당사가 반복적으로 요청하였듯이, 귀사 어음이 부도났으므로 어음 수취인에게 즉시 지급되도록 하여 주십시오.

① Despite our repeated requests, as your draft was dishonored, please negotiate for the matter with the drawer and let them protest it at once.

② Owing to our repeated requests, as your draft was unhonored please negotiate for the matter with the drawee and let them protest it at once.

③ Because of our repeated requests, as your draft was unhonored, please negotiate for the matter with the drawer and let them protect it at once.

④ Further to our repeated requests, as your draft was dishonored, please let the drawee have immediate repayment in this respect

47 Choose a word or a term which is necessary to complete the following sentence For all practical purposes, a contract should always be reduced to writing and signed by parties whenever possible. However, this does not mean that ( ) is unenforceable. It might be harder to prove, but it still can be enforced by either party.

① written agreement

② by writing

③ an oral contract

④ contract

[문제 48~50] Read the following and answer the questions.

> Memo
>
> From: (1)
> To: James Ford
> Subject: Bridging loan, RG Logistics Ltd
> Date: Sept. 21, 2008
>
> Strictly Confidential
> With reference to your memo dated September 19 concerning the above loan, the Board regret in this case they are unable to offer Mr. Steel the credit requested. They would be grateful if you could inform Mr. Steel that it is the bank policy only to offer substantial loans against negotiable securities such as (2).

48 What situation the letter is in?

① refusing a loan

② requesting for a loan

③ asking for investment

④ refusing for an investing request

49 Choose the most appropriate word to fill in the blank(1).

① Shop manager

② Secretary to the directors

③ Sales manager

④ Marketing manager

50 Choose the right word(s) to fill in the blank (2).

① shares or bonds

② management shares

③ bond service

④ cost-share

〈제3과목〉 무역실무

51 입찰 보증금 대용으로 사용할 수 있는 신용장은 ?

① stand-by L/C ② escrow L/C
③ Back-to-Back L/C ④ tomas L/C

52 추심결제방식에 대한 다음 설명 중 틀린 것은?

① D/P거래에는 D/P at sight와 D/P usance가 있다.
② D/A거래에 비하여 D/P거래가 수출상에게 대금회수의 위험성이 크다.
③ 추심통일규칙(URC)에서는 추심에 관계하고 있는 은행은 선량한 수임자로서 성실히 행동하고 업무취급에 상당한 주의를 하여야 한다고 규정하고 있다.
④ 추심의뢰은행이 추심은행의 사전 동의를 받지 않고 추심지시서에 'Release documents against drawee's acceptance with your guarantee'라고 기재하는 것은 부적절한 지시에 해당된다.

53 관세법상 관세통관에 관한 설명 중 옳지 않은 것은 ?

① 수입신고의 시기는 출항 전 신고-입항 전 신고-보세구역 도착전 신고-보세구역장치 후 신고의 순으로 빠르다.
② 보세공장에서 제조한 물품을 우리나라로 반입하려는 경우 원료과세 또는 제품과세 등의 방법으로 수입신고를 할 수 있다.
③ 수입신고시 관세의 과세표준은 실제로 지급했거나 지급 해야할 가격에서 가산요소 및 공제요소를 조정한 가격을 기초로 확정하는 것이 일반적이다.
④ 수입신고 후 납세의무자가 신고납부한 세액이 부족한 것을 알았을 경우에는 보정신고를 할 수 있으며, 신고납부한 세액이 과다한 것을 안 경우 수정신고를 할 수 있다.

54 다음의 운송서류 중 성격상 "to the order of ABC Co."와 같이 지시식으로 발급되기 어려운 운송서류를 고르시오.

① Non-Negotiable Sea Waybill ② Charter Party Bill of Lading
③ Multi-modal transport Bill of Lading ④ Clean Bill of Lading

55 CIF조건으로 수입한 물품을 수령하려는데 선사로부터 BAF납부를 요청 받았다. 본 상황에 대한 올바른 해석이 아닌 것을 고르시오.

① C-Term에서는 수출업자가 운송계약의 당사자가 아니므로 납부를 거절한다.
② Incoterms는 선사가 지켜야 하는 강행규정이 아니기 때문에 납부를 요청할 수 있다.

③ 수입업자는 요청된 BAF를 선사에게 납부하고 수출업자에게 청구하도록 한다.

④ 수출업자에게 BAF를 정산하도록 요청하거나 클레임을 제기하도록 한다.

56 수입 후 운송업체로부터 보기와 같은 물류요금청구서 내역을 받았다면 지불해야 할 금액을 고르시오.

> <보기> 화물톤수 : 10CBM, 5W/T
> - 해상운임 : 톤당 5,000원
> - 하역료 : 톤당 2,000원
> - 보세장치장보관료 : 톤당 1,000원
> - 트럭운송료 : 톤당 1,000원

① 45,000원 ② 65,000원 ③ 70,000원 ④ 90,000원

57 다음 보험서류 조건과 관련된 설명으로 적절한 것을 고르시오.

> FULL SET OF Insurance CERTIFICATE FOR 110% OF INVOICE VALUE with claims payable in the currency of draft covering INSTITUTE OF LONDON UNDERWRITERS CARGO CLAUSES (A) 1/1/82

① 보험서류의 발행일자는 운송서류의 선적일자 이후에 발행되어도 원칙적으로 상관없다.

② 부보금액은 송장금액의 110% 이상이라도 허용된다.

③ 보험서류를 반드시'수출상'이 배서하여야 한다.

④ '보험증명서'를 요구하고 있으므로 '보험증권'을 제시하면 안 된다.

58 ㈜상의통상은 수출채권을 보유하고 있는데 이중 일부 채권이 만기가 훨씬 경과하였으나 회수가 정상적으로 이루어지지 않고 있다. 외국환거래법 등에서는 거주자의 비거주자에 대한 채권중 일정 건에 대해 '회수대상 채권'으로 규정하고 있는데 이와 관련된 다음 설명 중 적절치 못한 것을고르시오.

① 건당 미회수 잔액이 미화 10만불을 초과하는 경우 동 채권은 반드시 국내로 회수되어야 한다.

② (주)상의통상이 회수대상 채권을 보유한 경우 채권의 만기일 또는 조건성취일로부터 1년 6개월 이내에 이를 국내로 회수하여야 한다.

③ (주)상의통상이 해외 수입상과 체결한 채권의 최초만기일로부터 1년째 되는 날로 기한연장을 하기로 합의하고, 외국환은행의 장이 '인정'하였다면 채권회수 기한의 연장이 가능하다.

④ 해외 수입상의 파산한 사실을 현지 거래은행으로부터 확인을 받은 외국환은행의 장이 '인정'하는 경우는 채권회수대상에서 제외된다.

59 담보되는 위험과 담보되지 않는 위험 등 2개 이상의 위험이 동시에 또는 순차적으로 상호 협력하여 손해가 발생한 경우 보험자의 보상책임 여부를 결정하기 위하여 담보위험이나 면책위험과 손해와의 인과관계를 결정하는 것이 매우중요한 문제가 된다. 복잡한 인과관계 속에서 진정한 손해의 원인을 가려내는 데 적용되는 원리를 무엇이라고 하는가?

① warranty ② utmost good faith

③ indemnity ④ proximate cause

60 신용장에서 선하증권을 요구한 경우 다음 중 수리되는 선하증권은?

① "freight payable as per charter party"란 표시가 있는 선하증권

② "to be used with charter parties"란 표시가 있는 선하증권

③ "goods shipped on deck"이라는 표시가 있는 선하증권

④ "shipper's load and count"란 표시가 있는 선하증권

61 다음은 신용장 거래와 관련된 배서에 대한 설명이다. 이 중 가장 적절치 못한 것을 고르시요.

① 선하증권 수하인(consignee)란에 "to order"라고 기재된 경우에는 송하인이 배서하여야 한다.

② 송하인 지시식 선하증권의 경우, 송하인이 배서 여야 한다.

③ 피보험자가 수출상으로 발행된 보험증권은 수출상이 배서하여야 한다.

④ 항공운송장이 지시식으로 발행되었다면, 신용장에 배서에 대한 특별한 언급이 없더라도 송하인이 배서 하여야한다.

62 (주)상의상사는 일본의 NARA Trading과 'CIF Incheon'으로 매매계약을 체결하였는데, 적하보험증권상에 "a franchise of 5 % being applicable on a loss of USD 10,000"이란 문구가 있었다. 이와 관련된 설명으로 가장 적절치 못한 것을 고르시오.

① 보험계약은 NARA Trading이 체결하는 것이 원칙이다.

② 해상 운송 중에USD 1,000의 손실이 발생하였다면 보험회사는 USD500에 대해서만 보상한다.

③ 해상 운송 중에 USD 300의 손실이 발생하였다면 이 손실에 대해 보험회사는 보상하지 않는다.

④ 선적항에서 물품이 선측 난간(ship's rail)을 통과한 이후는 남대문상사가 운송 중 위험에 대해 부담하게 된다.

63 다음은 신용장의 양도와 관련한 설명이다. 옳지 않은 것은?

① 양도허용 문구로 "assignable"이란 표현이 사용된 경우 양도가능신용장으로 사용할 수 없다.

② 신용장 양도시 신용장의 유효기일과 서류제시기간의 최종일은 원신용장에 명시된 기일과 일치해야 한다.

③ 신용장이 감액되어 양도되는 경우 부보비율은 원신용장에서의 부보비율보다 높아져야 한다.

④ 신용장이 양도될 때 제1수익자는 개설의뢰인의 이름을 자신의 것으로 대체할 수 있다.

64 일람지급(sight payment) 신용장, 연지급(deferred payment) 신용장, 인수(acceptance) 신용장, 매입(negotiation) 신용장에 관한 설명 중 옳지 않은 것은?

① 지급신용장은 일람출급 신용장으로 사용되며, 환어음의 발행이 요구될 수도 있고, 그렇지 않을 수도 있다.

② 인수신용장은 기한부 신용장으로만 사용되며, 서류제출시 기한부 환어음의 발행이 요구된다.

③ 매입신용장은 일람출급 또는 기한부 신용장으로 사용될 수 있으며, 환어음의 발행이 요구될 수도 있고, 그렇지않을 수도 있다.

④ 연지급 신용장은 기한부 신용장으로만 사용되며, 서류제출시 반드시 기한부 환어음의 발행이 요구된다.

65 수출자가 제시한 선적서류와 신용장상의 불일치(Discrepancy)가 생긴 경우 발생할 수 있는 다음의 상황 설명 중 적절하지 않는 것을 고르시오.

① 매입은행은 선적서류의 매입을 거절하고, 선적서류를 수출상에게 돌려줄 수 있다.

② 수출상은 신용장 조건과 불일치된 서류를 보완하여 대금을 회수할 수 있다.

③ 수출상은 수입상이 불일치를 주장할 권리를 포기한다고 해도 대금을 회수할 수 없다.

④ 매입은행은 개설은행에 불일치사항에 대하여 하자용인여부를 조회하여 하자용인을 받은 후 대금을 지급할 수 있다.

66 다음은 수입원료를 사용한 국내생산물품의 원산지 판정기준이다. 틀린 것을 고르시오.

① 제조가공과정을 통해 수입원료의 세번과 다른(HS 10단위 기준) 물품이 생산되어야 한다.

② (1)의 경우, 해당 물품의 총 제조원가 중 수입원료의 수입가격(CIF가격 기준)을 공제한 금액이 총 제조원가의 51% 이상이어야 한다.

③ 제조가공과정을 통해 최종적으로 생산하고, 생산물품의 총 제조원가 중 수입원료의 수입가격(CIF가격 기준)을 공제한 금액이 총 제조원가의 85% 이상이어야 한다.

④ 천일염만은 외국산 원재료가 사용되지 않고 제조되어야 우리나라를 원산지로 본다.

67 다음은 국제매매계약에서 사정변경(이행가혹)조항에 대한 설명이다. 옳은 것을 고르시오.

① 장기계약에서 고려되는 조항으로 계약체결시 고려될 수 있는 사유이어야 한다.

② 계약체결시 예상할 수 없었던 정치적 사태에 따른 이행불능이 사유이다.

③ 계약의 근본적 변경이 불가피한 경우 당사자는 계약을 종료할 수 있다.

④ 국제물품매매계약에 관한 UN협약(CISG)에서는 사정변경의 경우 계약을 종료시킬 수 있다고 규정하고 있다.

68 다음은 권리포기선하증권에 대한 설명이다. 옳지 않은 것을 고르시오.

① 원칙적으로 신용장방식에서는 사용되지 않고 사전송금방식에서 사용된다.

② 선하증권의 원본은 화주에게 교부되지 않고 은행에게 직접 교부한다.

③ 포워더가 해외 파트너 포워더에게 화물인출의 편의를 주기 위하여 사용된다.

④ 수입자가 수출자의 현지공장이나 지사일 경우에 사용된다.

69 추심통일규칙(URC)가 적용되는 추심거래에서 추심지시서에 기재된 이자(interest)에 관한 설명으로 타당하지 못한 것은?

① 추심지시서에 이자가 추심되어야 함을 명시하였으나 포기될 수 없음을 명확하게 기재하지 않은 경우 제시은행은 이자를 추심하지 않고 서류를 인도할 수 있다.

② 추심지시서에 추심되어야 할 이자율을 명시할 필요는 없다.

③ 추심지시서에 이자가 추심되어야 함을 명시하면서 포기될 수 없음을 명확하게 기재한 경우 지급인이 이자 지급을 거절하면 제시은행은 서류를 인도할 수 없다.

④ 금융서류에 이자 조항이 표시되었느냐 보다는 추심지시서를 기준으로 하여 제시은행은 이자의 추심여부를 결정한다.

70 다음은 (주)상의무역이 통지 받은 수출신용장중 일부 내용이다. 이 신용장조건과 가장 잘 어울리는 Incoterms 조건을 고르시오.

> 44E : Port of Loading/Airport of Departure : Pusan Port
> 44F : Port of Discharge/Airport of Destination : Tianjin Port
> 46A : Documents Required : + Commercial Invoice in duplicate
> + Packing list in triplicate
> + Insurance Policy endorsed in blank for 110% of invoice value
> + Certificate of Origin

① CIF Tianjin
② DEQ Tianjin
③ CIP Tianjin
④ CFR Pusan

71 무역분쟁 해결방법으로서 중재에 관한 설명 중 옳은 것을 고르시오.

① 중재판정은 사안에 따라 분쟁당사자의 법원에 항소나 상고할 수 있다.
② 중재합의가 없이 일방 당사자의 중재신청에 의하여 중재절차가 진행될 수 있다.
③ 중재판정은 그 자체로서 집행력이 없으므로 법원의 집행판결을 선고받아야 한다.
④ 중재합의의 형식은 반드시 서면합의를 전제로 하지 않는다.

72 지식재산권침해물품의 통관제한에 관한 설명 중 옳지 않은 것을 고르시오.

① 상표법과 저작권법, 컴퓨터프로그램 보호법에 의하여 보호되는 권리를 대상으로 한다.
② 여행자휴대품, 우편물을 통하여 수입되는 비상업적인 개인물품 1개는 제한하지 않는다.
③ 지식재산권을 관세청에 신고하면 침해당한 수출입신고사실을 통보받을 수 있다.
④ 관세청에 상표권을 신고하면 처리일로부터 상표권의 보유기간까지 유효하다.

73 바이어가 제안한 대금결제조건이 다음과 같다. 실무적으로 유의해야 할 사항으로 옳지 않은 것을 고르시오.

> 30% - 바이어 측 대리인의 선적 전 검사 후 T/T로 송금
> 50% - 선적 후 팩스로 B/L 확인 후 신용있는 국제은행이 발행한 수표송부
> 20% - 시운전 후 현지에서 현금지급

① 사전송금방식의 결제조건이므로 신용장 조건보다 매우 유리하다.
② 송금영수증의 사본을 요청하여 송금여부의 진위를 확인한 후 선적한다.
③ 수표를 교부받더라도 발행은행에 추심 후 입금될 때까지 선적서류를 인도하지 않는다.
④ 반드시 바이어의 신용조회를 하고, 수출보험에 부보하여 대금미지급에 대처한다.

74 다음은 과세가격의 결정 시에 고려되는 실제로 지급되는 가격 중 가산금액에 대한 설명이다. 옳은 것을 고르시오.

① 수입물품의 우리나라 내륙운송에 필요한 운임 · 보험료 등 운송에 관련되는 비용

② 수입물품에 부과된 우리나라의 관세 등 세금 기타 공과금

③ 무료 또는 인하된 가격으로 수입한 물품의 인하가격 또는 차액

④ 연불조건수입의 경우에는 당해 수입물품에 대한 연불이자

75 수입화물의 보증도(保證渡)에 관한 설명 중 옳지 않은 것은?

① 보증도는 이른바 선하증권의 위기(B/L crisis), 즉 화물이 선하증권보다 먼저 도착하기 때문에 비롯된 문제이다.

② 보증도의 경우 선하증권 없이도 운송인은 물품을 인도한다.

③ 보증도에서는 운송인은 은행이 발행한 수입화물선취보증장을 담보로 제공받는다.

④ ②의 경우 선하증권의 정당한 소지인에 대한 운송인의 책임은 면제된다는 것이 대법원의 판례이다.

■ **제85회 무역영어 검정시험 기출문제 1급**

문항	정답	문항	정답	문항	정답	문항	정답	문항	정답	문항	정답
1	④	14	④	27	④	40	③	53	④	66	①
2	④	15	①	28	②	41	④	54	①	67	②
3	②	16	③	29	④	42	①	55	①	68	②
4	①	17	①	30	④	43	④	56	④	69	②
5	①	18	③	31	②	44	④	57	②	70	①
6	②	19	②	32	②	45	모두 정답	58	①	71	③
7	③	20	④	33	③	46	모두 정답	59	④	72	④
8	④	21	④	34	②	47	③	60	④	73	①
9	③	22	②	35	④	48	①	61	④	74	③
10	②	23	④	36	①	49	②	62	②, ④	75	④
11	④	24	모두 정답	37	①	50	①	63	②		
12	④	25	②	38	①	51	①	64	④		
13	③	26	①	39	②, ③	52	②	65	③		

2009년 제85회 무역영어 검정시험 기출문제 2급

✽ 다음 문제를 읽고 알맞은 것을 하나 골라 답안카드의 답란(①, ②, ③, ④)에 표기하시오.

〈제1과목〉 영문해석

[문제 1~3] Read the following letter and answer the questions.

> In reply to your letter of January 20, we are pleased
> to recommend you the (1)following firm.
> Name : Smith& Co., Inc.
> Address : 50 Liberty St., New York, N.Y.10005
> As far as we know, the firm (2)are of good reputation here. But we (3)are unable to make ourselves responsible for them. As to their credit standing, we advise you to write directly to them, who will give you their references.
> We hope our reply will be helpful to you, and if there is anything more we can do for you, please let us know.
>
> Very truly yours,

01 What is the intent of this letter?

① 대금결제 요청 서한
② 거래조건 제의 서한
③ 거래처 추천 의뢰 서한
④ 거래처 추천 서한

02 밑줄 친 부분 (2, 3)과 의미가 같은 것을 고르시오.

① are of good repute -do not assume any responsibility on our part
② are of good opinion-assume any possibility on our part
③ are good position -do not open an account
④ are of good service -do our best to fill your order

03 밑줄 친 부분(1)과 뜻이 전혀 다른 것을 고르시오.

① the company as below
② the house as under
③ the following organization
④ the concerning as usual

04 신용장 당사자중 Beneficiary (수익자)와 의미가 다른 것은?

① Exporter
② Seller
③ Shipper
④ Opener

05 다음은 봉투에 기재하는 사항들이다. 그 의미가 잘못된 것을 고르시오.

① Private -친전
② Free Sample -무상 견품
③ Registered - 등기
④ Urgent - 인비

[문제 6~9] 다음 서한을 읽고 물음에 알맞은 답을 고르시오.

(1)We have received with thanks your inquiry of June 1, against which we offer you firm (2)subject to your (3)reply reaching here (4)by June 10 (5)set forth below
:
(가) : Color TV Sets, Model DCT-1526
Quantity : 1,000 sets
(나) : One set packed separately in a hardboard box
Price : US$ 530 per set (6)CFR Kelang
Shipment : Within 6 weeks from receipt of L/C
Yours very truly,

06 밑줄 친 (1)과 뜻이 전혀 다른 것을 고르시오.

① We should be obliged for
② Thank you for
③ We have to thank you for
④ We were pleased to receive

07 밑줄 친 (2), (3), (4)와 의미가 모두 같은 것을 고르시오.

① subject on - response -until
② conditional on -answer -on or before
③ condition -reply -on or after
④ for -receiving -before

08 밑줄 친 (5)와 의미가 다른 것을 고르시오

① as follows ② as stated below
③ as under ④ above-mentioned

09 밑줄 친 부분 (6) 올바르게 해석한 것을 고르시오.

① Kelang 도착 운임 보험료 포함 조건
② Kelang 도착 운임 포함 조건
③ Kelang 출발 보험료 포함 조건
④ Kelang 출발 수송비 및 보험료 포함 조건

[문제 10~11] 다음 대화를 읽고 물음에 알맞은 답을 고르시오.

Y : May I remind you that your account stands unsettled?
R : How Much does it (A) to?
Y : Your current balance amounts to US $15,000.00.
R : I will (B) my bank to transfer this amount.

10 위 대화의 내용은 무엇인가?

① 대금결제 요청 ② 상품전달 요청
③ 은행예금 요청 ④ 비용청구 요청

11 위 대화의 (A)와 (B)에 적합한 단어를 고르시오.

① amount - instruct ② account -order
③ amount - settle ④ cost - pay

[문제 12~13] 다음 서한을 읽고 물음에 답하시오.

Through the Chamber of Commerce of your city, we have learned you are one of the leading importers of cellular phone in your country.
We are large manufacturers and exporters in Korea producing various kinds of cellular phone.
We have been exporting our products to China and India, etc. <u>(1)In order to diversify our existing market</u>, we are interested in supplying our products to you <u>(2)on favorable terms</u>.
Upon receipt of your request for <u>(3)our samples, catalogue and price list</u>, we could submit our samples with <u>(4)competitive prices</u> to you.
<u>(5)Regarding our credit standing</u>, we wish to refer you to the Korea Exchange Bank

* cellular phone : 휴대폰

12 위서한의 (1)~(4)의해석이 바르지 않은 것은?

① (1) : 당사의 현재 시장의 다양화를 위하여

② (2): 유리한 기간 안에

③ (3) : 당사의 견품, 상품목록, 가격표

④ (4): 경쟁력 있는 가격

13 위 서한의 (5)와 의미가 같은 것은?

① About our financial position

② Dealing our credit situation

③ As to our credit status

④ Concerning our reliable condition

[문제 14~18] 다음 밑줄 친 부분을 우리말로 옮긴 것 중 가장 적절한 것을 고르시오.

14 Our latest samples and patterns which are being sent by separate post shall reach you within 5 days.

① 견품과 명세서-등기 우편으로 ② 견품-별도로

③ 견품과 견적서 -빠른우편으로 ④ 견품과 상품목록 -소포로

15 A special discount of 3% is to be given on a large order.

① 3%의 특별 판매 ② 3%의 특별 할인

③ 3%의 특별 매입 ④ 3%의 수량 할인

16 We have enclosed our Invoice and B/L copies for this shipment.

① 귀사의 송장과 신용장 사본을 발송합니다.

② 당사의 포장 명세서와 신용장 원본을 동봉합니다.

③ 당사의 송장과 선화 증권 사본을 발송합니다.

④ 당사의 송장과 선화 증권 사본을 동봉합니다.

17 We will <u>draw a draft on you at 30 d/s</u> under your L/C.

① 귀사를 지급인으로 하여 일람 후 30일 조건의 신용장을 발행하다.

② 귀사를 지급인으로 하여 일람 후 30일 결제 조건의 환어음을 발행하다.

③ 귀사를 수취인으로 하여 일람 후 30일 결제 조건의 환어음을 발행하다.

④ 귀사를 수취인으로 하여 일자 후 30일 결제 조건의 환어음을 발행하다.

18 We have wide and close connections with <u>the leading manufacturers</u> in Korea.

① 굴지의 수입업자

② 일류의 어음 발행인

③ 유익한 운송인

④ 일류의 제조업자

[문제 19~22] 다음 밑줄 친 부분과 뜻이 가장 다른 것을 고르시오.

19 <u>We are compelled to</u> claim on you for the loss.

① We have to

② We are obliged to

③ We have choice but to

④ There is no other way than to

20 It is regretful that there is no vessel <u>sailing from</u> Incheon on or about May 15.

① leaving

② scheduled to sail from

③ due to leave

④ E.T.A.

21 Please <u>inform</u> us of your opinion <u>about</u> their financial standing.

① notify - as to

② supply - as of

③ notify - concerning

④ advise -regarding

22 We advise you to accept this offer <u>without loss of time</u>.

① steady

② at once

③ immediately

④ without delay

[문제 23~25] 밑줄 친 부분과 뜻이 같은 것을 고르시오.

23 We are sure that our shipments will <u>reach</u> you <u>safely</u>.

① arrive - in perfect order
② arrive at - in good order
③ arrive for - in due course
④ be arrived -in perfect condition

24 We can only conclude that our shipments were handled carelessly <u>in transit</u>.

① during the voyage
② in the warehouse
③ at the docks
④ in due course of time

25 We are sure that our order is correct <u>in all details</u>.

① points
② descriptions
③ in every respect
④ particulars

〈제2과목〉 영작문

[문제 26~27] 다음 대화를 읽고 물음에 답하시오.

A: We found a discrepancy in the L/C you had (가).
B: Really?, there shouldn't be any discrepancy in the L/C.
A: Well, the dispatching port is different from the contract. Seoul is stipulated in the L/C (나) Busan, Korea.
B: Is that so?
A: Please (다) the L/C as soon as possible so that we can receive it by the end of this month.
B: We (라) you that we'll take every precaution not to arise such an incident in the future.

26 내용상 (가)와 (나)에 적합한 단어를 고르시오.

① opened -instead of
② issued -in response to
③ effected - instead
④ established -as regards

27 내용상 (다)와 (라)에 적합한 것을 고르시오.

① settle -sure
② correct -trust
③ amend -assure
④ provide -introduce

28 다음 문장의 밑줄 친 부분과 바꾸어 쓸 수 없는 것은?

> we are <u>willing</u> to grant you 3% discount off the invoice amount.

① happy to
② introduced to
③ pleased to
④ glad to

29 다음 두 문장이 같은 뜻이 되도록 ( )안에 가장 알맞은 말을 고르시오.

> * We will treat your information in strict confidence.
> * All information will be ( ) solely for our ( ).

① kept -reference
② altered -response
③ drawn -information
④ specified -data

30 E-mail을 작성하는데 지켜야 할 기본 원칙과 거리가 먼 것을 고르시오.

① Courteous
② Complete
③ Correct
④ Concise

31 다음을 영작할 때 (   ) 안에 들어갈 단어가 가장 올바르게 연결된 것을 고르시오.

> 당사 주문서의 명세가 모든 면에서 정확함을 귀사께서 아시게 되리라고 믿습니다.
> → We trust that ( ).
> (A) you will find (B) the particulars of our order
> (C) correct (D) in all respects

① (B)-(A)-(C)-(D)
② (C)-(D)-(B)-(A)
③ (C)-(D)-(A)-(B)
④ (A)-(B)-(C)-(D)

[문제 32~34] 다음 서한을 잘 읽고 물음에 답하시오.

The goods you shipped by M/S "Arirang" have reached us, but we (가) to inform you that their quality is inferior to the samples for which we placed the order.
(나)견본을 동봉합니다 from the goods we received.
You will admit that (다)귀사의 선적품이 견본의 품질과 일치하지 않다. We hope that you will adjust the matters at once and let us know by return mail.

32 (가)에 가장 적합한 단어를 고르시오.

① sorry ② regret
③ pleased ④ examine

33 밑줄 친 (나)를 영어로 바꿀 때 적합하지 않은 표현을 고르시오.

① Please enclose sample ② You will find enclosed sample
③ We have enclosed sample ④ Enclosed you will find sample

34 밑줄 친 (다)를 영어로 바꿀 때 적합하지 않은 표현을 고르시오.

① your shipments do not come up to the quality of the sample
② your shipments are not in accordance with the quality of the sample
③ your shipments do not match the quality of the sample
④ your shipments do not look into the quality of the sample

[문제 35~38] 다음 우리말을 영어로 옮길 때 괄호 안에 가장 적합한 것을 고르시오.

35 당사는 연간 10%의 이자를 귀사에게 부과하지 않을 수 없습니다.-〉 We have to ( ) you an ( ) attach rate of 10% per annum.

① acknowledge -interest ② confirm -application
③ charge - interest ④ charge - receipt

36 동 상사의 재정 상태에 관해서는 파란은행에 문의해보시기 바랍니다.→ ( ) their financial status, we want you to ( ) Paran Bank.

① Considering -be referred ② As for - refer
③ Concerning -refer to ④ As regard -refer you to

37 재정상태에 관하여는 당사의 거래은행이 정보를 제공할 것입니다.→ As to (   ), our bank will supply you (   ) information.

① financial information -with ② financial standing -with

③ credit standing -to ④ credit standing -with

38 만일 이번 첫 주문의 결과가 만족스러우면, 당사는 곧 귀사에 대량 주문을 할 것입니다.→ If this ( ) turns out satisfactory, we will ( ) in the near future.

① trial order - give you a large order ② trial offer -give you an order

③ initial offer -give you a large order ④ initial order -give you a large order

[문제 39~40] 다음 우리말을 영어로 옮길 때 괄호 안에 적합하지 않은 것을 고르시오.

39 이 제품은 귀 시장에 적합한 것으로 입증될 것으로 확신합니다.-〉 (   ) that this product will ( ) suitable for your market.

① We believe that －prove

② We are sure that －prove to be

③ We are assured that －turn over

④ You may rest assured that －turn out

40 귀 회신이 6월 11일까지는 당사에 도착할 것을 조건으로 확정 청약합니다. → We offer you firm subject to ( ) ( ) by June 11.

① your answer -reaching here ② your response -received by us

③ your information -arrived us ④ your reply -being received here

[문제 41~43] 다음 우리말을 영어로 옮길 때 잘못된 것을 고르시오.

41 ① 당사는 귀사께서 위 신용장을 10일간 연장해 주시기를 바랍니다.
→ We want you to extend the above credit for 10 days.

② 이 계약서는 6월12일에 만기가 됩니다.
→ This credit shall be expiry date by June 12.

③ 이 가격은 이곳 시장에서는 그다지 싼 것은 아닙니다.
→ The prices do not seem to be too competitive for this market.

④ 당사는 오직 우수한 제품만을 취급하고 있습니다.
→ We deal in quality products alone.

42 ① 이메일 주소가 어떻게 되시죠?
→ How's your E-mail address?

② 저의 이름과 주소는 다음과 같습니다.
→ My name and address are as follows:

③ 빨리 연락주시기 바랍니다.
→ I'm looking forward to hearing from you soon.

④ 귀사의 제품에 관심을 갖게 되었습니다.
→ I am interested in your products.

43 ① 당사는 설립된 지 오래된 전자제품 제조업자입니다.
→ We are long-established manufacturers of electronic products.

② 당사의 재고품은 거의 바닥이 났습니다.
→ Our stocks are nearly exhausted.

③ 신용장을 받은 후 30일 이내
→ Within 30days after receipt of L/C

④ 환어음은 일람 후 60일 출급 조건으로 발행한다.
→ Draft is to be drawn at 60d/s under Irrevocable L/C.

[문제 44~45)] 다음 우리말을 가장 적절하게 영작한 것을 고르시오.

44 당사의 주문품을 조달할 수 있도록 최선을 다해 주십시오.

① We want you to try your best in order to carry out our order.

② We wish you to make every effort to execute our order.

③ We would like to do our best in order to fulfil our order.

④ Please try your utmost so as to fill our order.

45 당사는 귀사에게 상품의 20% 할인을 요청합니다.

① We ask you the damaged goods an addition of 20%.

② We ask you the goods at a reduction of 20%.

③ We request you the wrong goods reduction of 20%.

④ We request you settle at a reduction of 20%.

[문제 46~48] 다음 용어를 영어로 잘못 옮긴 것을 고르시오.

46 ① 보험자 : insurer ② 피보험이익 : insurable interest

③ 보험금액 : insurable value ④ 전손 : total loss

47 ① 선박의 출항예정일 : Estimated Time of Departure
② 손해배상청구 : Claim
③ 착화통지서 : Port of Discharge
④ 선적지시서 : Shipping Order

48 ① 인수인도조건 : Documents against acceptance
② 양도가능 신용장 : Revocable L/C
③ 본선수취증 : Mate's Receipt
④ 무고장 선적 해양 선화증권 : Clean on Board OceanB/L

[문제 49~50] 다음 우리말을 영작할 때 가장 올바른 순서로 연결된 것을 고르시오.

49 당사의 주문서가 모든 면에서 정확하다고 확신합니다.

(A) we are sure (B) is correct (C) that
(D) in all details (E) our order

① (E)-(B)-(D)-(A)-(C) ② (A)-(C)-(E)-(B)-(D)
③ (E)-(B)-(C)-(A)-(D) ④ (A)-(C)-(D)-(B)-(E)

50 FOB 가격 대신에 CIF부산 가격으로 해 주시기 바랍니다.

(A) we (B) the FOB price
(C) the CIF Busan Price (D) instead of (E) would like

① (A)-(E)-(D)-(B)-(C) ② (A)-(E)-(B)-(D)-(C)
③ (A)-(E)-(C)-(D)-(B) ④ (B)-(E)-(A)-(D)-(C)

〈제3과목〉 무역실무

51 다음 중 ICC에서 제정하여 적용하고 있는 무역 관련 국제 규칙이 아닌 것은?
① 헤이그-비스비규칙 ② 인코텀즈
③ 복합운송증권통일규칙 ④ 신용장통일규칙

52 Usance bill 이란?

① 일람출급어음 ② 기한부 어음
③ 무담보 어음 ④ 화물환어음

53 클레임의 발생을 예방하는 방법으로 적합하지 않은 것은?

① 계약 조건의 세밀한 검토
② 국제 상관습의 이해
③ 거래 금액의 축소
④ 거래 상대방에 대한 철저한 신용 조사

54 다음의 수출입 절차 중 반드시 수입업자가 이행해야 할 업무는?

① 신용장 개설 ② 운송계약 체결
③ 관세환급 ④ 해상 보험 부보

55 용어의 연결이 옳은 것은?

① Collection -송금환 ② Force Majeure -일반특혜관세
③ Net Weight - 총중량 ④ Loading Port - 선적항

56 신구 협회 약관의 연결이 바른 것은?

① ICC(A) --FPA ② ICC(A) --WA
③ ICC(B) --AR ④ ICC(C) --FPA

57 다음 중 대금결제 방법과 관련이 없는 것은?

① T/T ② ETA
③ Cash Basis ④ L/C Basis

58 다음 중 운송 서류가 아닌 것은?

① Insurance Policy ② Commercial Invoice
③ Certificate of Origin ④ Bill of Exchange

59 다음에서 설명하는 환어음의 당사자는 누구인가?

> 지급 위탁을 받은 채무자로서 신용장 결제 방식에서는 발행 은행이 되며 최종적인 지급인은 수입업자이다.

① 발행인(Drawer)
② 수취인(Payee)
③ 선의의 소지인(Bona fide holder)
④ 지급인(Drawee)

60 다음은 용선계약에 관한 설명이다. 옳지 않은 것은?

① 용선계약은 항해용선계약과 기간용선계약 그리고 나용선계약으로 구분된다.
② 용선계약은 일정한 구간을 정기적으로 운항하는 정기선(liner)을 통해 운송된다.
③ 용선계약은 다른 화물과 함께 싣기 불가능한 화물이나 화물의 양이 많을 때 효율적이다.
④ 용선계약을 체결할 때 선박의 전부 또는 일부를 빌릴수도 있다.

61 다음 중 사이버무역을 성공적으로 수행하기 위해 고려할 사항으로 옳지 않은 것은?

① 기본적인 무역업무를 처리할 실무능력을 익혀야 한다.
② 개인컴퓨터를 활용할 수 있는 능력을 보유해야 한다.
③ 웹사이트 구축 등 사이버무역의 초기비용을 고려해야한다.
④ 기존의 해외마케팅 기법을 활용해야 한다.

62 다음 중 수출이 국민경제에 가져다주는 기능으로 틀린 것은?

① 외화 획득을 가능하게 함으로써 국제수지 균형을 가져온다.
② 규모의 경제 달성으로 인한 산업구조 고도화를 달성한다.
③ 국내시장 보완과 실업 방지를 통한 경기조절의 기능을 가진다.
④ 한나라 경제발전을 위한 필요한 원자재의 공급원 역할을 한다.

63 2002년 4월 1일부터 적용되고 있는 e-UCP는?

① 신용장 통일 규칙
② 매매에 관련된 협약
③ 운송에 관한 규칙
④ 무역 거래 조건의 해석에 관한 국제 규칙

64 다음 중 설명이 잘못된 것은?

① Barter trade - 외환 거래가 발생하지 않고, 단순한 물물교환 방식의 무역거래

② 삼각무역 - 수출국과 수입국 사이에 수출 또는 수입에 불균형이 이루어 졌을 경우 상호 협정에 의하여 제3국을 개입시켜 국제 수지의 균형을 이루려는 무역

③ 구상무역 - 수출국과 수입국 사이의 수출입 균형을 유지하기 위하여 수출한 만큼 수입한다는 약정을 맺고 수출입 하는 것

④ 가공무역 - 상대국에 현지 공장을 건설하여 자국의 부품으로 외국 현지에서 직접 조립, 판매하는 것

65 취소 불능 신용장에 대한 설명으로 잘못된 것은?

① 신용장을 수익자에게 통지하면 일방적으로 신용장의 조건을 취소하거나 변경할 수 없다.

② 신용장 관계 당사자 전원의 동의가 있을 경우에 신용장의 조건을 변경하거나 취소할 수가 있다.

③ 신용장에 irrevocable이라는 표시가 있어야만 취소 불능신용장으로 간주한다.

④ 우리나라에서는 취소가능 신용장은 수출입 승인을 하지 않는다.

66 대금을 회수하는데 필요한 다음의 서류 중 부수적 선적서류는?

① 상업송장　　② 선화 증권

③ 보험증권　　④ 원산지 증명서

67 무역 계약이 성립된 다음 가격의 하락으로 손해가 발생할 우려가 있는 경우 사소한 트집을 잡아 가격 인하를 요구하거나 물품의 인수를 거부하는 것을 ( )(이)라 한다.

① Market Claim　　② Social Dumping

③ Credit Inquiry　　④ Non-delivery

68 다음 중 해상고유의 위험(peril of the sea)의 범주에 해당하지 않는 것은?

① 거친 풍파에 의한 선박의 파손

② 빙산과 충돌로 인한 선박의 침몰

③ 해수의 침입으로 인한 화물의 침수

④ 화물 고유의 성질 또는 하자로 인한 손해

69 신용장 당사자가 아닌 것은?

① Applicant ② Agent

③ Opening bank ④ Beneficiary

70 신용 조회처로 적합하지 않은 것은?

① 상업흥신소 ② 한국수출보험공사

③ 선박회사 ④ 은행조회처

71 송금 방식이 아닌 것은?

① D/D ② M/T

③ T/T ④ D/P

72 다음 중 무역거래의 보조적인 신용장이라 하여 Baby L/C라고 불리우는 신용장은?

① 내국신용장 ② 회전신용장

③ 취소불능신용장 ④ 선대신용장

73 일반적으로 보험자가 인수하지 않는 부담보 위험 중 추가보험료를 지급하면 인수가 가능한 위험은?

① 피보험자의 고의적인 화물 파손 ② 물품 고유의 하자

③ 포장의 불완전 ④ 전쟁에 의한 손상 위험

74 다음 중 수입 신고 시 구비해야할 서류가 아닌 것은?

① 수입 신고서 ② 상업 송장

③ 신용장 ④ 선화증권 부본

75 다음 서류 중 유통성이 있으며 유가 증권인 것은?

① 선화증권 ② 보험 증권

③ 항공 화물 운송장 ④ 철도 화물 운송장

■ 제85회 무역영어 검정시험 기출문제 2급

문항	정답	문항	정답	문항	정답	문항	정답	문항	정답	문항	정답
1	④	14	②	27	③	40	③	53	③	66	④
2	①	15	②	28	②	41	④	54	①	67	①
3	④	16	④	29	①	42	①	55	④	68	④
4	④	17	②	30	②	43	④	56	④	69	②
5	②	18	③	31	④	44	④	57	②	70	③
6	①	19	③	32	②	45	②	58	④	71	④
7	②	20	④	33	①	46	③	59	④	72	①
8	④	21	②	34	④	47	③	60	②	73	①②③④
9	②	22	①	35	③	48	②	61	④	74	③
10	①	23	②	36	③	49	②	62	④	75	①
11	①	24	①	37	②	50	③	63	없음		
12	②	25	③	38	④	51	①	64	④		
13	③	26	①	39	③	52	②	65	③		

부록 3 관세사 자격시험 기출문제

2010년도 제27회 관세사 제1차 시험문제 무역영어

01 다음 (　　)안에 들어갈 단어로 적합하지 않은 것은?

> The United States provides a wide range of protection for "intellectual property," i.e., patents, (　　). Many businesses, particularly "high tech" firms, the publishing industry, chemical and pharmaceutical firms, the recording industry, and computer software companies depend heavily on the protection afforded their creative products and processes.

① trademarks
② designs
③ copyrights
④ trade secrets
⑤ investment securities

02 Incoterms 2000의 CIF 조건에서 규정하고 있는 매도인의 의무가 아닌 것은?

① The seller must provide the goods and the commercial invoice, or its equivalent electronic message, in conformity with the contract of sale and any other evidence of conformity which may be required by the contract.

② The seller must contract on usual terms at his own expense for the carriage of the goods to the named port of destination by the usual route in a seagoing vessel(or inland waterway vessel as the case may be) of the type normally used for the transport of goods of the contract description.

③ The seller must obtain at his own expense cargo insurance as agreed in the contract, such that the buyer, or any other person having an insurable interest in the goods, shall be entitled to claim directly from the insurer and provide the buyer with the insurance policy or other evidence of insurance cover.

④ The seller must place the goods at the disposal of the buyer on board the vessel in the names port of destination on the date or within the agreed period.

⑤ The seller must, at his own expense, provide the buyer without delay with the usual transport document for the agreed port of destination.

03 다음 (　　)안에 들어갈 내용이 순서대로 옳게 나열된 것은?

> Messrs. G & B Company of Vietnam have recently (　　) to open an account with us and given us your name as a reference. We shall appreciate it if you could inform us of your own experiences with this firm by (　　) in the blanks below and (　　) his letter to us in the enclosed envelope. Any information you may give us will be (　　) strict confidence, and we will be happy to reciprocate.

① refused - filling - returning - treating

② offered - writing - sending - hold

③ decided - filling - return - take

④ proposed - filling - returning - held

⑤ helped - writing - keeping - treated

04 다음 무역용어와 그에 대한 설명이 옳지 않은 것은?

① Abandonment : Imports made by parties other than the factory-authorized importer.

② Bulk cargo : Cargo that is loaded and carried aboard ship in a loose form, without mark or count, and has homogeneous characteristics.

③ Consolidation : Combining cargo from more than one shipper and/or to more than one consignee for shipment together, usually in a single shipping container.

④ Bill of Lading : A document issued by a shipowner to a shipper of goods. It serves as a receipt for the goods, contract of carriage, and document of title.

⑤ Tramp : A vessel that does not operate under regular schedule, but calls on any port where cargo may be obtained.

05 다음 문장이 의미하는 용어는?

> Throwing cargo overboard to avert disaster by lightening a ship, as in a storm. The purpose of such an action is to save the ship, the remainder of the cargo and the crew.

① Barratry

② Jettison

③ Washing Overboard

④ Waiver

⑤ Overturning

06 다음에서 설명하는 용선계약 종류를 순서대로 옳게 나열한 것은?

> ㄱ. Under this charter, the vessel owner carries a charterer's complete cargo from one port to another, or makes a complete ship available to the charterer for the same purpose. This charter is for a single voyage between specified ports or specified ranges of ports, and can be written on either gross or net terms.
> ㄴ. This charter is usually for a specified length of time, such as a year, or for one voyage or several consecutive voyages among certain ports or ranges of ports. The shipowner supplies the crew and provisions.
> ㄷ. This charter provides that the charterer has use of the vessel for an agreed period of time, and appoints the master, hires the crew and provisions and controls the vessel as if it were his or her own. This is frequently used when a vessel operator requires more long- or short-term capacity but is unwilling to add a new vessel to its fleet.

① ㄱ : Voyage charter, ㄴ : Bareboat charter, ㄷ : Time charter

② ㄱ : Sub charter, ㄴ : Time charter, ㄷ : Bareboat charter

③ ㄱ : Space charter, ㄴ : Voyage charter, ㄷ : Bareboat charter

④ ㄱ : Voyage charter, ㄴ : Time charter, ㄷ : Sub charter

⑤ ㄱ : Voyage charter, ㄴ : Time charter, ㄷ : Bareboat charter

07 다음은 한국의 수출자가 미국의 수입자에게 보낸 청약서(Offer Sheet)의 내용 중 일부이다. 이 중 적절하지 않은 표현은?

① Payment : Draft at Sight under Irrevocable and Confirmed L/C in your favor.

② Packing : Export Standard Packing

③ Shipment : Until the end of April, 2010

④ Unit Price : US$8.30/piece CPT New York

⑤ Quality : As per Sample No. 948

08 신용장의 종류와 그에 대한 설명이 옳지 않은 것은?

① Revolving Credit : This amount of drawing made under this credit becomes automatically reinstated on payment by us. Drafts drawn under this credit must not exceed XXX(amount) in any calendar month.

② Negotiation Credit : We hereby engage with the drawers, endorsers and bona-fide holders of drafts drawn under and in compliance with the terms of this credit that such drafts will be duly honored upon presentation to the drawee bank.

③ Packing Credit : Bank of ABC, Seoul, Korea is hereby authorized to make advances to the beneficiary up to the aggregate amount of 100% of this letter of credit at the request of and against the beneficiary's receipt stating that the advances are to the used to pay for the purchase and shipment of the merchandise covered by this credit and beneficiary's undertaking to deliver to Bank of ABC, Seoul, Korea, the documents as outlined in this credit.

④ Red Clause Credit : This credit shall not be available unless and until standard prime banker's irrevocable letter of credit in favor of Green Co., Ltd., Seoul for account of XYZ Inc., Singapore for an aggregate amount of US $ 500,000 have been established pursuant to contracts for the export of color T.V. sets from Busan, Korea to Singapore.

⑤ Standby Credit : This credit is available against your sight draft drawn on us accompanied by your signed statement certifying that the borrower have defaulted in the repayment of your loan plus its interest and that in consequence the amount drawn hereunder represents their unpaid indebtedness due to you.

09 다음 (　　)안에 들어갈 적합한 내용을 순서대로 옳게 나열한 것은?

> As there was no time to check references, we drew a sight draft for the total amount of US $ 5,000. This was sent to Copenhagen Bank, Copenhagen, and will be presented to you with (　　). If you can supply two business references before your next order, we will put the transaction on (　　) basis at 50 days after sight.

① the documents for payment - documents against acceptance

② open account - documents against payment

③ cash against documents - cash on delivery

④ documents against acceptance - cash against documents

⑤ documents for acceptance - documents against payment

10 다음 신용조회 의뢰서신에 대한 회신 내용으로 적절하지 않은 것은?

> We would be obliged if you could give us any information on their finacial standing, business conduct and general reputation.

① The firm has maintained a current account with us for more than ten years always to our satisfaction and their latest financial statements are enclosed for your information.

② Their business policy has been very active, and they have many connections both at home and abroad.

③ Any expenses connected with this inquiry will be promptly paid by us on receipt of your bill.

④ We are of opinion that they may be rated as A1 and you would not run the least risk in opening connection with them.

⑤ We would advise you to proceed with caution in your dealings with the firm in question.

11 다음 Incoterms 2000에 관한 내용 중 (　　)안에 들어갈 적합한 조건은?

(　　) means that the seller delivers the goods to the carrier nominated by him but the seller must in addition pay the cost of carriage necessary to bring the goods to the named destination. This means that the buyer bears all risks and any other costs occurring after the goods have been so delivered. Contract of insurance is not the seller's obligation.

① FAS　② FOB　③ FCA　④ CPT

⑤ CIP

12 Incoterms 2000의 DDP 조건에서 매도인의 의무에 대한 설명으로 옳지 않은 것은?

① The seller must provide the goods and the commercial invoice, or its equivalent electronic message, in conformity with the contract of sale and any other evidence of conformity which may be required by the contract.

② The seller must obtain at his own risk and expense any export licence and import licence and other official authorization or other documents and carry out, where applicable, all customs formalities necessary for the export of the goods, for their transit through any country and for their import.

③ The seller must contract at his own expense for the carriage of the goods to the named place of destination. If a specific point is not agreed or is not determined by practice, the seller may select the point at the named place of destination which best suits his purpose.

④ The seller must obtain at his own expense cargo insurance as agreed in the contract, such that the buyer, or any other person having an insurable interest in the goods, shall be entitled to claim directly from the insurer and provide the buyer with the insurance policy or other evidence of insurance cover.

⑤ The seller must place the goods at the disposal of the buyer, or at that of another person named by the buyer, on any arriving means of transport not unloaded, at the named place of destination on the date or within the period agreed for delivery.

13 다음 (　　)안에 들어갈 용어를 순서대로 옳게 나열한 것은?

> In Incoterms 2000 (　　) and (　　) place the duty of clearing the goods for export on the seller and to clear them for import on the buyer respectively, while (　　)-representing the seller's minimum obligation-han been left unamended (export clearance duty on the buyer).

① EXW - DEQ - FAS
② FAS - DEQ - EXW
③ FOB - FCA - DDP
④ FOB - CIF - DDP
⑤ EXW - FOB - DDP

14 국제물품매매계약에 관한 유엔협약(비엔나협약, 1980)에서 대금지급과 관련된 매수인의 의무에 관한 설명으로 옳지 않은 것은?

① The buyer's obligation to pay the price includes taking such steps and complying with such formalities as may be required under the contract or any laws and regulations to enable payment to be made.

② If the price is fixed according to the weight of the goods, in case of doubt it is to be determined by the net weight.

③ If the contract involves carriage of the goods, the seller may dispatch the goods on terms whereby the goods, or documents controlling their disposition will be be handed over to the buyer except against payment of the price.

④ If the buyer is not bound to pay the price at any other particular place, he must pay it to the seller: at the seller's place of business; or if the payment is to be made against the handing over of the goods or of documents, at the place where the handing over takes place.

⑤ The buyer is not bound to pay the price until he has had an opportunity to examine the goods, unless the procedures for delivery or payment agreed upon by the parties are inconsistent with his having such an opportunity.

15 다음 국제물품매매계약에 관한 유엔협약(비엔나협약, 1980) 제34조의 내용이 잘못 표현된 부분은?

> If the seller is bound to hand over documents relating to the goods, he must hand them over at the time and place and in the form required by the contract. If the seller has handed over documents ① before that time, he may, ② up to that time, cure ③ any lack of conformity in the document, if the exercise of this right does not cause ④ the seller unreasonable inconvenience or unreasonable expense. However, ⑤ the buyer retains any right to claim damages as provided for in this convention.

① before that time ② up to that time
③ any lack of conformity ④ the seller
⑤ the buyer

16 화환신용장통일규칙(UCP 600) 제38조(양도가능신용장)에 관한 설명으로 옳지 않은 것은?

① A bank is under no obligation to transfer a credit except to the extent and in the manner expressly consented to by that bank.

② A credit may be transferred in part to more than one second beneficiary provided partial drawings or shipments are allowed.

③ A transferred credit can be transferred at the request of a second beneficiary to any subsequent beneficiary. The first beneficiary is not considered to be a subsequent beneficiary.

④ Any request for transfer must indicate if and under what conditions amendments may be advised to the second beneficiary. The transferred credit must clearly indicate those conditions.

⑤ The name of the first beneficiary may be substituted for that of the applicant in the credit.

17 다음 예문을 영문으로 적절하게 표현한 것은?

> 귀사가 다른 회사들처럼 가격을 10%정도 할인해 주시든지 같은 가격에 60일의 인수인도조건으로 해주시면 귀사의 오퍼를 수락하겠습니다.

① If you would either discount the price by 10% like other companies or allow D/P 60 days, we would accept your offer.

② If you would either discount the price by about 10% like other companies or allow D/A 60 days, we would accept your offer.

③ If you hope either remit the price by 10% for other companies or allow 60 days COD, we would accept your offer.

④ If you should either discount the price by 10% like other companies or allow 60 days in advance, we would accept your offer.

⑤ If you hope either discount the price by 10% for dther companies or allow draft 60 days after sight, we would accept your offer.

18 다음 Incoterms 2000의 서문 내용 중 (　　) 안에 들어갈 단어로 옳은 것은?

> In some cases it has been necessary to use the same term to express two different meanings simply because there has been no suitable alternative. Traders will be familiar with this difficulty both in the context of contracts of sale and also of contracts of carriage, Thus, for example, the term "(　　)" signifies both the person handing over the goods for carriage and the person who makes the contract with the carrier.

① deliverer　② exporter　③ shipper　④ porter
⑤ forwarder

19 UN해상물품운송조약(Hamburg Rules, 1978) 제2조(적용범위)에서 규정하고 있는 '상이한 두 국가 간의 모든 해상운송계약에 적용되는 범위' 와 관련이 없는 것은?

① The port of loading as provided for in the contract of carriage by sea is located in a Contracting State, or
② The port of discharge as provided for in the contract of carriage by sea is located in a Contracting State, or
③ One of the optional ports of discharge provided for in the contract of carriage by sea is the actual port of discharge and such port is located in a Contracting State, or
④ The bill of lading or other document evidencing the contract of carriage by sea provides that the provisons of this Convention or the legislation of any State giving effect to them are to govern the contract.
⑤ The place for delivery of the goods by the multimodal transport operator as provided for in the multimodal transport contract is located in an Contracting State.

20 협회적하약관[ICC(A), 1982]의 일반면책조항(General Exclusions Clause)의 내용이 아닌 것은?

① Loss damage or expense attributable to wilful misconduct of the Assured.
② Ordinary leakage, ordinary loss in weight or volume, or ordinary wear and tear of the subject-matter insured.
③ Derelict mines torpedoes bombs or other derelict weapons of war.
④ Loss damage or expense arising from insolvency or financial default of the owners managers charterers or operators of the vessel.
⑤ Loss damage or expense arising from the use of any weapon of war employing atomic or nuclear fission and/or fusion or other like reaction or radioactive force or matter.

21 화환신용장통일규칙(UCP 600)의 '비유통해상화물운송장(Non-negotiable Sea Waybill)'에 관한 설명으로 옳지 않은 것은?

① A non-negotiable sea waybill, however named, must appear to indicate that the goods have been shipped on board a named vessel at the port of loading stated in the credit by pre-printed wording.

② A non-negotiable sea waybill, however named, must appear to indicate shipment from the port of loading to the port of discharge stated in the credit.

③ A non-negotiable sea waybill, however named, must appear to bo the sole original non-negotiable sea waybill or, if issued in more than one original, be the full set as indicated on the non-negotiable sea waybill.

④ A non-negotiable sea waybill, however named, must appear to contain terms and conditions of carriage or make reference to another source containing the terms and conditions of carriage (short form or blank back non-negotiable sea waybill). Contents of terms and conditions of carriage will not be examined.

⑤ A non-negotiable sea waybill, however named, must appear to indicate that it is subject to a charter party.

22 영국해상보험법(MIA, 1906)의 '보험증권의 해석규칙(Rules for Construction of Policy)'에 관한 내용으로 옳지 않은 것은?

① The terms 'perils of the seas' refers only to fortuitous accidents or casualties of the seas. It includes the ordinary action of the winds and waves.

② The term 'pirates' includes passengers who mutiny and rioters who attack the ship from the shore.

③ The term 'thives' does not cover clandestine theft or a theft committed by any one of the ship's company, whether crew or passengers.

④ The term 'arrests, etc., of kings, princes, and people' refers to political or executive acts, and does not include a loss caused by riot or by ordinary judicial process.

⑤ The term 'barratry' includes every wrongful act willfully committed by the master or crew to the prejudice of the owner, or, as the case may be, the character.

23 다음은 국제물품매매계약에 관한 유엔협약(비엔나협약, 1980) 제81조의 내용이다. ( )안에 들어갈 단어를 순서대로 옳게 나열한 것은?

> Avoidance of the contract releases both parties from their obligations under it, subject to any damages which may be due. Avoidance does not affect any provision of the contract ( ) the settlement of disputes or any other provision of the contract governing the rights and obligations of the parties consequent ( ) the avoidance of the contract.
> A party who has performed the contract either wholly or in part may claim restitution ( ) the other party of whatever the first party has supplied or paid ( ) the contract. If both parties are bound to make restitution, they must do so concurrently.

① on - from - from under
② on - with - in - with
③ for - upon - from - under
④ for - upon - on - on
⑤ on - on - from - from

24 다음 내용이 설명하고 있는 협회적하약관(ICC, 1982)의 조항은?

> Where, as a result of the operation of a risk covered by this insurance, the insured transit is terminated at a port or palce other than that to which the subject-matter is covered under this insurance, the Underwriters will reimburse the Assured for any extra charges properly and reasonably incurred in unloading storing and forwarding the subject-matter to the destination to which it is insured hereunder.

① Increased value clause
② Not to insure clause
③ Duty of assured clause
④ Reasonable despatch clause
⑤ Forwarding charges clause

25 영국해상보험법(MIA, 1906) 제39조(선박의 감항성담보)의 내용에 관한 설명으로 옳지 않은 것은?

① In a time policy there also an implied warranty that the ship shall be seaworthy at any stage of the adventure, but where, with the privity of the assured, the ship is sent to sea in an unseaworthy state, the insurer is not liable for any loss attributable to un sea worthiness.

② In a voyage policy there is an implied warranty that at the commencement of the voyage the ship shall be seaworthy for the purpose of the particular adventure insured.

③ Where the policy attaches while the ship is in port, there is also an implied warranty that she shall, at the commencement of the risk, be reasonably fit to encounter the ordinary perils of the port.

④ Where the policy relates to a voyage which is performed in different stages, during which the ship requires different kinds of or further preparation or equipments, there is an implied warranty that at the commencement of each stage the ship is seaworthy in respect of such preparation or equipment for the purposes of that stage.

⑤ A ship is deemed to be seaworthy when she is reasonably fit in all respects to encounter the ordinary perils of the seas of the adventure insured.

26 다음 무역 서한문을 순서대로 옳게 나열한 것은?

ㄱ. We trust, therefore, you will make every effort to revise your prices. Thank you very much for your effort.
ㄴ. Your present prices actually are not competitive in this market. Therefore, we are unable to place an order with you at this time, even though we are favorably impressed with your samples.
ㄷ. We have received your fax of March 31, 2010. Thank you for the supply of samples No. 45614/5 which are according to our expectation.
ㄹ. Under such circumstances, we have to ask for your most competitive prices on the particular items, your samples No. 56214/5 which are in high demand.

① ㄴ - ㄱ - ㄷ - ㄹ
② ㄴ - ㄹ - ㄷ - ㄱ
③ ㄷ - ㄹ - ㄱ - ㄴ
④ ㄷ - ㄴ - ㄹ - ㄱ
⑤ ㄱ - ㄴ - ㄹ - ㄷ

27 일반거래조건협정서(Agreement on General Terms and Conditions of Business) 상의 해당항목과 그 내용이 서로 부합되지 않는 것은?

① Marine Insurance - All shipments shall covered by ICC(B) including War & SRCC Risks for an amount 10% in excess of invoice value, if no other conditions are particularly agreed upon. All payment shall be made out in Dollar and claims payable in London.

② Inspection - Sellers shall not be responsible for any delay in shipment due directly or indirectly to force majeure, such as fires, floods, earthquakes, tempests, strikes, lockouts, mobilization, war, prohibition of export, and any other contingencies which may prevent shipment within the period stipulated.

③ Payment - Drafts shall be drawn under Irrevocable Letters of Credit at ninety(90) days after sight, documents attached, for the full invoice value.

④ Trade Terms - The trade terms used herein such as CIF, CIP and FOB shall be in accordance with Incoterms 2000

⑤ Damage in Transit - The sellers shall ship all goods in good condition, and the buyers shall assume all risks of damage, deterioration, or breakage during transportation.

28 다음 협회적하약관(ICC, 1982)의 내용 중 (　　)안에 들어갈 용어는?

> This insurance is extended to indemnify the Assured against such proportion of liability under the contract of affreightment "(　　)" Clause as is in respect of a loss recoverable hereunder. In the event of any claim by shipowners under the said Clause the Assured agree to notify the Underwriters who shall have the right, at their own cost and expense, to defend the Assured against such claim.

① General Average

② General Exclusion

③ Unseaworthiness and Unfitness Exclusion

④ Constructive Total Loss

⑤ Both to Blame Collision

29 추심에 관한 통일규칙(URC 522)의 '제시의 형식(Form of Presentation)'에 관한 설명으로 옳지 않은 것은?

① In the case of documents payable at sight other than at a tenor, the presenting bank must make presentation for acceptance without delay.

② Collections should not contain bills of exchange payable at a future date with instructions that commercial documents are to be delivered against payment.

③ If a collection contains a bill of exchange payable at a future date, the collection instruction should state whether the commercial documents are to be released to the drawee against acceptance(D/A) or against payment(D/P).

④ In the absence of such statement commercial documents will be released only against payment.

⑤ If a collection contains a bill of exchange payable at a future date and the collection instruction indicates that the commercial documents are to be released against payment, documents will be released only against such payment.

30 다음 무역 서한문의 순서를 옳게 나열한 것은?

ㄱ. We are pleased to inform you that we have instructed our banker, Korea Exchange Bank, Myung-dong Branch, Seoul to open an Irrevocable Letter of Credit for US$155,000 valid until August 22, in your favor.
ㄴ. This credit will be confirmed by our banker's correspondents, The Citi Corp, which will let you have it within several days by registered mail.
ㄷ. Full set of Bills of Lading
Three Commercial Invoices
Two Insuance Policies
Three Packing Lists
One Cerfificate of Weight and/or Measurement
ㄹ. We would request you to attach the following documents to your sight draft when negotiating it through your bankers.

① ㄱ - ㄴ - ㄷ - ㄹ

② ㄱ - ㄷ - ㄴ - ㄹ

③ ㄱ- ㄹ - ㄷ - ㄴ

④ ㄴ- ㄱ - ㄷ - ㄹ

⑤ ㄱ - ㄴ - ㄹ - ㄷ

31 다음 (　　)안에 공통으로 들어갈 단어는?

(　　) provides exporters with a source of trade finance. It allows exporters to provide short-to medium-term credit to importers, and then to obtain immediate payment from a bank to which the exporter transfers the debt asset on a discounted non-recourse basis. According to the International (　　) Association, (　　) is defined as follows: "(　　) is a form of export trade finance involving the discount of trade-related debt obligations due to mature at a future date without recourse to the exporter/endorser. (　　) is typically medium-term finance(three to five years) concluded at a fixed interest-bearing basis for periods from six months to ten years or more." Traditionally, the technique has been most used in cases where officially backed export credits are not available, and for medium-term exports such as capital goods. More recently, there has been some diversification into other uses, such as providing working capital for business.

① Forfaiting

② Open Account

③ Advance Payment Bond

④ TradeCard

⑤ Bolero

32 다음은 국제물품매매계약에 관한 유엔협약(비엔나협약, 1980) 제16조의 내용이다. (　　)에 들어갈 단어를 순서대로 옳게 나열한 것은?

> Until a contract is concluded an offer may be (　　) if the revocation reaches the offeree before he has dispatched an acceptance. However, an offer cannot be (　　): (a) if it indicates, whether by stating a fixed time for acceptance or otherwise, that it is (　　); or (b) if it was reasonable for the offeree to rely on the offer as being (　　) and the offeree has acted in reliance on the offer.

① revoked - canceled - irrevocable - revocable

② revoked - canceled - revocable - irrevocable

③ canceled - revoked - irrevocable - revocable

④ canceled - canceled - irrevocable - revocable

⑤ revoked - revoked - irrevocable - irrevocable

33 국제물품매매계약에 관한 유엔협약(비엔나협약, 1980)에서 규정하고 있는 매수인의 구제권(제45조-제47조)에 관한 설명으로 옳지 않은 것은?

① The buyer is not deprived of any right he may have to claim damages by exercising his right to other remedies.

② Period of grace may be granted to the seller by a court or arbitral tribunal when the buyer resorts to a remedy for breach of contract.

③ The buyer may require performance by the seller of his obligations unless the buyer has resorted to a remedy which is inconsistent with this requirement.

④ If the goods do not conform with the contract, the buyer may require the seller to remedy the lack of conformity by repair, unless this is unreasonable having regard to all the circumstances.

⑤ The buyer may fix an additional period of time of reasonable length for performance by the seller of his obligations.

34 Incoterms 2000에서 규정하고 있는 DEQ 조건의 내용으로 옳은 것은?

① "Delivered Ex Quay" means that the seller delivers when the goods are placed at the disposal of the buyer cleared for import on the quay(wharf) at the named port of destination.

② The seller has to bear all costs and risks involved in bringing the goods to the named port of destination and discharging the goods on the quay(wharf)

③ The DEQ term requires the seller to clear the goods for import and to pay for all formalities, duties, taxes and other charges upon import.

④ If the parties wish to include in the buyer's obligations all or part of the costs payable upon import of the goods, this should be made clear by adding explicit wording to this effect in the contract of sale.

⑤ This term can be used when the goods are to be delivered only by multimodal transport on discharging from a vessel onto the quay(wharf) in the port of destination.

35 화환신용장통일규칙(UCP 600) 제3조(해석)에 관한 내용으로 옳지 않은 것은?

① Terms such as "first class", "well known", " qualified", "independent", " official", "competent" or "local" used to describe the issuer of a document allow any issuer except the beneficiary to issue that document.

② Unless required to be used in a document, words such as "prompt", "immediately" or "as soon as possible" will be disregarded.

③ The words "to", "until", "till", "from" and "between" when used to determine a period of shipment exclude the date or dates mentioned, and the words "before" and "after" include the date mentioned.

④ The terms "first half" and "second half" of a month shall be construed respectively as the 1st to the 15th and the 16th to the last day of the month, all dates inclusive.

⑤ The terms "beginning", "middle" and "end" of a month shall be construed respectively as the 1st to the 10th, the 11th to the 20th and the 21st to the last day of the month, all dates inclusive.

36 화환신용장통일규칙(UCP 600) 제30조(신용장금액 · 수량 및 단가의 과부족 허용)에 관한 규정이다. ( )안에 들어갈 내용이 순서대로 옳게 나열된 것은?

> The words "about" or "( )" used in connection with the amount of the credit or the quantity or the unit price stated in the credit are to be construed as allowing a tolerance not to exceed ( ) more or ( ) less than the amount, the quantity or the unit price to which they refer. A tolerance not to exceed ( ) more or ( ) less than the quantity of the goods is allowed, provided the credit does not state the quantity in terms of a stipulated number of packing units or individual items and the total amount of the drawings does not exceed the amount of the credit.

① circa - 10% - 10% - 10% - 10%

② approximately - 10% - 10% - 5% - 5%

③ almost - 5% -5% -10% - 10%

④ some - 5% - 10% - 5% - 10%

⑤ around - 10% - 5% - 10% - 5%

37 추심에 관한 통일규칙(URC 522) 제16조 a항의 해석으로 옳은 것은?

> Amounts collected (less charges and/or disbursements and/or expenses where applicable) must be made available without delay to the party from whom the collection instruction was received in accordance with the terms and conditions of the collection instruction.

① 추심된 금액은 (해당되는 경우 수수료 및/또는 지출금 및/또는 비용을 공제하고) 추심지시서의 조건에 따라 추심지시서를 송부한 당사자에게 지체없이 지급되어야 한다.

② 추심된 금액은 (해당되는 경우 수수료 및/또는 수입금 및/또는 비용을 공제하고) 추심지시서의 조건에 따라 추심지시서를 발행한 당사자에게 합리적으로 지급되어야 한다.

③ 추심된 금액은 (해당되는 경우 제반비용 및/또는 지출금 및/또는 비용을 공제하고) 추심지시서의 조건에 따라 추심서류를 송부한 당사자에게 합리적으로 지급되어야 한다.

④ 추심된 금액은 (해당되는 경우 제반비용 및/또는 수입금 및/또는 비용을 공제하고) 추심지시서의 조건에 따라 추심서류를 발행한 당사자에게 지체없이 지급되어야 한다.

⑤ 추심된 금액은 (해당되는 경우 수수료 및/또는 보험료 및/또는 비용을 공제하고) 추심지시서의 조건에 따라 추심지시서를 송부한 당사자에게 합리적으로 지급되어야 한다.

38 다음 내용은 선하증권에 관한 통일조약(Hague Rules)의 어떤 조항에 관한 설명인가?

> Nothing herein contained shall prevent a carrier or a shipper from entering into any agreement, stipulation, condition, reservation or exemption as to the responsibility and liability of the carrier or the ship for the loss or damage to, or in connection with, the custody and care and handling of goods prior to the loading on, and subsequent to, the discharge from the ship on which the goods are carried by sea.

① 운송인의 의무증가 및 권리포기

② 화폐의 기준

③ 운송인의 권리와 의무

④ 운송인의 계약자유

⑤ 선주의 책임제한

39 다음 반대청약서(counter offer sheet)의 내용을 순서대로 옳게 나열한 것은?

ㄱ. In view of the quotations ruling in this market your price is rather stiff. Your competitors are making endeavors to get our business by offering lower prices than yours.
ㄴ. We have received with thanks your firm offer for 2,000 doz. ladies' nylon stockings.
ㄷ. If you accept this counter offer, we would like to place an order with you soon.
ㄹ. Please note, however, that it is our intention to entrust you with the bulk of our business, and we ask for an additional 10% reduction off the price you offered.
ㅁ. We are looking forward to your confirmation.

① ㄴ - ㄷ - ㄹ - ㄱ - ㅁ
② ㄴ - ㄹ - ㄱ - ㄷ - ㅁ
③ ㄴ - ㄱ - ㄹ - ㄷ - ㅁ
④ ㄱ - ㄴ - ㄹ - ㄷ - ㅁ
⑤ ㄱ - ㄷ - ㄴ - ㄹ - ㅁ

40 다음 내용이 설명하고 있는 용어로 옳은 것은?

A principle of insurance that in order to obtain coverage on a shipment, a party must have a legal relationship to either the transportation (entitlement to freight cost or wages) or to the insurable property (the carrier itself, or the cargo). This means that if the insurable property is safe or arrives safely at its destination, the party itself will benefit. Conversely, if there is loss or damage or detention to the insurable property, the party will suffer some detriment.

① Insurable interest
② Insurable value
③ Insured amount
④ Insurance cover
⑤ Insurable relationship

■ 제27회 관세사 제1차 시험문제 무역영어

문항	1	2	3	4	5	6	7	8	9	10
정답	④	③	⑤	①	①	⑤	⑤	④	①	③
문항	11	12	13	14	15	16	17	18	19	20
정답	④	④	②	⑤	④	③	②	③	④	①
문항	21	22	23	24	25	26	27	28	29	30
정답	⑤	①	③	①	③	④	②	④	⑤	③
문항	31	32	33	34	35	36	37	38	39	40
정답	①	⑤	②	③	②	②	①	①	①	④

2009년도 제26회 관세사 제1차 시험문제 무역영어

01 다음은 국제물품매매계약에 관한 유엔협약(비엔나협약 1980) 제14조이다. 이에 관한 내용으로 옳은 것은?

- A proposal for concluding a contract addressed to one or more specific persons constitutes an offer if it is sufficiently definite and indicates the intention of the offeror to be bound in case of acceptance. A proposal is sufficiently definite if it indicates the goods and expressly or implicitly fixes or makes provision for determining the quantity and the price.
- A proposal other than one addressed to one or more specific persons is to be considered merely as an invitation to make offers, unless the contrary is clearly indicated by the person making the proposal.

① 청약은 1인에게 행하여야만 유효하다.
② 불특정다수인에게 행한 제의도 적절한 청약이 될 수 있다.
③ 명시적으로 수량과 대금을 정하는 경우에만 청약으로서 유효하다.
④ 승낙기일을 지정하여야만 청약의 효력을 가지게 된다.
⑤ 승낙이 있는 경우에 이에 구속된다는 청약자의 의사를 표명하고 있는 경우에만 청약이 된다.

02 다음은 국제물품매매계약에 관한 유엔협약(비엔나협약 1980) 제18조 3항에 규정이다. ( )에 들어갈 것을 순서대로 바르게 나열한 것은?

However, if, by virtue of the offer or as a result of practices which the parties have established between themselves or of usage, the offeree may indicate ( ) by performing an act, such as one relating to the ( ) of the goods or ( ) of the price, without notice to the offeror, the acceptance is effective at the moment the act is performed, provided that the ( ) is performed within the period of time laid down in the preceding paragraph.

① act - dispath - payment - assent
② assent - dispatch - payment - act
③ assent - payment - dispatch - act
④ agree - send - settle - assent
⑤ assent - send - settle - agree

03 다음은 국제물품매매계약에 관한 유엔협약(비엔나협약 1980) 제38조의 일부이다. ( )에 들어갈 것을 순서대로 바르게 나열한 것은?

- The buyer must examine the goods, or cause them to be examined, ( ).
- If the contract involves carriage of the goods, examination may be ( ) the goods have arrived at their destination.

① not later than 21 calendar days after the date of arrival - performed before

② not later than 21 calendar days after the date of arrival - deferred until the date on which

③ within as short a period as is practicable in the circumstances - performed before

④ not later than 21 calendar days after the date of arrival - deferred until after

⑤ within as short a period as is practicable in the circumstances - deferred until after

04 국제물품매매계약에 관한 유엔협약(비엔나협약 1980)에서 규정하고 있는 '물품의 일치성' 에 대한 내용으로 옳은 것은?

① The goods should possess the qualities of goods which the buyer has held out to the seller as a sample or model.

② The seller is not liable for any lack of conformity of the goods if at the time of the execution of the contract the buyer knew or could not have been unaware of such lack of conformity.

③ The buyer becomes liable in accordance with the contract and this Convention for any lack of conformity which exists at the time when the risk passes to the buyer, even though the lack of conformity becomes apparent only after that time.

④ The buyer loses the right to rely on a lack of conformity of the goods if he does not give notice to the seller specifying the nature of the lack of conformity within a reasonable time after he has discovered it or ought to have discovered it.

⑤ If the seller has delivered goods before the date of delivery, the buyer does not retain any right to claim damages as provided in this Convention.

05 국제물품매매계약에 관한 유엔협약(비엔나협약 1980)에 규정하고 있는 당사자의 의무에 대한 내용 중 옳지 않은 것은?

① If the seller is not bound to deliver the goods at any other particular place, his obligation to deliver consists. if the contract of sale involves carriage of the goods, in handling the goods over to the first carrier for transmission to the buyer.

② The seller is not liable in accordance with the contract and this Convention for any lack of conformity which exists at the time when the risk passes to the buyer even though the lack of conformity becomes apparent only after that time.

③ The buyer may declare the contract avoided if the failure by the seller to perform any of his obligations under the contract or this Convention amounts to a fundamental breach of contract.

④ If the seller delivers the goods before the date fixed, the buyer may take delivery or refuse to take delivery.

⑤ If the seller delivers a quantity of goods greater than that provided for in the contract, the buyer may take delivery or refuse to take delivery of the excess quantity. If the buyer takes delivery of all or part of the excess quantity, he must pay for it at the contract rate.

06 다음 중 국제물품매매계약에 관한 유엔협약(비엔나협약 1980)에서 규정하고 있는 매수인에 의한 계약해제 선언이나 대체품 인도 청구가 가능한 경우는?

① When the goods have deteriorated as a result of the examination

② When part of the goods have been severely damaged

③ When the goods have been consumed by the buyer

④ When part of the goods have been sold in the normal course of business

⑤ When part of the goods have been transformed by the buyer in the course of normal use before he discovered

07 다음은 국제물품매매계약에 관한 유엔협약(비엔나협약 1980) 제85조이다. 이는 매도인의 어떤 의무에 관한 규정인가?

> If the buyer is in delay in taking delivery of the goods or, where payment of the price and delivery of the goods are to be made concurrently, if he fails to pay the price, and the seller is either in possession of the goods or otherwise able to control their disposition, the seller must take such steps as are reasonable in the circumstances to preserve them, He is entitled to retain them until he has been reimbursed his reasonable expenses by the buyer.

① 매도인의 물품인도의무

② 매도인의 물품검사의무

③ 매도인의 선적통지의무

④ 매도인의 물품보존의무

⑤ 매도인의 물품재매각 의무

08 다음은 국제물품매매계약서 조항의 일부이다. 이는 무엇에 관한 조항인가?

> At every year end, the wholesale price published in the Journal shall be compared with the corresponding price published at the end of the previous year. Should there be any increase, or decrease, prices shall be adjusted accordingly.

① Escalation Clause
② Payment Clause
③ Termination Clause
④ Hardship Clause
⑤ Assignment Clause

09 다음은 국제물품매매계약서 조항의 일부이다. ( )에 들어갈 것으로 옳은 것은?

> If the seller fails to deliver any or all of the products within the time period specified in the Agreement, the Buyer shall deduct from the Contract Price, as ( ), a sum equivalent to 2% of the price of the delayed products for each week of delay until to a maximum deduction of 10% of the price of the delayed products.
> Once the maximum is reached, the Buyer may terminate this Agreement.

① Insurance Premium
② Liquidated Damages
③ Fixed Prices
④ Sum Total
⑤ Exclusive Agency Fee

10 Incoterms 2000은 매도인과 매수인의 의무를 각각 10개항으로 나누어 분류하고 있다. 다음 중 매도인의 의무가 아닌 것은?

① Provision of goods in conformity with the contract
② Licences, authorizations and formalities
③ Taking delivery
④ Proof of delivery, transport document or equivalent electronic message
⑤ Checking-packaging-marking

11 Incoterms 2000상의 CIP 조건에 관한 설명 중 옳지 않은 것은?

① "Carriage and Insurance paid to…" means that the seller delivers the goods to the carrier nominated by him, but the seller must in addition pay the cost of carriage necessary to bring the goods to the named destination.
② This means that the buyer bears all risks and any additional costs occurring

after the goods have been so delivered.

③ However, in CIP the seller also has to procure insurance against the Seller's risk of loss of or damage to the goods during the shipment.

④ Consequently, the seller contracts for insurance and pays the insurance premium. The buyer should note that under the CIP term the seller is required to obtain insurance only on minimum cover.

⑤ Should the buyer wish to have the protection of greater cover, he would either need to agree as much expressly with the seller or to make his own extra insurance arrangements.

12 다음은 Incoterms 2000의 EXW 조건에 관한 설명이다. ( )에 들어갈 것을 순서대로 바르게 나열한 것은?

> "Ex works" means that the seller delivers when he places the goods ( ) at the seller's premises or another named place ( ) for export and ( ) on any collection vehicle.

① at the disposal of the buyer - not cleared - not loaded

② at the disposal of the seller - cleared - not loaded

③ at the dispensation of the buyer - not cleared - loaded

④ at the dispensation of the seller - cleared - loaded

⑤ at the disposal of the buyer - not cleared - loaded

13 Incoterms 2000의 전형거래조건에 관한 내용 중 옳지 않은 것은?

① Incoterms give no guidance whatsoever for the variants of Incoterms, by which the parties themselves are adding words to an Incoterms seeking further precisions.

② If "FOB stowed" is used, the seller's obligations are extended to not only with respect to the cost of actually loading the goods in the ship but also include the risk of fortuitous loss of or damage to the goods in the process of stowage.

③ If "EXW loaded" is used, it is not clear that the seller's obligations are extended to not only with respect to the cost of actually loading the goods on the vehicle but also include the risk of fortuitous loss of or damage to the goods in the process of loading.

④ When sellers and buyers refer to commercial practice in liner and charterparty trade, it is necessary to distinguish between the obligations of the parties under the contract of carriage and those under the contract of sale.

⑤ Where such expression as "FOB stowed and trimmed" is used in the charterparties, it is necessary to clarify in the contract of sale whether the added obligations only relate to costs or to both costs and risks.

14 다음은 Incoterms 200의 용어해설 중 "checking" and "inspection"에 관한 내용이다. ( )에 들어갈 것을 순서대로 바르게 나열한 것은?

> In the A9 and B9 clauses of Incoterms the headings "checking - packaging and marking" and "inspection of the goods" respectively have been used. Although the words "checking" and "inspection" are synonyms, it has been deemed appropriate to use ( ) word with respect to the seller's delivery obligation under A4 and to reserve ( ) for the particular case when a "pre-shipment inspection" is performed, since such inspection normally is only required when ( ) want to ensure that the goods conform with contractual or official stipulations ( ) they are shipped.

① the latter - the former - the buyer - after

② the latter - the former - the buyer or the authorities of the export or import country - after

③ the latter - the former - the buyer or the authorities of the export or import country - before

④ the former - the latter - the buyer or the authorities of the export or import country - before

⑤ the former - the latter - the buyer - after

15 영국 해상보험법(MIA 1906) 부칙(Schedules)에서 규정하고 있는 용어에 대한 설명 중 옳지 않은 것은?

① "Perils of the seas" refers only to fortuitous accidents or casualties of the seas.

② The term "pirates" includes passengers who mutiny and rioters who attack the ship from the shore.

③ The term "thieves" covers clandestine theft or a theft committed by any one of the ship's company, whether crew or passengers.

④ The term " barratry" includes every wrongful act wilfully committed by the master or crew to the prejudice of the owner.

⑤ the term "average unless general" means a partial loss of subject-matter insured other than a general average loss, and does not include 'particular charges'

16 다음은 선하증권 통일조약(Hague Rules) 제4조 1항이다. 본 조항은 무엇에 대한 내용인가?

> Neither the carrier nor the ship shall be liable for loss or damage arising or resulting from unseaworthiness unless caused by want of due diligence on the part of the carrier to make the ship seaworthy, and to secure that the ship is properly be manned, equipped, and supplied, and to make the holds, refrigeration, and cool chambers and all other parts of the ship in which goods are carried, fit and safe their reception, carriage and preservation in accordance with provisions of paragraph (1) of Article 3. Whenever loss for or damage has resulted from unseaworthiness the burden of proving the exercise of due diligence shall be on the carrier or other person claiming exemption under this article.

① 운송중개업자의 책임범위에 관한 조항

② 하주의 추가책임범위에 관한 조항

③ 운송인의 추가책임범위에 관한 조항

④ 하주의 면책에 관한 조항

⑤ 운송인의 면책에 관한 조항

17 선하증권 통일조약(Hague Rules) 제1조(용어의 정의)에 대한 설명으로 옳지 않은 것은?

① "Carrier" includes the owner or the charterer who enters into a contract of carriage with a shipper.

② "Goods" includes goods, wares, merchandises, live animals and articles of every kind whatsoever.

③ "Contract of carriage" applies only to contracts of carriage covered by a B/L or any similar document of title, in so far as such document relates to the carriage of goods by sea.

④ "Ship" means any vessel used for the carriage of goods by sea.

⑤ "Carriage of goods" covers the period from the time when the goods are loaded on to the time they are discharged from the ship.

18 다음은 협회적하약관(ICC) 조항의 일부이다. ( )에 들어갈 것으로 옳은 것은?

> No claim for ( ) shall be recoverable hereunder unless the subject-matter insured is reasonably abandoned either on account of its actual total loss appearing to be unavoidable or because the cost of recovering, reconditioning and forwarding the subject-matter to the destination to which it is insured would exceed its value on arrival.

① General Average
② Partial Average
③ Constructive Total Loss
④ Actual Total Loss
⑤ Salvage Loss

19 신용장 통일규칙(UCP 600) 제3조(Interpretations)에 관한 규정 중 옳지 않은 것은?

① A document may be signed by handwrithing, facsimile signature, symbols or any other electronic method of authentication.

② Branches of a bank in different countries are considered to be separate banks.

③ The expression "on or about" or similar will be interpreted as a stipulation that an event is to occur during a period of seven calendar days before until seven calendar days after the specified date, both start and end dates included.

④ The words "before" and "after" when used to determine a period of shipment exclude the date mentioned.

⑤ The words "from" and "after" when used to determine a maturity date exclude the date mentioned.

20 신용장 통일규칙(UCP 600) 제10조(Amendment)에서 규정하고 있는 '신용장의 조건변경' 에 관한 내용으로 옳지 않은 것은?

① An issuing bank is irrevocably bourd by an amendment as of the time it issues the amendment.

② A confirming bank may extends its confirmation to an amendment and will be irrevocably bound as of the time it advises the amendment.

③ If confirming bank choose to advise an amendment without extending its confirmation, it must inform the issuing bank without delay and inform the beneficiary in its advice.

④ A provision in an amendment to the effect that the amendment shall enter into force unless rejected by the beneficiary within a certain time shall be accepted.

⑤ Partial acceptance of an amendment will be deemed to be notification of rejection of the amendment.

21 신용장 통일규칙(UCP 600)에서 규정하고 있는 용어에 대한 설명으로 옳지 않은 것은?

① Transhipment means unloading from one vessel and reloading to another vessel during the carriage from the port of loading to the port of discharge stated in the credit.

② Transferable credit means a credit that specifically states it is "transferable". A transferable credit may be made available in whole or in part to another beneficiary(second beneficiary) at the request of the beneficiary(first beneficiary).

③ Nominated bank means the bank with which the credit is available or any bank in the case of a credit available with any bank.

④ A clean transport document is one bearing no clause or notation expressly declaring a defective condition of the goods or their packing.

⑤ Transferring bank means a nominated bank that transfers the credit or, in a credit available with any bank, a bank that is specially authorized by the negotiating bank to transfer and that transfers the credit.

22 신용장 통일규칙(UCP 600)의 양도신용장(Transferable Credits)에 대한 설명으로 옳지 않은 것은?

① Unless otherwise agreed at the time of transfer, all charges(such as commissions, fees, costs or expenses) incurred in respect of a transfer must be paid by the second beneficiary.

② If a credit is transferred to more than one second beneficiary, rejection of an amendment by one or more second beneficiary does not invalidate the acceptance by any other second beneficiary, with respect to which the transferred credit will be amended accordingly.

③ The first beneficiary has the right to substitute its own invoice and draft, if any, for those of a second beneficiary for an amount not in excess of that stipulated in the credit.

④ The transferred credit must accurately reflect the terms and conditions of the credit, including confirmation, if any, with exception of the amount of the credit, any unit price stated therein, the expiry date, the period for presentation, or the latest shipment date or given period for shipment.

⑤ The first beneficiary may, in its request for transfer, indicate that honour or negotiation is to be effected to a second beneficiary at the place to which the credit has been transferred, up to and including the expiry date of the credit.

23 다음은 신용장 통일규칙(UCP 600)의 불일치서류, 권리포기 및 통지에 대한 내용이다. ( )에 들어갈 내용으로 옳지 않은 것은?

> When a nominated bank acting on its nomination, a confirming bank, if any, or the issuing bank decides to refuse to honour or negotiate, it must give a single notice to that effect to the presenter. The notice must state : ( ).

① that the bank is refusing to honour or negotiate

② each discrepancy in respect of which the bank refuses to honour or negotiate

③ that the issuing bank is holding the documents until it receives a waiver from the applicant and agrees to accept it, or receives further instructions from the presenter prior to agreeing to accept a waiver

④ that the issuing bank is holding the documents pending further instructions from the applicant

⑤ that the bank is acting in accordance with instructions previously received from the presenter

24 다음 문장의 영작으로 가장 옳은 것은?

> 당행은 신용장조건에 따라 발행되고 매입한 어음은 만기일에 정히 지급될 것임을 어음발행인 및 선의의 소지인에게 약정합니다. 매입은행은 신용장 뒷면에 어음금액에 해당하는 금액을 배서하여야 합니다.

① We hereby assure drawers and/or bona fide holders that draft drawn and negotiated corresponding with the terms of this credit will be duly settled when presented at maturity. The draft must be signed in the back of this credit by the negotiation bank.

② Our bank herby follow with drawers and/or bona fide holders that draft drawn and negotiated according to the terms of this credit will be duly paid as soon as presented at maturity. The negotiation bank has to put their signature in the back side of this credit for the credit amount.

③ Our bank makes an appointment that draft drawn and negotiated in conformity with the terms of this credit will be duly honoured on presentation at maturity to drawers and/or bona fide holders. The amount of credit in the draft must be endorsed on the other, side of this credit by the negotiation bank.

④ We hereby engage with drawers and/or bona fide holders that this credit will be duly honoured on presentation at maturity for the draft drawn and negotiated in conformity with the terms and conditions. The amount of each draft must be signed in the reverse of this credit by the negotiation bank for negotiation.

⑤ We hereby engage with drawers and/or bona fide holders that draft drawn and negotiated in conformity with the terms of this credit will be duly honoured on presentation at maturity. The amount of each draft must be endorsed on the reverse of this credit by the negotiation bank.

25 신용장 서류심사를 위한 국제표준은행관행(ISBP)에서 규정하고 있는 '원본과 사본' 에 대한 설명으로 옳지 않은 것은?

① Documents issued in more than one original may be marked "Original" "Duplicate", "Triplicate", "First Original", "Second Original", etc. None of these markings will disqualify a document as an original.

② "Invoice", "One Invoice" or "Invoice in 1 copy", it will be understood to be a requirement for an original invoice.

③ "Invoice in 4 copies", it will be satisfied by the presentation of at least one original and the remaining number as copies of an invoice.

④ "One copy of invoice", it will be satisfied by presentation of either a copy or an original of an invoice.

⑤ Copies of documents must be signed.

26 추심에 관한 통일규칙(URC 522)에서 규정하고 있는 '추심의 정의' 중 옳지 않은 것은?

① "Collection" means the handling by banks of documents, in accordance with instructions received, in order to obtain payment and/or acceptance.

② "Financial documents" means bills of exchange, promissory notes, cheques or other similar instruments used for obtaining the payment of money.

③ "Commercial documents" means invoices, transport documents, documents of title or other similar documents.

④ "Clean collection" means collection of financial documents not accompanied by commercial documents.

⑤ "Documentary collection" means collection of commercial documents accompanied by financial documents.

27 영국환어음법(Bills of Exchange Act 1882)에서 규정하고 있는 '유통가능환어음' 의 설명으로 옳지 않은 것은?

① A bill is payable to bearer which is expressed to be so payable, or on which the only or last indorsement is an indorsement in blank.

② A negotiable bill may be payable either to order or to bearer.

③ A bill is payable to order which is expressed to be so payable, or on which is expressed to be payable to a particular person, and contains words prohibiting transfer or indicating an intention that it should not be transferable.

④ Where a bill, either originally or by indorsement, is expressed to be payable to the order of a specified person, and not to him or his order, it is nevertheless payable to him or his order at his option.

⑤ When a bill contains words prohibiting transfer, or indicating an intention that it should not be transferable, it is valid as between the parties thereto, but is not negotiable.

28 다음 무역관련 용어의 설명으로 옳지 않은 것은?

① Pallet - A platform with or without sides, on which a number of packages or pieces may be loaded to facilitate handling

② Piggyback - The transportation of truck trailers and containers on specially equipped railroad flat-cars

③ NVOCC - A carrier issuing B/L for carriage of goods on vessels which he neither operates nor owns

④ Lift-On Lift-Off(LoLo) - System of loading and unloading a ship where the cargo is driven on and off ramps

⑤ Tare Weight - The weight of a container and/or packing materials without the weight of the goods it contains

29 다음 ( )안에 들어갈 용어로 옳은 것은?

( ) indicates(s) that laydays do not count when adverse weather conditions prevail thereby preventing loading or discharging to take place.

① Weather Working Days(WWD)

② Wharfages

③ Sundays and Holidays Excepted(SHEX)

④ Salvages

⑤ Free In and Out(FIO) Terms

30 한국에서 물품을 생산하는 한국수출업체가 직접 외국의 수입업체에게 제시할 수 있는 가격조건(price terms)으로 옳지 않은 것은?

① FCA Yongdang Container Terminal, Busan, Korea
FCA ABC Warehouse, Seoul, Korea

② CPT Chicago Station, U.S.A.
CPT Customs Warehouse, chicago, U.S.A.

③ DAF Modance, France-Italian Frontier
DAF Hamburg Port, Germany

④ DDU XYZ Warehouse, Chicago, U.S.A.
DDU ABC Container Terminal, U.S.A.

⑤ CFR New York, U.S.A.
CFR Hamburg, Germany

31 다음 중 문장에 대한 영작이 옳지 않은 것은?

① 송화인의 지시식으로 작성되고 운임선지급 및 착화통지처 발행의뢰인으로 표시된 무고장 선적해상선화증권의 전통 - Full set of clean on board ocean bills of lading made out to the order of shipper marked freight prepaid and notify buyer

② 보험서류에서 담보가 선적일보다 늦지 않은 일자로부터 유효하다고 보이지 아니하는 한 보험서류의 일자는 선적일보다 늦어서는 아니된다. - The date of the insurance document must be no later than the date of shipment unless it appears from the insurance document that the cover is effective from a date not later than the date of shipment.

③ 해상보험계약이란 보험자가 피보험자에 대하여 그 계약에 의하여 합의된 방법과 범위 내에서 해상손해, 즉 항해사업에 부수하는 손해를 보상할 것을 약정하는 계약을 말한다. - A contract of marine insurance is a contract that the assurer undertakes to indemnify the insurer, in manner and to the extent thereby agreed, against marine losses, that is to say, the losses incident to marine business.

④ 매매계약은 서면에 의하여 체결되거나 또는 입증되어야 할 필요가 없으며, 또 형식에 관하여도 어떠한 다른 요건에 따라야 하지 아니한다. 매매계약은 증인을 포함하여 여하한 수단에 의하여도 입증될 수 있다. - A contract of sale need not be concluded in or evidenced by writing and is not subject to any other requirement as to form. It may be proved by any means, including witness.

⑤ 계약이 체결되기 전까지는 청약은 취소될 수 있다. 다만 이 경우에 취소의 통지는 피청약자가 승낙을 발송하기 전에 피청약자에게 도달하여야 한다. - Until a contract is concluded an offer may be revoked if the revocation reaches the offeree before he has dispatched an acceptance.

32 다음 영문의 해석이 가장 옳은 것은?

> You will be dealing with an old-established company that owes its success to the satisfaction given to scores of thousands of its customers.

① 귀사는 수많은 고객들에게 만족감을 안겨 주기 위하여 현재 대단한 성과를 내고 있는 전통있는 회사와 거래를 해야 할 것입니다.

② 귀사는 현재 성공을 한 전통있는 회사와 거래하게 된다면 수많은 고객들로부터 만족스러운 찬사를 듣게 될 것입니다.

③ 귀사는 전통있는 회사와 거래를 해야 할 것입니다. 이것이야 말로 성공을 보장받을 수 있고 수많은 고객들에게 만족감을 안겨줄 수 있을 것입니다.

④ 수많은 고객들에게 높은 만족도를 안겨줌으로써 그들의 성공을 입증한 전통있는 회사에 도움을 주시기를 부탁드립니다.

⑤ 수많은 고객들에게 만족감을 안겨 주었기 때문에 오늘날 성공을 하게 된 전통있는 회사와 귀사는 거래를 하게 될 것입니다.

33 무역거래절차를 순서대로 바르게 나열한 것은?

ㄱ. The exporter inquires of the credit standing of the importer and the importer's mode of doing business through the importer's bank reference or business reference.
ㄴ. An exporter looks for business connections abroad through his commercial travellers, chambers of commerce, commercial inquiry agencies, exchange banks, business friends, business directories, web site and etc.
ㄷ. The importer lodges claims against damages or losses, if any, with the insurance company accompanied by a Survey Report, Insurance Policy and other papers required. The claims will be indemnified against these papers.
ㄹ. The importer tenders an 'Import Declaration(I/D)' together with an 'Import Licence' and Invoices, Certificate of Origin, if required, to the Customs Authorities.
ㅁ. The exporter applies for the cargo space to a shipping company.

① ㄴ-ㄱ-ㅁ-ㄹ-ㄷ
② ㅁ-ㄷ-ㄹ-ㄱ-ㄴ
③ ㄱ-ㄴ-ㅁ-ㄷ-ㄹ
④ ㄱ-ㄴ-ㄷ-ㄹ-ㅁ
⑤ ㄴ-ㄱ-ㄹ-ㄷ-ㅁ

34 무역통신문에 대한 해석이 옳지 않은 것은?

① Your letter conveys us that you are specially interested in selling Cotton goods, and in these we may say that we are specialists. - 귀사의 서신에서는 귀사가 면제품에 특별히 관심이 높음을 전하고 있는데, 이러한 업종에서 당사는 전문가라 말할 수 있습니다.

② Despite the fact that dullness rules the market here at present, we are able to do a fairly good business with you if you are in competitive position. - 현재 당지 시장은 호황이며, 귀사가 경쟁력이 없더라도, 당사는 귀사와 시험적 거래는 할 수 있습니다.

③ But before we accept your proposal it is usual with us to take up the reference named. We shall, therefore, have the pleasure of communicating with you further as soon as we hear from the Bankers suggested. - 그러나 당사는 귀사의 제의를 승낙하기 전에, 보통 지정된 조회처에 조회하는 것이 당사의 관례임을 알려드립니다. 그러므로 당사는 제시된 은행으로부터 정보를 듣자마자, 귀사에게 추가로 연락드릴 것입니다.

④ Thank you very much for your letter of September 8, in which you expressed your willingness to open an account with us. - 거래의사를 표명하신 귀사의 9월 8일자 서신에 대하여 감사하게 생각합니다.

⑤ As requested, we are enclosing our most recent catalog together with price list of all our electrical products for export in which we trust you will find several items of interest. - 요청하신대로 수출용 전기제품 일체에 대한 최근의 카탈로그와 가격표를 동봉합니다. 귀사가 흥미를 가질 품목이 많을 것으로 믿습니다.

35 다음 설명에 해당되는 조항으로 옳은 것은?

The seller surrenders the right to dispose of the goods by instruction to the carrier to deliver the goods to somebody else or at another place than stipulated in the waybill.

① No-disposal clause

② Non-waiver clause

③ Abandonment clause

④ Indemnification clause

⑤ Delivery Order clause

36 다음 주어진 문장을 순서대로 바르게 나열한 것은?

ㄱ. We are now in a very awkward situation, because our customers who have been very strict about the quality would like to take delivery of the goods as soon as possible.
ㄴ. Upon unpacking the cases, we found that the quality was much inferior to the sample for which we placed the order. Moreover, the length of each piece is short by approximately 5 meters.
ㄷ. We hope that you will give a prompt attention to this matter and let us know what you can do for us by an e-mail.
ㄹ. We should like to draw your attention to the defective goods shipped by the M/S "Arirang" on January 30, 2009.
ㅁ. After examining the enclosed cutting samples, we sent an evidence from the Lloyd's Survey Report, so we sure you will agree to the inferiority of the goods.

① ㄴ-ㄹ-ㅁ-ㄱ-ㄷ

② ㄴ-ㄹ-ㄱ-ㅁ-ㄷ

③ ㄹ-ㄱ-ㅁ-ㄷ-ㄴ

④ ㄹ-ㅁ-ㄴ-ㄷ-ㄱ

⑤ ㄹ-ㄴ-ㅁ-ㄱ-ㄷ

37 다음 ( )에 들어갈 용어를 순서대로 바르게 나열한 것은?

( ) is a loss incurred on an ocean voyage that involves all of the cargo owners on board such as the case where the captain of the ship tosses overboard some of the cargoes to save the ship and the remainder of the cargo. ( ) is a situation which increases the probability of a peril and therefore of a loss. it would be a storm, which increases the probability of the peril of water damage or a poorly trained crew. ( )is the act of throwing overboard part of the cargo of a ship in an attempt to lighten the ship. The purpose of such an action is to save the ship, the remainder of the cargo and the crew. ( ) is a partial loss incurred on an ocean voyage; the cargo may have become wet form seawater or may have been damaged by rough seas. ( ) is the event that brings about a loss. For example, it can be a fire, collision and a flood.

① General Average - Particular Average - Jettison - Barratry - Peril
② Peril - Average - Particular Average - Peril - Jettison
③ Risk - Average - Jettison - Particular Average - Peril
④ General Average - Hazard - Jettison - Particular Average - Peril
⑤ Barratry - Jettison - General Average - Particular Average - Peril

38 다음 무역 통신문들의 문장 표현 중 무역통신문 작성의 기본원칙(5Cs)에 따라 가장 적합하게 작성된 것은?

① You are requested to answer immediately without fail.
② We are surprised to learn in your letter of June 10 that the goods we sent you were received in a damaged condition.
③ We have drawn on you our sight draft No. 234 for the invoice amount US$4,000 under your L/C No. 345/1234 of The Bank of America.
④ Please send me two paris of slippers for my boy at an early date.
⑤ Allow us to take this opportunity to thank you for your letter which we have just received. In reply we wish to state that we shall be very glad to send you a copy of our booklet "Electronics" in compliance with your request.

39 다음 영문의 해석으로 가장 옳은 것은?

A bill of exchange is an unconditional order in writing, addressed by one person to another, signed by the person giving it, requiring the person to whom it is addressed to pay on demand or at a fixed or determinable future time a sum certain in money to or to the order of a specified person, or to bearer.

① 환어음은 서면으로 된 무조건적인 지시인 동시에 한 사람에게 다른 사람으로 송부되는 것으로 환어음을 주는 자가 서명하고 제공받는 자가 요구할 경우 혹은 특정한 사람, 혹은 소지자가 요구할 경우 확정적이거나 결정적인 미래시기에 해당 금액을 금전으로 보상해주는 무조건적인 주문서를 말한다.

② 환어음은 한사람으로부터 다른 사람 앞으로 이를 제공하는 자가 서명하고 요구시 또는 장래의 확정된 시기 또는 결정할 수 있는 시기에 특정인 또는 그 지시인, 또는 소지인에 대하여 금전상의 일정한 금액을 지급하도록 서면상으로 무조건부의 지시를 말한다.

③ 환어음은 한사람인 어음작성자가 다른 사람인 지급인에 대하여 어음에 기재된 일정한 금액에 대하여 어음에 기재된 일정한 금액을 일정한 기일에 어음상의 수취인 또는 지시인에게 지급할 것을 위탁하는 무조건적인 지시서를 말한다.

④ 환어음은 미래의 결정된 시기 또는 확정할 수 있는 기간에 한사람으로부터 다른 사람에게 서면으로 서명되고 이에 대한 수요가 있을 경우 특정인 또는 그 제시인, 또는 소지인에 대하여 해당 금액을 금전적으로 지불하는 조건 없는 지시서를 말한다.

⑤ 환어음은 한사람이 다른 사람 앞으로 대금을 지급하는 자가 서명하고 요구시 또는 미래에 설정된 시간 또는 대금지급 결정시기에 서면상으로 통보하여 제시인, 또는 소지인에게 금전으로 정한 금액을 무조건적으로 결제하도록 하여 수취인 또는 지시인에게 지급할 것을 약정하는 무조건적인 주문서를 말한다.

40 신용장에 의한 환어음결제 과정을 순서대로 바르게 나열한 것은?

ㄱ. The L/C Issuing Bank presents the draft to the importer.
ㄴ. The exporter draws on the L/C Issuing Bank "Documentary Drafts" accompanied by the Bills of Lading, the Insurance Policy, the Commercial Invoices and other necessary papers in exact conformity with the terms of L/C.
ㄷ. Against the payment or acceptance of the bill, the importer obtains the shipping documents from the bank.
ㄹ. The Negotiating Bank dispatches the Documentary Drafts to their Correspondent Bank(L/C Issuing Bank).
ㅁ. Against the presentation of the Documentary Drafts to the Negotiating Bank, the exporter receives the proceeds, the net value of the bill of exchange from the Negotiating Bank.

① ㄴ-ㅁ-ㄹ-ㄱ-ㄷ

② ㄴ-ㅁ-ㄷ-ㄹ-ㄱ

③ ㅁ-ㄴ-ㄹ-ㄷ-ㄱ

④ ㅁ-ㄹ-ㄴ-ㄱ-ㄷ

⑤ ㄹ-ㄴ-ㅁ-ㄱ-ㄷ

■ 제26회 관세사 제1차 시험문제 무역영어

문항	1	2	3	4	5	6	7	8	9	10
정답	⑤	②	⑤	④	②	②	④	①	②	③
문항	11	12	13	14	15	16	17	18	19	20
정답	③	①	②	④	③	⑤	②	③	③	④
문항	21	22	23	24	25	26	27	28	29	30
정답	⑤	①	④	⑤	⑤	⑤	③	④	①	③
문항	31	32	33	34	35	36	37	38	39	40
정답	③	⑤	①	②	①	⑤	④	③	②	①

Essential Words and Model Sentences for Business Letter Drafting

<무역통신문작성을 위한 필수단어와 모범문장>

1. accept 동 승낙하다, 인수받다

· If you accept the proposal we have drafted, just let us know your decision by telex or by facsimile or whatever means you may find convenient.

2. account 명 계정, 고객

· We have opened an account with the firm. (=We have entered into business relations [a business relationship] with the firm.)

3. against 전 …에 대하여

· I proposed to ABC corporation that the documents be surrendered against their acceptance of the bill of exchange.

cf. I borrowed ten million yen from a certain bank on my future pensions.

4. agent 명 대리인, 대리점

· Kent & Company are our agents. (=Kent & Company act as our agents.)

· Universal Company are our exclusive agents for the products you inquired about. (=Universal Company are agents exclusively authorized to represent us for the products about which you inquired.)

5. agree 동 동의하다

· If you agree to our proposal, please let us know to that effect by return.

6. allow 동 허락하다

· The restaurant allows customers to bring their favorite drinks.

· We should allow roughly 3% for bad debt for sales to the company.

cf. The airline company permitted him to bring the suitcase with him into the plane.

7. allowance 명 할당금, 허용차

- There is an extraordinarily big allowance for doubtful receivables in the company's financial statements.
- The financial statements covering the current results of our operations do not look so good as we provided additional allowance for research and development costs in the fiscal term.

cf. The garage is designed in such a way that it provides enough clearance for most cars when they park.

8. make allowance for …을 참작하다, …을 고려하다

- On the question of sending our Mr. Choi to New York on business, we should make allowance for his relative lack of overseas business experience.

9. amend 동 수정하다

- As there are obvious discrepancies in the conditions set forth in the L/C you have arranged, please promptly amend it as we agreed. (=The conditions given in your L/C do not correspond with what we have agreed. Please amend it immediately in accordance with our agreement.)

10. appreciate 동 평가하다, 감사하다, 등귀하다

- We appreciate what you have done for us on this project.
- We appreciate all the effort and time you spent in order to realize this business.
- We should appreciate it if you would kindly let us know the names and addresses of firms interested in this line of business.

11. approve 동 승인하다

- Did they approve the U.S. $100,000 import project at the top managers' meeting? (=Was the U.S. $100,000 import project approved at the top managers' meeting?)

12. arrange 동 수배하다, 마련하다, 준비하다

- We have arranged everything necessary to accommodate Mr. Smith's stay here. including reservations at the Hotel Pacific.

13. arrangement 명 수배, 준비

- We have made all the necessary arrangements for Mr. Smith's stay here including reservations at the Hotel Pacific.

14. as per …대로, …에 의하여, …와 같이

· As per your advice, we have informed our factory people how your products are packed.
· We have placed an order with the manufacturers as per your instructions over the phone this morning.

15. assure 동 …에게 보증하다, …을 (확신시켜) 안심시키다

· We assure you that we will do our best to live up to your expectations.
· We assure you of our best efforts in expanding the market potential of your products.
· Please rest assured that we will do our best in expanding the market potential of your products.

16. at sight 일람출급의

· For settlement, we will draw on you a draft at sight.

17. attend 동 수행하다, 담당하다, 주의하다

· Mr. Choi is attending to this project. (=Mr. Choi is taking care of this project.)

18. attention 명 수행, 주의, …앞(통신문의 특정 개인, 부서명 앞에 붙임)

· Your letter originally addressed to Boboonet Co., has been forwarded to our attention.

19. authorize 동 권한을 부여하다

· We have appointed ABC Corporation, authorizing them to export all our products to the EU market. (=We have authorized ABC Corporation to export all our products to the EU market as our agent.)

20. authority 명 권한

· We advise you not to get involved with the firm. We know them, but we have given them no authority to represent us.
· The project far exceeds the authority given us as their agent. Please allow us several days to obtain a special permit from them.

21. avail (oneself) of …을 이용하다

· Availing myself of this opportunity, I would like to pay a visit to your headquarters and discuss with you the overall marketing strategy for the product.
· We shall be much obliged if you would avail yourself of our services.

22. available 형 이용 가능한

- Your order will be shipped on the first available vessel to your destination.

23. availability 명 입수 가능한, 확보할 수 있는

- Although the currency of Kuwait is attractive for its stability and low cost, its availability is very limited.

24. balance 명 잔고

- When can we expect you to pay the balance of the purchase?

cf. The goods sell so quickly that the remainder of the stock is getting low.

25. hang in the balance …이 불안정하다

- The financial status of that company hangs in the balance.

26. strike a balance 수지를 결산하다, 비교 검토하다, 중도를 택하다

- Getting a loan from the bank has both advantages and disadvantages.
- We get necessary funds for the project, in exchange for certain restrictions on our business. We should try to strike the right balance.

27. bargain 동 교섭하다

- The trade union has bargained with the management over the pay raise.
- The offer we have come up with this time is a special bargain leaving virtually no margin of profit to us.

28. benefit 동 …에게 은혜를 베풀다, 이익을 얻다 명 이익, 편의, 급부금

- Generally speaking, Japanese corporations offer various monetary benefits besides salaries.
- We benefit greatly from the close cooperation between workers and management.

29. bill 명 청구서, 계산서, 삐라, 벽보, 어음, 환어음

- The bill of exchange [the draft] on ABC Corporation was honored on the due date.
- A bill of U.S. $10,000 for our research expenses has been sent to us from our agents. (=Our agents have sent us a bill of U.S. $10,000 covering research expenses for us.)

30. fill the bill …요구를 충족시키다, 인기를 독차지하다

· If you wish to entertain your guests with Korean cuisine, the Bulgogi at that restaurant really fills the bill.

31. foot the bill 셈을 치르다, 부담하다, 책임을 떠맡다

· The company footed the bill for the defective goods that they had delivered to their customers.

32. bill of lading 명 선화증권

· Now that the cargo has cleared the customs, they will issue a bill of lading sometime this week. (=The cargo has cleared the customs. So a bill of lading will be issued sometime this week.)

33. book 동 기장하다, 기록하다, 예약하다 명 장부

· Your order has been booked on MV 'Paul', which is scheduled to leave Busan on August 1. (=We have booked a space on MV 'Paul', leaving Busan on August 1.)

· The books of the company are maintained in conformity with Japanese accounting practices and tax codes.

34. close (the) books 결산하다, 결말을 짓다

· Our accounting books are closed on September 30.

· We should close the books on such an unprofitable project before it is too late.

35. in one's book …의 생각[의견]으로는

· In my book, Boboonet Co. is a good company.

36. business 명 거래, 사업

· We do business exclusively on a cash on delivery basis and offer no credit whatsoever.

· We always welcome any business talks which will make our business more profitable.

· We do business on an irrevocable letter of credit, under which we draw a draft at 60d/s.

37. get down to business 일을 시작하다, 이야기의 본론으로 들어가다

· Now let's get down to business.

38. have no business …할 자격이 없는, (이해를 수반하는 것과) 관계없는

· You have no business inquiring about my private life.

39. like nobody' s business 훌륭히, 대단히, 맹렬히, 몹시

· He did the job like nobody's business.

40. mean business 정말이다, 진정이다, 농담이 아니다

· It is not a laughing matter. I mean business.

41. on business 상용으로, 볼일이 있어

· I've been to Manila several times on business.

42. cargo 명 화물

· The cargo is scheduled to be loaded on MV 'Hanbada' and to be finally discharged in San Francisco.
· The cargo in transit apparently met with an accident on board the vessel.
· Since the cargo is shipped in bulk, some allowance should be provided for natural loss during transit.

43. cash 명 현금

· We had a really hard time with the company. Once they placed an order with us for manufacture of a machine with their own specifications only to cancel to just before the date of delivery. Since then, we have accepted their orders strictly on a cash with order basis.

44. cash in on …에 돈을 걸다, …에서 이익을 얻다, …을 이용하다

· Some Japanese corporation cashed in on the special boom during the Korean War and reaped in huge profits.

45. certify 동 증명하다

· This is to certify that the product was produced in Hong Kong.
· This in to certify that Mr. Choi served with us from April, 1995 through March, 1999.

46. change 동 변경하다, 잔돈으로 바꾸다 명 잔돈

· I have changed my old word processor for a more efficient one.

cf. I have altered my shirt.

· Would you please change this bill for me?

cf. Exchange this ten dollar bill into Korean won, please.

47. check 동 조사하다, (일시적으로) 맡기다, 수표를 발행하다 명 수표

- I'll have to check the typewritten letter against the handwritten draft.
- So I will report to the KAL counter to check in my baggage and complete all other necessary boarding procedures.
- Concerning that matter, a check is in the mail.

48. C.I.F. 운임보험료 포함가격(=Cost, Insurance and Freight)

- We quote prices based on C.I.F. your port. (=Our quotation is based on C.I.F. your port.)
- All prices shall be quoted in U.S. dollars on C.I.F. New York basis.

49. circumstances 명 상황

- Under the circumstances, we had to resort to such extraordinary measures.
- We must by all means honor the draft drawn on us. If we fail, we will go bankrupt. Under such pressing circumstances, your financial assistance would be greatly appreciated.

50. claim 동 주장하다, 요구하다 명 클레임, 소송

- We claim that in its price range the quality of our latest model is second to none.
- We claim $5,000 for the damage incurred. The damage was due entirely to mistaken instructions from you.
- We will file a claim with ABC Corporation for US $100,000 for the inferior quality of the product purchased from them.

51. commercial 형 상업의, 영리의

- As the product dispatched to you this time is for your test use only, with no commercial value, kindly explain to that effect on your import declaration.
- We are a non-profit organization, and in principle do not pursue commercial interests.
- Their approach to us was purely commercial. (=They approached us just for commercial purposes.)

52. commission 명 수수료, 위탁 동 위탁하다

- Since it requires expertise and professional advice, we would like to accept the business if you allow us a 10% commission.

53. commit 동 태도를 표명하다

- As for the investment project to Singapore, we are too committed to New York City Bank to accept any other offers for additional loans, at least for now.
- The proposed project involves too much risk. We should withdraw from it before we are too committed. (=The proposed project is too risky. We should get off [out] before we commit ourselves too far.)

54. commitment 명 태도표명, 언질, 공약

- The fund is a special offer which we can hold open only for a short period of time. If you want us to set it aside for you, please remit immediately U.S. $10,000 as a commitment fee.
- We made a commitment to New York City Bank for the investment project to Singapore, and are, therefore, not in a position to accept other offers for additional loans, at least for now.

55. compare 동 비교하다(with)

- This machine favorably compares with those of comparable quality. (=This machine performs as well as those of comparable quality.)

56. comparison 명 비교

- At your suggestion, we made a direct comparison between A and B, and found out that A was far superior to B both in design and performance.

57. compensate 동 보상하다

- We are sorry for the inconvenience inadvertently caused to you this time. We will compensate you for the damage you incurred by offering a special 20% discount off the invoice amount. We will, of course, do our best to make sure such an error will not be repeated.
- Though you may find our prices a little higher than others', we are confident that our excellent after-sale service will compensate for them.

58. compete 동 경합하다, 경쟁하다

- Because of their excellent quality, our products will be able to successfully compete in price with those of comparable quality. (=Excellent quality of our products will enable you to successfully compete with products of comparable quality turned out by other manufacturers.)

59. compromise 명 타협 동 타협하다

- Finally we reached a compromise with them for the loss worth U.S.

$20,000 we had incurred, and they will pay us U.S. $10,000 for compensation.

cf. A happy medium was finally struck between the agents and us after a series of complaints filed with them stating that their performance did not justify the rate of commission we paid.

60. conditions 명 조건

· Since this is the first business transaction between us, we would like to agree on the basic terms and conditions of business.

· Conditions surrounding this business begin less favorable at present, we think it more advisable for you to wait until things improve rather than to jump at such a proposal.

61. on condition that …을 조건으로

· We will accept your proposal on condition that you give us a ten-month grace period for our payment after delivery of the product.

62. confidential 형 기밀의, 친전

· This information is specially provided at your request, and we ask you to treat it as strictly confidential. (=This information is strictly for your personal use, and we ask you to treat it with utmost confidence.)

63. confirm 동 확인하다

· The fact that they have sent us such an inferior product confirms rumors that the company is not at all trustworthy.

64. consign 동 위탁하다

· We would like to consign the goods to you on sale or return basis with a 3% net commission on the total sales amount. (=The goods will be consigned to you on condition that a 3% net commission will be paid for any goods sold while the remainder will be returned to us.)

· Your goods have been consigned through our shipping agents to Korean Line for shipment.

65. consignment 명 위탁품

· Your consignment of Rapo 75 has been transported to the area instructed.

66. contract 명 계약

· Since a basic agreement has been reached verbally, all we have to do is to discuss the details before signing the formal contract.

· Enclosed are two sets of the contract we drafted. If you have no objections to any of its clauses, please sign them and send back the duplicate to us, keeping the original for yourself.

67. counteroffer 명 반대오퍼, 역오퍼

· We would like to make a counteroffer as follows to your offer of December 10.

68. credit 명 대변, 신용 동 …에게 돌리다, 대변에 기입하다

· Last year the company you inquired about dishonored a note payable to us and since then we have been very cautious in offering them any credit.
· We credit our success in being able to approach a good company like that to their extraordinary efforts.
· Please credit our savings account with U.S. $10,000 at the Seoul Bank, Myeongdong, Branch. (=Please credit U.S. $10,000 to our savings account at the Seoul Bank, Myeongdong Branch.)

69. customs 명 관세(=customshouse)

· We must bring the cargo to the customs by the 15th at the latest, if you wish to ship it on board the vessel leaving on the 18th.

70. deal 동 (상품)을 취급하다(in), 거래를 행하다(with), 처리하다(with)

· Since our establishment, we have been primarily dealing in textiles. (=Since our establishment, we have been primarily handling textiles.)
· We have been dealing with Boboonet Trading Co., for more than thirty years.
· In order to deal with such a situation, we should use much stricter measures. (=Much stricter measures should be employed to deal with such a situation.)

71. deliver 동 인도하다, 배달하다

· We will deliver the product you want within one week after receipt of the order.

72. delivery 명 인도, 배달

· We took delivery of order No. 105 today through Asiana Air Service.
· We executed delivery of order No. 106 today.

73. develop 동 (상품 등을) 개발하다, 진전되다

· This is a new product developed by our R & D people after long and painstaking efforts, and we introduce it with complete confidence.
· This is our latest product developed after years of hard work by our engineering people. We have no reservations in recommending it for its unrivaled performance.

74. director 명 이사, 임원

· Mr. Choi has been appointed as senior managing director of the company.
· Mr. Choi has assumed the post of senior managing director in the company.

75. discount 동 할인하다 명 할인

· We will discount ten percent off our list prices if paid in cash. (=We will allow a ten percent cash discount for cash sales.)

76. discrepancy 명 상이, 차이

· The L/C from you shows an obvious discrepancy from our agreement, which has to be corrected on your side by January 15 at the latest.
· The L/C from you carries discrepant stipulations which we would like you to correct by January 15 at the latest.

77. discuss 동 논의하다, 논하다

· We will discuss your proposal internally in depth and inform you at some later date.
· Pertaining to the report discussing advantages and disadvantages of the computer system, we would like you to give more details on cost comparisons, that is to say, on how much we will gain financially.

78. dishonor 동 (기업을) 부도내다

· The draft we drew on ABC Corporation has been dishonored and bounced back to us.

79. distribute 동 판매하다, 유통시키다

· Our products have been distributed throughout the world by our sole agents.

80. distributor 명 특약판매점

· We need capable distributors enough to distribute our products in the highly competitive Korean market.

81. document 명 서류

· Most of our customers allow us to do business on D/A terms. We simply do not understand why you keep insisting on our opening a letter of credit each time.

82. documentary 형 서류의

· No financial institutions are willing to negotiate bills unless substantial by documentary letters of credit issued by internationally reputed banks.
· Under the L/C No.11585, we negotiated a documentary draft of U.S. $100,000 with the CHB Bank, Jeonju Branch.

83. draft 명 어음, 원고 동 기초하다, 기안하다

· We conduct business on an irrevocable letter of credit to be issued by a mutually acceptable commercial bank, under which we draw a draft at 60 d/s.

84. due 형 (어음 등의) 지불기일이 되어, …때문에(to)

· We will ship the cargo on board MV 'Hanbada' due to leave Busan on May 30.
· The draft will become due on this coming March 31.
· We were not in a position to deliver the order in time due to the extraordinary production delay on the part of our manufacturers. (=The extraordinary production delay on the part of our manufacturers has made it impossible for us to deliver the order on schedule.)

85. duplicate 명 부본

· We are sending herewith a draft of an agreement prepared in duplicate. If it is acceptable to you, kindly sign both the original and duplicate, and send them back to us.

86. duty 명 의무, 세

· They impose the 10% import duties on this particular item.

87. do duty for …의 대용이 되다

· Even superannuated machines will sometimes do duty for state- of-art equipment if operated by trained hands.

E

88. enable 동 가능하게 하다

- This happy turn in the situation has enabled us to meet the scheduled delivery.
- Self-service often enables customers to meet their needs faster than would be possible if they relied on clerks.

89. enclose 동 동봉하다

- We enclose a copy of the letter forwarded by ABC Corporation. (=Enclosed is a copy of the letter forwarded from ABC Corporation.)
- We have received a letter from Stone & Company enclosing a copy of their import license.

90. endorse 동 보증하다, 배서하다

- Now that the general manager in charge of the International Department has endorsed it, the project will surely be approved by the board.
- Endorsement by the general manager in charge of the International Department practically means that the plan will be approved at the board meeting.

91. engage 동 종사하다

- We engage in the import and export of chemical products.
- Our president is fully engaged, and I find it difficult to let you see him this week. Would you like to call us again sometime next week?

92. enjoy 동 (좋은 측면)을 갖고 있다

- The products that the company develops enjoy a good reputation and always command good sales.
- Seoul enjoys an excellent subway system. (=Seoul offers an excellent subway system to commuters.)

93. enough 형 충분한 부 충분하게

- You have not measured up to our expectations as our agents.

cf. Orders coming in from the European markets are sufficient to keep our department busy at least for the time being.

94. equip 동 (기계설비를) 갖추어 주다, 장비하다(with), 설비해 주다

- The plant is well equipped with the latest machinery.

95. error 명 상이, 틀림

- This is entirely a clerical error on our part and by no means represents our business policy.

96. establish 동 설립하다, 수립하다

- Since we were established in 1930, we have been importing primarily printing machines from Germany.
- We have established a close relationship with leading manufacturers.

97. estimate 동 견적하다 명 견적(서)

- The average adjusters have estimated the damage on the cargoes at $100,000.
- We shall appreciate it if you will work on an estimate with complete details including possible time of shipment.
- The carpenters made an estimate of $2,000 for the jobs we wanted them to do.

98. exchange 동 교환하다 명 교환, 환전, 환

- The dollars that importers remitted have to be exchanged into the yen at a bank.
- Your quoted price leaves no profit to us at this exchange rate.
- We will send you reports on the local market, in exchange for information on your market conditions.

99. expedite 동 촉진하다

- The customer is getting impatient. Please expedite the order, or he might cancel it.

100. extend 동 (사업을) 확대하다, 확장하다

- We would like to extend our business to the Philippines.
- We are thinking of extending our lines of business centered in chemical products to include medical items.
- Our scope of business extends virtually to any product conceivable except intangible items such as copyrights.
- We will extend a heartfelt welcome to Mr. Smith when he makes his scheduled visit to us.

F

101. favor 동 찬성하다, 지지하다 명 은혜, 애원

- Enclosed is a bill showing a balance of U.S. $100 in our favor.
- The company's products have long been favored by many customers.
- We should be pleased if you would favor us with repeat orders.
- Few executives risked favoring his proposal.

102. favorable 형 호의적인, 호의를 보이는

- We do not see any positive market potentials in your products now.
- When the market has taken a more favorable turn, we will contact you again.

103. file 명 파일 동 (서류 등을) 정식으로 제출하다

- We have filed a claim with Masters Inc. on the inferior quality of the product delivered to us.
- The government agency has filed a total of U.S. $100 million in law suits against members of both institutions, charging fraud and negligence.

104. find 동 간주하다, …라고 생각하다.

- We find the prices they quoted is quite reasonable.

105. find an answer 해결책을 찾다

- We have to find an effective answer to the dilemma we are in. Subcontractors are demanding that our purchase price be raised while customers are pushing for stricter terms.

106. find ... in order 적정한지 어떤지 조사하다

- Enclosed is the statement of accounts from us covering expenses we incurred for Mr. Choi during his recent visit to us. We hope you will find it in order.

107. find out …가 어떤지 찾아내다, 확인해보다

- We will find out whether the claim filed by them has any valid reason.

108. firm 명 기업, 상사 부 확인해서 형 확정된

- We offer your firm the following items, subject to your acceptance to reach here by January 15, our time.

109. fluctuate 동 변동하다

· Stock prices have been fluctuating so much in recent weeks that nobody can come up with an accurate prediction.

cf. The prices are subject to market fluctuations.

110. F.O.B 명 본선인도

· Please quote your prices of EF-505 on F.O.B. Vessel Yolohama or on C.I.F. New York.

111. free 형 무상의, 공짜 동 해방하다

· The company is free from undue interference from the parent company over its corporate policy making.

· Items of this kind are usually free of any customs duties otherwise levied on incoming goods.

· The automated office equipment has freed clerical workers from many tedious jobs.

112. make free with …을 마음대로 사용하다

· Such employees who always make free with someone else's property are not appreciated.

113. freight 명 운임, 운송화물

· As a general practice, banks do not accept bills of lading unless they are blank endorsed and marked 'freight prepaid'.

· That airplane is designed only to carry freight.

114. furnish 동 공급하다(with)

· The company furnished the dormitory for employees with the furniture they may need for everyday use.

115. general 형 종합적인

· he proposal from you is being internally discussed but general agreement has not been reached among departments interested in the project.

cf. Kindly allow us several more weeks to come up with any definite decision.

116. goods 명 상품, 재화, 화물

- Our forwarding agents will bring the goods to the customs by the end of this week so that they will be shipped on board the 'Hana'.

117. gross 형 종합적인 동 총이익을 얻다

- It seems there is a misunderstanding between us over interpretation of the weight. We meant gross weight, which includes the tare, while you took it to mean net weight.

118. guarantee 명 보증 동 보증하다

- We would like to stress that good quality alone does not always guarantee good performance. Successful marketing always demands cooperation from local partners.
- The insurance guarantees you against commonly-incurred damages including fire, flood, and other disasters.

119. handle 동 (상품 등을) 취급하다

- The company handles internationally well-known brands of consumer electronics products.
- Now that all necessary arrangements have been made, we should leave it to the excellent hands of average adjusters to handle the matter.

120. fly off the handle 자제심을 잃고 욱하다

- When they were discussing something, an executive suddenly flew off the handle and shouted at members attending the conference.

121. hedge 명 (투자 등에 대한) 방지책(against) 동 (위험 등)을 회피하다

- As dollar-denominated receivables are increasing, we should provide more hedges against possible exchange losses.
- We will hedge our export receivables through forward exchange contracts with our bankers against any exchange loss that the strong yen might bring.

122. honor 동 (어음, 수표 등을) 만기에 결제하다

- Pacific West Corporation failed to honor the draft we drew on them. Their checking account did not have sufficient funds.
- Boboonet Trading Co., did not honor their promise to let us join the project. They instead invested another firm as co-manager.

I

123. identical 형 동일의, 같은(to)

· There are unauthorized copies of our products recently, which are identical to ours except for a slight color difference, from Southeast Asian countries.

124. identify 동 확인을 행하다, 확인하다

· Since we are not sure if the signature is genuine or forged, we should send it to the bank to have it identified by their trained eyes.

· We would like to send someone to the airport to meet your Mr. Smith. None of us has met him, so a photo would help us identify him.

125. identify with …와 의기투합하다

· We can really identify with your customers who were put in such an awkward situation by the wrong delivery of the order.

126. immediate shipment 명 즉시 선적(=prompt [as soon as] shipment)

· In order to avoid possible misunderstanding, we would like to have a mutual agreement on the term 'immediate shipment' to interpret it as 'shipment to be effected within thirty days after acceptance of the order'.

127. indebted 형 빚이 있는(to), 덕을 보고, 은혜를 입고(to)

· We are indebted to ABC Corporation for information on the financial status of Boboonet Trading Co., Ltd.

128. indemnify 동 …에게 보상하다(for)

· We will indemnify you for the loss you have incurred this time subject to submission of an authoritative survey report from the surveyor.

· The paper called 'the letter of indemnity' is issued at the request of a shipper to indemnify against potential damages which may occur to the cargo while in transit.

129. inform 동 전하다(of), 보고하다(of)

· Thank you very much for your letter informing us of your recent market conditions.

cf. Mr. Alvarez, assistant vice president, reports to Mr. Henry, vice president.

130. inform myself of …을 상세하게 조사하다

· I informed myself of the details of the matter.

131. information 명 정보

· We have not yet received any information on the audition results. (=Information on the auditing results is not yet to be received.)

132. inherent vice 명 고유의 결함

· With respect to your comments on the rust on the product, we judge it as inherent vice from the way you describe it, which exempts us from any responsibility after the sale was made.

133. inquire 동 조회를 행하다(about), 조회하다(about)

· This is to inquire about the latest model of your Word Processor RAPO 901.
· The Digital Tape Recorder you inquired about is in such great demand that orders outpace manufacturing. At present we are accepting orders on condition that delivery will be made in six months.

134. inquiry 명 조회, 조사

· With respect to your inquiry of May 3 for the product we handle, we would like to quote as follows.
· Concerning their alleged imitation of the other firm's only to find that such a claim is totally ungrounded.

135. inspect 동 검사하다

· Hanjin Co., our agents, will inspect the goods on our behalf.

136. instruct 동 지시하다, 명령하다

· Your letter roughly explained how to install the machine, but details have not reached us as yet. So please instruct us exactly how it is to be installed.
· For shipment, please instruct us on which vessel we should ship the cargo.

137. instructions 명 지시, 명령

· As of writing this letter, we do not seem to have received any shipping instructions from them yet.

138. insurance 명 보험

· We have effected marine insurance on your goods for U.S. $100,000.
· As this business is based on F.O.B., please effect marine insurance on the goods with your underwriters.
· Please effect marine insurance on our cargo on Against All Risks,

including War Risks.

139. insurance policy 명 보험증권

· We have insured your cargo as an enclosed copy of the insurance policy shows.

140. insure 동 보험에 들다, 부보하다(against)

· The cargo is insured against perils of the sea.
· Please insure the goods against risks in transit.

cf. Accepting an overseas assignment now may ensure your future career.

141. the insured 명 피보험자

· The insured are, in short, customers of insurance companies.
· The insurers are obligated to pay the insurance amount to the insured when an accident has occurred.

142. interest 동 …에 흥미를 갖고 있다 명 흥미, 이해

· We hope that our catalogs have interested you in our products.
· We are interested in your Electronic Typewriters.
· Word that the Korea government may raise its official discount rate in affecting the short-term interest rates of the Korea won. (=Rumor has it that the Korea government may raise its official discount rates of the Korea won)
· The company has acquired the controlling interest in John & Company, their Long-term subcontractors.
· Such defective products will work strongly against the interests of consumers in general.
· In the interest of the long-standing patronage, we have decided to accept the offer from Johnson & Company.
· In the interest of time, we would like to stop discussion of this topic and move on to another one.

143. inventory 명 재고상품

· The item you inquired about is one of our best sellers, and we are ready to supply you it or our inventory upon receipt of your order.
· Right now we are taking inventory of all remaining stocks in order to check them against the balance of the ledger account.

144. invest 동 투자하다

· As the prime lending rate is dropping, we are at the best moment to invest in plant expansion. (=The prime rate is getting lower. Why not take the best advantage of this fortunate opportunity to borrow money and invest it in plant expansion.)

145. investment 명 투자

· Our investments in Thailand have already reached the break- even point and are ready to produce income.
· Our investments in Thailand have already arrived at the break- even stage where they are ready to produce income.

146. invoice 명 송장

· We have shipped the following goods on board MV 'Eastern Glory' today and a copy of the shipping documents, including a commercial invoice, will be sent to you as soon as they are ready.
· As the customs here want to compute import duties to be levied on your goods, please prepare a proforma invoice on the merchandise and send it to us promptly.

147. involve 동 휘말리다, 말려들다, 휩쓸리게 하다

· This transaction involves ten million dollars.
· A careless statement by a marketing director developed into a dispute involving the whole company.

148. get involved in (좋지 않은 상태)에 말려들다

· Several senior officers of the company got involved in a securities scandal.

149. itinerary 명 여정

· As for our president's forthcoming visit to Europe, a one-day stay in London, England should be included in his itinerary.

150. justify 동 정당화하다

· The past several years' performance hardly justifies your acting as our agent, unless more positive marketing results are achieved in the near future.
· The volume of your order is too small to justify the price you want.
· The global acceptance of 'Workman' justifies this much annual budget for research and development to work on new products.

L

151. lb 파운드(=pound)

· Our unit price per lb. is 95 cents in U.S. currency.

152. lease 명 임대, 리스(장기로 재물을 임대해주는 것)

· We do not assume responsibility for maintenance and repair for leased property, and as a general rule the lease agreement is not subject to cancellation.

153. legal step 명 법적인 수단 [조처]

· We have tried to settle this matter as amicably as possible. But it seems we have come to protect ourselves, if you still keep rejecting our appeal.

154. letter of credit 명 신용장

· We do business on irrevocable letter of credit, under which we will draw on you a draft at 60d/s.
· The letter of credit must be opened by a mutually acceptable bank.

155. letter of indemnity 명 보상장

· The shipping company reported to us that the letter of indemnity may carry a remark because of the inferior packing of the cargo.
· If it is so remarked, no bankers will negotiate our draft. To remedy this we will turn in a letter of indemnity to the carrier to get them to issue a clean B/L instead.

156. line 명 취급상품, 방침

· Stationery is our main line of business.
· The company takes a line of aggressive overseas marketing.

157. on the line 위험에 처해있는

· Their prestige and big money are on the line.

158. list price 명 가격표

· Although our list price is U.S. $2.50 per set, we are offering you U.S. $2.10, a specially reduced price in appreciation of the long- standing relations between you and us.
· The list price is subject to market fluctuations and may change without notice.

159. long ton 명 영국톤(=English ton)

· Although you insist to the contrary, the order covering ten tons from us is short by 2,400 lbs. of the agreed quantity which is based on long ton, not short ton. We request you to dispatch the shortfall immediately by air-freight. (=The shipment to us was meant to be on long ton, not short ton basis as you claim. This is what our contract clearly provides for. Your misinterpretation on the tonnage obviously led to the short shipment by 2,400 lbs. Considering this, please ship the rest immediately by air-freight.)

160. negotiable 형 교섭가능한, 양도가능한

· This check is negotiable by endorsement at any foreign exchange bank.

161. negotiate 동 교섭하다, 양도하다, 할인하다

· We have negotiated with MITI for a COCOM-related export license.
· The company unsuccessfully negotiated with the Bank of Seoul for the foreign exchange related business. (=The company negotiated with the Bank of Seoul for the foreign exchange related business but it didn't work out.)
· We have negotiated the draft with the Seoul Bank, Gunsan Branch.

162. negotiating bank 명 매입은행

· Several banks are functionally involved in the import and export business; an opening bank which opens an L/C at the request of importers, an advising bank or notifying bank which literally advises its arrival to the beneficiary, and a negotiating bank which discounts a draft drawn on importers.

163. net 형 정미의 동 순이익을 얻다

· The company grossed U.S. $150 million last year and netted $20 million.

164. be obliged if …해 주시면 고맙겠습니다

· We should be obliged if you would give us an early reply.
· We are looking forward to an early reply.

165. offer 동 제공하다, 청약하다 명 제공, 청약

- We would like to offer you the machine at a specially reduced price of U.S. $20,000.
- We offer you firm W-660S under the following terms, subject to your reply reaching here by March 1, our time.

166. pay 동 지불하다

- We have paid U.S. $100,000 for the machine.
- We have paid U.S. $100,000 in cash [by check] for the machine.
- We have agreed to pay U.S. $100,000 for the machine on two equal installments.

167. pay off (채무를) 변제하다, 완제하다

- I finally paid off the loan. Energy-saving equipment will pay off in the long run.

168. payment 명 지불

- This is to acknowledge receipt of your payment U.S. $5,000, for the sample from us.
- Enclosed is a check for U.S. $20,000 in payment for [of] the repair service for the machine. We hope you will find it in order.

169. premium 명 보험료, 할증금

- As this business is based on F.O.B terms, please remit us U.S. $100 for you, or send us a credit note covering the same amount.
- Most Japanese cars are being sold at a premium because of the short supply created by the voluntary export restrictions imposed on them.

170. put a premium on …을 권장하다, 권하다

- Many of our customers put a premium on our machines for their excellent energy efficiency.

171. price 명 가격

- Our prices are slightly higher than those of other manufacturers. If you take into consideration on-time delivery and excellent after-sale services, ours are far better.
- Most imported goods are sold at prices roughly two or three times higher

than in the countries they originate from. (=The imported goods are roughly two or three times as expensive as in the countries of origin.)

172. principal 명 (대리인에 대한) 본인

· As the structure of the business is rather complicated, we would like to join in at this time not directly as principal but through Boboonet Company acting as our agents.

173. profit 명 이익, 소득 동 이익을 얻다

· Working on a very small margin of profit, we find it very difficult to accept any further discount of the price.

174. profitable 형 이익이 있는, 득이 되는

· Though the volume of transactions will start at a rather modest level, our business will grow into a mutually profitable enterprise as the market develops.
· Under the circumstances, it will be profitable in many respects for you to participate in the project.

175. provide 동 부여하다(with, for), 제공하다

· We are ready to provide you with the necessary information at any time. (=We are ready to provide the necessary information for you at any time.)
· The newly opened local school provides an educational opportunity for Japanese families assigned to the U.S. similar to that currently available to Japanese children at home.

176. purchase 명 구입, 구매 동 구입하다

· Purchase of land in suburbs of the city is advisable, a its market price is expected to grow at a higher rate.
· We would like to purchase a part of the electric equipment to be installed in the local plant.

177. quality 명 품질

· The quality of your product hardly justifies the price you quoted. (=We find it very difficult to accept the price of your product in view of the poor quality.)
· You may find our product best in comparison with those of comparable

quality.

178. quantity 명 수량

· As we are placing such a substantial order, we would expect a 2% quantity discount off your list price.
· We take a 2% quantity discount for granted for such a substantial order as we are placing.

179. quote 동 견적하다

· Please quote us your best possible price on your JWS89.
· The price we quoted is subject to a slight change depending on the time of shipment and the prevailing exchange rate of the Japanese yen.
· Please note that this quotation is for your reference only subject to change to some degree depending on the time of shipment and the prevailing exchange rate of the Japanese currency.

180. reasonable 형 합리적인

· Unless you come up with more reasonable prices, we will not be able to accept your offer.
· Slightly more reasonable prices will convince us to accept your offer.

181. on [upon] receipt of …을 받은 후에, 받고 나서.

· On receipt of a letter of credit from you, we will instruct our manufacturers to start processing your order.
· The expenses you paid for us will be reimbursed by us immediately upon receipt of your bill.

182. receive 동 수령하다, 수취하다

· We have received with thanks your letter of May 31.
· We have received a statement of accounts from you covering expenses you incurred for our Mr. Choi during his recent visit in your city.

183. refer 동 참조하다(to), 조회하다, 문의하다

· For this matter, we would rather refer you to Kennedy & Company.
· We have referred to the Bank of Seoul for the financial status of Smith & Company.

184. reference 명 조회선

· Your name and address have been given by Boboonet company of Seoul, as a reference.
· I saw in the Korea Times that you are seeking a qualified credit investigator. I enclose a resume covering my qualifications, and references will be gladly provided on request.
· Though we received a reply from the company, no reference was made at all to the credit references we need.

185. referring to …에 관하여, …에 대해서

· Referring to the firm in question, we would like to hold back any comments until we complete further investigations.

186. reimburse 명 (빌린 돈을) 돌려주다

· We will reimburse you by the end of this month for the bank charges you paid on our behalf.

cf. We repaid the outstanding balance of the loan in full.

187. remind 동 독촉하다, 재촉하다

· This is to remind you that the cost of the sample, which you promised to settle by the end of this month, has not yet been remitted to us.
· I will try to keep the lunch meeting with Mr. Foster in mind. But to make sure, please remind me of it when the date approaches.

188. remit 동 송금하다

· We remitted you U.S. $10,000 today to your account with the Chase Manhattan Bank, Seoul.

189. remittance 명 송금

· It seems that as of this writing, the remittance you promised has not been acknowledged.
· We have just made a remittance of U.S. $10,000, the commission due to you, through the Seoul Bank, Gwangju.

190. represent 동 대표하다

· If you have not been represented in Tokyo, we should be happy if you would consider us as a candidate for your local agents.
· We will let our Mr. Choi represent us to negotiate the joint venture project.

191. representative 명 대표자 형 대표적인

· As negotiations for the contract have at last come to the final stage, we want you to send us your representative so that we can draw up a final draft.

· Please do not underestimate us by looking at one inferior product alone. It is by no means a representative sample to describe the quality of our whole range of products.

192. run 동 경영하다, (위험을) 감수하다, (금액이) 되다, (재고가) 감소하다

· It requires talent to successfully run such a debt-ridden company. (=Only a talented person can successfully run such a financially troubled company.)

· Smith & Company is a well-reputed organization here, and you will run no risk whatsoever in doing business with them.

· As our stock of this item is running low, we suggest that you place your order early.

193. sell 동 팔다, 팔리다

· Some NIES manufacturers are selling their products at much lower prices than their Japanese counterparts'.

· Our ski gloves sell well throughout the year. They sell particularly well around Christmas season.

194. sell like hot cakes 날개돋친 듯 팔리다

· Boboonet's new product 'Disk Woman' sells just like hot cakes.

195. sell someone a bill of goods 감쪽같이 속이다

· The new agents sold us a bill of goods.

cf. They always bring in bad accounts.

196. sell someone down the river (사람을) 배반하다

· Boboonet Trading Co., assured us that they would invite us to join their forthcoming project only to disappoint us later. They have sold us down the river indeed.

197. settle 동 (문제 등을) 조정하다, 해결하다, (대금을) 지불하다

· If they mediate between us, we could settle our conflict of interests.

· In order to settle it, we should negotiate the receivable of the account with a factoring company. (=Maybe we had better sell the receivable to a factoring company in order to settle the account.)

198. ship 동 배에 싣다, 출화하다

· We will ship your order No. 1150 on board MV 'Morning Sun,' leaving Busan toward the end of this month.

· The department store has shipped the furniture to the address that the customer designated.

199. shipment 명 선적, 출화, 적송품

· It is a common practice for the exporters to dispatch a shipping advice to the importers immediately after shipment has been completed.

200. shipping documents 명 선적서류

· We are sending under separate cover a copy of an entire set of shipping documents, the bill of lading, the commercial invoice, the insurance policy, and other important documents as provided for in the contract.

201. solvency 명 결제능력

· We would appreciate your comments on managerial capabilities and solvency with respect to Reagan Inc. We are contemplating extending a seven-figure line of credit to the company.

202. solvent 형 결제능력이 있는

· The political unrest in the country has already affected the local commercial activities enough to threaten such a solvent company as South Pacific Corporation.

203. spot 명 현물, 현장

· As the yen is appreciating rapidly against the dollar, we will hold our dollars in our savings account for the time being, rather than exchange them at the spot exchange rate.

204. on the spot 그 곳에서, 즉시, 바로, 현장에서

· In most discount shops, you must pay on the spot.

205. staff 명 직원

· This is to introduce Mr. Choi, a member of our marketing staff who is visiting you to discuss marketing strategies for the new product with your marketing specialists.

206. standard 명 표준

· The craftsmanship of the sample may satisfy general quality standards here but falls short of ours.

207. state 동 진술하다, 명확하게 하다

· As the financial record so states, the firm in question has suffered heavy financial losses over the past several years.

208. statement 명 확언, 보고서

· Thank you very much for your latest annual report covering the financial statements of the last two years.

209. subcontractors 명 협력회사

· The sudden appreciation of the Japanese yen has worsened our export profitability to the degree where we can offer little or no margin of profit to our subcontractors. Under such circumstances, we are unable to accommodate any further price discounts.

210. substitute 명 대체품 동 …을 대리하다

· The EX-ST3, about which you inquired, is out of stock and it will be several more weeks before our stocks can be replenished. Hence we recommend you EX-ST4 as a good substitute, which has almost equal performance to EX-ST3 except that the running speed is slightly slower. Rather than leaving your machines idle, wouldn't it be better to at least try it?

· The general manager of marketing has gone on an urgent business trip overseas, and the section manager is supposed to substitute for him at the forthcoming conference.

211. supervise 동 감독하다, 관리하다

· Mr. Choi is an office manager supervising a staff of ten. (=Mr. Choi is an office manager with a staff of ten under him.)

· Kindly dispatch one of your managers to the joint venture in order to have him supervise local operations.

212. supplier 명 공급자, 납품업자

· We are suppliers having close business relations with leading department stores here in this country. We enjoy patronage from them particularly in our line of office equipment.

213. supply 동 공급하다, (필요를) 충족하다

· Since we have a factory of our own, we will be able to speedily supply whatever merchandise you may need.

T

214. tare 명 화물의 포장중량, 용기중량, 차체중량

· As a rule of thumb, we would say that the tare of the cargo may weigh roughly 5 kgs. So the gross weight of the cargo being 100 kgs, the net weight will be about 95 kgs.

215. tariff 명 관세(=customs duties), 관세율

· If higher tariffs are imposed on products from Japan, a lot of local retailers here will have to raise their prices, which would hurt their business and eventually your business as well.

216. term 명 기간, 용어

· During Mr. Choi's term as president, the firm had a long and prosperous run.

· Please explain in layman's English. We are not engineers and do not understand such technical terms.

217. terms 명 조건 (cf. Terms and Conditions)

· Enclosed is a draft of the terms and conditions of business for your comments and suggestions for improvement.

218. come to terms with …와 합의에 도달하다

· After heated negotiations, we finally came to terms with the customer over the sales contract.

219. in terms of …의 점에서, …에 관해서, …으로 환산해서

· We find that the export contract you drafted in rather disadvantageous to us particularly in terms of the exchange rate as a basis of the escalation clause.

· It seems that the U.S. dollar is temporarily overvalued in terms of the Japanese yen, Deutsche mark and other major currencies.

220. trade 명 업계 동 장사하다(in), (중고차를) 고급으로 바꾸어 사다

· We trade mainly in cameras of Japanese make with customers around the world.

221. transact 동 거래를 행하다

· Rumor has it that the company you inquired about recently suffered a major loss, and hence you are well advised to transact any business with them.

222. transaction 명 거래

· In the electronics components field, we have substantial monthly business transactions with GTE Sylvania Inc.

223. trust receipt 명 수입화물보관증

· To take delivery of the imported cargo, we have to surrender a bill of lading to the shipping company; we have to seek temporary release of the B/L from our bankers against a trust receipt which they are demanding.

224. turn around 흑자로 돌리다, 방향을 바꾸다

· He has successfully turned his company around with his relentless cost-cutting measures.

225. turn in 제출하다

· We have to turn in an application for our export license by the end of this week.

226. turn out 제조하다(=produce)

· The company turns out electric dish-washers.

cf. The marketing campaign turned out to be very successful.

227. under 전 …에 근거하여, …을 기본으로

· We do business, as a general rule, on an irrevocable letter of credit, under which we draw a draft at 60 d/s.

228. unload 동 양화하다

· The vessel has arrived at its destination port and the cargo is now being unloaded.

229. usance bill 기한부어음

· We naturally prefer a bill of preferably 60 days' usance to a sight bill, because a usance bill normally gives us a grace period from acceptance of the bill to maturity. This enables us in the meantime to get and sell the order and to apply the sales proceeds for the payment of the draft.

230. valid 형 (효력 등이) 유효한, 확실한

· We must apply a more valid basis of logic to counter their claims.

231. validity 명 효력, 유효성, 정당성

· Although we thoroughly studied the validity of your complaints, we have judged that the malfunction about which you protested was obviously due to a simple operational error on your part, not to mechanical failure which would be covered by our warranty.

232. work 동 일하다, 작동하다

· It is not correct to think that Japanese companies force their employees to work too hard.

233. at work 작용하고 있는

· Various forces are at work beneath the surface.

234. work against …에 역효과가 나다

· If used at the wrong moment, otherwise good jokes work against a friendly atmosphere.

235. work for (+)적으로 작용하다

· Timely advertisements always work for good marketing performance.

236. work on …으로 씨름하다

· We are currently working on a joint venture project in a certain country, which is primarily aimed at inexpensive labor and good quality material.

237. work out (사업 등이) 잘 진행되다

· The quality control campaign has finally worked out, though in the earlier stages we had a hard time getting cooperation from the workers themselves.

238. work with …와 함께 일하다

· Several temporary employees were hired and worked with us to handle the unexpected rush of orders.

239. workable 형 실행가능한, 가능한

· Your suggestion does not seem a workable solution to such a complicated problem as we face right now. It offers none of the down-to-earth solutions we desperately need.

240. wrong 형 나쁜, 잘못 된

· We have received your sample No. 102. This is a wrong sample since we specified sample No. 101, not No. 102.

· In January, 44 passengers died in a crash in England when the flight crew of a new British Midland 737 apparently shut down the wrong engine after the other one malfunctioned.

Essential Expressions for Business Writing No. 700

부록 5

<무역통신문 표현사례 700선>

Beginning a Letter(서문)

1. We are most impressed with the quality and performance of your new product demonstrated at the Chicago International Trade Fair.

2. As your name and address were listed in The Trade Times, we are writing with a desire to establish a business relationship with you.

3. Having found your advertisement in today's New York Times, we would like to buy your new product model AS-600.

4. We have been in touch with your Chamber of Commerce and Industry, who recommended you, and we wish to close a sales agreement with you.

5. We understand that you have no selling agent in Korea, and we would like to offer our services.

6. We would like to sell our products in your country, and ask you to recommend some reliable firm who would be willing to represent us.

7. Thank you for your letter of May 25 informing us of your interest in our new product.

8. We are pleased to receive your letter showing your proposal to act as our selling agent.

9. We have seen your advertisement in the New York Times and are interested in your refrigerator model PX-600.

10. We have received an inquiry for a minicomputer, and would like to have full details of your product.

11. One of our customers has been in touch with us regarding the supply of American corn.

12. Your name was given by our suppliers. Messrs. Choi & Co., Seoul, as an excellent manufacturer of business machines.

13. In reply to your letter of September 10, we are pleased to enclose a detailed quotation and catalogue of our electronic ovens.

14. In reference to your letter of March 10, we confirm that we can ship your goods by April 20 without fail.

15. You will be interested to know that we have recently put our new product into the market.

16. You can see from our enclosed catalogue that we have put a revolutionary new product into the market.

17. Further to our letter of May 25, we would invite your attention to our new product introduced into the market recently.

18. We are sorry to learn from your letter that you did not find our proposal quite acceptable to you.

19. We have carefully considered the proposal you made in your letter of September 28.

20. Thank you for your letter informing us that you have a large inquiry for our popular product.

Ending a Letter(결문)

21. We look forward to hearing from you soon.

22. We are looking forward to your early and favorable reply.

23. We should be obliged if you would advise us whether you can accept our proposal.

24. Any information you may favor us with will be much appreciated.

25. If you are interested in our proposal, please let us have your reply soon.

26. An early reply would be appreciated as we wish to reach a prompt agreement.

27. We look forward to your letter confirming our order.

28. If this proposal is acceptable to you, please let us know so that we can discuss details of business.

29. We wish to be helpful to you.

30. We hope to be of service to you.

31. We are confident that you will become a satisfied importer of our goods.

32. We shall surely do our best to give you full satisfaction.

33. We suggest you take advantage of this proposal to ensure that you will be completely satisfied.

34. It will be a pleasure for us to serve you.

35. We assure you of our best attention at all times.

36. We shall do our utmost to execute your order to your complete satisfaction.

37. As we have to decide quickly, we would like to receive your urgent reply.

38. We ask you to handle our order with the utmost attention.

39. We are anxious to serve you and should be grateful for your early reply.

40. You may rely on our continued cooperation and attention.

Business Proposal(거래제의)

41. We are writing to you in the hope of opening an account with you.

42. We are interested in having a business relationship with you concerning the supply of electric parts.

43 We wish to sell your products throughout our country as selling agency.

44. We have been supplying the best quality machine tools to every part of the world and hope there is a large demand for our goods.

45. We are importing a number of food products from the U.S.A. and consider that we have considerable experience in your field.

46. We are one of the largest wholesalers of business machines and have excellent sales outlets in this country.

47. We wish to have contact with a reliable company who is willing to sell our goods.

48. We have been manufacturing various cameras and wish to extend our marketing activities to the whole of your country.

49. As there will be a large demand for our goods, we have decided to open business relations with you in order to meet the demand.

50. We are convinced that there is a large potential market, and you will surely be able to develop an extensive business.

51. We would like to offer our services to sell your product in this market.

52. After careful consideration, we have decided to accept your proposal to import our goods.

53. Thank you for your proposal. We are pleased to accept it to extend our business activities in your market.

54. We are interested in your proposal, and would like to discuss the trade terms.

55. Your products enjoy excellent sales here, and we would like to establish a business relationship with you.

56. We are one of the leading manufacturers of electronic and electric appliances, and wish to open up a good market in your area.

57. We have extensive sales networks for your products, and shall always be ready to cooperate with you in marketing them.

58. We would like to handle excellent goods like yours which could be distributed throughout our country at moderate prices.

59. We are interested in the possibility of commencing business with you concerning the supply of superior European sundries.

60. We are one of the largest producers of chemicals, and are confident that we can supply the best quality at the lowest prices.

Credit Inquiry(신용조회)

61. As this is our first business with you, will you kindly let us have the names of firms or a bank to whom reference can be made?

62. As to our credit standing, please refer to The Seoul Bank, Busan.

63. Concerning our trade references, we are permitted to mention the name of IBM, Chicago, who are our chief suppliers and are willing to answer your inquiry.

64. As soon as the inquiries have been satisfactorily completed, we shall be pleased to do business with you.

65. Messrs. Henry Watson & Co., with whom we will place an order amounting to U.S. $5,000,000, have given us your name as a credit reference.

66. We should be obliged if you would give us your opinion on the company's reputation and their financial standing.

67. Please let us have your frank opinion on our giving them a credit limit amounting to U.S. $100,000.

68. In reply to your letter of April 10, we are pleased to refer you to The Bank of Seoul, Ltd., Seoul as our credit reference.

69. Your name has been given to us as a credit reference by The American Food Co., Inc., who wants to open an account with us.

70. We shall much appreciate it if you will furnish us with any information

on their business standing.

71. We are interested to know whether you think they are reliable and we can freely give them credit for a sum of U.S. $100,000.

72. Any information given to us, will be treated in strict confidence and we will not hold you responsible for the contents.

73. We assure you that you will assume no responsibility for the contents of the information you give us.

74. We enclose a stamped self-addressed envelope for your reply and thank you in advance for your courtesy.

75. In reply to your inquiry, we are pleased to give you the information you have asked for.

76. The company you mentioned is one of the oldest and largest manufacturers and has enjoyed the highest reputation here.

77. We have done business with them for many years amounting to U.S. $100,000, and have never experienced any inconvenience.

78. We believe they are quite sound in their business standing and are very reliable in financial matters.

79. Though this information is supplied without any prejudice, we must ask you to treat it in strict confidence and we assume no responsibility.

80. Established in 1950, the company has a sound business standing and has enjoyed an excellent reputation.

81. The following information is given to you for your free disposal concerning the firm mentioned in your inquiry.

82. We would suggest you pay the most careful attention in business with the company you mentioned.

83. We are not in a position to supply any definite opinion as our business with them is quite limited.

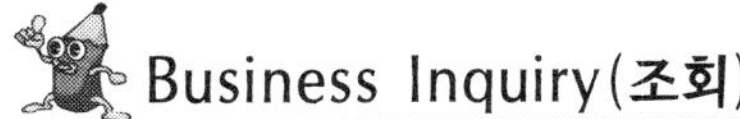

84. Please quote us for the supply of 100 units of your minicomputer, giving your prices C.I.F. Busan and F.O.B. Los Angeles.

85. Please let us have full details of your trade conditions including payment terms, shipping time and export prices.

86. We should be glad if you would let us have your quotation together with a catalogue and technical information.

87. Please send us full details of your new product model PQ-600 and state your earliest delivery date.

88. If you can guarantee prompt delivery and can quote really competitive prices, we will be able to place an order with you.

89. We would require 100 units and ask you to let us have a quotation for this number.

90. Please quote your lowest price C.I.F. Seoul and let us know if you could ship within two weeks of our order.

91. We ask you to submit your estimate according to our specifications and drawings enclosed, stating the possible time of shipment.

92. Please let us have your price list and catalogue, stating the full details of your trade conditions.

93. We should be pleased to receive your quotation and sample of your new product model PK-100.

94. Will you kindly let us have details of trade terms and a catalogue of your products?

95. Our representatives in London have asked for a quotation for 10 units of your robot system.

96. Please let us know what quantities you can deliver to us at regular intervals, quoting your best prices C.I.F. Busan.

97. We have a large inquiry for American corn and would like to have your lowest quotation.

98. There is a very large market for low-priced underwear, provided the quality is excellent.

99. The margin on the order we received is supply the goods as per sample enclosed straight from stock.

100. Please let us know whether you can supply the goods as per sample enclosed straight from stock.

101. We have an inquiry for color TVs and should be pleased if you would send us your quotation.

102. Our suppliers have recommended you to us, and we wish to have the catalogue and price list of your products.

103. We have a keen interest in your popular goods and shall be pleased if you can supply them directly to us.

104. We are interested in your new product and would like to have full details of your trade terms.

105. We have learned that you are the exclusive selling agent of Du Pont chemicals and would like to have full details of your business conditions.

106. We ask you whether you can grant special terms for regular purchases amounting to U.S. $10,000 a month.

107. If you can supply the goods required, please accept this letter as our official order.

108. We hope you will be able to meet the requirements of our inquiry, and if so, we will be able to make an order.

109. If your goods are satisfactory and the terms competitive, we should be interested in a long-term contract with you.

110. We enclose our buying sample; please send us your counter sample and quotation.

111. We are pleased to offer you 100 units of our most popular cassette tape recorder model PQ-500.

112. We have pleasure in offering your firm the items you required subject to your acceptance here by May 10.

113. We make an offer for our model CK-800 @ U.S. $ 550.00 C.I.F. New York.

114. We offer your firm subject to your reply reaching here by the morning of September 6.

115. We are pleased to confirm our cable just dispatched offering you firm 100 of color TV sets.

116. We offer you a maximum acceptable quantity of 1,000 units on a first-come-first-sold basis,

117. We enclose full details of our export prices and trade terms, and are pleased to supply any quantity straight from stock.

118. We offer these goods subject to our final confirmation of sale.

119. We are pleased to confirm our telegram just cabled you offering 100 units of video recorder U.S. $5,000 F.O.B. Gwangju.

120. We offer you a special trade discount of 20% on all orders exceeding U.S. $100,000 received before the end of May.

121. You will note from the attached price list that reductions up to 20% have been achieved.

122. This is our special offer and cannot be repeated.

123. This offer is valid for your acceptance by telegram on or before September 25.

124. We offer you 1,000 pcs. of cotton cloth swatch No. 615 £5,820 Stg. C.I.F. Los Angeles.

125. We are willing to offer you a limited number of 100 units of this machine to be sold at 20% below list prices.

126. We offer you 10,000 yds. lady's suit cloth pattern No. 680 @ U.S. $85 ¢. per yd. C.I.F. New York.

127. We offer you firm 100 minicomputers model PA-800 subject to your reply received here by the 10th.

128. This offer is to be expired if not accepted within 20 days of the date of this letter.

129. Please let us have your acceptance by May 31 as the market fluctuates considerably.

130. We cannot keep this offer open until October 31 and request your acceptance within this week.

131. For quantities exceeding 1,000 units, we offer a special discount of 20% off the list price.

132. For an order of 1,000 pieces or more, we would give you a special discount of 10% off the export price.

133. For an amount over U.S. $10,000, we can let you have a special reduction of 20% off the list price.

134. If you want any special insurance other than A.A.R., please cover it on your account.

135. Owing to the overstock of this commodity, we can offer it for much less than the market price.

136. If you require packing sturdier than our usual export packing, we shall have to ask for an extra payment.

137. We particularly recommend this article as the most competitive one for your market.

138. Thank you for your inquiry of April 23; we are pleased to offer you our new product.

139. In reply to your letter of March 21 covering your inquiry, we offer you the goods as requested.

140. Our price list is enclosed and you will note that we have made you a special discount.

141. As requested, we have quoted the lowest prices now obtainable on the market here.

Sales Promotion(판매촉진)

142. You will be interested to hear about our newly developed super computer model AQ-8000.

143. We have just introduced our revolutionary new product into the market and it enjoys an excellent reputation.

144. You will be interested to know that we have recently bought the entire stock of The Bright Co., Ltd., Seoul.

145. We can offer these famous electric and electronic goods at considerably lower prices than the market prices.

146. We will surely provide very attractive lines for your special bargain sale.

147. Owing to last summer's exceptionally cool weather, we were so over-loaded with goods that we have been unable to keep them in stock.

148. We hope you will appreciate our awkward position in keeping this enormous stock with scarce orders.

149. To encourage all customers to increase their sales volume, we are prepared to offer you a special trade discount.

150. We will make a special bargain sale on all orders received by the end of May and are looking forward to your urgent request.

151. We suggest you modernize your production facilities to the most advanced system yet devised.

152. You can test for yourself the wonderful adaptability of our system to all problems during production operations.

153. If you have any special problems to settle urgently, you are welcome to our advice without obligation.

154. Whichever of our products you decide to buy, your order will get our maximum attention and performance.

155. Improved production methods allow us to offer you this newly developed product at a price considerably lower than the market price.

156. Your attention is invited to the electronic oven just introduced into the market which is being paid great interest.

157. We are confident that you will want to take advantage of this special bargain sale.

158. We offer you this popular product at 30% off our list price for orders of 1,000 units or greater.

159. On these goods, we shall allow you a special discount of 20% if your purchase exceeds 50,000 units.

160. We hope you will agree that our prices are very competitive for goods of this quality.

161. You will be interested to hear that we offer a further supply of the best quality goods like those supplied last year at the lowest price.

162. These goods will be much dearer next year, so we recommend you to take prompt advantage of this offer.

163. This bargain sale is really your good opportunity to buy, because reductions range from 30% to 50% on all goods.

164. We ask you not to miss this bargain sale as this will be the last opportunity for you to buy at such low prices.

165. Our suppliers, The General Industry, Chicago, have informed us that you are interested in our products.

166. Although we sent you our catalog and price list, we have not yet received any orders from you.

167. We should like to know if there is any additional information you require about our product.

168. We shall be glad to tell you more about the goods we manufacture, and should welcome a trial order.

169. If you pass an order, you will find that you can profit by doing business with us.

170. You will be enthusiastic about our new product just introduced into the market.

Business Negotiation(교섭)

171. We are pleased that you have sufficient stock to make immediate delivery but we are surprised that you still demand the highest price in the market.

172. You require payment by a sight draft under L/C, but we would ask you to let us have D/P terms.

173. After several years of satisfactory trading with you, we feel that we are entitled to easier terms of trade.

174. Most of our suppliers are drawing on us at 30 days after sight under documents against acceptance, and we shall be grateful if you can grant us the same terms.

175. Will you please let us have your lowest price and easiest trade terms for your product model PQ-100? On receipt of your agreement, we will make a trial order.

176. Immediately on receipt of your quotation, we will carefully look into your trade terms and prices and if found satisfactory we will place an order with you.

177. If you have had an opportunity to test the sample we sent, you will surely be satisfied with the quality and will pass an immediate order.

178. We hope you will be satisfied with our sample and will accept our prices and trade terms.

179. As your prices in our last order were much higher than those prevailing in our market, we expect a large reduction to around U.S. $5,000 C.I.F. San Francisco.

180. We propose that you draw on us for the amount of our order at 60 d/s against our irrevocable letter of credit.

181. Please note that owing to our customer's requirements, we must have these commodities here by the end of April.

182. If there is any case of your shipment not arriving here by the end of July, we must ask you to cancel the order.

183. While you request us to give open account terms, we usually do business on the L/C basis. Therefore we will have to take the matter into careful consideration.

184. Concerning your request for D/P terms, we are pleased to comply with it as you have increased your order to 50,000 units.

185. Careful attention is being paid to your order to make shipment immediately and you will receive our shipment advice very soon.

186. We regret to inform you that your request for a discount is too large for us to accept in the present market conditions.

187. If you can make shipment by the end of April, we will place an order for more than 10,000 sets.

188. We have no option but to decline your requests for price and trade terms in the present market situation.

189. We regret this as much as you do, but circumstances make it unavoidable to decline your proposal in this case.

190. In spite of this loss of business, we trust that our cordial relations will continue for a long time to come, and that we shall be in a position to make a good proposal in the future.

191. Our goods are a little more expensive than similar articles, but our quality is far superior to others.

192. To meet your requirement for a discount, we will grant you an allowance of 3% if you can increase your order to 300 sets.

193. As we have conceded to a large extent, we very much look forward to your prompt order.

194. Your prices are not competitive enough for the market here, and we would, therefore, ask you to reduce them in the range of 5%.

195. If you agree to our proposal, we are prepared to make our order up to U.S. $5,500 and send our order sheet by return.

196. Regarding your request for a discount of 5%, we agree to that in this instance if it will help you to extend your sales and build up your market.

197. Please note that we will be unable to repeat this discount after April as the prices will have to be advanced to a large extent.

198. We should like to offer you a special discount of 10% for any quantity of more than 500 units of your purchase.

199. We trust that these large concessions will lead to brisk sales and we look forward to further orders.

200. This product has all of the good quality of the old product but its appearance is far smarter.

201. Unless you can reduce your prices substantially, we shall have to place our orders elsewhere.

Selling Agent(대리점)

202. We wish to sell our electronic computers and business machines in your country, and should like to be put in touch with a company who would be willing to represent us.

203. The representative we are looking for will be fully experienced in our business field, and should already be doing business with buyers of business machines.

204. We have been doing business in the field of business machines for more than ten years and have excellent sales outlets to the retailers here.

205. We can offer any kinds of business machines with international reputations, which are sold in many countries in Europe and America.

206. If you can guarantee a sales volume amounting to U.S. $300,000 a year, we can offer an exclusive selling agency to you.

207. Thank you very much for your letter of May 25 informing us of the names and addresses of possible agents for our products.

208. We have given you names and addresses of two firms who in our opinion would be able to provide you with the services of selling agent, and would be interested in your proposal.

209. We have been in touch with The Seoul Chamber of Commerce and Industry, who recommended the following firm as a possible agent for your introduction to a reliable firm.

210. We are writing to you with a desire to establish a selling agent in your district and shall be obliged for your introduction to a reliable firm.

211. We manufacture various ranges of computers and wish to extend sales over the whole of your country.

212. Our products have proved very successful wherever they have been introduced, and you will be able to build up a good market in a short time.

213. We have enclosed our company guide and complete range of our product catalogs together with our credit references.

214. We offer a commission of 10% on all orders and provide you with our sales promotional literatures and catalogs.

215. We would supply you with sufficient stock by 120 d/s draft drawn under your banker's letter of credit.

216. Please advise us if you are interested in representing us, and if you think the volume of business you can do would warrant our granting you the exclusive selling agency.

217. We are pleased to receive your letter of April 25 suggesting that we may be able to represent you for the sale of your product in this country.

218. We are willing to sell your products throughout this country on the basis of an exclusive selling agent.

219. We hope that you will be drawing up an agreement of selling agency, and we suggest the inclusion of payment by a draft at 120 d/s under L/C.

220. We grant you exclusive selling agency for a period of three years, after which period the contract of agency is to be renewed annually.

221. The agency commission shall be 10% and shall be paid on all sales, whether from us or direct from customers.

222. Regarding advertising expenses, we think that it is fair to ask you to pay for the first year's advertising, as sales will be small until your products are known.

223. We have considerable experience in selling business machines, and would like to discuss the terms of trade with you.

224. We understand that you have no agent in Korea, and we would like to offer our services as your agent here.

225. For the past ten years we have been selling business machines to wholesalers and retailers in this country, and have built up a

considerable number of well-established connections.

226. Until recently we were not in a position to handle additional lines. However, we now have enough room to sell your products.

227. If you agree to grant us exclusive selling agency, we shall devote our maximum efforts to establish your product in this market.

228. If you are interested in our proposal to operate as your agency, we will be pleased to provide bank and trade references.

229. We have been thinking of appointing an agent in your country and your proposal has come at an opportune moment.

230. We are pleased to grant you exclusive selling agency and would like to discuss the terms with you in the near future.

231. We are interested in your proposal, and would like to discuss the details further.

232. At the moment we are fully represented in your country, and are not in a position to take on any further agents.

233. Should the position change in the future, we shall get in touch with you.

234. We have decided to appoint you as our selling agent, and wish to draw up an agreement stating the trade terms.

235. We are pleased to learn that you have decided to grant us exclusive selling agency, and we will visit you very soon to discuss the details.

Order(주문)

236. We are pleased to place an order for 100 video recorders model VR-100 if you can guarantee shipment by the end of April.

237. Kindly confirm acceptance of our order by return and send shipment advice with three commercial invoices and copies of B/L.

238. We have received your quotation for your model PC-800 mini- computer and enclose our order sheet for 100 units.

239. We are pleased to make a trial order for 10 sets of your electronic portable typewriters model PT-800.

240. If your goods prove satisfactory, we shall send you regular orders for more than 10 units a month.

241. We shall be grateful if you will ship the goods by the end of October and make immediate shipment advice after execution.

242. Please supply 100 units of your pocket tape recorder model PT-500 by the first available ship to Tokyo.

243. Our order No. 865 must be stated on invoices and correspondence. our shipping instructions will follow, so please confirm this order by return.

244. Thank you very much for your order No. 6566 for 5000 video recorders. We guarantee shipment by May 20 to Los Angeles.

245. All the items you required are in stock, and we can guarantee shipment to New York well before March 10.

246. As requested, we will inform you of the date of shipment immediately on establishing our production schedule.

247. Thank you order No. CA-628. We regret having to decline it as your delivery deadline does not give us sufficient time to ship the goods.

248. The minimum period necessary for us to make shipment of your order is six to seven weeks.

249. We are anxious to serve you, but are sure you will understand the need for giving us a little more time to send your order.

250. Thank you for your quotation. We ask you to send your order confirmation by return.

251. We agree to your price, and would request you to accept this letter as our official order for model PA-600.

252. Please ship our order at the first available opportunity and cable us the shipment advice.

253. As we have not received any information of shipment until today, March 30, we will have to cancel our order No. 866.

254. We are very pleased to receive your order for 100 units of electronic ovens, and trust that it will be the first transaction in a long- lasting business relation between our two companies.

255. We have looked into your samples and are prepared to make a trial order provided you can guarantee shipment on or before April 30.

256. On receipt of your order confirmation, we will open a letter of credit in your favor, valid up to April 30.

257. We enclose a stock order for various sundry merchandise and request your order confirmation by return mail.

258. This order is particularly urgent, and shipment within two months of order is necessary.

259. As this order is very important to us, we would like you to make a careful examination of the quality before shipment.

260. We are pleased to make an order at the limit price of @ U.S. $3,000 C.I.F. Busan per unit subject to shipment before May 10.

261. While we leave our order to your discretion, we request you not to exceed our limit price in any case.

262. We enclose our formal order No. CK-620 for 500 dozen of your fountain pen "Gold Writer."

263. We have pleasure in placing an order for five units of super computer with you.

264. We are pleased to confirm our cable order dispatched today for 1,000 pieces of leather handbags.

265. We are glad to accept your cable order for 1,000 pieces of our fountain

pens and enclose our Sales Note No. 816.

266. We are pleased to accept your order for tape recorders. Please let us have your L/C immediately to make prompt shipment.

Shipment(선적)

267. We are glad to inform you that the goods you ordered on September 28, 1999 have boon shipped today by M/S 'Hanbada' leaving Inchŏn, due to arrive at New York around October 30.

268. We have made a special effort to forward your order on time and trust that the goods will give you full satisfaction.

269. The goods ordered on June 10, 1999 are ready for shipment and are awaiting your shipping instructions by return.

270. Immediately on receipt of B/L from the shipping company, we will send it together with the other shipping documents through our bankers.

271. We have pleasure in advising you that your order for electronic ovens was shipped on May 28, 1999 by M/V 'Marubeni' from Busan.

272. Enclosed is our shipping invoice for the amount of U.S. $55,000. We have drawn on you for this amount at sight attaching the shipping documents to our draft.

273. As arranged, we have instructed our bankers to send the documents against payment of our draft.

274. We have negotiated our draft through our bankers and ask you to honor it on presentation.

275. We are pleased to confirm dispatch of your order per M/S 'Pacific Ocean' and send the shipping documents through our bankers.

276. We trust that the consignment will arrive in good order and give you complete satisfaction.

277. We are pleased to acknowledge receipt of your instructions to the effect

that your consignment should be forwarded as airfreight and be arranged to be sent by air service.

278. We are pleased to enclose the relative shipping documents together with the copy of B/L, whose originals have been sent through our bankers.

279. As our order No. 860 has not yet been dispatched, we request you to ship it without any further delay.

280. Unless our order is executed by May 31 as stipulated in the sales contract, we shall have to cancel it.

281. We are pleased to confirm receipt of your order dated April 10, and would advise you that dispatch will be made around May 30, 1999.

282. We shall be able to ship around May 20, 1999 which is well within the time specified in your order sheet.

283. Regarding your order Mo. 885, we are pleased to inform you that your consignment of video recorders has been dispatched today by M/S 'Gumgangsan,' due to arrive at London on March 15, 1999.

284. We sent the relative shipping documents, commercial invoices, insurance policy, packing list, certificate of origin and bill of lading together with our draft.

285. Your goods ordered on March 21, 1999 were shipped by M/S 'Golden Gate,' which is scheduled to arrive at New York on June 30, 1999.

286. To cover our shipment, we have drawn a sight draft on you under your L/C and have negotiated it through our bankers.

287. We have pleasure in informing you that the goods ordered with your indent No. 825 dated March 20, 1999 were shipped on May 15, 1999 by M/V 'Hanbada.'

288. We have delivered today the shipping documents to The Bank of Seoul, Ltd., Busan whish are to be released to you against payment.

289. Your goods are perfectly packed in strong wooden cases for export and are being dispatched to New York directly from Seoul.

290. We very much regret your complaint of April 20, 1999 We have not yet been able to execute your order No. 158 on account of workers' strike.

291. Shipment of your order is long overdue, but work at the plant has been suspended for several weeks through the strike of employees.

292. We have been doing everything possible in our power to deliver your order immediately, and are now arranging for shipment.

293. We offer our most sincere apologies for any inconvenience the delay has caused you.

294. We are very sorry to inform you that the shipment of your order No. 625 will be delayed for about a month on account of a strike by our workers.

295. Our government has recently put an embargo on the export of semiconductors to your country and we have to obtain a special export license to execute your order.

296. We will give your order special priority as soon as the situation improves and we can make shipment.

297. When placing our order, we stressed that punctual shipment was of special importance. However, we have not yet received any shipment advice from you.

298. Please inform us by return when you can ship our order with certainty so that we can confirm the time of shipment to our customers.

Air Transport(항공운송)

299. We are pleased to inform you that we have airmailed your order on today's KAL flight KL-628 leaving Seoul at 6:00 p.m. which will reach New York at 10:30 a.m. tomorrow.

300. Please forward 500 units of personal computer model PC-800 by airfreight to Seoul by May 28.

301. Your goods are being airmailed by parcel post leaving Incheon International Airport directly to Chicago.

302. Thank you for your telex informing us of your shipment on airfreight on PAPX-228 leaving New York at 10:30 a.m. on October 20, 1999.

303. We would like you to forward the air cargo on KAL KL-480 leaving Seoul and arriving at Tokyo directly.

304. Please attach the airwaybill to the consignment of electronic computer model EC-500 when forwarding it by air.

305. We would like you to forward the shipping documents including airwaybill so that we can take delivery of the air cargo at Gimpo.

306. We request you to airmail immediately the samples we asked for so that we can place our order.

307. We would ask you to pay special attention to packing and freight so that we can get delivery in good condition.

308. To execute the shipment immediately, we ask you to let us have your forwarding instructions as to when and how we should airfreight your order.

309. Your consignments are being airfreighted on KAL KA-625 leaving Seoul at 9:00 a.m. on June 19, 1999.

310. While airfreighting your order on United Airlines UA-628 directly to New York, the relative documents including airwaybill are to be forwarded through our bankers.

311. We enclose our commercial invoices and airwaybill so that you can take delivery of your order at Chicago International Airport.

312. As these goods are urgently requested, please be sure to forward them by airfreight at your first available opportunity.

313. This order is of special importance to us, and we request you to airfreight it as soon as possible.

314. We would like you to dispatch our goods on the KAL Air Service flight departing New York at 6:00 p.m. on April 23.

315. The goods are being prepared for immediate shipment on KAL-628 departing from Seoul and will be in your hands by March 21, 1999.

316. We urgently advise you that we forwarded your order on United Airlines UA-628 on May 10 which will reach you at 3:00 p.m. on May 11, 1999.

317. Please note that punctual shipment by airfreight is essential and the relative documents are to be airmailed urgently.

318. We are sorry to inform you that your order was not put on the appointed airplane and was forwarded by the next available plane.

319. Please airfreight our goods directly to LA. Transshipment during transportation is not permitted as the goods are fragile.

320. Your goods are being prepared for immediate airfreight and will be forwarded from Incheon International Airport the day after tomorrow.

321. We trust that your goods will reach you in good order and will be in time for your weekend bargain sale.

Letter of Credit(신용장)

322. Thank you very much for your L/C and shipping and packing instructions covering your order No. CA-600 for electronic ovens.

323. We are pleased to inform you that we have instructed our bankers to open an irrevocable L/C in your favor.

324. We will open an irrevocable L/C in your favor immediately on receipt of your order confirmation for our order No. 500.

325. We are preparing to make immediate shipment and would request you to open an L/C as soon as possible.

326. As requested, we will instruct our bankers to open an L/C in your favor

on receipt of your sales note.

327. We promise to ship your order immediately on receipt of your L/C.

328. We request you to open an irrevocable L/C immediately as we have obtained an export license and are ready to ship.

329. We suggest payment be made on presentation of documents and a draft against an irrevocable letter of credit through our bankers.

330. As soon as we receive confirmation that your L/C has been established, the goods will be shipped and the documents presented to you.

331. According to the L/C we received, the payment is to be made at 60 d/s. But we want it to be made at sight.

332. We request you to amend your L/C to a draft at sight instead of a draft at 30 d/s.

333. We should be obliged for your immediate correction of L/C as request in our previous letter.

334. As we confirm acceptance of your order, we would request your letter of credit to cover the shipment.

335. Further to our cable of April 10, we would remind you that we have not yet received the L/C covering your order No. 815.

336. We confirm our cable dispatched this morning asking you to open your L/C for your order without any further delay.

337. With reference to our letter of May 25, we have to remind you that your L/C has not reached us and that shipment will therefore be much delayed.

338. Your order is ready for shipment and we will make shipment immediately on receipt of your L/C.

339. We will be unable to make shipment as requested if your L/C does not reach us by the end of this month.

340. As your deadline for shipment is very close at hand, we request you to

open an L/C by cable.

341. If your L/C fails to arrive by the end of July, we may be unable to execute your order on time.

342. We would like to have your L/C by May 25, 1999 so that we can make shipment as requested in your order sheet.

343. We are pleased to receive your L/C and will make shipment as requested.

344. On examination of your L/C, we find that it expires on May 25, 1999. However the first available ship will leave here on June 10, 1999.

345. We have to inform you that the commodity listed in your order is incorrectly stated as an electronic oven in the L/C.

346. The description of your goods reads electronic toaster not electric toaster.

347. The amount of the L/C is U.S. $55,000 and we would request you to amend it to U.S. $58,000 as in your order sheet.

348. Please extend the validity of the L/C to May 31 so that we can use the ship leaving here on May 23, 1999.

349. We would ask you to extend the L/C to the end of May to allow our shipment by May 20, 1999.

350. You request shipment by October 20, 1999 while the first available ship will leave here around October 25, 1999 which is the reason we ask for an L/C extension.

351. Please extend the validity of your L/C to October 31 and increase the amount to U.S. $ 60,000 C.I.F. New York.

352. Please let us have your cable amendment by April 10, 1999 so that we can make shipment as requested.

Remittance(송금)

353. In settlement of your invoice No. 665, we enclose our bank draft for U.S. $5,500, and request your receipt by return.

354. We are pleased to receive your bank draft for U.S. $5,500 and enclose our receipt for the amount.

355. Your remittance has been credited to your account, which is now completely clear.

356. Thank you for writing to us frankly about your inability to remit the amount of the invoice forwarded to you on May 31.

357. While sympathizing with you for the loss and inconvenience caused by the economic depression, please understand that we also have our obligations.

358. We must ask you to arrange to remit the payment at once. Otherwise we shall have to take legal action.

359. Enclosed is our quarterly statement, which includes this latest transaction amounting to U.S. $5,800.

360. If remittance is made within 30 days of receipt of our statement, the usual 3% discount may be granted.

361. We have received your remittance of U.S. $56,800, which has a 3% deduction on our invoice No. 835 of September 30.

362. You will see from your records that you allowed a 3% discount off the invoice. Please advise us if there has been a change in your policy.

363. We have rendered our April statement twice bur regret that the amount of U.S. $6,550 is still outstanding. We shall be grateful for an early remittance.

364. Referring to your statement, we are sorry to inform you that it is not yet possible for us to remit the amount of your invoice.

365. On account of the serious loss caused by a fire in our plant, we have to

ask you for three months' extension of the remittance date.

366. We would like to remind you that the April statement amounting to U.S. $ 6,880 is overdue. We shall be grateful if you will remit the amount immediately.

367. We find from your remittance that you have deducted 5% against invoice No. 680. We should be glad to have your comments on this matter.

368. We ate pleased to confirm receipt of your remittance against our invoice amounting to U.S. $8,600.

369. We sincerely apologize for the error in our invoice No. 816. You will find enclosed our credit note for $300, which puts the account straight.

370. Your total check covering your order was U.S. $950, and the enclosed check for U.S. $85 is your refund.

371. Because you remitted your payment in advance, you received our cash discount of U.S. $85.

372. You should receive 10 pieces of our fountain pens specified on the enclosed invoice and our remittance of U.S. $25 as a refund.

373. Your remittance of U.S. $6,500 covering your order No. 884 is due one month from the date of invoice.

374. Your settlement is a month overdue and we look forward to receiving your remittance within a week.

375. We ask you to expedite clearance of all invoiced amounts as we have been supplying the goods at a special discount subject to payment within a month.

376. As we have always received your payment punctually, we are at a loss to have had neither remittance nor a report in connection with our statement No. 628.

377. As the settlement is now five weeks overdue, we are enclosing our letter of statement and a copy of the account of U.S. $56,000.

378. We hope you will give your special attention to our statement of account.

379. We received your letter advising us that we did not settle our account due on May 31 covering our order No. 516.

380. On checking why remittance was delayed, we found that our accounting department had made an oversight.

381. The amount of U.S. $65,800 has today been sent to you by telegraphic transfer and will reach you in a couple of days.

382. We are sorry to have kept you waiting, but hope you will realize that we had no intention of delaying payment purposely.

383. We regret that you have not made payment, and wonder it there are any reasons for your non-payment.

Terms of Payment(지불조건)

384. We usually do business on a draft at sight under irrevocable L/C for the amount of the order.

385. For payment, we would like you to draw a sight draft on us against our irrevocable L/C for the amount of your order.

386. Concerning the terms of payment, we request you to open an irrevocable and confirmed L/C for the amount of your order.

387. To make shipment as requested, please arrange for an irrevocable L/C valid until October 31 subject to the L/C reaching here by August 31.

388. We will surrender the relative shipping documents against your payment at the port of dispatch.

389. Please note that your order is accepted subject to an L/C being received here not later than September 30.

390. You rae authorized to draw a sight draft on our bankers under the L/C

opened in your favor against the order.

391. To cover the shipment, we will draw a draft on you and will negotiate it together with the relative shipping documents through our bankers.

392. We will make payment by cash against surrender of the relative shipping documents including B/L at the port of dispatch.

393. Concerning payment, please draw on us at 60 d/s for the amount of your invoice and attach the relative shipping documents.

394. Please let us know immediately if you can accept payment by 60 d/s bill of exchange under documents against acceptance.

395. We will place a large order with you if you can accept a draft at sight under documents against payment.

396. We ask you to instruct your bankers to open an L/C in our favor valid until May 31, so that we can draw a sight draft.

397. To let you make immediate shipment, we have enclosed a banker's draft for the amount of U.S. $55,000 on the Bank of Seoul, made out to your order.

398. Please send us your draft at 60 days for acceptance together with your bill of lading and relative shipping documents.

399. We will accept your goods in three shipments and ask you to draw on us at 60 d/s at each shipment.

400. We guarantee payment of account by the end of each month, for which you can draw a draft at sight.

401. For goods arrived or spot, we will pay the full amount of the invoice in cash.

402. We will make payment in cash against surrender of shipping documents and B/L for the full amount of the invoice.

403. We usually do business on an L/C basis. But if you require, we may deviate from this fixed payment to D/P basis.

404. You may draw drafts under our L/C at 30 days after sight, documents attached, for the full invoice amount.

405. As payment terms, we will open a banker's irrevocable L/C in your favor immediately on receipt of your order confirmation.

406. Thank you for letter informing us that you will admit a draft at 60 d/s under D/A without L/C.

407. We would much appreciate your deviating from the usual L/C basis and admitting D/P or D/A terms.

408. We do business on a banker's irrevocable L/C, but will offer you specially very liberal terms D/A without L/C.

409. We are ready to accept your request for a 60 d/s draft under D/A if you can place regular orders with us.

410. We will forward the samples you require immediately on receipt of payment by bank check or mail transfer.

411. We will admit D/P terms specially if your credit standing is reliable and trustworthy.

412. We will draw a draft at 90 d/s under L/C as shipper's credit.

Price(가격)

413. Please give us your lowest price C.I.F. Seoul in U.S. dollars for 100 units of your personal computer model MC-500.

414. Please quote us your lowest possible price F.O.B. London for the goods in the attaches list.

415. Please quote us C.I.F. Busan for the supply of 500 air-conditioners for August shipment.

416. The price is to include export packing in wooden cases and freight to Busan port and marine insurance of A.A.R.

417. We shall appreciate it if you will quote us C.I.F. Gunsan and F.O.B. New-York in U.S. dollars.

418. We will effect marine insurance on the goods. Please quote us CFR Inchŏn or F.O.B. London in Pounds Sterling.

419. We shall be obliged if you will let us have your best price in Australian dollars C.I.F. Seoul and F.O.B. Sydney.

420. We would be obliged if you will let us have your best prices in Australian dollars C.I.F. Seoul basis and F.O.B. London basis as we want to compare the prices.

420. We would ask you to quote on a C.I.F Busan basis and F.O.B. London basis as we want to compare the prices.

421. Please let us know what price you can offer for a large order of more than 1,000 tons.

422. Please give us your lowest price C.I.F. Busan deviating from your list prices for this quantity.

423. Please advise us by cable of your best C.I.F. New York price for your product model PQ-600, one hundred units.

424. We request you to give us your quotation in as much detail as possible to avoid unnecessary explanation and inquiry.

425. You may expect regular order if your prices are competitive as we trust they will turn out to be.

426. You may expect regular order if your prices are competitive as we trust they will turn out to be.

427. If your prices meet our requirements, we shall be prepared to place a prompt order.

428. Please send us your quotation C.I.F. Seoul for at least 3,000 tons of iron & steel for shipment between March and June, 1999.

429. Please note our price are effective subject to your reply received here by

May 31, 1999.

430. For an order of more than 100 units, we will quote you U.S. $55,000 C.I.F. New York.

431. Our price includes packing in export cases of 100 sets, but is valid for a minimum acceptable order of 50 sets.

432. This price is for a minimum quantity of 100 units.

433. The market here has been steadily advancing every month, but we have kept our price as before.

434. This is our rockbottom price and we shall be unable to repeat it when our stock is exhausted.

435. We are sure that at these prices our goods are the best value in our market and we will be unable to offer them again.

436. The cassette tape recorder model PS-500 is not available at U.S. $20,000 C.I.F. New York.

437. Our prices will be competitive enough to ensure you of excellent sales and to be attractive to a lot of your customers.

438. We have kept our prices to the lowest levels as we are very eager to secure your order.

439. Though prices have been rising considerably, we quote the lowest possible prices in the hope that you will take advantage of our offer.

440. We offered the absolute minimum price so that you would get order from your customers.

441. We would give you a special discount of 3% if you could give us your order for more than 1,000 units by May 10, 1999.

442. While you market is not active, ours has been advancing every day with the recent rush of orders from the United States.

443. Please note that we will have to increase our prices considerably when our present stocks are exhausted.

444. Our price will be the best tin the market and you will be unable to secure your requirements ay lower prices.

Insurance(보험)

445. We would request you to effect marine insurance on our goods for a sum equal to the full invoice amount plus 10% A.A.R.

446. We ask you to cover the risk of T.P.N.D. and War Risk including A.A.R. for 10% over the invoice value.

447. Concerning special insurance, please effect war risk and S.R.C.C. for your own account.

448. Please cover the consignment on W.A. during sea transportation.

449. Please insure all the goods for 10% over the invoice amount on all risks insurance.

450. Please note that the goods ordered should be covered on A.A.R. including T.P.N.D. and S.R.C.C. during transportation.

451. We would ask you to cover the goods on warehouse insurance for your account.

452. You are requested to make arrangements to effect marine insurance for order No. 100 for U.S. $50,000 on our account with the Hyundai Fire & Marine Insurance Co., Ltd.

453. We request you to cover us for U.S. $50,000 on the electronic computer in transit from our warehouse to Los Angeles port.

454. Please note that it is imperative that insurance coverage be complete whether in respect to the amount or the risk.

455. We would like to be informed whether you can offer insurance for the goods against all risks.

456. Please let us know the premium at which you can insure the goods.

457. According to your instructions of March 25, we have insured today 700 cases of tape recorders amounting to U.S. $150,000 against all risks.

458. We have insured the ship for £500,000 for a period of one year from expiry of the present policy under the same conditions as before.

459. Please insure the hull against total loss only for your account and let us have the policy.

460. We request you to arrange to insure against all risks ten cases of electronic ovens amounting to U.S. $50,000 shipped by M/S 'Lotte.'

461. According to your instructions, we have taken out marine insurance for U.S. $100,000 on your computer shipment against all risks.

462. We regret to inform you that we are not quite satisfied with the insurance amount of U.S. $1,000 against our damage.

463. Please let us know immediately whether we can cover marine insurance elsewhere at a more reasonable rate.

464. Please inform us immediately at what rate you can insure our warehouse against fire.

465. We would like to know the rate or insurance premium on our portable color TVs in transit to London against W.A.

466. We ask you to insure our goods against T.P.N.D. and S.R.C.C. during transportation for our account.

467. Please make arrangements to insure our goods at the invoice value plus 10% against all risks.

468. Please effect marine insurance subject to A.A.R. with a 5% franchise clause.

469. You seem to have the impression that the rate of 10 cents for U.S. $100 is excessive. However, it is generally adopted here by all large underwriters.

470. We would like to know the insurance rate against all risks and war risk

on the following cargoes.

471. We shall be obliged if you will effect insurance with a reliable insurer on the grapefruit shipped from Sydney to Seoul against all risks.

472. We would like to obtain an extra discount on our price to cover the special insurance for our own account.

Packing(포장)

473. In regard to your execution of our order No. 1,000, please pay your special attention to packing and the time of shipment.

474. We would like you to ensure that the goods are carefully packed in strong wooden cases and protected against damage.

475. Please pack our goods in a wooden case of 5,000 dozen tin-lined boxes.

476. Be sure to pack our goods in a strong wooden case for export secured with durable iron bands.

477. Concerning packing, we want you to pack our goods in strong cardboard boxes secured with plastic string.

478. Please be sure to pack our goods in double polyethylene bags for export.

479. We request you to wrap our goods in polyethylene material and pack them in a corrugated case with excelsior.

480. We ask you to limit the weight of each carton box to 10 kg so that it will not be too heavy and strap it with strong string.

481. Please make sure our case does not exceed an overall length of 2 meters so that it can be sent by parcel post.

482. Please be sure to pack the goods in a sturdy wooden case and nail, batten and secure it with a metal strap.

483. We ask you to cut vent-holes in each case to minimize condensation.

484. Please limit the overall measurements of the wooden case to within 4m×3m×4m.

485. We require the goods ordered to be packed in a wooden case of an overall length of about 10 meters and be strapped vertically and horizontally with iron bands.

486. Please be sure to wrap all the polished parts of your product with soft padding so that they may not be scratched and knocked about.

487. Please note that each piece should be wrapped up in oilpaper and packed in a zinc-lined case.

488. Taking into account the special nature of this article, we request you to pack the parcel with your best attention.

489. According to your packing instructions, we have arranged to pack these articles in three strong wooden cases.

490. Please take the greatest care to pack the goods so they can withstand the hazards of ocean transportation and make sure they are waterproof.

491. Please take the greatest care to pack the goods so they can withstand the hazards of ocean transportation and make sure they are waterproof.

492. We will repack the cargo at Hong Kong and request you to pack it in three different cases.

493. We request you to arrange for the packing expenses to be as small as possible as they are expected to be heavy.

494. On inquiry into the damage, we found the goods were in perfect condition when they left our packing department.

495. We believe that the package will reach you in good order and give you complete satisfaction.

496. All cargoes are required to be duly marked and numbered on the outside according to our packing instructions.

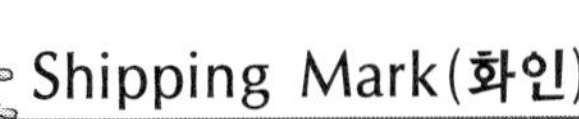

497. Please put main mark and case number in addition to the port of destination on all the wooden cases.

498. Please state order number and shipping mark on all invoices sent to us.

499. All packages are to be marked and numbered according to the shipping instructions to follow.

500. All packages are to be marked MA in triangle and given consecutive numbers, with counter marks showing the grades of the goods.

501. When ready for shipment, please inform us by cable to enable us to send you our marks and shipping instructions.

502. Please be sure to mark all the wooden cases with A in square, under which is to be put the port of destination.

503. You are requested to put KA in rectangle, under which is to be marked the pert of destination and country of origin.

504. Please mark all the bales with P in diamond and put the case number below the port of destination.

505. All wooden cases are to be marked according to our shipping and packing instructions sent to you on May 28.

506. Please number our goods consecutively from No. 1000 to No. 1135. Main mark and port of destination should be attached as usual.

507. All marks other than main mark and port of destination are to be removed, except for the country of origin.

508. Please stencil our shipping marks in five-inch letters and state gross and net weights on the side of the case.

509. Please put A in oval over New York with case numbers one to three under the port of destination.

510. We request you to stencil A in triangle over London in ten-inch letters

on all the wooden cases.

511. Marks and numbers are FA in rectangle over New York with case numbers one to five.

512. Please out the shipping marks as instructed in our letter of May 10 and state them un the commercial invoices.

Quality(품질)

513. This order is very important to us and the quality must be up to the sample you sent us on May 10, 1999.

514. Please make sure that the quality is equal to the original sample you sent us with your letter of March 10, 1999.

515. We request you to keep the weight and performance of your goods as per the sample sent to us on May 31, 1999.

516. We would ask you to supply us with pure virgin wool fabric as mixtures are prohibited in our market.

517. We request you to supply us with assorted goods of different colors and sizes as shown in your latest catalogue.

518. All grades of wine are acceptable to our market, but the best quality is the easiest to sell.

519. All grades of beer are acceptable, but the alcohol content must be under 7%.

520. To ensure the quality of your goods, we request you to send your quality sample by airfreight prior to shipment.

521. We are pleased to enclose our trial order and if the quality is up to our expectations, we shall make further orders.

522. If we find marks or scratches, we shall not be able to accept your goods.

523. The goods supplied from you must be waterproof, and we make our order subject to this condition.

524. We have to emphasize that the goods must be guaranteed up to the specification specified.

525. Please note that the goods sold to us must not exceed the weight and measurement specified.

526. The overall length must not exceed 5 meters and the total weight must not be more than 5 measurement tons.

527. We regret to inform you that this does not tally with your sample on which we made our order.

528. Our customers are refusing to take delivery of the goods for the reason that they are quite different from the sample.

529. Please note that the quality of your goods must be sound, dry and sparkling.

530. If we cannot agree concerning the quality, we are entitled to ask for settlement by arbitration.

531. We agree to your suggestion that an official certificate shall be final as to quality and weight.

532. We believe that the superiority of the goods sent to you will induce a large business.

533. We are quite satisfied with our business relations as your shipments have been of very superior quality.

534. We regret having to complain that we are in an awkward situation in selling the shipments as the qualities are very different from the sample.

535. This article is of first-class quality and enjoys a good reputation in the U.S.A.

536. Our products are selling well not only because of our reasonable prices but also because of the superior quality.

537. Though our goods may be apparently expensive, we believe you will agree that they represent excellent value for money when you consider their high quality.

538. Our customers complain that there was a heavy deterioration in the quality of the last shipment.

539. Despite your full warranty on the quality, the goods are found to be below average quality.

540. All shipments shall be of good merchandisable quality. If found inferior, fair allowances are to be made.

541. We will guarantee all shipments are in perfect conformity to the original sample in regard to quality and weight.

542. When selling spot goods, we do not take any responsibility as you are assumed to have inspected the goods before purchase.

Quantity(수량)

543. As stocks, both visible and invisible, are limited, we find it very difficult to obtain any sizable quantity.

544. It will not be easy to sell large quantities as most of the buyers prefer to wait one or two months.

545. For our information, please let us have the minimum quantity required for your best discount rates.

546. We consider that the shipping company is legally responsible for the quantity short delivered.

547. For regular purchases of fair quantities, we are prepared to allow you 10% off our list price.

548. In view of the limited quantity, we advise you to stock your requirements without delay.

549. We allow a tolerance of within 5% more or less of the quantity specified by contract at the shipper's option.

550. We will ship a large quantity of lumber and should be pleased if you would procure us a ship with a cargo capacity of more than 50,000 tons.

551. We are under contract to ship the entire quantity by monthly installment of 5,000 tons.

552. Exact quantity specified in the contract must be delivered in monthly shipments from March, 1999.

553. Weight and measurement specified by us shall be kept strictly in each order.

554. We shall have the option of shipping 5% more or less on the contracted quantity, and the difference shall be settled at contract prices.

555. The proof of the quantity shipped is the B/L unless the buyers can prove any incorrectness.

556. We will offer a special discount of 3% if you can take large quantities.

557. We would appreciate hearing from you if further quantities will be available for April or later shipment.

558. We can turn out any quantities within a month from receipt of orders.

559. The delivered quantity must be exactly as shown in our order sheet of May 23, 1999.

560. If you ship a greater or smaller quantity than that in the contract, you will be considered to have failed in the correct shipment.

561. We shall be obliged if you will arrange to increase the quantity to 1,000 tons at the price contracted.

562. If you find it impossible to offer the full quantity, any substantial portion would be welcome.

563. On receipt of your cargoes, we have found that the actual weight is about 5 tons short of the contracted weight.

564. We would like you to shop the rock lobsters in equal daily quantities of 100 kg by airfreight to Chicago.

565. When making shipment, please be sure to telex the exact quantity shipped.

566. We will calculate any excess quantity at C.I.F. Busan price in this order.

567. We shall be obliged if you will let us have the maximum quantities you can ship during May, 1999.

Claims(클레임)

568. On unpacking your shipment, we have found that it is 1,000 units short.

569. We request you to forward the shortage by airfreight as our stocks are depleted.

570. Although this is the first time that any mistake has occurred, we hope you will do your utmost to avoid a recurrence.

571. We ask you to forward a correct replacement by airmail immediately on receipt of this letter.

572. On checking the cargoes ex M/V 'Los Angeles,' we have noticed a discrepancy between your invoice figure and the quantities you dispatched.

573. We request you to explain this error and let us have your immediate corrective measures by return.

574. We find that almost half of your shipments do not correspond with the sample we placed the order for.

575. We want to put your goods into the market here, but the difference from your sample is too excessive for us to sell them to our customers.

576. We will have to return all the goods to you with freight collect.

577. On arrival of your goods, we found that they were completely broken during transportation.

578. We have to inform you that your shipment has arrived in a badly damaged condition and is quite unsalable.

579. We regret to inform you that shipment of our order has been long delayed and that this has put us in a very awkward situation.

580. With reference to your invoice No. 8125 of April 21, we would point out that you have made an error in the calculation of the credit sale.

581. We regret having to complain that you have failed to ship our order whose shipment was specified on April 30, 1999.

582. We no longer have any use for your goods and must ask you to cancel our order.

583. We received your goods, but found there was a discrepancy in the specifications between the goods received and your catalog.

584. The goods you sent are quite different from the electronic ovens we ordered.

585. We request you to look into this matter by using your invoice and other documents and correct the difference.

586. We have noticed that your invoice showed 10,000 pieces forwarded, but the actual total quantity was only 8,000 pieces.

587. On opening the case we found that it contains completely different articles from our order.

588. We presume that a mistake was made and the contents of the case were for another order.

589. We ask you to arrange for immediate dispatch of replacements as we need the article ordered.

590. We enclose a list of the contents of the case, and shall be pleased if you will check it against our order.

591. We will keep the wrong goods at your disposal, and await your instructions as to what to do with them.

592. We requested an urgent shipment, but we have not yet received any shipping advice.

593. As five weeks went by before the goods arrived, we lost a good sales opportunity.

594. Our inquiries show that our order was not shipped until four weeks after the date of dispatch you guaranteed.

595. If your goods had been delivered straight to Seoul, much valuable time would have been saved.

596. It will be necessary for you to give our order your very best attention if you wish to maintain a certain level of purchase from us.

597. We are sorry to inform you that the quality of your last shipment is not up to the normal standard.

598. The goods seem to be too roughly made and are inclined to be inferior and misshapen.

599. We have sent the inferior goods under separate cover so that you can see the inferiority for yourself.

600. We are disappointed to find that your goods are inferior because we have to supply them to our new customers.

601. We ask you to do whatever you can to help us in overcoming our awkward situation.

602. As you can see in our survey report, twenty sets of the shipments are seriously damaged due to imperfect packing.

603. As the goods were packed with the greatest care, we can only presume that the case has been roughly handled.

604. We ask you to lodge your claim with the insurance company,

605. We have shipped replacements for the goods you find unsatisfactory, and we trust that these will be up to your requirements.

606. We have received your letter complaining about our delay in shipping and are sorry that we were not able to deliver your order on time.

607. The delay was caused by a strike by port workers. Please note that this was entirely beyond our control.

608. We hope that your order will be ready for shipment next week, and will arrive in time for the season.

609. Please accept our apologies for the delay and inconvenience our mistake has caused you.

610. We have shipped today the replacements for the different goods about which you complained in your letter.

611. We apologize sincerely for this error and will make every effort to prevent any recurrence.

612. We are sorry to learn from your letter of April 28 that the shipment ex 'Hanbada' was found to be unsatisfactory.

613. While slight differences in color are unavoidable, we are sorry for your inconvenience and will replace the goods.

614. We will forward the correct goods and shall carefully inspect the differences from your order.

615. We hope this will meet your request and deeply apologie for the inconvenience you have been put to.

616. We are sorry to learn from your letter that the case forwarded to you did not contain the goods you ordered.

617. On going into the matter, we found that a mistake was made during packing through confusion of the numbers marked.

618. We have arranged for the right goods to be dispatched to you immediately.

619. We have already cabled informing you of this solution, and enclose a copy of the telegram.

620. We shall be obliged if you will keep the wrong goods until our forwarding agents collect them.

621. Please accept our apologies for the trouble this error has caused you.

622. From your letter of June 25, we learn that you are dissatisfied with our goods shipped on May 18, 1999 by M/S 'Gunsan.'

623. We are grateful that you have stated your complaint frankly so that we can correct our error.

624. We are sending correct replacements under separate cover immediately.

625. Please accept the replacements as we consider they will be satisfactory and will be up to your requirements.

626. We hope that this will settle the matter to your full satisfaction and that our friendly connection will continue as before.

627. We have received your letter of March 18 complaining that our goods ate inferior to original sample.

628. We have passed the inferior goods to the suppliers for comment and have protested to them very strongly.

629. We express our great regret for this matter, and have arranged for the immediate dispatch of replacements.

630. We told the manufacturer how greatly concerned we were over your disappointment the quality

631. We are pleased to learn that you will dispose of the different goods at the best possible market price.

632. We apologize deeply for your inconvenience and will take all possible steps to ensure that such a mistake will not be made again.

633. To avoid your further inconvenience, we have airfreighted 50 unites of the correct goods today.

634. We hope that our replacements will be in your possession within a week.

635. We hope that the matter is thus settled to our mutual satisfaction.

Description of Goods(상품설명)

636. Our wrist watches have a mechanical system and a stainless-steel case with luminous dial and unbreakable glass.

637. Our suits are very fashionable and are very popular among young people in Europe and American.

638. Our iron and steel safes are able to withstand fire and burglary and very compact at 50 cubic inches.

639. Our machine features a simple installation mechanism which reduces installation costs considerably.

640. Our newly developed product aroused great interest at the Seoul International Trade Fair.

641. Our products are of the finest material and highest technology and are second to none in quality and performance.

642. Our new model has succeeded in obtaining an enthusiastic reception among consumers of electronic goods

643. Inspection of our product will convince you that its performance is much superior to that of similar goods and will contribute to an increase in sales.

644. Our product was designed with the most up-to-date technology, and has achieved more than 20% increase in production volume.

645. Our goods feature outstanding economy; for the same quantity of energy they attain 50% more production efficiency.

646. Our products are guaranteed trouble-free and easy to operate. Moreover they are very convenient to carry and can be installed anywhere.

647. Our goods have the most up-to-date specifications and are selling well in your market.

648. Our goods have been a great favorite wherever they have been introduced and we have been enjoying excellent sales.

649. The sources of our quality are scientific research, quality material and ultra-precise manufacturing techniques.

650. Our products are manufactured on the basis of a single criterion: maximum value.

651. Compare any bright product with its equivalent at any price level, even at a much higher price level.

652. You will find our product to be your soundest purchase in terms of performance, durability, and above all value.

653. Our product has represented the best quality to consumers and industrial users for generations.

654. Our products' logo has the best reputation of performance and quality all over the world.

655. Our products are complete because they are produced in the widest range of product lines sold in the market.

656. If you wish to buy, you can use our banker's loan for up to 80% of the total cost of purchase.

657. Consider the durability advantages of the extra thickness off the steel in our wall panels.

658. Our products are designed with an eye to practical everyday needs, yet with a touch of elegance.

659. Our products are equipped with all the features consumers and users want most.

660. Our products are packed with all the features that guarantee the best performance and operation.

661. Our product will adjust operation time automatically to the condition off the materials used.

662. Our products are designed to give the best possible performance under the conditions of the materials used.

663. Here is a machine that will let you complete your work with professional workmanship.

664. Our versatile machine offers an multitude of features and excellent advantages that make it a must for users.

665. Our machines have been carefully engineered and manufactured under most rigid quality standards.

666. Our goods should give you satisfactory and dependable operation, and if they fail, we will replace or repair them free off charge.

Market Condition(시황)

667. The market here is influenced by U.S. crop conditions, but an improvement is expected.

668. The market conditions here have turned unfavorably though we expected to close some good business with you.

669. Reflecting both unfavorable expectations and lower prices, the rayon and silk market continued to decline.

670. The iron-steel market remained almost unchanged with narrow fluctuations, though at the weekend it registered high gains.

671. Despite the upward tendency of U.S. cotton due to the serious drought, the cotton market was not affected very much.

672. Further rises in quotations of American corn will cause a spurt in the corn market.

673. The market will soon revive and we will be able to obtain a lit of orders from our customers.

674. Judging from recent reports, your market conditions seem to be unfavorable in comparison with other markets.

675. We are following the market situation very closely and will keep you well informed as to any changes.

676. Market conditions are against us and buyers cannot afford to pay the higher price.

677. Some sellers are depressing the market, but it is sure to take a favorable turn in the near future.

678. The gold market, which was rather weak after the new supply from South Africa, has regained firmness.

679. The rayon market is on a gradual upward trend in sympathy with the firm domestic market.

680. The foreign exchange market had a reactional decline after excessive speculative activity.

681. With improvement in cotton and woolen goods prices, there was an upward trend in the textile market.

682. We shall be grateful for detailed information on your market.

683. Please keep us closely posted as to further developments in your market.

684. These factors have some influence on the present market conditions, which are already bad enough.

685. From your detailed market report, we have a good understanding of the recent movements in your market.

686. Please oblige us by keeping us regularly informed from time to time of

the movements of your market.

687. A large buyer in the U.S. inquired for minicomputers and made some booking orders for them.

688. Owing to abundant stock and growth of new crop, the markets here are weak with a downward trend.

689. At the producing centers, the cotton market became strong toward the weekend.

690. Facing many selling offers, our market closed weak.

691. Though manufacturers are in a strong position, overseas bids are still low.

692. Manufacturers fixed their prices at high levels, but buyers did not go along with them.

693. The market here has been steady due to small selling offers from Australian suppliers.

694. All dealers here have been waiting for a recovery of the market for a long time.

695. We cannot forecast when the market will recover despite our abundant information.

696. We consider that it is too early to forecast the future development of the market.

697. To meet your requirements regarding price, we have decided to reduce it to a large extent.

698. While your market is quiet, ours has been active with the rush of orders from Europe.

699. Our market is expected to go into an upward trend owing to the scarcity of goods.

700. There is strong demand for this article and we would advise you to make an order immediately.

□ 저자 약력 □

•최상래(崔相來)

·경기대학교 대학원 무역학과 졸업(경영학 박사)
·국제무역사 / 경영지도사
·BHOJSONS & CO., LTD. 서울지사장
·상신교역 대표이사
·국제무역연수원 강사
·대한상사중재인
·국제무역사 출제 및 선정위원
·무역영어 검정시험 출제위원
·한국무역학회 사무국장/이사/부회장
·한국생산성학회 부회장
·한국전자상거래학회 회장
·한국물류학회 회장
·경기대학교 사회교육원장/기획실장/산학협력단장
·경기대학교 총장대행
·경기대학교 경상대학 무역학과 교수

[주요 저서 및 논문]

·국제무역영어(학문사)
·무역영어회화(한국양서원)
·글로벌무역영어(도서출판 두남)
·국제마케팅(도서출판 두남)
·손끝에서 우러나는 국가경쟁력(공저/한국경제신문사)
·한국 중소기업의 대중국 직접투자에 관한 연구
·다자간투자협정(MAI)이 국내산업에 미치는 영향
·한국 해외직접투자의 특징과 성공전략
·우리산업의 국제경쟁력실태와 강화방안 외 다수

•김현지(金賢芝)

·경기대학교 대학원 무역학과 졸업(경영학 박사)
·국가고시 시험문제 출제 및 면접심사위원
·학술진흥재단 주요논문 심사위원
·물류관리사 자격시험 출제 및 선정위원
·산업표준심의회 물류부회 위원
·중앙항만정책 심의회 위원
·한국물류학회 / 한국관세학회 이사
·한국안보통상학회 부회장 및 편집위원
·현재 경기대학교 경상대학 무역학과 교수

[주요 저서 및 논문]

·무역실무 매뉴얼
·글로벌무역영어 및 무역영어연습
·수출 통제 : 이론과 실제
·글로벌시대의 대외무역법
·외국인직접투자의 결정요인에 관한 비교 연구
·네덜란드의 물류환경과 외국인직접투자에 관한 연구
·정보화시대 제3자 물류와 제4자 물류의 비교연구
·물류유통부문의 RFID 활용방안에 관한 연구
·한국의 전략물자 수출통제제도에 관한 연구
·한국의 통합 수출통제법령 제정에 관한 연구
·전략물자 국제수출통제체제와 경쟁력 제고방안에 관한 연구
 - 자율준수체제를 중심으로 외 다수

•최병춘(崔炳春)

·경기대학교 대학원 무역학과 졸업(경영학 박사)
·일본 와세다대학 대학원 상학연구과정 수료
·경기대학교 강사
·전주대학교 강사
·군산대학교 강사
·현재 예원대학교 교수
·현재 Boboonet Trading Company(전자상거래 전문무역업체) 대표

[주요 저서 및 논문]

·해상화물보험 클레임의 손해사정에 관한 연구
·피보험화물의 고유하자손해에 대한 사례 연구
·보험중개인의 주의의무에 관한 연구
·해상운송화물사고 유형별 손해사정절차에 관한 연구
·국제상사분쟁에 있어서의 다수당사자간 중재에 관한 연구
·제조물책임법의 도입에 따른 우리 나라 수출기 업의 경쟁력강화 방안에 관한 연구 외 다수

인 지

무역영어연습(개정증보판)

초　판 1쇄 발행 —— 2003년 3월 15일
개　정 1쇄 발행 —— 2005년 2월 28일
개정증보 1쇄 발행 —— 2010년 6월 15일
지은이 —— 최 상 래 · 최 병 춘 · 김 현 지
펴낸이 —— 전 두 표
펴낸데 —— 도서출판 **두남**
서울시 강동구 성내 1동 455 - 12 두남빌딩
신고 : 제25100-1988-9호
(구 제2 - 624호, 1988. 7. 21)
TEL : (02) 478 - 2065~7, 478 - 2311
FAX : (02) 478 - 2068
E-mail : dunam1@unitel.co.kr
http://www.dunam.co.kr

정가 26,000원

ISBN 978-89-6414-097-0 13320